go! games

SUPER
COLOSSAL
· Book of ·
WORD
SEARCH

---

365 GREAT PUZZLES

CHRISTY DAVIS

imagine!

10 9 8 7

An Imagine Book
Published by Charlesbridge
85 Main Street
Watertown, MA 02472
617-926-0329
www.charlesbridge.com

Copyright © 2013 by Christy Davis
Cover and interior design by Melissa Gerber.

Printed in the United States of America

ISBN 13: 978-1-62354-002-9

For information about custom editions, special sales, premium and corporate purchases,
please contact Charlesbridge Publishing, Inc. at specialsales@charlesbridge.com

```
D S E N Y S G N A L D L U A F S D
T L J E T N J O L M C R N D S W Y
B L G T O A S T Y A I O A I O R G
H S C F N G C N L A I D K R I N O
A F A U U H N E W S C E N R A I R
P I A E R C N I E O T C E I T D C
P R F W P D H M N A D S V T G P E
Y E O G A D A A R N O T E V R H M
T W O R K K E B M L I F N Y K T T
E O T O E H E Y U R N G M U C L E
G R B R Q L Y T E O A B E X O E G
A K A P E E I T C K N G X B L C A
S S L C G O A A R M C W N P C J B
U J L N N M A S T A H A O E W N B
A W A R A E Y W E N R K L W Y L A
S H Q G Z B A L L O O N S B K K C
C T N B E C E X N G T A F I K N J
```

AULD LANG SYNE   CLOCK   KISS
BALLOONS   CONFETTI   MIDNIGHT
BEGINNING   COUNTDOWN   NEW YEAR
BLACK-EYED PEAS EVE   NOISEMAKER
CABBAGE   FIREWORKS   PARADE
CALENDAR   FOOTBALL   PARTY
CELEBRATE   HAPPY   RESOLUTION
CHAMPAGNE   HATS   SAUSAGE
CHANGE   JANUARY   TOAST

```
Q V U Z O P R H N H W E G Q K E E
V E P I W S P V I P L A T F O R M
A R L A C A B I B P J M S P A Q D
P S E B M M S Y M H T W K L M N B
E E A T O P K P B O E W F S Y S Z
T J R H P W R R I G E G I Z H O M
S W T A T O N G D D N D B S P T B
E C U L L K C I P I E D Y S T I O
H E R O N F R I K S M R N Q D M D
C U T E R B R P L E C N W N U G Y
A L L I M D N I W E I I A N C J G
P S E Z O R D X A P H T S R J Z L
A T Z Q R E C G S H S T I S J Y I
K A S Y G Z G K K D R C R W O Y D
U O U P R O C K A I K W O D C R E
L L W A Q A J E P E C O S N J T S
P F R Z B I H E T P I K E J G O Q
```

AIRFLARE	G-KICK	SCISSORS
APACHE STEP	HALO	SIDE SLIDE
BACKSPIN	HEADSTAND	SPIDER
BODY GLIDE	HELICOPTER	SWIPE
BRIDGE	HIP TWIST	TRIP
CRICKET	KING FLARE	TURTLE
ELBOW NIKE	PIKE	UPROCK
FLOATS	PLATFORM	WINDMILL

Babies

```
H J S S D G R A N D P A R E N T S
F T F P O P O Y U O G M R D N D T
H V O O T K I P P A N R U S V I R
I I W O O P M A H S I E F E S A O
D B C N T Z C N L A H R S P H P L
Q D H V A I O W H I T K N I O E L
T N P M F I P C U P E F S W E R E
P P R I T I H B Y K E T D Z S S R
G T E O N G T S O K T R T E Z A U
G R L S I M W A Q T E W I E E B E
E H R H O I C Q E S T T A B Y M V
X T E K N A L B S S O L J L W A C
S F I G K B P E U O R F E N K B L
H N R N J O R S B I B A A S I E W
Z J R B U T H T A B A R C R N G R
S R A T T L E H J K Q P C S C Y W
T B C F R J Y W Y S F O R M U L A
```

BATHTUB	DRESSER	SHAMPOO
BEAR	FORMULA	SHOES
BIBS	GRANDPARENTS	SOAP
BLANKET	HIGH CHAIR	SPOON
BOOTIES	LAYETTE	STROLLER
BOTTLES	LOTION	SWING
CAR SEAT	ONESIES	TEETHING
CARRIER	PACIFIER	TOOTH
CRIB	PINS	WALKER
DIAPERS	RATTLE	WIPES

Island Nations

```
G N T B Q C F V T U K N Y Z X A O
R D I M A L T A P N A W R R L C S
S G F A A H I O A F F R U U G I D
V E R G R M A U R I T I U S N N J
C A N E P H R M J C X E Z G A I A
X O C I N U A I A D T R A L U M M
T M O S P A U B P S J P E R L O A
U A M N A P D T L P O C L A N D I
I S O C A I I A A R I X C C A Q C
P Z R A R P N L E U D G L S H E A
Q K O P X Q A T I J N A Z A C K X
V L S E K U J J L H B A M G N O O
H S E V I D L A M U P I V A X D Z
H C R E B J Q H C E C M L D Z R F
C K I R I B A T I M U I H A V J O
S S O D A B R A B W R W A M R V T
I S H E E O A S M S U L A V U T T
```

BAHAMAS	ICELAND	PALAU
BAHRAIN	JAMAICA	PHILIPPINES
BARBADOS	JAPAN	SAINT LUCIA
CAPE VERDE	KIRIBATI	SAMOA
COMOROS	MADAGASCAR	SINGAPORE
CUBA	MALDIVES	SRI LANKA
DOMINICA	MALTA	TONGA
FIJI	MAURITIUS	TUVALU
GRENADA	NAURU	VANUATU

Carousels

```
E N G W J X M C T C A R O U S E L
T R A P P I N G S W V N Z N D T A
A O L H X O R T W F I E O V N I O
Y C L T X T A S A E B S M G P G B
A I O E U N E U N R G G T U A E F
L N P X D O B P A F B R G P S R L
A U E E F X B M J U M P E R O I D
S R R E L T T A B E L T T I L L C
E L W R D L P C D W L D E N C E E
A L B E I W G O R N Y K A E N S I
M P E E W S S P O K U G N T A E L
O R J P U T Y P Y R R O E C D E S
N N M O H Q P I G O A R R O Z S C
S Z O G C A K H D P P G K T T R I
T Y I S R P N N J O R O N M S O D
E L W F I I A T L Z Q E E A A H S
R N Q A M B T E R M D H A Y K Y R
```

BAND ORGAN	GALLOPER	SEA MONSTER
BEAR	HIPPOCAMPUS	SNEAKY
BISON	HORSE	STANDER
CAROUSEL	JUMPER	SWAN
CENTER POLE	KANGAROO	SWEEP
DEER	LIGHTS	TIGER
DENTZEL	LITTLE BATTLE	TRAPPINGS
DRAGON	MUSIC	TWIST POLE
ELEPHANT	PIG	UNICORN
ELK	ROUNDABOUT	ZEBRA

Difficult Vocabulary

```
E T E H T S E A J W U B M L M R Y
Z T T T V E P H P E X O G A M Y I
M S H I L N M E I S R C F C U G Z
A S T D Z A T A O M T L L I C T W
J S U J S A V M N Q S K P A O Z H
O C R B I U M I R A A D D S N T H
R N T T E O E T L T X E I T E D
D N I G L I C I E S A E L R U O A
O V U I U I L N N Q E M Z A M C R
M E E F F Z L E U O U A S H E Z U
O R D I W D T U R R M I W P L G O
F A T U O U S I D U R I P T Y F G
R R E Q Z F S R W D Q V S O A D Q
A F U B K I K N M J I R W R I F R
Q M R D B T Y P J M V T C Z A S W
Q H N L K X E N B I G N E A N P E
C P E R B O K O G C I N E R I S W
```

AESTHETE	ESTIVAL	PARSIMONIOUS
ARTIFICER	EXOGAMY	PHARISAICAL
CONTUMELY	FATUOUS	RISIBLE
DIZEN	FATWA	SOMMELIER
DRUMLIN	IRENIC	SUBTILE
EMANATE	LUDDITE	TRUTH
EQUIPOISE	MAJORDOMO	VITIATE

```
F E E J E R A D I C A T E A N E D
E E S N E L I T E N F H K E G Y E
D A V A I I E E A C D Y Z N E E B
G C B E R M T D R M N G P C S C N
E N T I R E A E P O Q A O O B A X
L X K C N Y R X I S D S G R V R A
B W P S W I O V E E P E G E D B B
I F U E U H B N C H P A P M L M J
D R H Q N E A N E A E R E Q W E Q
E X S T V S L R E P E T E B A O U
O E T A T S E D O E U H R D E K E
R J E G Y T U L W G B Q R L U S G
C E V I T C E L E K H U G X P L J
C Y V I A V Q T U E S A E A Q C E
A S V T N L A D C B E K L V O L K
B W E E D O S I P E D E P M K H F
B G S P I L E C L I P S E M R F Z
```

EAGLE	ELABORATE	ENVELOPE
EARPIECE	ELAPSE	EPISODE
EARTHQUAKE	ELECTIVE	ERADICATE
EASE	ELEGANCE	ERASE
EAVE	ELITE	ERODE
ECLIPSE	ELUDE	ESQUIRE
ECOSPHERE	EMBRACE	ESTATE
EDGE	ENCORE	EVERYONE
EDIBLE	ENSURE	EXAMINE
EDUCATE	ENTIRE	EXPENSE

Farm Equipment

```
R  J  U  J  Q  Y  R  B  N  A  I  Z  Q  K  S  E  H
O  F  L  A  T  B  E  D  K  K  V  K  B  I  O  O  R
T  X  Y  U  I  R  D  R  L  R  C  F  C  R  E  Q  Q
A  R  Z  R  V  U  Q  K  E  U  C  K  R  E  J  X  J
T  C  A  R  C  S  O  R  R  G  L  O  F  L  C  W  R
O  N  J  C  U  H  E  T  R  E  U  U  M  A  C  E  J
R  S  W  A  T  H  E  R  V  E  E  A  S  B  A  M  A
R  B  X  J  T  O  W  H  N  T  T  P  C  P  I  D  H
C  B  O  A  E  G  R  N  R  E  S  N  E  W  V  N  R
L  X  G  T  R  E  C  A  A  M  R  R  A  S  A  F  E
H  C  S  I  D  F  I  B  O  P  F  D  L  L  E  D  H
H  W  V  E  G  L  N  W  H  F  K  M  L  L  P  S  S
R  A  E  R  E  Y  A  R  P  S  Y  P  E  I  Y  K  A
O  S  R  R  O  T  A  V  I  T  L  U  C  C  H  C  R
V  F  S  R  S  J  F  Q  Q  O  V  O  F  I  K  C  H
Z  Z  Q  D  O  P  K  D  W  M  T  I  O  F  V  O  T
Q  G  I  M  O  W  E  R  D  I  O  F  A  R  P  O  B
```

AUGER	FLATBED	SEEDER
BALER	GATHERER	SICKLE
BRUSH HOG	HARROW	SPRAYER
CHILDREN	MOWER	SWATHER
COMBINE	PLANTER	THRASHER
CULTIVATOR	PLOW	TRACTOR
CUTTER	REAPER	TRAILER
DISC	ROTATOR	TRUCK

File Extension

```
W X A B N H N X Y U P G P L K D A
H L U G A V A K D C L O R H D A W
S I H L L S V L T C F A Z F K X L
F M L S T L B J S E X E I U X H T
B I A Z N O I L P Q L T L R M Z C
T C G M I I F V E E S C A D B P L
D D O C X X J J I J G R R G O V N
R V E H F F L L Q O I S N Q X I D
V D P I N I C T H J H M L D I R H
Y D F I B T A B N O M T Y Y I G P
W F N Y U O B I V B G J A Q Y P W
U O Q P T F M R B J G K U V R V Y
B Z M M A Z A P P K X J V R A F M
H B F Y A F V H J I N Q V S E D Y
X Q Q N F T I E F P W E U G W X Y
D Q P I Z F X N K A B Z C P A K G
L M T H E Y F K G I Q T O B G A N
```

AFI	DOCX	LST
AIFC	EPS	MBOX
BAK	EXE	MOV
BMP	FITS	QBB
CAB	GIF	QBW
CAD	HTML	RAR
CHK	INF	TAG
DCIM	INI	TIFF
DCX	JPEG	XLS
DHP	LIB	ZIP

Fountains

```
L C A P L B B L T T N G H N B C A
O F D N E E A R B M A H L A T S R
E Q C Z U T J S D H A F G N I K C
T T E M H H E K D L P Z G B M I H
R A R M Q E H R Z G T Z A J D T I
Z D A F N S A T H U Z N A M R J B
Z V U B H D Y U R O P L D U P P A
W J Q M A A M T N O F H O E J B L
P F S K B M L E B N W C S I S O D
N I E Y Y E T R N R N S Y I I K K
N L L R K U I R M A N L T G R T B
M R T X O D Y W L E B O A A T U J
W V S J G R N L A I R L I O H S E
O X A E D X I B U T L C C L W C M
S L C M K A R E E E O S U U R T Z
Q W L S V O S R B R E W E R S E E
Q W C H A R Y B D I S G B R Y V M
```

ALHAMBRA	CASTLE SQUARE	MERLION
ARCHIBALD	CHARYBDIS	PETERHOF
BANPO BRIDGE	CHATSWORTH	SCOTT
BELLAGIO	KING FAHD'S	SODA
BETHESDA	LA JOUTE	TURTLE
BREWER	MERCURY	VAILLANCOURT

```
Y W K E T A D I D N A C O Z H L D
L L E A M G I N E L L N R K A S K
R N B I N T E T A R O A T G O H X
A Y O J N M G C B M Q I P L D K W
L Y Z N O E O A A C V U I R C R E
U B N D E V R T D A A L A H A T A
C E B O I M O S D O O L N S A C B
I A G U H P O I C Q L N V R I J N
T D Q A O P F N U H U I O A U U O
R E Z E I F O Y E C N B N Q R E R
A Z I B A L O C L H O I V I L Y M
P A R A S V O E A R P T T D U T A
Y L A M O N A F R C P L W Z O M L
E D E T E R I O R A T I O N E T I
P S C I L I C E T F Z T I B R L T
I W H P R A L Z H E I M E R S E Y
K M Z Y X J O S C I T S I T A T S
```

ABDOMEN	CARPAL	ONOMATOPOEIA
ABNORMALITY	CORROBORATE	PARTICULARLY
AFFIDAVIT	DETERIORATION	PHENOMENON
ALZHEIMER'S	ENIGMA	QUASI
ANOMALY	EQUIVOCAL	SCILICET
CACOPHONY	FOLIAGE	SOLILOQUY
CALVARY	GADOLINIUM	STATISTICS
CANDIDATE	NUCLEAR	WEINER SCHNITZEL

In the Rain Forest

```
B N U F F O S L O T H A U H Y A Z
U S N W U R S K T C Q P M X F B Q
O I D Q B A O G F C E L F H R V E
L Y E K N O M G R D A L L D R R H
L N R Y R A C C E P C B O D A U Z
I P S H F N S E O A E D O T U E R
D B T A P I R I N R H D R K G Z E
A F O V B Q N O I R L Y A G A J Q
M P R S I S P T P O A F X P J U W
R M Y O E Y N B U T T E R F L Y C
A W A T T A D S Y E O V B C L D V
K J T H H I N R E F B A T G I W F
C I C P O M U A O K Q L C H A Y N
A I E Z H G Z Q A D Q B C A Z G T
N L K P J Z A P S A N R D U C I J
E K G V N D O N R O O O P J Q Y C
L X N L N K Q J Y S M P C Y X B A
```

ARMADILLO	FERN	OCELOT
BAT	FLOOR	ORCHID
BEAR	FROG	PALM
BUTTERFLY	JAGUAR	PARROT
CACAO	KAPOK	PECCARY
CANOPY	MAHOGANY	POINSETTIA
CONDOR	MONKEY	SLOTH
DEER	MOSQUITO	TAPIR
ELEPHANT	MOSS	UNDERSTORY

Jelly Beans

```
T G C R E D A P P L E X N J R P A
X B C R H L P I N E A P P L E L U
H K A C O R E D Y L A P A U B P T
H Q P S Z O T M E R E E L K P I U
P Z P F E Z T M O A R I G O E E N
T P U Y O C A B C N T E E F T X O
C W C T R R I H E T L B H A L W C
B W C J A R B R I E E I L C A E O
G S I C N P E U O R R O M T Z N C
F U N D G B R B R C C A E E R I O
P I O G E F A Y P O I R W Q J R N
L K I W I Q B N H S M L M F A E O
H A O T A L F C A E A F G E F G S
H S T M U L P B L N A R P O N N N
H U S E R N W O A J A V B A B A B
T N O M A N N I C Y A L M U A T P
F S P R E P U O L A T N A C Q F W
```

BANANA	COCONUT	PINEAPPLE
BERRY BLUE	KIWI	PLUM
CANTALOUPE	LEMON-LIME	RASPBERRY
CAPPUCCINO	LICORICE	RED APPLE
CARAMEL	MANGO	ROOT BEER
CHERRY	ORANGE	TANGERINE
CHOCOLATE	PEACH	TUTTI-FRUITTI
CINNAMON	PEAR	WATERMELON

Katharine Hepburn

```
U N C O N V E N T I O N A L L A P
W Y Z B D D R A W A Y M E D A C A
N E E U Q N A C I R F A E H T R J
O R D G R I A F F A E V O L E M L
I F U F R A C I D E M O C T K O S
N D G B W A T B B L N C N L S R Y
O E O X G Z C S R G B I D V S N C
I S M S O O G E O O W B Z V E I A
S K M T C G C L Q N A Z D M R N R
I S Q A M A D R I U D D O G T G T
V E O G D E R N E R I W W C C G R
E T S E N A O O A T E G X A A L E
L A X P U I E M D L S U L M Y O C
E N O T L G A C T V L O L E X R N
T N H E K T T T I G Z I O U Y Y E
D O H V I K I R C L F B W R Y F P
R T A C N L E M M Y A R D F V Q S
```

ACADEMY AWARD	EMMY	ROOSTER COGBURN
ACTRESS	FILM	SPENCER TRACY
ALICE ADAMS	GRACE QUIGLEY	STAGE
AUTHOR	LITTLE WOMEN	STAR
BROADWAY	LOVE AFFAIR	TELEVISION
COMEDIC	MORNING GLORY	THE AFRICAN QUEEN
DESK SET	ON GOLDEN POND	THE LION IN WINTER
DRAMATIC	OSCAR	UNCONVENTIONAL

Letter Order

```
P U X U P J G T A E G I L O P S H
Z O P V Z E P Y S K A C L B L T J
C Y R R W A C C E N T L B B J I O
W N Z E S B H L O O R K T R U H P
K Y S P O I B T X W S T S S D X M
E Q N D P J S U V K U T R B P H S
T J Z P W O G G Z H S J I Q X M N
S S Y B M U B R E K K L F H A B C
O H O L E X S A R W L Z L Q C I B
O C A H U E B O C O I B T S E X T
B R K L G O F U W C T P R N F R B
R X T G R T E Y A R E O G Q I F S
E M P T Y G S P O O H S M D I H C
B C N S B E R F X B P K S T D R C
M R P G A A F A A S Q B E F P S T
V L X G E E Y P W I O M D C W P A
P Q V C Q R G C E S X F M A X Y F
```

ABHORS	BIJOUX	EFFORT
ABORT	BILLOWY	EMPTY
ACCENT	BIOPSY	FIRST
ACCESS	BOOST	GHOST
AEGILOPS	CHINTZ	HIPPY
ALMOST	CHIT	HOOPS
BEEFY	DIRT	KNOW

Memory

```
C B R M N C M R E T T R O H S T R
B I R E C O N S T R U C T I V E L
C L N K W J I W D I V D S T H A S
D O P O E O T S I U C E I Q M T T
F C N V C K C L S E N C O D I N G
K M Z T N I I L P E S A H S M V L
Z B E D E X F C L C R Y M L Y O S
Q L T Y R X M I A R S P O L N Q P
B U A Y E A T J C L O L E G R R I
S B K S F W M I E A A W T R O M D
S H G Z R T I V M V P E T C L E R
Q S H E E A E T E E R A E P C E B
S A F P T L E I N M O S C H G P Z
M L B A N D R H T E S B O I V C M
V F P C I T W J E I S I V T T L A
S T A T E N G H N R C S L X G Y C
R R Y R D I D G P N O I T A R U D
```

CAPACITY
CONTEXT
DECAY
DISPLACEMENT
DRAM
DURATION
ECHOIC

ENCODING
EYEWITNESS
FLASHBULB
ICONIC
INTERFERENCE
LEVELS
LONG-TERM

PROCESSING
RECONSTRUCTIVE
REHEARSAL
REPRESSION
RETRIEVAL
SHORT-TERM
STATE

Movie Stars

```
Y N V O T I H Q K P V F R B P S P
I A I I X T I D A N R Y I D E E K
Q U L D N B N U N E L D J L C P J
Z S Z Z D D L A D V M H Y N T E R
Y L S F R N I A R A A R H Z X E C
W B Y I E I S E T G R Q Y C M R J
M V S W R T D T S E Y K R L E T X
B A M O A R D E B E B R I P S S Y
T A D I R A O E N W L K A R W L E
N Z R B M C L N E N L T B C E Y M
E E N O U L G W K A I V S Y F R G
X N N Q A V O N V C H S S P I E W
X W Y H I L W K I I U J Q Q I M I
H Z Q C B G D W A B H H O U O D N
O L J O H N W A Y N E I C S A N Z
T K R C Q I B R U C E W I L L I S
Z Q X L P N G G B M K D P G S B D
```

BING CROSBY	FRED ASTAIRE	MERYL STREEP
BRUCE WILLIS	HALLE BERRY	PAUL NEWMAN
CARY GRANT	JET LI	ROB LOWE
CHUCK NORRIS	JOHN WAYNE	VAL KILMER
DENNIS QUAID	MATT DAMON	VIN DIESEL

Onomatopoeia

```
S D R O M Z K F M G I Y W G S I N
T V N S G B N G Z G H I K N D L G
C X X P Y C O W N A T F P C S N T
D L I O Z L H I K O M A U P I N G
I D F Z K A R A B Q G D C Z Z S X
A F I R M N W O U W V R C G Z N K
O H E N U G O Q U R A I I C L A V
W H I Z G M H C N C O P H Z E P A
E L G N A J B S K B E E Z U K U V
N K C X V S P L A S H U Q X K P C
M G U R G L E V E R B S A H E X R
Y T P H C W G F K N C L P T N R E
X R Z L S I A E L T T A R X G D T
G F I O S O C P N W H O S U O J T
X C I M O Z E A O G U S C P C U
K J F N I M O H J U J W D O C X L
H K E P V A M U W H O Q Z X W W F
```

BOOM	GURGLE	SNAP
BUZZ	HICCUP	SPLASH
CLANG	HONK	SQUEAK
CLICK	JANGLE	THUD
CRACKLE	KNOCK	WHAM
CRASH	PING	WHIZZ
DING	RATTLE	WHOOSH
DRIP	RING	ZING
FLUTTER	RUMBLE	ZIP
GONG	SIZZLE	ZOOM

Orchestra

```
E C T M J U F F A Z T H D H Y P V
G E T U L F I R C C F I U O T Y J
C N R T C H T G E K O U M A D P N
Y V I O L A J E A N U C M P V J I
M Z A R L C I I N N C B I I A L L
B J N U T L N T O I O H A O U N O
A D G G E S E I T U R K H B Z C I
L C L U S P S C R T X A D O K J V
S R E M M S D I W B R Y L E R F C
O D U U U E N H G Z R O M C L N Z
J R R C F E I Q E O P L M C J U F
D T R E T S W X T L N D L B V J L
T E N A T S A C T G A G L L O D C
P T E L O H V U X Y L O P H O N E
O N E N S A B M I R A M M Y U O E
E D N T F A Q Z M A Y S Q T E A K
S N Z B Z Q B Y K M A R A C A S Y
```

CASTANET
CELLO
CLARINET
CYMBALS
DRUMS
FLUTE
FRENCH HORN
GONG

MARACAS
MARIMBAS
OBOE
PERCUSSION
STRING
TAMBOURINE
TIMPANI
TRIANGLE

TROMBONE
TRUMPET
TUBA
VIOLA
VIOLIN
WHISTLE
WINDS
XYLOPHONE

Pancakes

```
B X F K W Y B L U E B E R R Y E N
D R L X O O P S A J X I L T L G S
E K A C T O H O O B N B T P B I Y
I H P L C U K S K U U A P K A S C
S K J G L W S N K C R A M E T A N
R Q A Z U O A T K D C D K R T Q E
O K C Y F C D W R I B A O T E T K
B Z K J I V H R N A C A I U R G A
U V P X D E O N E E W U N G G P C
D L E O A T A A L V R B A A K H N
X M B T A M R D T F L S E V N H A
B A K T O D D C O M L I G R X A P
U P O N X I H C U E E B S G R S T
W P V C R E P E S M E A B Q E Y O
L M I G E D B C V S M T L M J R B
N U T S S P Q X A M X F K C J U N
D L E B N K L I M R E T T U B P T
```

APPLE
BANANA
BATTER
BLUEBERRY
BUCKWHEAT
BUTTERMILK
CHEESE
CINNAMON

CREPES
EGGS
FLAPJACK
FRUIT
GERMAN
GRIDDLECAKE
HOTCAKE
MEXICAN

NUTS
OATMEAL
PANCAKE
POTATO
SILVER DOLLAR
SOURDOUGH
STRAWBERRY
SYRUP

Conifers

```
Z P Z M Y G N I R U M R U M R C C
F O X T A I L A R L D O V E R M Y
S I Q B D S V K O I L V L N O Q Y
S X N W R P O S N H F O W N A A S
E C T W D I E R H O P D T B S C G
R T J H O Q S C E E B E E T P R N
P Y O F U L R T G D R C I R R C J
Y X C O G A L D L E N N O A U J G
C L I L L R O E Y E O O G N C A K
Y A M D A L A R Y Y C U P E E C T
S K D L S E P Y N C S O D N O K Y
N F O J F W H I T E U A N L C S X
R T Z W I D P E T B R B M E C Q E
T A M A R A C K L C Y E A O C S H
I H Y L L O L B O L H C T N N D V
M Q L A L U X W W A U C G N E B B
U U Q L M V P O D Y H B G A S A Z
```

BRISTLECONE	JACK	PONDEROSA
BULL	KNOBCONE	RED FIR
CEDAR	LARCH	SCOTCH
CUBAN	LOBLOLLY	SEQUOIAS
CYPRESS	LODGEPOLE	SPRUCE
DOUGLAS FIR	MONTEREY	SUGAR
FOXTAIL	MURMURING	TAMARACK
GRAY	PINYON	WHITE
HEMLOCK	PITCH	YELLOW

Quantum Mechanics

```
G M Z L N Q U C P R U D Y C B G F
Y E A S N O T O H P Q B O W O E P
N W W V D G I M D P R N J S S R A
S P A Q U A N T U M C A N L O L Q
K M Y F P Q E J C E B O B B N P T
B J J R N A X T P N I G A O S M H
U D Q M O V R T Z M U B K E S H G
C T C A I E S T R P I F M K E I I
X T G T T I H E I L H N E L I N L
E N T H A X F T I C O Y E V T A F
L E H E I Z E T Y I L C S R A L A
P Y Y M D D Y N T M T E I I F W A
M H R A A J W A E R A C X V C Q C
O O L T R M U T O R A T L M P S C
C K O I O Q S N U T G D T W C Q H
J M Z C E Y R T E M M Y S E G E L
S W Q O S X D W V D J D S E R H A
```

ATOMS	INTRICATE	PHYSICS
BOSONS	ISOBAR	PROBABILITY
COMPLEX	LAWS	QUANTUM
CONCEPTS	LIGHT	RADIATION
ELECTRON	MATHEMATIC	SYMMETRY
ENERGY	MATTER	SYSTEM
EQUATION	PARTICLE	THEORY
FERMIONS	PHOTONS	WAVE FUNCTION

Rays and Skates

```
B P S J D Q A L B U T T E R F L Y
L X D D X N C P A J B J K V E A L
U U M A N T A O I D G S L Y H R A
E Y S K A U L F K W A I T Y Y C G
S K C A B T O P S B A X R I V A Z
P M C A W B F R Q T Y G R F J R X
O F A A B F Y G P I B I G W R I U
T L A B B D I I U O D L R X J Q K
T C Y D J N H S T I E L C C M S D
E K R L E W R T H O T I J Y M F M
D P J L H E L O H M R A A S C G U
Y A G J I E P M H T A R R X X Z J
S A G L N A H W C T G L F F F U E
E M D O N O K E A N V V T S I T C
C V S R G W L B I T T F U E B S C
K E A U E E T T X B E J D Y S R H
M Y Z V R E S R I V E R T M F E M
```

BLUE-SPOTTED	GUITARFISH	SAWFISH
BOTTLENOSE	MALTESE	SIXGILL
BUTTERFLY	MANTA	SPOTBACK
DEEPWATER	PANRAY	STINGRAY
EAGLE	RIVER	THORNBACK
ELECTRIC	ROUND	WHIPTAIL

```
M Q I R R M J U N D Y B O D L F C
U M U S I C I A N D V H U G N D V
P S N A Q S D P D T R U G R O X U
R B W C R L T L X E T N H N O G P
Q I R A S T W S K B I F Y X B I X
A X E B B N E I I A X E N C L D N
T G T I N B R R T T K O B O D L G
P T N N E T I P M N R O T O K U Q
A K E B S T A E O A A A R K N T D
R E P O O C A M W T S T A N P E S
T J R Y J Y R M S N V T E E W G D
Y M A W W E T W T T O R E W S S N
F A C I D Z A Q I S E E Q R A L J
Z S V W R I G G E R R E G I U Q Q
E H O L N K P P U U R I L R Q V N
U P T B N N M N M N F O F P U S C
M A D J N Z F L J R R N T Z X S A
```

BOATSWAIN	FIRST MATE	RIGGER
CABIN BOY	GUNNER	SAILOR
CAPTAIN	MUSICIAN	SEA ARTIST
CARPENTER	PILOT	STRIKER
COOK	POWDER MONKEY	SURGEON
COOPER	QUARTERMASTER	SWABBIE

Welcome

```
D T W Y W L A U X Q D J D Q A P H
A F P D T G N I H S E R F E R S M
S H P I T I F D T M O R Z X A E E
R O P B W E L G A X H P S L S F C
N G U B P L E A S A N T U H J H A
T G S P C U E M T G T T J A N W R
A Z J L J O N L R I A D R I E X B
E P R E X G M E B T P E E L J L M
W I X A A F E F I A C S C T U L E
X I K S Q T R O O E T O O F N V T
K X E I I O N I P R M P T H I A X
B V S N N B W T E E T H E E L S W
Q J G G Z S I S D N G A C C U W H
H V F Z E O X K J I D E B U C T W
C Z Z Z N C X P L H R L W L F A A
R C C M V W C E M L P B Y C E Q H
Y Z Y S E D D E T A I C E R P P A
```

ACCEPTABLE	GREETING	RECEIVE
APPRECIATED	HAIL	RECEPTION
COMFORTABLE	HOSPITALITY	REFRESHING
DELIGHTFUL	MEET	SALUTATION
EMBRACE	PLEASANT	WANTED
FRIENDLY	PLEASING	WELCOME

Crafts

```
A E Z A L G J O N E E M F F E E E
Q A V I R Y Y A R N D R N N G C A
G N A A N W A E A E S Q K G A J X
K I I C R T W L T I W A O J T C N
U A L N Z G R H C T E O U T N O B
R L I D L F N I L B E X L K O I L
D E L I C A T E C A T U C F M H J
E C X L F B Y A C A C Y O B C T P
T R Y P G R A R P N T E L H R G I
R O F O O I O O G I G E Y O L D E
U P X T R C S I N N C R G R K I Y
E R P T H E S K A Y T E L I P B S
E R E E N E V R A S T B R G R B V
V I T R D J R I E C F I H A H A A
U E Z Y O A B P A H E T I M M U L
N F C O L L A G E I I D H I W I I
W N R E T T A P A Y C U W E R P C
```

AIR	ETCH	MONTAGE
ARRANGE	FABRIC	ORIGAMI
BRAID	FLOWER	PATTERN
CERAMIC	GILD	PHOTO
CLAY	GLAZE	PORCELAIN
COLLAGE	INLAY	POTTERY
CROCHET	INTRICATE	SILHOUETTE
DELICATE	JUXTAPOSE	TAPESTRY
DESIGN	KNIT	VENEER
ENGRAVE	LACE	YARN

Groundhog Day

```
Y  B  R  W  O  D  A  H  S  P  N  T  N  Q  G  A  F
Y  C  G  Z  H  X  E  I  Y  W  C  P  Z  Z  H  J  J
R  T  T  O  X  G  X  Y  E  J  X  R  N  J  K  T  P
A  W  N  P  H  W  E  A  U  L  H  O  C  W  S  B  C
U  H  Y  E  E  D  T  R  C  B  A  G  H  U  O  Z  P
R  A  L  E  D  H  N  R  M  O  N  N  D  N  V  P  M
B  N  K  S  E  O  G  U  Y  A  J  O  K  I  Y  U  L
E  S  R  R  K  N  R  M  O  F  N  S  D  X  C  A  F
F  E  S  T  I  V  A  L  E  R  R  T  A  T  U  H  P
W  Y  F  R  V  W  S  L  E  E  G  I  Q  N  K  F  R
D  I  P  O  G  F  P  I  L  G  N  C  N  H  E  F  E
F  S  N  X  R  H  I  B  E  R  N  A  T  I  O  N  D
P  S  V  T  I  E  B  Q  W  O  A  T  D  Y  X  S  I
V  M  S  L  E  O  C  H  G  T  X  O  D  X  O  M  C
T  T  P  F  G  R  B  A  D  G  E  R  D  L  F  I  T
J  Y  E  N  W  A  T  U  S  X  N  U  P  P  S  B  Q
A  A  S  B  E  I  V  O  M  T  T  A  T  X  A  O  K
```

ANNUAL	GOBBLER'S KNOB	PUNXSUTAWNEY
BADGER	GROUNDHOG	RODENT
BILL MURRAY	HIBERNATION	SHADOW
FEBRUARY	MOVIE	SIX WEEKS
FESTIVAL	PHIL	SPRING
FORECAST	PREDICT	WEATHER
GERMAN	PROGNOSTICATOR	WINTER

Super Bowl MVPs

```
V R I R N I W N W S P H V Q H S X
Y R G N I N N A M L S B T J T I N
N E Y N L C H D R E L B D A I R J
S N L Y R S E G M D S W U C M M U
M R I W D A Y L C A W B J K N A A
A A E A O S O W G W A K Y S E Z N
I W R G M H U H H C N N A O N Z N
L B D I D F N K H I N E W N P J W
L G T O I O G B N H T R L V W A Y
I H U T E B R A D Y R E E A U H N
W L D D E N I T R A M O F E O S A
M J A N Q K O E T O A O B B F S T
U S S S M M I S B L S K N A R R F
W D I A I S X S L R L E C T O W C
X H N Y A N D E R S O N E B A C F
S X T U L G N V B Q V W V R P N I
S M D F Z D R Y M B M H N Z B P A
```

AIKMAN	HOWLEY	SMITH
ALLEN	JACKSON	STARR
ANDERSON	MANNING	STAUBACH
BRADSHAW	MARTIN	SWANN
BRADY	MONTANA	WARD
BREES	NAMATH	WARNER
BROWN	RICE	WHITE
ELWAY	RODGERS	WILLIAMS
HOLMES	SIMMS	YOUNG

Hummingbirds

```
L  S  C  I  N  T  I  L  L  A  N  T  T  J  M  E  Z
L  K  N  J  Q  L  I  J  J  U  N  U  F  X  P  B  V
R  S  A  V  X  A  D  Q  S  F  R  H  S  O  U  L  T
P  E  N  I  L  L  Y  R  E  B  H  F  I  V  L  A  D
I  D  P  W  I  U  C  D  Z  T  V  L  F  M  U  C  S
D  E  T  A  O  R  H  T  E  U  L  B  B  B  C  K  U
I  L  D  D  S  R  U  D  H  A  J  E  E  V  I  I  T
R  K  E  I  F  W  C  F  C  A  X  W  F  N  F  N  P
X  C  L  L  V  S  O  M  O  L  I  I  O  A  E  C  P
E  E  L  N  O  C  V  R  O  U  G  L  A  C  R  A  G
I  P  I  J  J  E  N  Y  D  S  S  R  I  P  P  E  J
U  S  B  R  R  Z  A  X  C  B  S  F  Y  Z  A  K  C
W  N  D  V  I  I  L  O  M  W  I  O  B  L  A  M  N
H  X  A  N  T  U  S  Y  M  N  O  L  L  X  A  M  R
B  I  O  V  R  T  H  E  G  A  R  E  L  B  V  M  A
N  L  R  H  A  N  N  A  S  B  N  L  U  E  Z  K  T
Y  J  B  S  E  P  M  P  H  S  W  J  Q  G  D  P  D
```

ALLEN'S	BLUE-THROATED	RUFOUS
AMAZILIA	BROAD-BILLED	SCINTILLANT
ANNA'S	CALLIOPE	SPECKLED
BERYLLINE	COSTA'S	SWORD-BILLED
BLACK INCA	LUCIFER	VERVAIN
BLOSSOMCROWN	MAGNIFICENT	XANTUS'

Islands of the World

```
T S U L A W E S I U Z Z E A P N H
S B N I K E M R Q M N Q S A S T I
L A P I Y N I L A H K A S L U T I
J R P R A C S A G A D A M O X L Z
X T K D L T Y S A N Y J S I C U C
T A Z C G N I P Z K C S K N A B J
A M M D P C E R E A N C Y A C R J
N U Q I I D O W B O C A D P T O U
E S R L N T N U G T U N L S F F L
W M Y I I D C A A U A H Z I R J Y
B O A M K N A I L L I E S H R V M
R Y O V O E N N E E D N R N K S T
I R W Z A A R R A C C N E G O A N
T C U A M J I S O O O I E A I H O
A L F S W V Y X A V O W U W B Y R
I W A U V S G R E E N L A N D X T
N T G Y W B M D S O E N R O B Y H
```

BANKS	IRELAND	SAKHALIN
BORNEO	JAVA	SICILY
CUBA	LUZON	SOUTH
DEVON	MADAGASCAR	SRI LANKA
GREAT BRITAIN	MINDANAO	SULAWESI
GREENLAND	NEW BRITAIN	SUMATRA
HISPANIOLA	NEW GUINEA	TAIWAN
HONSHU	NORTH	TASMANIA
ICELAND	RIKERS	TIMOR

Kitchen Knives

```
H G Q R T B U C E P L Y F Q I C T
D R E T T U B O A Q Y S E R Q I P
G E S X N T R B D R O B J S U T U
E N L I J C E G R R V C D R O S Z
C R I I E H A E E Y I F H M A O
U X C L Q E D V L C A E N I A L Y
T W I C E R A M I C P K N G L P S
T U N T S E H C U A O C I C C S T
E C G G L J P C R O I T P N G J E
L V H C R X V G I N G E A S G L R
T V Q W U Q S I G W K N Y M E M K
U T I L I T Y F P F D E I C O A V
X V A J C H T M I A S N T N E T L
S S E H G Q S L W E R R A T O E E
M D E D I G L U E Q I I S S L B E
O F B A G E L H S C F N N J V W T
S T O K T U C E S J B Z P G K P S
```

BAGEL	CHESTNUT	PARING
BONING	CLAM	PEELING
BREAD	CLEAVER	PLASTIC
BREAKING	DELI	SANDWICH
BUTCHER	ELECTRIC	SLICING
BUTTER	FILLET	STEAK
CARVING	GRAPEFRUIT	STEEL
CERAMIC	LETTUCE	SUSHI
CHEESE	MINCING	TOMATO
CHEF'S	OYSTER	UTILITY

Laws of Physics

```
W G C E L W K B N C K E U W D E Z
W E Q A K H Q J L P W S L S Y Z W
N B V N O I T C A R F E R Q S F A
D I H C Q G A J S K Q L P M N L D
U O V Q O W A O M R R B C T C R I
O T N I X N Y U E S J B G A Q B N
F S F O N T S L S J M U O V I O E
S A T W I O A E E S G H S D I H X
K V N V K T I S R B M Y O T E X Y
G A A X I B O T H V A Z C O D S E
B R O V A C A M A D A E K K E J Z
G T I J X M X G A I L T E E T E X
B T K E P L E R S F D H I I H O R
Y X F E W J A X E G C A Y O F N T
X T R J G F J R H J W X R X N N V
O E P R E S S U R E W C B M D V B
S L L E N S A R F Q C T A N W L T
```

AMPERE'S	GRAVITY	PRESSURE
BIOT-SAVART	HUBBLE'S	RADIATION
BODE'S	JOULE'S	REFLECTION
CONSERVATION	KEPLER'S	REFRACTION
FARADAY'S	MOTION	RELATIVITY
GAUSS'	OHM'S	SNELL'S

Search Pad

```
S R E O G E G S R W S F I P H P O
I L E H R X J A I M Y O H I A X C
K U W D O Z D D V V A O E R N D N
C I E K L N W D I G W T A A A V M
O M E M E U E L B O W P T P W Q N
L A W L H R O E C G R K I R C Y T
H S A H C K A H N E C S N A E M Q
F C G I A D G O S U L R G I K S K
L I U N B F S C G E P A A K C F S
F L I O C E R J K Y S R U S H U T
Q E K T T I Q C E K L K B N H U K
I Z R E P N I S E O N I X B C G N
Q V Y T Y W U T N E E Z L T U H O
G N I R U O C S E K A J E M K S T
S O L M M H H E A J L E G A L Q B
N E S X W S C R A T C H A H O R M
J P A J Y X B F Y J Z X U G Y T P
```

BACHELOR	KEY	NOTE
BRAKE	KNEE	PRESCRIPTION
CALENDAR	LAUNCH	RECOIL
CRASH	LEGAL	SADDLE
ELBOW	LILY	SCOURING
FOOT	LOCK	SCRATCH
HEATING	MATTRESS	SHOULDER
HELI	MEMO	SKETCH
INK	MOUSE	TOUCH
IPAD	NOSE	WEE-WEE

Mardi Gras

```
W D M F Q S K B F B Z C L N T O A
G I O X T Q Z L G K N B Q M I E J
S O T N J K A N R S E G E A E K M
D D E A W M I F A T T U E S D A Y
V V A L B C J K I A Y C J K P C U
E D S E N L P S W O R H T S U G T
F A A A B A E P P L C N Y R L N R
N U D N R H K A Y F A O O I W I I
X Y Z A E G C T U G R I B Y M K N
T A D A H W I Y Z X N T R A N U K
O E I G Y L O D U A I I C B N O E
X P D D I E S R N D V D R W Z D T
C O S T U M E S L U A A U P C J S
F C R U D E S P U E L R C I S U M
U E J J W H A M Z L A T B Q I B R
F M F W U T M N W C V N I N M V F
O E T A R B E L E C B U S P U U F
```

BANDS
BEADS
CARNIVAL
CELEBRATE
COSTUMES
DANCING
EVENTS
FAT TUESDAY

FERTILITY
FLAMBEAUX
FLOATS
FOOD
KING CAKE
LUNDI GRAS
MASKS
MUSIC

NEW ORLEANS
PARADE
SPRING
TABLEAUX
THEME
THROWS
TRADITION
TRINKETS

Has a Ring to It

```
A D L O B U T H T A B Y C F U V B
C O L L E G E O G P K E Z H L Z O
W R R N S F R I E N D S H I P H X
F A O A I L K Y I T S B T G B F I
D Q T N M L W P Z W M G Q B D B N
O S F E O B Z O R C A O E S P A G
C F S N R H W M B U L L R I U P Q
E N O H P E L E T R L D H L U M I
Y S M Y T U I K D Y E S X V P V C
E N I K P A N I B D N P X E I J V
L C I E P I A U S O I Z U R N B R
Z M Q Y A M T U I E N N A S E S F
T T B T O T I P F O N O G K A Q W
R V R N O K M R T E G I F F P S Y
N U D N R A E S H Z R M O I P D I
C Z K W H C I X Y S H I E R L N D
J R Y C I P M Y L O Z E F D E H F
```

BATHTUB
BELLY BUTTON
BOXING
BULL
CHAMPIONSHIP
COLLEGE
CURTAIN
DIAMOND
EAR
FIRE

FRIENDSHIP
GOLD
HONOR
ICE
KEY
NAPKIN
NOSE
OLYMPIC
PINEAPPLE
PINKY

PISTON
PROMISE
SENIOR
SHRIMP
SILVER
SUPER BOWL
TELEPHONE
TOE
WATER
WEDDING

One Name Wonders

```
S H P G L V L W H S T X E N U E S
E M F S N D O D M I R E L R N H C
N O R A H C T E H V E E K I A Z G
Y A N N I A C D J L H I M Q S K V
A N R E X A K G V E C G W M H O W
E N I L R U Y I E C A F Y B A B Y
S A U E P G R E R F M J J V N H N
U H B S G A L F S A U O U O T M O
N I D I A E N T D S R M S L I S N
L R W I W G W O F K I B H Z Q R N
B T B E Y O N C E S R R E I A R A
S W J E C N I R P A S K R B Y C E
S I N B A D H U N O D T P O M I H
Q W Q D X S L D B G I I E P M K D
X K I I B M Y N W O N B D V I T K
N A W E A Z U B B K N B A D I V F
N Z U I C E P U F N I O O F Y E V
```

ASHANTI	ELVIS	RIHANNA
BABYFACE	ENYA	SELENA
BEYONCE	FABIO	SHAKIRA
BJORK	HAMMER	SHAQ
BONO	JEWEL	SINBAD
BRANDY	LIBERACE	STEVIE
CHARO	MADONNA	TWIGGY
CHER	MORRISSEY	USHER
DIDDY	PINK	WYNONNA
ELVIRA	PRINCE	YANNI

Penguins

```
S  I  Z  S  H  K  Q  D  D  N  A  L  D  R  O  I  F
N  W  A  I  T  A  H  A  E  U  N  E  P  L  N  B  N
J  H  A  N  V  S  J  J  L  Y  U  U  S  H  K  G  H
K  I  Y  O  O  T  N  E  G  L  E  O  R  F  W  O  Q
R  T  W  R  F  A  R  A  B  N  G  W  L  M  O  B  K
P  E  A  A  I  R  R  E  R  A  A  I  O  B  I  P  L
Q  F  T  C  D  A  L  O  P  E  G  C  I  L  A  M  E
N  L  G  A  T  T  F  A  C  H  S  R  I  R  L  Q  L
Y  I  O  M  T  N  L  H  T  K  D  N  T  R  D  E  A
K  P  K  I  I  A  U  L  R  S  H  S  E  R  F  Q  Y
G  P  L  D  G  M  E  W  D  W  N  O  M  G  J  A  O
B  E  B  X  B  S  B  S  W  I  J  G  P  Q  C  P  R
E  R  K  O  S  K  Z  G  H  L  E  E  E  P  W  K  N
J  E  L  O  T  J  A  C  Z  T  G  S  R  Q  E  V  K
F  D  M  A  G  E  L  L  A  N  I  C  O  J  W  R  G
T  H  W  I  D  H  D  Y  I  M  H  K  R  Y  S  A  A
I  I  Y  P  J  V  N  K  D  E  I  L  E  D  A  U  F
```

ADELIE	FLIGHTLESS	MAGELLANIC
AFRICAN	GALAPAGOS	ROCKHOPPER
BIRDS	GENTOO	ROYAL
CHINSTRAP	HUMBOLDT	SNARES
EMPEROR	KING	WAITAHA
FAIRY	LITTLE BLUE	WHITE-FLIPPERED
FIORDLAND	MACARONI	YELLOW-EYED

Quilting

```
T P I H S D N E I R F R N K C Y O
X F K Y A M I S H N S V J P C B Q
B P E R U N A I I A W A H O P R Z
A B I B O T V N N P I L R E D S
S L T C B W E P I R T S O T E M U
T L O A T P H B D O V B T R R Q C
E R T M A O A C Y P A U E A U E G
P I A T T C R H T C C D H I L T G
K I C D G R B A K A I C L T P W N
T H E O I L A I L O P L I E X F I
I O L C O T N K R Y O C S D Z L H
C R P C E G I B L W Y Z A R C Y S
X W K L S D M O S O P I M Y E U A
I S U M M E R F N V F T P U W D S
O D S F Z V B H O A J N L Y B B K
L M M N S E M I N O L E E N P L E
R O L O C R E T A W I D R Q Z N A
```

ALBUM	EMBROIDERED	PORTRAIT
AMISH	FOLK ART	QUILLOW
BACKING	FRIENDSHIP	SAMPLER
BASTE	HAWAIIAN	SASHING
BATIK	LOG CABIN	SEMINOLE
BLOCKS	MOLA	STRIP
CELTIC	NINE PATCH	SUMMER
CHARM	PATCHWORK	TOP
CRAZY	PICTORAL	TRADITIONAL
CUTTER	PIECED	WATERCOLOR

Raggedy Ann and Andy

```
A O M C T G N L C L O T H I N G G
J P Q O B R W S O C O M G M R Z S
B E A L E U A S G O H M W U C L A
E A W L W D N E G E L A E Y L T E
L M T E S W J N H A C L R O A A H
O B U C L P I D R Y L O D M C T X
V S J T L R K N F E D L G Q I R N
E L K I S L Y I L I A N U W G N V
D S P B A O G K C C I U A B A G G
S G Y L V U C T I D D P B C M E K
W C A E R W G S D S G S T C C U R
R J R I K J M E E N F A B R I C U
X W N N A I B L U G P K R Y U X W
Z E U B H F A N T A S Y K H Y S M
K P W W X T O M A E R S F O C U T
S Z Q E N J P U U G W K F Z O P K
Z R T T O C P E R U S A E R T B S
```

BEDDING	DOLLS	MAGICAL
BELOVED	FABRIC	RAG
BOOK	FANTASY	SPUNK
CANDY HEART	FIGURINE	TALES
CHARMING	GRUELLE	TREASURE
CLOTHING	JEWELRY	TRUST
COLLECTIBLE	KINDNESS	WHIMSICAL
COSTUME	LEGEND	YARN

Safari

```
U V U T V Y P O Y S N J I H E S I
E G V V O E N W B T V R I W H E G
C I N P V P O L S Z I N K L Z N B
C R O C O D I L E X L G C X J G N
Q A X V P S L Y T I S R E V I D E
H F B K H U U H A R Q X U R H R L
A F L R B S A M H C A N I V U N E
N E K Q K T E I A R I Z J T B F P
N P K B E Z N R B T Y R N Y C Y H
A N T E L O P E E G O E F W G A A
V P H S C U Z G O N V P F A L L N
A C R E P S A M O D G R O A M Y T
S T R W H Z Y C A R D E P P G I R
L O Z Y E M O W S T I M T W P Q I
S Q L L A K C A J X I L E I V I Y
W R L I B S H C E S Z X L M D G H
T E C J T A Q O E F J E G A E A I
```

ADVENTURE	GAZELLE	LION
AFRICA	GIRAFFE	RHINOCEROS
ANTELOPE	GMC	SAVANNAH
CHEETAH	GORILLA	SERENGETI
CROCODILE	HIPPOPOTAMUS	TIGER
DIVERSITY	IMPALA	TOPI
ELEPHANT	JACKAL	ZEBRA

Sausage

```
Z S Z A H C C N P S H U O Y L P V
Y M X B F G J E D H S P X Q N G K
S O S R A S I T K E I T A L I A N
O K T W V N U G C R L U B P A H H
R E M M U S G S H K O Q I T Y W G
P D P L C C L E O N P P P B X A W
W T S A F K A E R B A R J C V F B
I T N D T A M M I L C S H A A O I
T I H J I T E M Z S M X N S L N D
A S X Y O R Y N O Z L N A K O L T
E B R Z G E R M A N E B B R N A J
S B R U N E M K N I L E E R G Q U
X Y E U W D F U V E M P K D P A P
Z Z C I Z T A P I E P R O H X J L
F G V P W Z A K R E R O N P S S J
T F Z M U L O R P W L X E D O I S
C K U O S Z T U B B O F U U Y P K
```

ABRUZZO	GERMAN	PEPPERONI
BANGER	ITALIAN	POLISH
BLOOD	KIELBASA	PORK
BRATWURST	KISHKE	SMOKED
BREAKFAST	LINK	SUMMER
CHORIZO	MERGUEZ	TUSCAN
DEER	PATTY	VIENNA

Ship It

```
P U A T G M E E E T C N T A T J W
M U V P H L Y Z H R W R U E N W D
G M K M A G B G Y R U U A P R E F
H G C C C I S U Y S T C T L I A
Y Y S L I N K E T V O E A I E G D
F F A O R P U I R Y R R V N P H D
D I M E N S I O N F R E S A G T R
M P V V C T J C P G R O R E E I E
X O U P C N H O A Y L C F G X F S
I F E E S O T N R V E V A O R O S
W W L K O I D T W L B M A A A O B
Z E X G N T C A E H A R G L K M G
S M O T S U C I L D L I G G U V W
Q W W W D A B N B Y L U B Y K E A
H F O O X C Z E B E E X P R E S S
J C R E C N A R U S N I I X Y B L
W P D N U O R G B W B K C S L Q W
```

ADDRESS	DIMENSION	PARCEL
BOXES	EXPRESS	PICK UP
BUBBLE WRAP	FEES	PRODUCT
CAUTION	FRAGILE	RETURN
CLAIM	FREIGHT	SCALE
CONTAINER	GROUND	SELECT
CRATE	INSURANCE	SIGNATURE
CUSTOMS	LABEL	STYROFOAM
DAMAGE	OVERNIGHT	VALUE
DELIVERY	PACKING	WEIGHT

Social Networking

```
Y V I F N F L W M Z S C A M O Q L
V P T S E D J J Y E E O Z O U K V
A T A H C Z I U D J E N E K Y L G
A C K A D V I C E Z I T F U Q O U
R G R R N C H L D G A A R L M K I
F U O E Q V O M A C I C I L X Y Y
N P W L I T U L I I A T E Q I D G
Q U T D B S Y N L A C S N J U O N
S S E N I S U B O A Y O D D C K O
A O N C Y M Y T O U B Z S O J F L
S H P P M N P L T D P O M F K Q E
B P R O F I L E I O U M R M V E B
M H C T H G A N P M U P L A X O T
O Q N S O T O H P N A K D N T X I
C O N N E C T L I V Y F Z A T E D
W I Q K Q X E T Z B C H U R T D Z
K B M W U H Y C I P T C L R P E T
```

ADVICE	CONNECT	NETWORK
BELONG	CONTACTS	PHOTOS
BLOG	FAMILY	PROFILE
BUSINESS	FRIENDS	SHARE
CHAT	HELP	SOCIALIZE
COLLABORATE	KINSHIP	TOOL
COMMUNICATE	MEET	UPDATE
COMMUNITY	MUSIC	VIDEOS

Taken for Granted

```
W B V V N O K X O S S H T A E R B
F E N I H S N U S E M P Q K H E X
J V E L E C T R I C I T Y H G T G
R L C I H E C P P F Q B E E Z A J
R E C F E G A P A E O J N A Z W O
B S N E M R N S X J E O P R R F U
I U M I E A D I X L H L D I C U H
M O Q N C N T M K P A N S N V A Z
A P T O E I H H L L H N R G P V D
G S I I G T D L E S A K G P W F M
I E R T L N E E H M B W I U A V S
N F P A E C A O M F A N R M A I O
A V E C X M E T I M E T I E G G N
T H E U X S N A U S R L I H M N E
I M O D E E R F S R Y Y T C E O J
O K M E M O R Y R Q E X E S S P H
N D V N R I N T E R N E T G O R L
```

BREATH	HEARING	NATURE
CELL PHONE	HOME	PARENTS
EDUCATION	IMAGINATION	SHOES
ELECTRICITY	INTERNET	SIGHT
FAMILY	JOB	SLEEP
FOOD	LANGUAGE	SPOUSE
FREEDOM	LIFE	SUNSHINE
FRIENDS	MATHEMATICS	TIME
HAPPINESS	MEDICINE	WALKING
HEALTH	MEMORY	WATER

The Savanna

```
C M R V S D E T E W X B N O R U V
P L W M B D Q A I L A R T S U A S
Y F T D R A Z Z U B W F V T D I F
A L N K R C L O W C B Y R R E D Q
X S R F I A R B E Z A E T I U N X
Z N H P G S P I D P B T O C C I H
A A I E K G E O G K O O R H R A T
H K N Z G O E R E S A L A Q W I W
U E O U N F A O E L B I E K H I Z
S U C J F Z O L W N C W U T L E S
H K E A E M O A A A G I A D N X N
B R R R N F R J C W Y E E N Y A I
L I O N I M A A A V T B T R E N H
G R S R I L G J I C E F T I J Y U
E L E P H A N T C E K P L E N W H
L C H E E T A H S R B A C R D J Y
F N Y L S N K T X B E W L T P H N
```

ACACIA	GIRAFFE	LION
AFRICA	GRAZER	OSTRICH
ANTELOPE	HAWK	RHINOCEROS
AUSTRALIA	HYENA	SENEGAL
BAOBAB	INDIA	SERENGETI
BUZZARD	JACKAL	SNAKE
CHEETAH	KANGAROO	WARM
ELEPHANT	KOALA	WILDEBEEST
FIRE	LEOPARD	ZEBRA

A Day at the Races

```
J W B V G L O B Z D D W Z S L E X
N D S I G N N T E E M L T I C I U
V E Y M K F D E R B Y Q E A D W B
I N C K F E H W Q O M L L I Z Y Q
E R H L I S D V C A P P C J F Y Y
F E A X I R H R E M X H B M J C N
J G R N R U E T A N E S Y E D M M
S Y I G K O H S S W P E B S C G A
Y F T K I C U H R E A L P Z I C C
A Z Y Q O D S T Y O B I V D C O Y
J J W I N N E R E D H M S V N N T
T I X S L L O P R I Z E A T C K I
K E N A L T F A L R D M E X E E E
K X P U O Q G B D O G S B B E B L
V S B M F D Q Q P A T K X M M X I
A I W P B I J L D D K V F I F U A
K G T K P Q Z L G Q D P V W D M Q
```

AWARD	FIELD	PLACE
BEST	FINISH	POLLS
BETS	FLAGS	PRIZE
BIKE	HORSE	RANK
CHARITY	LANE	ROAD
CONTEST	LAPS	ROUTE
COURSE	MEET	SENATE
DERBY	MILES	TEAM
DOGS	MOTOR	TROPHY
DRAG	PEDIGREE	WINNER

Anthropology

```
Z J Y D M T A X N Y P G A C N N
O K J C U K H A J S K U M F D H I
O L P I O G K D E S I C N I V Y J
L H A C O N S E R V A T I O N G U
O N A I D I S B O L P D E T N O Z
G U X D E A Y Y H T J U S A S L H
Y R T E M O N O R H C I G H L O C
E C O L O G Y T G O G A P I R E P
Y C Y O G U Q A H O T A F T C A Q
Q N I R R S D U L R R I I I B H C
P L W B A U E O A G O C R O T C M
M U P E P T E R O R U P T R F R N
S X G C H G N T U L T A O A E A A
V B F I Y M C E T T N Z U L S T E
P K J W S I V U D I A N I Q O H T
D T B J P W R F S E A E L T F G A
R P A Y D E H T I Z S O F X E G Y
```

ANTHROPOLOGY	ECOLOGY	OBSIDIAN
ARCHAEOLOGY	FAUNA	PICTOGRAPHS
ARTIFACT	FEATURES	QUARTZITE
BOTANIST	GEOLOGIST	SEDENTARY
CHRONOMETRY	HEWN	SITE
CONSERVATION	HORTICULTURE	TERRITORY
DEMOGRAPHY	INCISED	ZOOLOGY

BAR Names

```
F S T B P B M I D F B B J B F T N
B H Y I A A C S U A B F A D I B O
I T T E N R A B R E A E V R U A R
V R M B E B R D D A R B B A N R A
M O Y L R O O E R R D T A N G E B
I U O I R U N A T X E D R R N K Y
B C N I A R B B I T N K T A E T J
W D G R B R A Z V Z C B R B A N C
O E V B A R K L E Y B N A A R T D
L M L B N B A R I S B R M R B M P
R P H A S E N R A B R Q G Y A C W
A T B Z D F R B B I R P R R R C B
B Y W P K S A U N P B D A E O T K
B A R D O N K G Q A B B B B M N D
K A M M R K T R R B A R R C L A Y
D L M A N O T R A B A T I Z X A Q
G A B V N L Y B J B M C T D L N Z
```

BARACK	BARIS	BARNEY
BARAM	BARKER	BARNUM
BARBARA	BARKLEY	BARON
BARBER	BARKSDALE	BARRCLAY
BARBOUR	BARLOW	BARREN
BARDEN	BARNABAS	BARRETT
BARDON	BARNABY	BARRINGTON
BARDOU	BARNARD	BARRY
BAREK	BARNES	BARTON
BAREND	BARNETT	BARTRAM

Blogging

```
L E X K E X M O L L E I Q I P O V
M B N T S H R N H K N C Q E W N T
D I L O P I O B N U I A T N G H Z
P C E A G T F T K X L T V N R E S
M L R Q C R T H E M E Z O E N U M
U D J U W K A S V U Y N A N B M G
L F E E D N L L Q W B D F S V M K
T T I D E I P I B T J R C J A H P
I C X J D L T W S R H R S P X V C
B B I N T E R N E T I E S H P A L
L L I Q N I B G U B P R B L M X I
O O T D T T G M E J V V J O D R J
G G I E A O E N E F I O T G B R T
Z G O N L I N E K E U U J O X S G
Q I V B R I K F W K R P Q T P S H
R E D A E R F G U I N A F K P I Y
T S O P S B G O L B O N O N A V C
```

ANONOBLOG	FEED	POST
BLACKLIST	FISK	READER
BLARGON	INTERNET	SPAM
BLOGGER	LINK	SUBSCRIBE
BLOGGIES	MULTIBLOG	THE BOBS
BYE-LINE	NETIQUETTE	THEME
CRUD	ONLINE	THREAD
EDIT	PHLOG	TOPIC
EMBEDDED	PLATFORM	WRITE

College Nicknames

```
V R X M S S N J L S H A U F O J S
G M G W B R R X L Y R G H V I R H
S L L O E U U E F O B E I S O A O
R C T L M G L H E A N S N T F M O
E O W V U S J L D N P G A O C O S
K U R E C C E G D A I G H R O T I
S G O R F D E N R O H A I O A S E
U A U I Y R V T O S G M T C R A R
H R V N S W A J E L S S D N W N S
N S C E D N S I Y O C L Q Z U Q S
R B D S S X K K N M I Y E Q I O G
O N L P Y O J T F W T W C G A I M
C F I G H T I N G I R I S H A O U
H D E O I D Y E P O V G G N T H T
O S E Y E K W A H Z Z O F E W Q R
G C K P A N T H E R S I Z X R J Y
C Z P M V F O X B U C K E Y E S N
```

BADGERS	FIGHTING IRISH	MOUNTAINEERS
BUCKEYES	GATORS	PANTHERS
BULLDOGS	HAWKEYES	SOONERS
CORNHUSKERS	HOKIES	SPARTANS
COUGARS	HOOSIERS	TIGERS
CRIMSON TIDE	HORNED FROGS	WILDCATS
CYCLONES	LONGHORNS	WOLVERINES

Cruising

```
T B D N D O L P H I N V U D E V M
S P N V N E U C A R I B B E A N B
C H O Q X N X U C U A H V M I R B
H V I H X T U P E L A H W B Q E N
J I S P S E R Y A W G N A G T T I
Y N R S R R Y S S V W C U E Y S R
U G U H E T K M L A A G R S M Q W
O F C K L A W D O T M C T E G F T
W C X W A I I D A O V A A P I U O
G S E X X N L O V G R D H T W N H
X Q K A I M B O W B U E M A I H J
H K V N N E M M O T P C T S B O J
O A G P F N H A E P Z K A A O W N
J S W I S T R N I D F C Q U T K D
Z U L A R D D E N I A T P A C S B
Z F I O I E R C S R V J U P F P W
R X P J R I D R X Z A N C H O R T
```

ALASKA	ENTERTAINMENT	RELAX
ANCHOR	EXCURSION	SHIP
BAHAMAS	GANGWAY	SHOP
CABIN	HAWAII	STARBOARD
CAPTAIN	LIFEBOAT	STATEROOM
CARIBBEAN	LUXURY	STERN
CASINO	OCEAN	TENDER
DECK	PIER	TOM
DINING	POOL	VACATION
DOLPHIN	PORT	WHALE

EI, EI, Oh!

```
C  S  C  K  S  F  X  D  X  Y  Y  K  M  U  N  B  V
J  K  O  U  K  O  Z  Z  E  I  T  H  E  R  G  M  T
J  A  N  S  S  R  T  E  Z  Y  T  S  R  G  I  I  I
P  E  C  H  E  E  V  U  Y  S  I  K  L  C  E  C  E
S  G  E  G  N  I  E  B  C  N  E  Q  Z  B  F  C  H
E  I  I  F  E  G  Z  A  I  D  F  I  L  J  O  I  N
K  E  V  C  P  N  F  E  N  E  R  A  S  N  R  B  E
A  B  E  B  F  F  T  H  C  C  O  K  C  M  E  T  R
V  R  E  S  E  O  I  Y  G  E  F  E  O  O  I  C  H
D  H  E  I  R  L  O  O  M  I  I  E  P  W  N  C  A
G  Q  N  P  F  U  H  G  N  T  E  U  H  S  R  N  F
V  E  I  L  Y  R  B  N  G  I  E  R  E  V  O  S  X
N  R  E  T  S  I  E  M  Z  D  E  T  U  B  E  S  L
W  Y  I  X  H  H  Y  I  I  I  R  V  N  S  F  C  L
Z  E  C  E  I  L  I  N  G  E  E  I  T  L  I  Z  D
D  A  W  L  T  H  G  I  E  H  R  G  E  K  W  E  H
R  F  J  D  Q  P  G  I  D  M  T  D  R  W  I  Y  L
```

ALBEIT	FAHRENHEIT	RECEIVE
BEIGE	FEIGN	REIMBURSE
BEING	FOREIGN	REIN
CAFFEINE	FORFEIT	SEISMIC
CEILING	FREIGHT	SEIZE
CONCEIT	HEIGHT	SHEIK
CONCEIVE	HEIRLOOM	SOVEREIGN
DECEIT	LEISURE	VEIL
DEITY	MEISTER	VEIN
EITHER	PROTEIN	WEIRD

Ending in ADE

```
R V B E I A W A D D I S S U E D A
P E L D D C E N T E I N V A D E C
A R O E D A W E D E P E R V A E C
R A O D E G L A D E D D R P U A O
A F K M E S S O D A M A E A S E L
O O E O E U C A C A K R R A S C D
E R P V R N G A S C V C D T I C E
E B R C A E A Q P A A D O E D A D
T A O D N U D D A N S D L O P A
A D M E A E E E E D D A A E B B G
G E R U R E S C A P C E E D R E I
T E D A K C O T S E P A S A A N R
E I D D E V A O D D R P D C A E B
S E R C F A B R A A O E A R S G A
C K P A R A D E A E M R P A D A C
A B D E D A C S A C E A I A S P C
P E T R A E D C E N T I G R A D E
```

ABRADE	DECADE	PARADE
ACCOLADE	DISSUADE	PERVADE
ARCADE	ESCAPADE	PROMENADE
BLOCKADE	EVADE	RENEGADE
BRIGADE	FADE	STOCKADE
CASCADE	FORBADE	TIRADE
CENTIGRADE	INVADE	TRADE
CRUSADE	MASQUERADE	WADE

Ford

```
T D R R V G F G V J F Z F Y N Q Z
G R E G A L L I V R F W S O U P V
N N O U F T T Y A F O R I E R S G
A P Z C F K S N F L C S K X Z X B
T Q C H S B G D C U U L X P K J G
S E Q O E E C A N F S S L E F F P
U O N I R O T O N I J V N D L I Y
M P D L I S L K B M W M V I N F E
R A X D E X P L O R E R D T U A K
T W V I S U D I G P A R O I A R L
E A F E M E P A C S E N U O A E L
Z X U A R R T B A G Q U O N E H J
C H X R O I R L D R E O C C P Z P
J I A C U O C E E F R H Z G L P X
A M S Y N S N K K D E E A P P A Q
H M M C O N T O U R O D I I K C F
M H O Z J A D K O G O M B S J F A
```

BRONCO
COBRA
CONTOUR
EDGE
ESCAPE
ESCORT
EXPEDITION
EXPLORER
FALCON

FIESTA
FLEX
FOCUS
F-SERIES
FUSION
MAVERICK
MODEL T
MUSTANG
PINTO

PUMA
RANCHERO
RANGER
SCORPIO
SIERRA
TAURUS
TORINO
VILLAGER
WINDSTAR

Garnish

```
T H C E S N L Q A L L E R B M U Y
Y U A J P K Z G Y B D E N M L R A
Q B R O R T N A L I C O L F C G N
X B R N N O M E L S Z C K K O G C
Z R O C I T R U S P E E L Y C S O
S T T N U P C H L A O I C H O I M
E E O C O C P E U I N V O Y N A P
V R V M L A U G L I S C Z R U O I
I B J I P E T C H E O A Y R T Z Z
H U M R L N L C U L R E B E X Y B
C E I R Y O C P A M L Y O B K W Z
H K N G E U M T P S B R M W E C X
A V T S Z P E U R A A E U A J R N
P R L Q R B P A X N E R R R V U A
C H E R R Y P E G S J N S T T S O
U R A D I S H E P E E Z I S W B A
P W F X C Y C F O X V F Y P Q R V
```

BASIL	CUCUMBER	PARSLEY
CARROT	LEMON	PEPPER
CELERY	LIME	PICKLE
CHERRY	MINT LEAF	PINEAPPLE
CHIVES	NUTS	RADISH
CHOCOLATE	OLIVE	STRAWBERRY
CILANTRO	ONION	TURNIP
CITRUS PEEL	ORANGE	UMBRELLA
COCONUT	PAPRIKA	ZUCCHINI

Golden Years

```
N O I T A E R C E R E T S H Y U G
W U Y N Q X V G U M M K S Z Z S R
O A Z N H H O V O L U N T E E R A
S J L F I R G C H Y B I D F B E N
D H Y K Y I N O S T U T G E S R D
D Y U W E I I S G I Y T Y K T A C
D C V F D R B N B R Y I T H I C H
K W O E F X I T Q U Q N V R M I I
M R X L O L U J N C L G Z E Y D L
S I Y X B N E J C E D C D O U E D
F G N M Z O F B M S M I G K C M R
O R A X B I S G O L C E R M G U E
U G M A S Y W A C A E R R J L P N
G B V H V N B F T I R V S I Y T B
E S I U R C R I L C D D A R T I A
A N D M E Q O S Z O S N V R Z E P
G F O G H N Q F Q S G B K O T I R
```

BINGO	GOLF	RETIREMENT
CLUBS	GRANDCHILDREN	SHUFFLEBOARD
CRUISE	KNITTING	SOCIAL SECURITY
FISHING	MEDICARE	TRAVEL
FIXED INCOME	MEDICATION	VOLUNTEER
GAMBLING	RECREATION	WALKER

High School Biology

```
E V O L U T I O N C Y L M Q T L G
P X G S N A E C A T S U R C Y P X
W E L E M K Y Y F U N G I P T A T
N U L N N E G N Q N O A S H T R D
Q Q Y H F O M S A U C E S Y J A M
F P H Z L D M B T T M T W L V M C
V I P O Y S S E R O O K T O K E R
E E O L D K D I S A B B S G O C B
E Z R P H O T O S Y N T H E S I S
C I O T D Y M Y P O M E P N P U Z
O U L K E O M H S O T T S Y E M Q
L Z H C R B Y O L I R I G T C F L
O Q C H I L R L N I S H M U I A L
G C C O A F U A E O L O T I E D C
Y K S G H S M J T X X S I R S A V
O I L T K M E N D E L A A E A A E
S C I T E N E G J T S U T K M M G
```

ARTHROPODS	GENETICS	PHOTOSYNTHESIS
BOTANY	GENOME	PHYLA
CHLOROPHYLL	MEIOSIS	PHYLOGENY
CHROMOSOMES	MEMBRANES	SPECIES
CRUSTACEANS	MENDEL	SYMBIOSIS
ECOLOGY	MITOSIS	TAXONOMY
EVOLUTION	MOLLUSK	VERTEBRATES
FUNGI	PARAMECIUM	ZOOLOGY

St. Patrick's Day

```
I F P T Y Q Z S Q A R W J R R E C
Q N I K A R T A Q H I G A U C Q O
G J C Y T I V I T S E F P N R G L
V U N C H I B N H N M M A Y M B L
L J K U D D K T W W S D T R K N F
H G C R A I N B O W S M R L K R L
N L O F C H N E P X I D I Y B H M
Y W R L O M C E G B K M C K C K H
M Y M F D L D E E E E L K R F E U
W P A L M N K D R R L Z A C N P M
Q A H X A C A L I P G M C A I B O
Z U S L U R I C O C E L B N L T G
M X E T A Y K T O R O L C A B M U
R R A P Y T N Q L V E H H W U K A
I R I S H D G U E E R H L N D H M
R Y B D B S M R A H C Y I T P F M
J E Z U U P S U M P E U Q R E W W
```

CELTIC	GREEN	MARCH
CHARMS	IRELAND	PARADE
CLOVER	IRISH	PATRICK
DANCE	KISS ME	PINCH
DUBLIN	LEGEND	RAINBOW
FESTIVITY	LEPRECHAUN	SAINT
FOLKLORE	LIMERICK	SHAMROCK
GOLD	LUCKY	WISH

Inventors

```
N  M  B  R  A  I  L  L  E  T  K  J  K  H  O  V  C
M  A  U  S  T  R  A  U  S  S  E  U  H  I  K  B  D
L  H  R  N  J  K  C  T  E  R  I  D  I  E  B  N  Y
G  A  Y  E  N  T  I  H  W  W  N  S  N  E  H  A  A
J  R  W  O  T  Z  B  B  I  T  S  O  G  T  T  A  D
V  G  Z  F  N  H  M  W  U  M  T  N  H  F  I  Z  A
U  I  E  E  L  A  C  A  Y  R  E  G  L  N  M  V  R
J  N  B  R  R  E  T  I  E  N  I  D  M  G  S  G  A
C  B  O  C  E  L  M  B  R  R  N  O  E  B  I  B  F
G  K  O  S  O  L  M  I  W  H  R  E  R  S  A  M  O
J  N  K  V  I  E  L  N  N  S  O  O  O  A  N  K  G
I  H  N  N  P  D  I  E  E  G  W  W  M  J  N  G  T
M  R  I  S  F  E  E  A  T  N  N  C  E  V  O  Q  G
C  X  M  P  P  M  W  H  I  O  R  R  A  L  V  Q  G
H  U  Q  C  S  L  E  N  N  A  K  B  L  L  U  U  E
D  I  E  S  E  L  G  Q  R  W  B  E  A  M  L  A  V
E  H  I  C  N  I  V  A  D  T  K  M  O  O  G  D  P
```

ARCHIMEDES	GRAHAM	PAUL
BENZ	HOWE	PEMBERTON
BRAILLE	JUDSON	RICHTER
BROWNING	KANNEL	RUBIK
DA VINCI	KELLOGG	STRAUSS
DIESEL	MARCONI	TELLER
EDISON	MOOG	VOLTA
EINSTEIN	MORSE	WHITNEY
FARADAY	NAISMITH	WRIGHT
FLEMING	NIEPCE	WYNNE

Machine Embroidery

```
K Q S E L D E E N S H P A E Z D U
K G K L X C Z G J L C Y E K C E R
J K N L U N I G I R O A N L G S B
X L M I Q K T S G G U O L I V I R
D F E N M B I F I N I S H I N G I
H E L E D M G N Y T I H O R N N X
M Z B H L L I F A M N E O Q I G H
U Y M C R S D R O N M A K H L E G
P N E R B D T N T A D R P R E M B
S O D U A S O E R V W S Y H A B S
E Y O E I G N F Z U D I P D O R B
V R R G R S N S G E R A W T F O S
Q H E A I L T I N N T R T Z B I P
T R M O N I A I K J I Y Q B Q D N
K Q N S T Z E Y Z C Q C I B H E G
R I Y C Z R D B Q K A N A K O R B
N X H P V A T V O E G B E F E Y S
```

BACKING	FILL	REGISTRATION
BOBBIN	FINISHING	SCALING
CHENILLE	FRAME	SHEARS
DENIER	HOOK	SOFTWARE
DESIGN	HOOP	STITCH
DIGITIZE	MONOGRAM	TENSION
EMBLEM	NAP	THREAD
EMBROIDERY	NEEDLE	TRIMMING
FACING	ORIGIN	UNDERLAY

Maps

```
T Z S W C B V X A C C W Q U P G C
H E B M E C O N O M I C E S F A C
Q M E E U A M M U J R U T M A Q P
T S I R U O T L O L O A A B Y C I
D E F C T W N H X A T M M T K U A
I Z X A A S Z M E E S A I M J Z J
S C I T Y A C F D R I Q L N F T X
A W T O P O G R A P H I C L I C J
S D K R U P E U O H L U N S I K W
T G L N C G O L R V H T N H G U Y
E Z T R I I I L V C E A P V S T X
R R Q O O I T T I U R A H C N R Y
Y U N O C W U A A T R F M U R F L
L A C I S Y H P M G I J O S E O D
L W P C Q K T S O E U C Y S A X M
Z T J K L U R E C R H A A M V J V
S P X G V I G Q H J N T X L S U R
```

CITY
CLIMATE
COUNTRY
COUNTY
DISASTER
ECONOMIC
GEOGRAPHIC

HISTORIC
MERCATOR
PHYSICAL
POLITICAL
REGIONAL
ROAD
STATE

STREET
THEMATIC
TOPOGRAPHIC
TOURIST
TRANSIT
WEATHER
WORLD

Minnesota Zip Codes

```
4  8  1  2  5  4  5  0  5  7  5  5  4  4  4  5  5
7  7  1  7  5  5  5  8  8  8  5  5  5  0  5  5  3
5  0  4  4  8  5  5  5  5  4  7  9  5  5  5  1  6
5  8  5  5  8  7  4  5  5  5  5  5  4  5  4  3  5
4  7  5  5  5  2  8  8  5  5  7  5  5  5  0  6  0
4  5  4  5  5  8  6  1  4  4  4  5  5  4  5  4  3
2  4  4  5  5  5  4  5  5  4  7  5  7  1  0  5  5
5  0  2  5  5  5  5  7  5  5  9  5  0  0  5  6  1
0  5  4  4  5  4  4  5  5  5  5  4  9  7  5  4  5
8  5  5  5  6  6  6  1  5  5  0  7  5  2  4  4  7
5  5  4  7  5  0  5  8  4  7  0  3  5  5  4  0  0
7  5  5  4  0  7  0  5  5  5  8  2  8  8  3  4  5
8  4  5  5  0  5  5  5  5  4  7  0  1  0  4  5  8
7  5  5  4  5  8  8  4  5  5  4  5  4  4  4  5  5
5  8  0  4  5  5  8  5  5  2  6  5  1  0  5  5  0
1  5  0  9  5  5  5  7  8  5  5  5  1  5  5  5  8
4  9  4  4  4  5  5  5  5  4  0  0  5  5  4  1  8
```

55401	55411	55474
55402	55412	55478
55403	55413	55479
55404	55414	55480
55405	55415	55483
55406	55460	55484
55407	55467	55485
55408	55468	55486
55409	55470	55487
55410	55472	55488

```
Z K R L R G K K I K T D S H N G S
N S C I T L E C G V I R C O S X F
B U K N I C K S T H U N D E R C Y
C I G A M V T A S W B Q G X O Z D
R C B G B A X E A U C E Z S I N X
I A A T E M F S C S P H R P R J F
S P P H R T Q K R U R E R U R F U
S Q Z T W M S B R E I E S R A D B
I P Q D O E A O U L C E P S W O U
A H E A L R C V A L I A W P B C S
S N D V V K S V E L L I P C I T F
M N S P E J A Z Z R Z S A S E L S
T P O T S C O Z G A I T S N U R C
S Q S T U E I M R H S C R K E N O
P S X J S R T D A G H O K K W D S
Y X N J G I S G K J H J A S E A Q
H B N H C Q P V T R W L R B Q S H
```

BOBCATS	HORNETS	PISTONS
BUCKS	JAZZ	RAPTORS
BULLS	KINGS	ROCKETS
CAVALIERS	KNICKS	SPURS
CELTICS	LAKERS	SUNS
CLIPPERS	MAGIC	THUNDER
GRIZZLIES	MAVERICKS	TIMBERWOLVES
HAWKS	NUGGETS	WARRIORS
HEAT	PACERS	WIZARDS

Omnivores

```
A K B X O Y E K N O M L N E Y F W
C H I C K E N T Q W E Q P E B K H
W N N X B E M F P R G A Y M V T B
X O F A L C Z C R R N E T L L A D
W K R T R R H I I D E L R Y D M R
M N R C Y I U I A T I P I G W Z M
O U Z L P Q P Y M W P V E Z E N N
T K S M S M B H W P G R Z S A Z Y
F S U S G Z Y S T P A B X W R R W
V N H T O L S I V O M N R I R W D
K Z A B D P K F A L R S Z N L S V
K S S I K C O D N A S X W E N D E
A Q L M U L X R T R D W Q A E Z G
W H E D G E H O G B Y C M O N O L
C G O H T R A W M E E U N J O R K
A Z I W Q P D S M A H S O S X I Y
Y K D Y X P A L X R L I E Z X V C
```

ANT	HEDGEHOG	RAT
BADGER	HUMAN	RAVEN
CHICKEN	LIZARD	SKUNK
CHIMPANZEE	MAGPIE	SLOTH
CHIPMUNK	MONKEY	SQUIRREL
CROW	OPOSSUM	SWAN
DOG	PANDA	SWINE
DUCK	PIG	SWORDFISH
FOX	PIRANHA	TURTLE
GOOSE	POLAR BEAR	WARTHOG

Poetry

```
K G F U P C I P E D O M S E M E M
D G Y N H R R C C X Q S M T R C E
A C F M X D O F Q V Y A F E I O I
L Y T C A D N S F I N S V N C N D
L S T T A V Y H E A O I Q I N C E
A X K E T N A B L E T U R W A E P
B Z L L N I Z O S A A Y L F S I R
H B X P K N G O R I L D M E H T A
R Q U U U Y O R N Q H L N Y A I C
K H J O F Q A S J E U R Y L G R G
Y C Y C G N P L K C Y A L D E E I
T I I M A G E R Y U O E T E I F S
E E S R E V E E R F G D L R A R T
D U C L E L O E Z O P O E K A A V
Q A E P O M M A R G I P E S C I F
P G P V I Q I Y F M H B K V M N N
Y P X V E D G L G L X W A O V V R
```

ALLEGORY	ELEGY	LYRIC
ANALOGY	EPIC	NARRATIVE
BALLAD	EPIGRAM	ODES
CANZONE	FREE VERSE	PROSE
CARPE DIEM	HAIKU	QUATRAIN
CINQUAIN	IDYLL	REFRAIN
CONCEIT	IMAGERY	RHYME
COUPLET	IRONY	SENRYU
DACTYL	LIMERICK	SONNET

Racehorses

```
A  S  T  W  R  D  A  K  M  T  A  D  Z  M  U  L  P
N  F  W  O  N  E  S  U  I  S  R  G  H  A  O  Z  A
E  M  F  A  M  N  C  U  H  F  U  D  L  N  S  F  Q
R  J  K  I  P  F  C  N  A  S  I  C  E  O  L  Y  L
M  O  S  V  R  S  O  G  A  Y  A  N  S  W  E  R  A
T  H  E  F  I  M  E  O  A  D  R  N  I  A  K  Y  R
E  N  U  B  Y  R  E  W  L  C  E  Y  O  R  M  G  I
L  H  A  E  Y  S  A  D  J  T  P  V  P  L  R  A  M
W  E  L  S  E  L  T  T  A  E  S  B  I  O  A  L  D
S  N  I  C  R  W  C  F  H  W  O  S  U  T  C  L  A
Y  R  N  I  L  O  C  O  S  L  B  N  Q  G  A  A  R
B  Y  H  G  X  J  G  T  D  K  D  N  E  Q  H  N  A
N  W  L  A  S  E  C  R  E  T  A  R  I  A  T  T  W
O  E  R  R  R  Y  U  X  A  A  L  Y  D  A  R  F  D
S  W  U  O  C  L  Y  B  B  C  I  T  A  T  I  O  N
Y  T  F  T  E  E  L  F  T  N  U  O  C  P  M  X  R
S  W  D  R  U  E  P  A  L  R  A  H  P  X  Z  D  L
```

AFFIRMED	EQUIPOISE	ROUND TABLE
ALYDAR	FOREGO	SEABISCUIT
BOLD RULER	GALLANT FOX	SEATTLE SLEW
CIGAR	JOHN HENRY	SECRETARIAT
CITATION	KELSO	SWAPS
COLIN	MAN O' WAR	SYSONBY
COUNT FLEET	NASHUA	TOM FOOL
DAMASCUS	NATIVE DANCER	WAR ADMIRAL
DR. FAGER	PHAR LAP	WHIRLAWAY

Roofing

```
M G E P T L P D S V C X I M U L E
Y T N E V L T S R O N U E N T C R
N Y R I D G E L M I F C H E J E B
V E L E K S T F E E P F L L G L Y
P D R K L C P T S Z T E I I J P W
E E V A E F E C H M C A D T W P Z
L B T H U R U D I H O F L G I Z Z
G E V S C Q R A E A M I D T E K I
N U G N I H S A L F P O C S B F T
I F O E Y P T C D D O H N A T V L
H C S K H F A L G W S Z L N H C Q
S A S A I C S A F R I G Y L R N W
V A L L E Y B Y A P T Q H R X K E
S T X R I L J T T T E A H D D E Q
P S J U E A T H A O I V Y A C J Q
G A Z E B O N L B R A K E V J C T
K P O I H F F R I J P U Z X U K E
```

ASPHALT	FLAT	SHIELD
CLAY	GABLE	SHINGLE
COMPOSITE	GAZEBO	SLATE
CONCRETE	HOT TAR	SOFFIT
DECKING	METAL	SQUARE
DRIP EDGE	NAILS	TARP
EAVE	PITCH	TILE
FASCIA	RAKE	VALLEY
FELT	RIDGE	VENT
FLASHING	SHAKE	WOOD

Shopping

```
U V C Y T E I R A V C G Y H X E T
N C H S U U Q T N B E I S A D N U
R P A L X G V J G X N A R G E Z K
M F R A P P L I A N C E E M L J X
C B G I C N P B B N P D T D I J Y
H A E C R R O T O A K R N P V F G
E F R E O C L I Y U A H U X E U O
C G W P W R H M T P T R O F R L L
K R I S D S E Y E C C I C V Y W O
O C R F A N T D A H E T Q X N J N
U E U F T I K R A B G L I U V A H
T P C S V M T S K U T P E D E O C
Q Q A I T O E S M V R M Q S E D E
S A T R V O R E L I A T E R M R T
T C R M W R M D C J E W E L R Y C
A O N L I N E E E D Z T L X W M M
Z U N S E O H S R R N A T N T G I
```

ACTIVITY	CROWD	PRICE
APPLIANCE	CUSTOMER	PURCHASE
BAG	DELIVERY	RETAILER
BOUTIQUE	DEPARTMENT	SELECTION
CART	FASHION	SERVICE
CASH	GIFT	SHOES
CHARGE	JEWELRY	SPECIAL
CHECKOUT	ONLINE	TECHNOLOGY
COUNTER	ORDER	VARIETY
CREDIT	PAYMENT	WRAP

A Rose Is a Rose

```
E L I A E B A P E N E P E N E L O
A A P R E L C X S G N I S S E L B
L C E E L E I E P E P O L E N E P
B A N R I I N N A P E C A Y E L I
E F R E E D O M A E L I A I B I O
R A A D A O B C O S W B S F A E E
N I E N L A W A H N N R C E E R A
F L E A I O I I L I L S E L E A L
W E A W N R N R L B C B I G U E E
A N L S G E E B O A E C H N P L X
N R E I O L U L B H S R A E P A A
F O A N C D P R L E P C T R O C N
E C S A W I O R L A N U U I R P D
L C N B B S A P P A B P E B N L E
I A O O A L P D C B G G P U R E R
C N W N B I A A A I L R O D L Y S
D C C I R B L E B E E A M O I L S
```

ALBA	CAFE	FREEDOM
ALBERTINE	CAN CAN	PENELOPE
ALEXANDER	CORNELIA	RIPPLES
BALLERINA	DUBLIN BAY	SCABROSA
BIG PURPLE	ELINA	SHINE ON
BLESSINGS	EUPHORIA	SNOWCAP
BONICA	FELICIA	WANDERER

Arboreal Animals

```
C R E D I X L M U S S O P O L T H
C S F G Z I E L K T R V L W A X O
P R N N G H R S R A E W W B P K N
T I C A C I R K N E I S T R C T G
C P C S K N I G Z R D I O E Y O W
Q M O N K E U I E M U P G M R U Z
E C C I O T Q I O R A X A F R C L
X C H L A Z S N F G A R I N E A R
O D A N L R K U R J D E R X D N M
I S M J A E N I P U C R O P G A B
J W E T Y O Z P T A M F A A N L R
A L L N S I B C K U G E U Z U S L
I H E L T Q I B C N B S L D I T X
L E O P A R D M I F F D B D V L H
H T N P G K G Y P G H Y P G Z A S
H T I H F O L X Q P R A H Y B Y C
D N B G C F A Y L B F W N H D D R
```

CHAMELEON	LEOPARD	PORCUPINE
FLYING FOX	LINSANG	RED PANDA
FROG	LIZARD	SLOTH
FRUIT BAT	MARMOSET	SNAKE
GECKO	MONKEY	SQUIRREL
KOALA	OPOSSUM	TARSIER
LEMUR	ORANGUTAN	TOUCAN

Baby's First

```
M O E E U M S S V S E B C S B Q X
N P L C H V S H N M H R G A S A U
W Q W P A E R H B N Y O L B M M L
F R A O N R S O Y A D H T R I B A
D A R K R E R L L P T H Q D L V U
H O C X W D V I M L J H I L E E G
N I O Y W Q S D D K O A P S Z G H
S W C F G P W A V E P V K U N Q Z
H I I X D U U Y P E T S E I T P J
S T A N D I Q K R K Z R D R S I V
B U I U P U L C C H R E T A Z T S
D C L I I W H O V E E A R A O X F
A R U X E A I X S F H G E Y A A H
I I M I N S D A N V G C T Y Y C T
K A G G O Z C A S C R I B B L E O
A H E H T A E R B B I L C R T W O
T P Z K Z Q J H L C M K P T W R T
```

BATH	GRASP	SMILE
BIRTHDAY	HAIRCUT	SOLID FOOD
BREATH	HOLIDAY	STAND
CAR RIDE	LAUGH	STEP
CHECKUP	ROLL OVER	TOOTH
CRAWL	SCRIBBLE	WAVE
CRY	SHOT	WEIGHT
DIAPER CHANGE	SICKNESS	WORD
FEEDING	SIT UP	YEAR

Balloning

```
N W D G N S W A Y C F Y R N D L X
Z O T Z U Z S K I R T E C H R O B
F L F F C Z X F R N P J T D O A H
E N V E L O P E P P O U E G P D R
N O O L L A B P O U O M O X L T R
O U D N W U P H K M S N M C I A E
M T A O R H T I S E D B R A N P H
E D F N E A R U N O Y O M O E E T
X O E H N P P S L F W G I U F S E
O R X U W P I A G N L T R X H R T
N A F R O T A L F N I A I A E T L
C U J R D K E J O T M T T I B T A
S T T L N I B K E T P S S I S H U
R S U Q A C Z P S X X O R C O M N
G S W O L G M O L A R R L A O N C
W Z F S P O T T E R B E C E E O H
A C S L C M T U R E Z A J E S T P
```

AEROSTAT
AMMONIA
BALLOON
BASKET
BURNER
COMPETITION
CROWN
DROP LINE
ENVELOPE
FLAP INFLATION

GLOWS
GONDOLA
HOPPER
INFLATOR FAN
KEY GRAB
LANDOWNER
LAUNCH
LOAD TAPES
MOUTH
NOMEX

PILOT
POLES
ROSIERE
SCOOP
SKIRT
SPOTTER
SUPPORTS
TETHER
THROAT
THUMBS-UP

Beat of a Different Drum

```
G H K L A D A M P U V J J Q F T Q
C O M K N O Y D T Z U M X V T L V
R C A T C E K H S P X S T Y I E A
G E I T R E P I N I Q U E G M O H
Z P X S E N G M H D H O L L B Q V
D B S W T N O A U S E Z B B A K L
T A W A I W O Y E N A W O U L K J
B L V K W O D R U S H N G P E N X
H I L U H U A S I L G J L G S Q M
L A S X L N K Q K O E T B E D U G
T T L W S J I U R A I Z T N E H P
Q K I L P E A T R M R Y L J M T M
V C T A B L A G P U Q Y N J H X S
M O T M O T W A N Y B X E A O F Q
U C E H U U N N D O P A W N U B E
I J F B L I Q G H G C R E Z D Y J
D W B K L T W I M L B I F S C A N
```

ABURUKUWA	DHOL	STEEL
ASHIKO	DJEMBE	SURDO
BASS	EAR	TABLA
BEDUG	GOBLET	TALKING
BONGO	KARYENDA	TAVIL
COCKTAIL	MADAL	TENOR
CONGA	REPINIQUE	TIMBALES
DAVUL	SLIT	TIMPANI
DHIMAY	SNARE	TOM-TOM

Bells

```
A T A T K N L T N Q D O A W E W G
H L I D I N N E R Q H U H W T A A
Y K E G S Z F M M C J L M Q E I O
T P B X E B T P L A M Z H B L C R
R G E W A R D L N G C P A T E V U
E U L T I N K E R R R U N Q P D Q
B M G N I D D E W P E A D B H A F
I E N B Y C L E X C H H B F O N O
L M I L H T S B R P O H T B N Q C
C I J U T R X R E G O W O U E J B
S H R E A N K L E G R T L B O L Q
Z C K H G I E L S V T A R R D S L
H S H Z B G K P V O L A H G V F L
Q P D O O R I Y M I S I E A R H J
X I R I O H C S E S R K S V M A A
D N G M S L O W Y G T W Y A L E L
Q P K H Q F X Q I E Y X Z L S C U
```

ALEXANDER GRAHAM	COW	SCHOOL
ANKLE	DINNER	SHIP'S
BAR	DOOR	SILVER
BLUE	DUMB	SLEIGH
BOTTOMS	ELEPHANT	SOUTHERN
BRASS	HAND	TELEPHONE
CAMEL	HOP	TEMPLE
CHIME	JINGLE	TIGER
CHOIR	KETTLE	TINKER
CHURCH	LIBERTY	WEDDING

Boxing Greats

```
O  L  E  C  P  G  Y  E  L  V  E  W  T  I  W  L  F
M  H  D  H  T  M  V  N  A  D  R  E  C  K  M  M  W
C  A  R  A  A  A  B  B  L  R  O  P  L  C  H  A  L
S  A  A  V  P  R  D  P  E  A  O  J  G  J  L  Q  A
X  E  N  E  S  C  G  I  G  P  M  O  Z  K  Z  N  N
X  Y  O  Z  S  I  Z  G  C  R  V  O  E  K  A  N  G
H  Q  E  O  O  A  U  E  N  E  S  R  T  R  Z  L  R
M  C  L  A  R  N  I  N  R  O  M  I  U  T  C  J  E
P  O  O  F  Y  O  E  N  D  W  R  D  U  Y  A  P  L
N  O  S  N  I  B  O  R  M  S  I  T  I  O  F  C  D
G  V  N  M  N  X  O  D  I  J  E  L  S  Z  L  T  D
E  A  O  P  Y  F  E  V  R  O  A  L  D  M  Z  D  A
O  B  E  R  G  M  K  H  S  H  V  F  R  E  R  G  S
N  P  A  N  P  X  U  T  U  N  N  E  Y  A  D  A  R
U  C  A  S  I  D  J  M  Z  S  A  J  Z  P  H  O  K
N  L  E  H  C  T  E  K  Z  O  E  G  V  Z  F  C  O
Y  Y  Y  F  O  R  E  M  A  N  L  J  Q  H  Q  L  T
```

ALI	FRAZIER	MCGOVERN
ARMSTRONG	GANS	MCLARNIN
CANZONERI	GREB	MOORE
CERDAN	JOHNSON	PEP
CHARLES	KETCHEL	ROBINSON
CHAVEZ	LAMOTTA	ROSS
CONN	LANGFORD	SADDLER
DEMPSEY	LEONARD	TUNNEY
DURAN	LOUIS	WALKER
FOREMAN	MARCIANO	WILDE

Classic Toys

```
I M T Z H O A S V G C C O I M B K
D K W L K N Y K Z F Q K T Y U I H
B I R M P O G O S T I C K T H L E
F P C A S T K L Y K O L E T N I T
W V R M I C S R X R C P T U D T C
E K J P O L L I U E O A S P K E H
P H P R O D T B W C E G J Y Y B A
O T T L N O I W S T O B Q L S R S
R E T T A K H O I L N S S L M I K
P V W U S Y R A N R B O I I Y T E
M D M C O Y D L L I L N M S R E T
U E U A G B O O G U K E C E S F C
J B I O A C J W H Y H V R B L Q H
E Y J R N Z H N O I T A R E P O L
I N B I W E K M S E L B R A M U W
X I L W E E B L E S I S R R A X V
E C I L R E T S A M W E I V V M S
```

BARBIE
BIG WHEEL
ETCH A SKETCH
FRISBEE
GYROSCOPE
HULA HOOP
JACKS
JUMP ROPE

LEMON TWIST
LINCOLN LOGS
LITE-BRITE
MARBLES
OPERATION
PET ROCK
PLAY-DOH
POGO STICK

RAIL TWIRLER
RUBIK'S CUBE
SILLY PUTTY
SLINKY
TOP
VIEW-MASTER
WEEBLES
YO-YO

Computer Trouble

```
C X N I A V S H J U X N Y M V V S
S A S O W B P D B F N Z H Y R G N
A L D Q I X Y E A Z A P F R W O A
D O Z W W N W F N O H M K O I U W
F G F A A W A E V I L F A T C M A
C I Y I M R R P S B R B C C E R U
R C H I L K E H M E Z A X E R I H
S B K P T E I H S O T V Q R P O J
D O V K T N I I C C H S I M D N
E M P G G U D N E Q X S A D S Q K
C B A V J E O R F R E M U A V Q M
U K J J N S I G O E A A N Z Z D F
R E Y T U D E B M P C W Z Z O R Y
I T S D V F O Y S R M T L O N C M
P O L Y M O R P H I C N O A W Z K
F C Q Z T R O J A N M N U R M Q M
M Z W B Y C H A E T I R W R E V O
```

ADWARE	FILE INFECTOR	POLYMORPHIC
BOOT	LOGIC BOMB	RESIDENT
COMPANION	MACRO	SPAM
DIRECT ACTION	MALWARE	SPYWARE
DIRECTORY	OVERWRITE	TROJAN
FAT	PHISHING	WORM

Cycling

```
K N P X K N F G R A S C G A J U G
S A D Q T C Y N C Z C P T P Y Q N
T F I H S E A I E S H M T H T S J
X R A E G S J K W G W E Y E P S V
M M O C L T V C N P A C E L I N E
E H S A R D A O R M G N S M U Z L
S N D A Z I R L N B U A R E W U O
W E I V B T T B S O R R E T B H D
P N U L S S L E L T L A J W I B R
L H B M P I F Y R H R E C Q X O O
I P R R I I M D O I A O H I B S M
P A I F E P C R T K U M H C N J E
O N W L I G E S C F N M M S E G B
T J D C J S D I I N A S P E E D O
G X U R A E K I S D L R N M R Z H
Z Q O H U T O U R E L D D A S D K
K W C T S I R U N B B T C O O I A
```

ARMSTRONG	HAMMER	SCHWAG
BLOCKING	HELMET	SHIFT
BRIDGE	JERSEY	SHOES
CHASER	KICK	SHORTS
CRITERIUM	OLYMPIC	SPEED
DISCIPLINE	PACELINE	SPRINT
DRAFT	PEDALS	TEAM
ECHELON	RACING	TOUR
FIELD	ROAD RASH	TRAIN
GEAR	SADDLE	VELODROME

Day at the Spa

```
F O I M N A G N I R E P M A P A E
W A A G O Y R A M A O V E B G R G
F S C B I A N O K O B U Y J U Y C
W H M I T U B Z M I O I P S T C D
M A S S A G E U X A J R S F O L K
C I T S I L O H R B T E M L Q R T
W H I R L P O O L C R H L A Y H Q
T R C P O G G L E P S A E I E E P
A K X A F R W L U L G H W R Q T S
C D O R X P M C Y E E A A L A E S
H Z V W E J A U N R R P P F Y P W
B E P Y D L W H U W E U S F O A Y
Q U R D Q H A C I U U I C N X O D
O T L O R B I X T S S T T I J R L
N J C B B N P I I U E Q N R D F M
E Q T G A X C S N N D G F Q E E D
J Q G M J S Z K B E G G Z X K T P
```

ACUPRESSURE   HOLISTIC   SAUNA
AROMATHERAPY   LOOFAH SCRUB   SPA
BODY WRAP   MANICURE   STEAM ROOM
BOREH   MASSAGE   THERAPEUTIC
COLLAGEN   PAMPERING   WAXING
EXFOLIATION   PEDICURE   WHIRLPOOL
FACIAL   RELAXING   YOGA

Tax Day

```
U P L G R O S S Y L T N T F H U N
C H C R E E T D W D I I I Y R S Z
S N G T V K Z J E N I L D A E D H
V T X S E U G Z E T E P L U T R F
L X P Q N E I J X Y S F Z E A O X
C P J I U M X Z T I P U G B H C P
C E X P E N S E E N E O J M B E Y
A A M T K C I U N R Y R V D N R Z
D U I A O X E U S L J A U A A R S
V E K R N Y L R I N S M L G R M Y
E E D A E A H N O E Q T M Z I F C
H C O U T F T I N M Y H S Q N F V
C G I I C E U N P Y O M P S C J G
S Z P V R T I N T E R E S T O Q N
P A T N R G I L D O R W A V M L O
C L A Z H E Q O F M S X V P E D D
G L C K A A S Z N D C C O V V K C
```

ADJUSTED	FIGURE	LOSS
ANXIETY	FILE	PENALTY
AUDIT	FORMS	RECEIPTS
CAPITAL	GROSS	RECORDS
DEADLINE	INCOME	REFUND
DEDUCTION	INTEREST	REVENUE
EXPENSE	INTERNAL	SERVICE
EXTENSION	ITEMIZED	TAX

Dolphins

```
F E C L K A A P Z L K N J I Y X D
A I W H I T E S I D E D U A H R E
I B M S R O T C E H S V A E E Z T
P M O A I R K C M R N T Y H A N T
N J Q T I D O I E E P N D E V J O
T E I P T M E S L H I E S U I O P
N V E R M L A K U X H G E Z S E S
F D E O R R E M A T K I L O I K E
I S N N F A P N O E Q L A K D W Y
R P X P E B W O O Y B L E O E C M
L I E I A M T A X S C E P Q S A S
R N W C V H Y T D T E T T F U V O
P N K G G K G L J D R N Z I J D P
R E T U C U X I C P Y I S T H X V
D R O A I K G T Z H P A V P M W C
E R L L S P S O S S I R J E P P A
O B E T I H W E S E N I H C R A H
```

BLACK	HECTOR'S	RIVER
BOTTLENOSE	HUMP-BACKED	ROUGH-TOOTHED
CHINESE WHITE	INTELLIGENT	SPINNER
CLYMENE	IRRAWADDY	SPOTTED
COMMON	MAUI'S	STRIPED
DUSKY	MIAMI	TUCUXI
FRASER'S	PEALE'S	WHITE-BEAKED
HEAVISIDE'S	RISSO'S	WHITE-SIDED

Engineers

```
N L S L H U P K Q N F U L P T B L
B A L V A Y M F O E I A T R N A K
A R V A S C X U I U C A A H R H R
I E L A T Y I F E I O N R U M C L
A N I B L N N T R L S C T T K M A
U I D G U U E T P P O C E S Q E R
F M P U C C M O O U R V A E T U
A R W L S E H R N R T U T F N A T
H W E M L T T E T O G A M E E L C
E A K E F A R S M F R O X T P L E
R O J B T B T I M I I I T Y H U T
A W L I V I C I A D C Y V S C R I
W B O E A U N X U L Y A W N R G H
T N L A C I N A H C E M L Z E I C
F L R P N Z E C A P S O R E A C R
O E G G U B I O M E D I C A L A A
S B G E O L O G I C A L F U G L K
```

AEROSPACE	GEOLOGICAL	OCEAN
ARCHITECTURAL	INDUSTRIAL	OPTICAL
AUDIO	MECHANICAL	PETROLEUM
BIOMEDICAL	METALLURGICAL	SAFETY
CHEMICAL	MINERAL	SOFTWARE
CIVIL	MINING	STRUCTURAL
ELECTRICAL	NAVAL	TRAIN
ENVIRONMENTAL	NUCLEAR	TRANSPORTATION

Everyday Odors

```
S E H T O L C Y T R I D N P M Z E
G M S O B P V G G I V T D F R I O
A U S T N A R O D O E D I E K U H
R F E E T V D W E H Y S F U S L S
R R T Y U T F S V A H R V D R X S
A E I E E L P L R A I N N E L F I
B P N W R I A P O G D V G T Y K N
C D K E C S S C E W P P P E Y S N
I C A E H R H R A T E S A R D N E
G J S Y I S A A A N G R O G U S T
A O P A M T E E V I D J S E Q A Q
R V H O O Y W R N E G L S N W H E
E M G R V S A M F G P U E T R E J
T C A T L I T T E R O D D H F P I
T R S Q X G L N V O I L O F B I O
E A W O P O G G E X B A O Y E M Y
S P H E R O M O N E S C F C Y S F
```

AFTERSHAVE	DIRTY CLOTHES	PHEROMONES
AIR FRESHENER	FEET	RAIN
CANDLE	FISH	REFRIGERATOR
CAT LITTER	FLOWERS	SMOG
CIGARETTES	FOOD	SOAP
COFFEE	FRUIT	SPICES
COLOGNE	HAIR SPRAY	SWEAT
DEODORANT	INK	TENNIS SHOE
DETERGENT	PERFUME	WET DOG

Genealogy

```
S R R Y U J T E S O O V A Y U H C
K E Q E A I M O T H E R N D J F X
K T T X S K N X J O F E C I X H M
S H F K R E H T A F O N E V W Y F
E G A I R R A M Y D F R S O C N D
L U H I S T O R Y G E X T R Y E W
A A V S E R B Q C T O N O C C G J
J D F A M I L Y S H A L R E W O X
K F O M N E F I W D Z E A L X R K
M T B R J H S L N M H S I E B P U
D S U R N A M E E A E N U I N R J
W N S D R O C E R D E S R S E E C
X F A D T S R C A A E T P H N O G
C W U B E T H N G C H A T O U E S
T Y J D S I E E I S R O T S U Y C
B K P E V U K U O S R I I H J S N
Y J G E R N H L X B I N C T X V E
```

ANCESTOR	DESCENDANT	MOTHER
ARCHIVE	DIVORCE	PROGENY
BIRTH	FAMILY	RECORDS
BROTHER	FATHER	RESEARCH
CENSUS	GENEALOGY	SISTER
CIRCA	HEIR	SON
COUSIN	HISTORY	SPOUSE
DAUGHTER	HUSBAND	SURNAME
DEATH	LINEAGE	TREE
DECEASED	MARRIAGE	WIFE

Italian Cooking

```
Q S F C M B H P H I Q L U V O S D
Y T A R U O A P T S I M N M E C L
V W N T I R S T E O A Y A A J I X
Z E T A S C E C E P R G S U J L W
J E N L L H O V A E P A E F Z R A
R R E O G P I T L T L E M L I A G
S Y U A T L G E T T O L R E J G B
E A P L O S C G D A O Y A M L Q O
O S M O Z Z A R E L L A P O I L U
T O R R A C O Z S A I N I N M L I
A A X P M S I Y Z L O S X K O A L
M O T T E R A M A I I T A T N R L
O S V M P N M X N Q P T S B C B O
T L A J F O N O R E G A N O E O N
X R B R G M H E D G F Q M E L R W
Y R I G A T O N I W R U F Z L I W
Q O U S E V A E L Y A B N J O O Z
```

AMARETTO	LEMON	PENNE
ARBORIO	LENTILS	PEPPER MILL
BASIL	LIMONCELLO	PIZZA STONE
BAY LEAVES	MOSCATO	RICOTTA
BOUILLON	MOZZARELLA	RIGATONI
BUTTER	OLIVE OIL	ROSEMARY
CARROT	ONION	SAGE
CELERY	OREGANO	SEA SALT
EGGPLANT	PARMESAN	SPAGHETTI
GARLIC	PARSLEY	TOMATOES

Pitches

```
R A N G L E C D K F Q S D U T D Z
V E L O C I T Y D W C U X X N J V
F K K U I X I L P R K O A Z Y M V
A Z P N Z T P M E P U E G N A H C
S Q H P U V A W A N J F R E G M Y
T R T B S C B I L E E P S D K X R
B E E A P A K L R E S R C G T J O
A T B D L C A L P A U O Y S N I T
L T V L I B U U E O V R W G E T C
L U C G T L D R F F O L X T M Q E
W C Q I F N S G V B O P H R E E J
S M P D I E G S A E D R W V V P A
R S M W N F A L M O B Q K R O E R
N F U A G L L X A A O A U B M S T
M G B R E A K I N G L L L G A Z O
X K W S R E K N I S S I K L C L M
O A U E W S Y L L A B M L A P M L
```

ANGLE	GYROBALL	SLURVE
BREAKING	KNUCKLE	SPITBALL
CHANGEUP	MOVEMENT	SPLIT-FINGER
CURVEBALL	PALMBALL	TRAJECTORY
CUTTER	SALES	TWO-SEAM
FASTBALL	SCREWBALL	VARIATION
FORKBALL	SINKER	VELOCITY
FOUR-SEAM	SLIDER	WINDUP

Marmots

```
B P I Y G R Z H J H W N S A B Z G
L K J D D O N D I O M V Z X V R X
A E N N Y P L A O M K L Y L O I D
C G A T D X U D G R A K L U O N F
K I A U J Y C I E A K L N I A O Y
C B L P S H A D V N B D A L V H T
A H A S U V F R M G H R S Y W S L
P D S C R M O N G O L I A N A D N
P F K Z N E E A G M R T P T E N O
E W A K D E I L L E B W O L L E Y
D N J I N G Y B V T T I I X R B A
Z D F I Z E E U Z M A A X W S J G
C I P M Y L O P R N T I S V G B A
W L F R R C K T P G E D Y A Q B V
A J A D N F Q L N E F M S X O V R
S O K A B O B O X B T D B F Q S A
H W V S M V L U K L E S T E X T T
```

ALASKA	GROUNDHOG	RED
ALPINE	HIMALAYAN	STEPPE
ALTAI	HOARY	TARBAGAN
BLACK-CAPPED	LONG-TAILED	TARVAGA
BOBAK	MENZBIER'S	VANCOUVER ISLAND
GOLDEN	MONGOLIAN	WOODCHUCK
GRAY	OLYMPIC	YELLOW-BELLIED

Texting

```
P  S  I  I  F  C  N  F  H  N  D  M  N  P  X  S  H
B  N  I  M  R  Y  H  S  D  T  I  F  O  C  A  R  A
R  S  K  R  K  A  L  U  C  H  Y  S  B  M  O  S  D
W  U  T  V  G  T  F  V  Y  S  K  D  X  U  M  V  A
W  F  W  D  F  M  F  N  Z  M  N  H  W  Y  W  C  D
O  X  R  S  I  G  B  F  L  M  B  O  C  C  E  E  Z
M  S  U  M  T  G  N  J  Z  Y  F  T  S  J  X  P  S
R  U  W  G  B  Q  U  J  R  T  T  F  N  V  A  H  K
M  O  C  L  A  B  U  W  K  E  S  T  T  F  C  I  G
S  I  T  M  R  B  E  H  H  U  O  T  L  T  Q  A  X
N  D  Y  F  Y  I  X  R  C  X  A  Z  B  E  D  I  L
T  O  V  V  L  A  A  M  O  F  J  T  I  K  M  H  T
B  Y  M  H  S  B  U  X  T  B  W  B  G  D  I  N  C
Y  L  D  E  R  W  U  O  J  S  T  W  K  C  H  S  S
T  T  I  Y  S  U  F  Z  N  B  D  D  T  G  I  S  S
Y  S  C  W  P  T  K  Q  A  M  C  R  W  B  P  E  V
S  H  E  J  B  B  N  I  E  N  N  G  A  H  J  A  U
```

AAMOF	HAGD	SOWM
ADAD	HAGN	SRSLY
ASAP	IDTS	TSTB
BBIAB	JLMK	TTFN
BFFL	KISS	TTYL
CLAB	LMBO	TYVM
CULA	LTNS	UCMU
DKDC	MUSM	WDYT
FITB	MYOB	WYWH
GMTA	ROTFL	XOXO

Volcanoes

```
H T K K M V H E S Z S N D Z F Z R
P E Z O N Z D P E C E P Z B W Z I
D C C H J U O R A F S S V R P X N
S I F I S S U R E R A C D E S J G
A Y J T M P S H L D G S M N S H O
A V W V T U Y S T I I O R P U X F
W C A I F Q P A Y X D S M S M D F
Y G O L O N A C L O V Y A S M M I
E N T N P W A I S U H B G S I B R
F Z T R E L S N S M A F M C T E E
A Q H K D V O A I S A C A G R E S
D M V E V I T C A P T N I E I U R
M L R I S S S L H N O E T N U I S
K A J O L D T O E Q E A K L D W Q
D O R M A N T V F H R Z N B E E T
S E E T M W O W X C D Y J G A A R
V L T G H U A R E O G U U X D F E
```

ACTIVE	DORMANT	MANTLE
BASALT	DUST	PUMICE
CALDERA	EROSION	RING OF FIRE
CINDER	ERUPTION	SEISMOGRAPH
CONE	FISSURE	SUMMIT
CRATER	GASES	VENT
DISASTER	LAVA	VOLCANIC ASH
DOME	MAGMA	VOLCANOLOGY

Wingdings

Yellow

```
N D H T H C H F Z X U Y M O C B F
M E V X J R C H F A P R Q T V S W
C I Y B P P I K S Z T I X O L K F
K L O Y G G E N L T C B G W E N X
H L S U B M A R I N E B M M V R U
N E B L F Y M S N W Z O R A E J N
Q B Y Z R G T S E O G N V E L N J
M O P V I R A X I L S F C D V A T
V N B Y E B T L K L L C A O C E K
K F B A N A N A F E A O O K R D F
C W K Y D C P T M M R N E L R N D
B D T K S B H O X K Y T R A O T I
R D B A H G N T C P Z R W U Q R Y
G Z D L I S T I A M A O A N O Q G
Z N F L P L R B S C C G U N G J O
K C F K H B E B H V P S E P A C L
N C Q A C S H S A U Q S B S C C D
```

BANANA	FEVER	LIST
BELLIED	FLAG	MELLOW
BRICK ROAD	FRIENDSHIP	PAGES
CAB	GOLD	PIGMENT
CANARY	JACKET	RIBBON
CAT	JOURNALISM	SQUASH
COLOR	LEMON	STREAK
CORN	LEVEL	SUBMARINE
COWARD	LIGHT	SUN
EGG YOLK	LINE	TAIL

```
T O C A T C H A T H I E F C O T P
T T O V T K E Z A R B Z G N O P M
E D H G N U M E R R Z J R A C H
P I I G L V U S P R C J N O F P D
N S D R I B E H T F I C P C U O M
A A Y L G R V P W H U U F I B Z C
M Z S C S B F N O R R Q V R A M C
G C T L H R O E T R T J Q P G O Y
N V V G U O E A G O S J O A N M W
O H S E Z K I A L A S T C C F E N
R Y X T R N Z P R C T F L R Y S G
W A K P W T Y E H W R S G E F D D
E C E Y R L I I W E I K U D S D S
H V A Y I N Q G N T H N Z N R Z X
T S K M R A A Z O F R L D U J B D
R X A A W X Y F S S E F N O C I L
J F M O K X G L I Y W J L S W I E
```

FAMILY PLOT
FRENZY
I CONFESS
MARNIE
PSYCHO

REAR WINDOW
ROPE
STAGE FRIGHT
THE BIRDS
THE WRONG MAN

TO CATCH A THIEF
TOPAZ
TORN CURTAIN
UNDER CAPRICORN
VERTIGO

Appearances

```
G Z D L R Y X Z Q J N W D E A L B
G W J D G M N I E H R E G T Y S U
S A F L B U T N Z L I H T H H Z A
C E D R M S F A I R B R Z O O E Q
C O I B B T Q B R K A A R X S R D
L H M F U A B O L C S T R N X C H
J W I P I C W E T L G O A O K L T
K T T N L H J I A M A L H E D B S
K H I M T E V S E R U T A E F A W
D G L E D E X E C F D H I E S Y O
W I Y W D A L I I H T P R F M R R
H E A V Y E E T O E E Q L F I Y B
S H U E G H U H E N U E V L L Q E
P L E A S A N T E S O N K U I P Y
Q O N P E Q P X S R A E V S N T E
O T I B P A P B S H O B O L G Y C
M L I V Y H T L A E H F P M N S Y
```

ADORABLE
ATTRACTIVE
BEARD
BEAUTIFUL
BUILT
CHEEKS
CHIN
COMPLEXION
EARS
ELEGANT

EYEBROWS
EYES
FAIR
FEATURES
FOREHEAD
HAIR
HEALTHY
HEAVY
HEIGHT
LIPS

MUSTACHE
NOSE
PLEASANT
SHORT
SKINNY
SMILING
TALL
TEETH
TIMID
WORRIED

```
S U W Q E N T A N G L E M E N T A
E A I N G E S T I N G E G R K Y H
R U B M Y M I W Q N N J N G E K Y
I N S R F R R G K T S M I E N L L
P D B D A P W O H I D M T R T B K
S E R U T C U R T S E R A U R H Y
E R Y A F C A Y Z N T H I Q A H N
R G C D N L I D E N E U T R P R O
S R Z G L T S N A B S M A A M E I
P O S M V V I P I B E U R P E S T
Z U E Q C U I O F T R G G O N T A
T N J X Q C M M X M O A N G T O Z
T D M L I Q M R X I W C I H C R I
Y H W T L S K V S C D W I Y W E N
F L N I E R L Y A X P A Q N R S O
R A H O T S H O T O M O N X K F I
J J P Q V P T F A H S R E T F A F
```

ABRACADABRA

AFTERSHAFT

ANTICIPANT

ANTIOXIDANT

ENTANGLEMENT

ENTHRALLMENT

ENTRAPMENT

HOTSHOT

INGESTING

INGRATIATING

IONIZATION

NICOTINIC

PHYSIOGRAPHY

RESPIRES

RESTORES

RESTRUCTURES

TORMENTOR

UNDERGROUND

Biomes

```
U T X E C I K C A P X C L Y X S K
N U M S J A V S Y X E N L H C W C
Q N T A I G A P R K S Z S O K A O
S A F R E S H W A T E R R K D M V
G A M T Y R D L U U A A L E A P R
D M P O R D T A T M L D S L N Z C
T N C M U I N S S R S E J P D P Q
S E A C A N V L E D R N P F V Z M
E Y V L A P T E N T W A X O X Y R
R P E V D J F A R X R E A R F Z P
O T A U L O L E I O B C C E Q B Y
F S U X I T O M W N O O C S I P N
N A X N E F A W B S H M G T X M N
I R V W D R S L A R R A P A H C S
A P R A I R I E A F J H A K G Q Z
R D D N O P A T Q G Q P K H A D V
A R E P W A E W J A L X P V C D C
```

BOG	MARINE	RAIN FOREST
CAVE	MARSH	RIVER
CHAPARRAL	MOOR	SAVANNA
CORAL REEF	MOUNTAIN	STREAM
DESERT	OCEAN	SWAMP
ESTUARY	PACK ICE	TAIGA
FRESHWATER	PAMPAS	TUNDRA
KELP FOREST	POND	WETLAND
LAKE	PRAIRIE	WOODLAND

Black Holes

```
V Z W E B E N H V A H E Q H R X H
P N V Z B Z E Y R A N O I T A T S
Y M O M E N T U M A K P V S L T R
W T T Z R P X J B H G Q O C U V S
S Y E S I M B S J N D L W R G I G
S L R Y E R O C I M U U E J N G F
M L Y M B R O T O T U M S G A R K
J A B M B S A H I L M U U T E O R
L C T E M T P O T E L L C S B W P
O I R T O H N A R N A A E A R Z I
F R Q R E F R U C R E A P T V E M
I E B I T R T A I E R V E S H G U
N H W C P A C T L C T C E N E R S
H P N W V V Y Y H L N I Z U M A A
N S E R R A Z I B A E L M K G H V
J G U F A U S T A R S T S E I C T
C C E R G O S P H E R E S R O O Z
```

ABSORB	EVENT HORIZON	SOLUTION
ANGULAR	GAS	SPACE-TIME
BIZARRE	GROW	SPHERICALLY
CHARGE	MATTER	STARS
COLLAPSE	MOMENTUM	STATIONARY
CURVATURE	RESEARCH	STELLAR
DUST	ROTATING	SYMMETRIC
ERGOSPHERE	SINGULARITY	VACUUM

Children's Games

```
T H O P S C O T C H C B Q A Q B J
H A Z E B R L M Y W F G M X T W J
U T U G O F W A R O P W A Z M L N
M J E G E T W I U O H A R T X Z N
B P B Y D A C R J B I E B W U Q N
W S W X P T S A L W V Z L C I K V
A V G E K Q E L T O X M E K N O H
R C E O U I A L R C Z K S E F J K
X K H A R B C D E J I Y K E R X A
F N R A E F E K U P A T E S J I Z
G E I G R R P M B S H J G D E S U
D N D J U A P A N A W O Q N K N B
F O Z M B R D O E N L M N A P D E
D N A C O C M E S L E L A E J W W
K I S P Y I Z J S O K U E D L O E
E V E I S L L A B T O O F I H B I
D Y O T A T O P T O H B O H S E B
```

CHARADES	I SPY	RED ROVER
DODGEBALL	JINX	SIMON SAYS
FOOTBALL	JUMP ROPE	TAG
FOUR SQUARE	KEEP-AWAY	TELEPHONE
HIDE-AND-SEEK	KICKBALL	THUMB WAR
HOPSCOTCH	LEAPFROG	TIC-TAC-TOE
HOT POTATO	MARBLES	TUG-OF-WAR

Digraphs

```
C C W H X E T V D N M L C J S T F
K O Y C A M R A H P Z I A H U Q K
G W S A A F T G E V E T E X I A I
R S V T H R O Y D G T T P T E N E
W E M T R L B R E O N L H R I M A
W H I A H I A K E F O E B N P H D
A P P R O A C H Z D E W L H I R W
T M P K R O C H N N W Q A L E C A
E D F N R E O Y A W W S U A A L F
R Z N N C P T C P Q I N M N T H W
F O Y O Y I I E M S J K E H L P C
A E I T R R E V I H S H O T E I M
L T H A R T V Q H T P U G B V Q E
L O H U L F H L C Y G B F F O A S
N C H L H W A E H H W T U G H A O
W Q S H A T T E R I A R J J S Y T
A Y P M U U C A V N Y M A M M A L
```

ALTHOUGH

APPROACH

ATTACH

BOAT

BREAK

CHALLENGE

CHARITY

CHIMPANZEE

CHINA

DREAM

EMPHASIS

ETHNIC

HURRICANE

HYPHEN

LITTLE

MAMMAL

NORTHERN

OSTRICH

PHARMACY

PYTHON

ROCK

SHATTER

SHIVER

SHOVEL

TERRIER

TOBACCO

VACUUM

WATERFALL

WHITE

WOOD

Edible Seeds

```
K O H S A U Q S S J M P C T R V Y
Y P P O P R N F J B W E U A B O A
P G L L P K E A N E D A M A M E W
I O I F Z M L D J M J N I J X E A
D R M H E A A M N L G U N R Q I R
E I A E P R U Y Q A S T E D S X A
E A A E G S T A A P I W P X I A C
S N N S T R F M K K O R K P I L A
E O C A L L A N E L A Y O H C C L
L X R F A A B N F L R E C C O L E
T D I F F S F N A E O X M R Z E J
T C L L H W U Y L T V N N A Z N A
A A A O E S H E M P E N S U S N V
W X L W J D C A J W A I N U T E F
P I N E N U T K Y A R S I J T F S
F F B R G N I K P M U P J U B O I
I C Y W Q X P A C N J H H V G I L
```

ACORN	FENNEL	PEANUT
AJWAIN	FLAX	PINE NUT
ALFALFA	HEMP	POMEGRANATE
CARAWAY	JALAPENO	POPPY
CELERY	LIMA	PUMPKIN
CHIA	LOTUS	SAFFLOWER
CORIANDER	MAYAKA	SESAME
CUMIN	MELON	SQUASH
DILL	MUSTARD	SUNFLOWER
EDAMAME	PALM	WATTLESEED

Fishing Lures

```
Z L Z I B L T I A B K N A R C X G
R M M R O W R T M U V J W R X O H
E D R E Q A O I S T I A B Z Z U B
L E I H L P L A D O R G F D L H B
S S C S W Q L B R C F L H A H C P
G X K A L A I M C M Y T I H A L R
X T T L F V N I Z O Z C B S Y E A
N E U F G R G W T G I V T A N M Q
R O E B K R U S J F L I N N I A C
Z T O I E B R S I B N I I S D T M
J J I P L U G T O G I P Z M Z B C
M J P A S G R S O N S Q F A B L P
Q O B C B A N J I D H M G C R A U
P Z C U Z K S T I C K B A I T D J
A F R I V X R B E J J Z S Q J E G
H G X D O D G E R V V J I D C B S
P A G M R W L T J T N T B Z I T M
```

ARTIFICIAL	GRUB	SPINNER
BLADE	JERK BAIT	SPOON
BUZZBAIT	JIG	STICKBAIT
CASTING	LEECH	SURFACE
CRANKBAIT	LIZARD	SWIMBAIT
CRAW	PLUG	TOPWATER
DODGER	POPPER	TROLLING
FLASHER	SHAD	TUBE
FLY	SOFT BAIT	WORM

```
Y H C O V U B U A D F T U J N P Z
I H C E P G Y G C H W G N B P T S
H C L U G H U M R S C R U R R M I
T N R G P O A S G O N E A S T O X
R I A Y G F N R H G W I R L W U F
I R L O L L I S A H S T N L O D R
G G O L D F I S H H S H H J O W S
W H Z N F Y H T O G G O R O F Y B
E H A I A W G V C J M O L G R U O
N C T R G G N A S H G J X A R T C
V H G I E K X M N J A G W R G D F
U X F T M G B G X F G O T N D H N
X N V W O S R E O L U L C I K L D
S T E H Y A N V I Q O N P S O E Y
B A P R P U S U B W E O N H I W E
V P L H C U O R G P M I Z E L T N
F R D R U O M B F N E J O U T H N
```

GALOSH	GNASH	GRIFFITH
GARNISH	GOLDFISH	GRINCH
GASH	GOSH	GROUCH
GERAH	GOTH	GROWTH
GIRTH	GRAPH	GULCH
GLITCH	GRAYISH	GUNSMITH
GLYPH	GREITH	GUSH

Going Bananas

```
O T I N A N A B Q E O T C O C M M
G Z R M Q H L G R A M R A E L D J
P D U K K X U O R P X O R V N R Z
L V P L R R S A H A H C D U K D B
A L A B U Y E Z M G N O A M B L H
N I J L M O B G R O Y N B A M H A
T S A O E S P O N S A I A R F Y B
A P R O H R S O I I D R Y I Y F A
I G O D F M Y L P E F O L D N M Y
N H T R I E K X R B L Y P Z Q D Y
C L A C A T A N M O M P D O S F J
U W H S A B A A H J E B P A N M S
D E H D B B N I P K T N K A L I L
L O O E U Z V P A N I R B E Z D N
S E L C A V E N D I S H R J O U G
S W P N T P E B W H C F P P Z Z J
V J O T I R O D U Y T W I S G P J
```

APPLE	GROS MICHEL	ORINOCO
BANANITO	HAHA	ORITO
BLOOD	HUA MOA	PLANTAIN
BURRO	KRU	POPOULU
CARDABA	LACATAN	RAJAPURI
CAVENDISH	LADY FINGER	SABA
CUBAN RED	MANZANO	SILK
DWARF	MYSORE	VALERY
GRAN NAIN	NINO	ZEBRINA

Heteronyms

```
B T T R P E A L E B E R E E I T G
O B C G E R V C T Y Y T P E E J Y
W Q E I Q C O Y A N A A Y T Q S X
E D F M V M O J R R G Q N C S M C
D T F F B N I R E A D P R E T O Q
E E A I M R O B D C L X R F O B U
R S N R I F I C O G T D L R P I S
L E U S A L U Y M X D J D E F L U
I A T C E P S U S A U I R P H E B
Q X M D X X E V I L N M D L G A J
Z E Z I H E A S L A I K J Z B J E
W G C O N D U C T T O T H U M T C
D O E K B A O E L G N V S O S O T
H C I G N I T T U P I E X E U V Q
Y Y T M V C Q E C H Z G G G Y S P
T A T T R I B U T E E I Y F M A E
N N O D Q N O R L O D K P W H U E
```

ABUSE	COORDINATE	PERMIT
ADDRESS	DELIBERATE	PROJECT
AFFECT	DIGEST	PUTTING
AGAPE	EXCUSE	READ
ATTRIBUTE	HOUSE	REBEL
AXES	LAMINATE	RECORD
BOWED	LIVE	SEPARATE
COMBINE	MOBILE	SUBJECT
CONDUCT	MODERATE	SUSPECT
CONVICT	PERFECT	UNIONIZED

HIPAA

```
H M B Y J K E C N A R U S N I Z O
N C E P M D E O P Q D F S H P F X
T O A D D C A A E R U L E Z F X K
E L I E I I B T S L I V C I D Y W
Z M A T R C S B A E I V C R N B I
I V O Q A B A C E O S E A E M I E
R N E F F M I L L S R U C C Z Q O
O D T Y R S R A E O G L P O Y E V
H S J I Y H T O R E S S Z R Y C Y
T E I H L I V C F D T U G D M N F
U C P W O E Z A E N O H R V J A L
A U Q N Q K S I R T I F A E C I C
C R E D I V O R P D O L G I X L I
J I C N O X G B X B I R L G M P N
H T L A E H K C X D H I P U B M U
V Y C O N F I D E N T I A L O O D
B Y D T C I B Q R Y B L J G P C B
```

ACCESS	INFORMATION	RECORD
AUTHORIZE	INSURANCE	RELEASE
BREACH	MEDICAL	RISK
COMPLIANCE	NOTICE	RULE
CONFIDENTIAL	OFFICER	SAFEGUARD
DATA	PHYSICAL	SECURITY
DISCLOSURE	PRIVACY	USE
FACILITY	PROTECT	VALID
HEALTH	PROVIDER	VIOLATION

Just In Case

```
T U Y D H B J P Z N N R X J R Y E
O X S S H S U E U K P Q V P R K H
O Z C O J W X E A X Y A C L U R C
L E D L W O Q L F R S C E I W O M
Q I I F O R D B E U E W Y D U G N
B S C W R S Y U I G E M K Y N Q R
Q E J N K T E T R J A T A U O B F
B A S K E T W D B G G L H C U M X
Y L D T R P U O P C P N F G X J W
R U F C M E T O O S S E L E P O H
X D G V N H E S I K C P V G K B K
C R U H T Y M D N B O O K L O Z F
J B F E D E R A L B P W I B Q D Y
C K V S T U R K P M N B B N Y V W
R A G I C C G M J L N I E E H R C
U A C O Y F C P C H N U G L D D S
L D I F V X Z Q V V N P A S P C M
```

BASKET	COIN	JEWELRY
BEST	COSMETIC	LEGAL
BOBBIN	CRANK	OPEN
BOOK	DISPLAY	PENCIL
BRIEF	FEDERAL	SUIT
CAMERA	FLAG	TOOL
CIGAR	GUN	WORKER
CLOSED	HOPELESS	WORST

Living Fossils

```
A I S E A W E E D M W D U H Z Y J
I G Z D V L N R G O A D Y K C Q E
D K O W E T A T Q L O P P V R P V
Q Q M S M G U R H L K J L I O Q H
G K S A O R G E H U A D J E C H I
J U I N T N T D I S P W H P O I E
M F F L I O M N H K I C I J D T E
S L E R E K C A M S R F V L I X J
Y H R K J F I M A E I A G M L N I
F E R F R L G A P L Q F R N E O C
H R W E O A Z L Q H L E Y M U R W
N Y O N W D H A G I T I H L A L W
N L G G A O Y S T E R J G Y L B K
I A C O E L A C A N T H F A I E A
M R T R E T S B O L T I Q R T X J
B B S E T L I L K Y S H C Q N O H
U I F P G S J D A H B H P A G F R
```

ALLIGATOR	LOBSTER	PERCH
BIRCH	LUNGFISH	SALAMANDER
COELACANTH	MACKEREL	SEAWEED
CRAYFISH	MAGNOLIA	SHARK
CROCODILE	MAPLE	SHREW
DRAGONFLY	MOLLUSK	TERMITE
FROG	MUSSEL	TOAD
HERRING	OKAPI	TURTLE
JELLYFISH	OYSTER	WILLOW

Mediterranean Countries

```
J A X Z J I Y T T R I L L R R O Z
H D E K Y S E V G J U C H Q Y D U
A R H P E G K C O B V H L D T D D
I S R A E L R L I F Q O E G F G Z
R L C G L O U E O T Y E S H H L Z
Y I C V A B T B E E G F L D J O N
S B L T Q V A A C C J C Y P B K O
E Y I C O M I N I F E N U R C C K
F A Z X P S A O I N I U H Z C I V
N A U F I R Y N K A E D O O T C N
C R K N F Z C N P W S V R M Z E D
U S U R P Y C S M I T O O I M J C
B T Q Z S U T O T P M P M L G Y S
T O M L V A N A Y V Y L B Z S Y T
N G B H N A L G E R I A X N Y V T
K M S I C Y E A A T N C F J F S U
D M J O W Q T N L C J K C J G M X
```

ALBANIA	GREECE	MOROCCO
ALGERIA	ISRAEL	SLOVENIA
CROATIA	ITALY	SPAIN
CYPRUS	LEBANON	SYRIA
EGYPT	LIBYA	TUNISIA
FRANCE	MONACO	TURKEY

Homophones

```
M D O P P T Z W Y I H U C Q C Q H
U A U X Q H H L C T F G U P B N N
T H R O N E U G H U O U H R R W Q
Q Z K T L Q K X I E R B J W H O D
G M A D I A T A G E E Q V F E R U
E T O R R A C T H M W L T V A H N
R E H A A S L C E Y O X I W L T V
O O T G E E C S R H R F R V P Y K
B T T M I L H E N T D O V E H D J
Y E I A F S W N N Q F X T E B P R
T T A E R O P T A T W I P M G L D
M P W C L A L N A F C O A S V G E
H I B F H K D F L O U R Z G S B J
C Q I I K F K R Y R S D F O U U Q
Z S R G D B E E C H R V F N C J O
E E N Q U O L R A O B Y V A T I E
V T D E W O L L A X W O T S P N R
```

ALLOWED	FOREWORD	POUR
ALOUD	FORWARD	SCENT
BEACH	HEAL	SENT
BEECH	HEEL	SIGHT
BOAR	HIGHER	THRONE
BORE	HIRE	THROWN
CARROT	KARAT	THYME
CITE	MARSHAL	TIME
FLOUR	MARTIAL	WAIT
FLOWER	PORE	WEIGHT

NASCAR Champions

```
L C Y B R S Y R O X J H D A Q R V
Z E B Y O T Y T W S E P I N X E U
I K N R D E Z Y T E O B D R G P S
E Y Q O B W P Z A E A F U C G D R
I S N N S A M G I C P T G S M C L
E H G U O R O B R A Y H H U C P Q
H Y H L M T A P B L Y C W E A H P
Q F H Z K Y R E O L A N L T R V G
A L L I S O N S P A E Q J I E L H
I B A K E R A A S W J A X H L C Y
F R V B A M R I R P R H Y W L G F
L H R F O S K X I R Q X N N I L X
X C I H O N R R E B V F T R O P G
Q Z T N Q K T T F X T W Z C T P Z
D A S H I L T E L M F T K Y T M O
T R H L A W G M E A R N H A R D T
R Y F W N O D R O G N L J N Y I L
```

ALLISON	GORDON	STEWART
BAKER	ISAAC	THOMAS
BUSCH	JARRETT	WALLACE
BYRON	LABONTE	WALTRIP
EARNHARDT	PARSONS	WEATHERLY
ELLIOTT	PEARSON	WHITE
FLOCK	PETTY	YARBOROUGH

```
I  H  T  Q  H  X  K  R  A  P  L  A  R  T  N  E  C
S  K  N  I  C  K  S  R  M  X  J  H  G  S  H  L  R
Z  T  W  R  E  T  A  E  H  T  T  W  T  S  N  L  P
B  M  A  P  C  Y  T  I  E  Q  R  A  A  E  L  I  J
T  I  J  T  Q  S  X  S  S  K  T  N  U  F  Q  S  C
E  E  G  H  U  X  E  K  L  E  N  N  P  G  D  I  U
E  R  R  A  T  E  Y  R  N  I  E  A  M  I  Y  S  P
R  E  U  O  P  L  O  I  A  V  G  S  Y  A  M  L  K
T  H  K  T  I  P  S  F  A  U  T  H  W  N  Y  A  C
S  P  J  N  L  L  L  H  L  R  Q  D  T  T  I  N  Q
L  S  E  S  A  U  T  E  A  I  A  S  I  S  H  D  K
L  I  Y  N  E  F  C  E  E  O  B  S  S  O  D  Q  E
A  N  D  Z  I  E  U  P  R  K  R  E  M  E  V  N  M
W  U  E  F  V  Q  B  B  S  E  W  S  R  S  M  I  X
O  I  X  V  W  W  R  E  V  O  H  T  V  T  L  I  O
S  K  H  T  H  E  H  I  G  H  L  I  N  E  Y  E  T
B  G  P  E  Q  H  D  W  S  G  E  F  P  T  Q  B  R
```

ARTS	FIFTH AVENUE	STATUE OF LIBERTY
BIG APPLE	GIANTS	THE HIGH LINE
BROADWAY	KNICKS	THEATER
CENTRAL PARK	LIGHTS	TIMES SQUARE
CULTURE	METS	UNISPHERE
DIVERSITY	SKYLINE	WALL STREET
ELLIS ISLAND	STATEN ISLAND	YANKEES

Popular Baby Names

```
K Z A M B T L X C J A W B P Z F H
M I L A H T B I A N O C S C S A P
N K X S O A L Y A J V L L E E Y B
A Q E O I Y J X S M G A S F I N F
T N L N Q W M I I O Y I L Y H X A
H B I M D A X P L A N R S P U Y L
A V N T N A I T S A B E S F G V L
N L A I N S L E Y S D G D A O J E
N M X C I E L L A B Q H V S N E I
S Y F N Z S L C R F B I Y C T X R
P Q Y E R D U A C C N R H T Y A B
U A G T P L Y F V H A Q O B L R A
L N H A I L E Y Z E A L O O A D G
I E I J O K H A Q V R C E D K G L
C G Z N Q F I O N A A K Y B B E Q
E C A A G M I L H J L T A N L Y V
H M S R H J I C G N E D I A W L G
```

AIDEN	FIONA	LIAM
AINSLEY	GABRIELLA	LUCAS
ALIJAH	GAVIN	MASON
AUDREY	HAILEY	MIA
BRADY	HAZEL	MILA
BRAYLON	HUGO	NATHAN
BROOKE	ISAAC	PAIGE
CALEB	JACOBY	SEBASTIAN
CHARLOTTE	JAYLA	VALENTINA
CLAIRE	KENDALL	WYATT

Paranormal

```
U T L N T S O H G X Y S U A N O E
R S A I N H U M A N E N H C J W D
A P B B V A P P A R I T I O N O D
A I L A L O H C E K C R R B C D W
N R M H A U N T A R I O A O X A A
Y I S O I U Q E T Q N N N T V H R
C T A E F H R L D O G A S J Z S P
N Q L C S T D E M E P I T K U H D
A O P Z S I B K L K E S P U E R C
M S O R B U O I I G M T D N R G E
O I T U N E K N R I S Y O L N A B
R G C K N N E E E E M M G Q O G L
C H E T P T T S F T E P Q R M C G
E T S M I L R I P N I Z R K E D P
N I Y C O S N S A G E H I I D N Y
M N D P Q A X S S Q O O W O N B E
Y G J H M L A M R O N A R A P T S
```

ANGEL	HAUNT	POLTERGEIST
APPARITION	IMPRINT	SHADOW
COLD SPOT	INHUMAN	SIGHTING
CONJURE	KINETIC	SPIRIT
DEBUNK	MANIFEST	STREAK
DEMON	MIST	SUPERNATURAL
ECHOLALIA	NECROMANCY	TELEKINESIS
ECTOPLASM	ORB	VORTEX
ENERGY	PARANORMAL	WARP
GHOST	PHENOMENA	WHITE NOISE

Rhymeless

```
Z Y P F R E P V L W M O N S T E R
M T R K F A N N L C A L Y Q N U T
G E S G G S I L V E R E G Z O T C
S N U L N A P D M A N W T J E I L
F I O S I A D E N M C H G R T W U
Q G I R H H L L I A O U C R O R G
T N X G T B W H E S B E U B S U G
L E N O O U C C T G S S L M O P A
O O A R N Y E A F C N E U J M L G
R Y P Z O Y G N S S O A Y H E Z E
A W O L V E S N A A W M U F T G P
N D I N I U G N E P N T M S H L B
G V A L S S D S F B Q C N E I U R
E M P T Y W Z V M N B B T Q N X R
Z K V N I R I P S A D H U I G T E
U M V C Q Q R B M D G I X L O A E
C S H C I G T B X P D X S S B N B
```

ANGEL	ENGINE	PENGUIN
ANGRY	HOSTAGE	PROBLEM
ANXIOUS	HUSBAND	SANCTION
ASPIRIN	LIQUID	SANDWICH
BULB	LUGGAGE	SECRET
CHIMNEY	MONSTER	SILVER
CITRUS	NEUTRON	SOMETHING
COMMENT	NOTHING	VACUUM
ELBOW	OLIVE	WHILST
EMPTY	ORANGE	WOLVES

Side Effects

```
W H N O I T C E F N I I I L F O H
A E Y F L U S H I N G K H I V E S
E A A B N O I T A M M A L F N I A
S D N K L G N I T A O L B E Q R R
U A U O N U M O Y R N Z E Z E K B
A C G Z I E R T F O E C X S D S M
N H Q N N T S R I A N V T O I S U
S E T A I C A S E E T L E L A E S
S I S U H T S P L D E I E F R N C
E M T I O E I U I S V T G O R I L
N D L C R M T M S T H I M U H Z E
I L M P H A Y N O A S E S A E Z P
S I E K L I E R R V R N E I A I A
W D T F T S N G D T D T O M O D I
O U X S S J Y G S Q W F P C G N N
R I N D I G E S T I O N T K Q Q Z
D B I N S O M N I A Y T E I X N A
```

ANEMIA
ANXIETY
BLOATING
BLURRED VISION
CHILLS
CONSTIPATION
DEPRESSION
DIARRHEA
DIZZINESS
DROWSINESS

DRY MOUTH
FATIGUE
FEVER
FLATULENCE
FLUSHING
HEADACHE
HIVES
INDIGESTION
INFECTION
INFLAMMATION

INSOMNIA
ITCHING
LETHARGY
MUSCLE PAIN
NAUSEA
RASH
RESTLESSNESS
TREMOR
VOMITING
WEAKNESS

Prom Night

```
S O L Y T S X S C N E I I B D W K
D I E S U F E E M S T N E R A P O
N C B H W N D X K T D Q B Z T N O
E O T I I F N C H A P E R O N E D
I U I O S O C I A L C K N L M H Y
R P R T P V U T E N I S U O M I L
F L B D A T E I Q N T Q F V L Q N
O E Z O N P U N G L R M H O E A E
J S K E U E I G R M A P S T R T E
Q S V E C T E C E E A M A S U R U
Q E P N G B O M I R W R R X E W Q
D P A E C A O N G T O O E O F R N
J D R H C R S O N C N D L O F T D
V P C O I I T R E I O A E F U H A
J L I E U O A D O X E A B H A E F
Z K S K H D V L M C U R F W H M Z
C O F P T J U N I O R L E F C E V
```

ANTICIPATION	DRESS	MEMORIES
BAND	EVENT	PARENTS
BOUTONNIERE	EXCITING	PHOTOGRAPH
CHAPERONE	FLOWER	PROUD
CHAUFFEUR	FORMAL	QUEEN
CORSAGE	FRIENDS	SENIOR
COUPLES	FUN	SOCIAL
DANCE	JUNIOR	SPECIAL
DATE	KING	THEME
DECORATE	LIMOUSINE	TUXEDO

A-Door-Able

```
K B R B T E L B U O D E E C I U L
Q C A L I R D A M T Z H I V R T I
J X A T N O A I B O E A G U O G O
D N Y B H I R P B E J S G Q N A D
W I N T E R I O R N D U O I B R J
O T D P O E O E S T W R D L R A S
L L E R P T U O Y R V L O D C G U
L Y E N M X E R M Y O D W O T E S
O D S M I E O M E F L J L F M T E
H J K H C B I R T W T J N D E H H
J S Y I N R A B U J O M U E S A Q
J Y F R O N T C H O S H L D L F V
A F C K A H U A C C J Q S J I P W
O V J U N O I D R O C C A B D E J
Z A L P O C K E T Z G F F O I S S
Z T D H C N E R F O W F O Y N Y U
C W O H Q N J V L A N L C X G R T
```

ACCORDION	ENTRY	LUAN
BACK	EXTERIOR	MIRRORED
BARN	FOLDING	OFFICE
BATHROOM	FRENCH	POCKET
BEDROOM	FRONT	SCREEN
CABINET	GARAGE	SHOWER
CLOSET	HOLLOW	SLIDING
DOGGIE	INTERIOR	STEEL
DOUBLE	IRON	TRAP

All About Cats

```
W G D O Y V S W O G F O O E L U L
O H H C H F E L I N E R D X L I L
V S I F U C M G N I L L I R T J G
S D S S W R Y I H K A K Y T H Z U
Q X S F O M I S G L I T E R E G K
S V I C D H S O P A C R L S R C E
W Y N P A P P W U T O L L A U Z
H T G C O R Y O N S S V A L P Y F
P E D I G R E E U P X I B B Y T Y
V A L C L G O D R N G M W H P T C
M E O W Q H N B Y I C G W L R I L
D O W P U R R I N G L E A E T K A
L K Y L L O M Q L G A Y D S H F W
A R R A L G R U B W F W E J C P S
I W C H M V N A N U O M Z T M H J
P O T S R Q Q A L L O R C O O Z K
V C L L W E P J C D Y N G W P M H
```

ALLEY	GROWLING	PURRING
BLACK	HISSING	SCAREDY
BURGLAR	KITTY	SHOW
CLAW	LITTER	SOCIAL
CLOWDER	MEOW	SPOILED
COOL	MOLLY	STALKING
CURIOUS	PEDIGREE	THERAPY
DOMESTIC	PLAYFUL	TOM
FELINE	POUNCE	TRILLING
FURRY	PSYCHO	VOCAL

American Muscle Cars

```
A M A S K D C O Y D H D B V R R V
I K D K E O H R H A R A J T Z W S
F L S E R O A D E I R R M R Y H S
Q C C O O T L T B T C G E Z E L M
G S N C K P L R R K S C N L J U S
I E D G K A E A T R O D B I S U S
T D X K W D N N C B C Y A T T J Y
O V X K N P G S R O G H A O V S Y
N J N U D L E A N T R N A B R X A
R F H G T O R M G Z G V V R Y U E
V T H U N D E R B O L T E E G N F
G K F I I Y B A H V V W W T O E F
I O R A M A C I L W U Y F H T B R
V O A D U C A R R A B M C F D E S
T C O G Z M R W Y F P A A G H P G
P H C O K J U P F U M M F F T G D
J Z O M I T Q J Z O K J I T E D Y
```

BARRACUDA	CORVETTE	SHELBY GT
CAMARO	GTO	STINGRAY
CHALLENGER	IMPALA	THUNDERBIRD
CHARGER	MACH ONE	THUNDERBOLT
COBRA	MUSTANG	TORINO
CORONET	ROADSTER	TRANS AM

Barbecue

```
W K N M P O H Y N E K C I H C V C
M O L A S S E S L E R S R B A M T
B O R Z Z F T H F A M I L Y U F C
K C Y C X V E O E P E A W S R I Z
D R C Y E M B C A T C W T A L R E
T E T L A S V R U K I A G R S E M
O D D H L C T N P A R U A D M Z Z
M W R T V Y O E L D S G Q Z O F M
A O A G I I P L R N S O H S K B W
T P Y T N P I N W S K A T X E K V
O I K O E R R O I B H B U A O M J
P L C R G R R I I M R I J S M K R
A I A B A B I D B F U I R J A O M
S H B U R A G G Q S E C S E O G T
T C N R E P P E P L L E B K Q O E
E C R T O C H I L I P E P P E R Z
Y K G Q C X O R B R X W Q K E T I
```

BACKYARD	FAMILY	PIT
BELL PEPPER	FIRE	RIBS
BLACK PEPPER	GARLIC	SALT
BRISKET	GRILL	SAUSAGE
BROWN SUGAR	HAM	SMOKE
CHICKEN	MESQUITE	TOMATO PASTE
CHILI PEPPER	MOLASSES	TOMATO SAUCE
CHILI POWDER	MUSTARD	VINEGAR
COOK	ONION	WATER
CUMIN	PARTY	WORCESTERSHIRE

```
O W I Q T O P R A X G N W W D M V
U O O P W T C E J B O L Y C A I V
Q S M H O R H E S O Y N U L B L Q
E U E P T O R C A O S X D K D R A
E Y G T H R Q S R N T A Y X O D R
A X A A E X I D H E E D R T B F O
I I R N R S E T G L R M T E G P D
A O U T E R N N C L D E L R P R O
O O X U R G A O T I R C C P Q O T
B T Z B E R U C C O N L P Q N Q B
E P U S O W N E R O Y A K O N Z K
Y C H X D W V W I Z Y V G O A N D
T O N Z Q I W N T X B O M R E D M
L Q R U L K O A D H O I Q P O P O
F O G O O I J B H P T V O J F F Y
Q E G U S F S Q M E P A B P E R J
K Q I E Y C R J E J E N O Z O G U
```

OASIS	OMEGA	ORGANIC
OATH	OMIT	OTHER
OBEY	ONION	OTTER
OBJECT	ONSET	OUNCE
OCCUR	OOMPH	OUTER
OCEAN	OPEN	OVAL
ODDLY	OPERA	OWNER
ODOR	ORANGE	OXBOW
OKAY	ORCA	OYSTER
OLIVE	ORDER	OZONE

Bicycles

```
U T P U N Y A R E G N E S S E M L
Q D R T S S E L N I A H C C O X S
E G N I R U O T T G I K T U K R H
X J N L P N I X M X V N N R J E G
G E T I G L R Y D M E T J U K D T
T I C T H N E E U B A F S P T I W
C L R Y E T L T M I W R P S B R K
M E S W D E R U N E H I A O Y W Y
A E E U C K C A D H V E R C C O D
J H D T N E Z I F E B Q T I I L R
P W R N R I R G R Y Y J H A C N A
C I C Z A E C E N H N S U B W X G
C A V O E T S Y I I G N L L T A D
E X E R C I S E C K D B E E Z C S
I F F J U Z F X A L A L J P F B A
K C A R T D Y N U A E X O U X Z B
U F C L S O D F Z N I H Q F A Q W
```

BMX	LOWRIDER	TANDEM
CHAINLESS	MESSENGER	TOURING
CRUISER	MOUNTAIN	TRACK
ELECTRIC	PENNY-FARTHING	TRIPLET
EXERCISE	RACING	UNICYCLE
FOLDING	RECUMBENT	UTILITY
FREERIDE	SOCIABLE	WHEELIE

Bowling

```
T E E D V X K H O N M C S T N B D
Z B K G R D V C I M M U X Y Q A K
K D N P N F P L A N E T W H V I L
X B B W O I S E V R B S Z W O L P
J E A T N C T P Y B R W F X A O B
U D L S O R K F L S G O F B S N K
Q E R A Y U E E O I U R H M Q T P
V N E Y E K R U T L T R T C S D Y
W S S S I I D N L J T A H C N O R
R N E R E W F I A H E G Q E W A E
B Z T W H M N L C M R I K Z J D V
O S P A R E A T S V E C Y N R B I
C O U N P Y A R N H A N A E O C L
B U Z Z A R D R F B O H T W L D E
V K O K C E D N I P Q E L W G L D
V T Z S E X P L Q E I E S Z Q B A
V W H I M F H J D V R Z V I U C G
```

ALLEY	FRAME	RESET
ANCHOR	GUTTER	SCRATCH
ARROWS	HOOK	SHOES
BACKEND	LANE	SPARE
BALL	LOFTING	SPLIT
BOWLER	PIN DECK	STRIKE
BUZZARD	PINS	TEAM
DELIVERY	POCKET	TOURNAMENT
FOUL LINE	RACK	TURKEY

Business Start-Up

```
P  H  M  P  S  A  L  A  R  Y  D  K  R  S  U  B  E
I  A  G  N  I  S  I  T  R  E  V  D  A  R  A  F  C
M  M  Y  T  M  L  S  Y  Z  N  H  G  O  D  I  I
V  R  A  R  D  L  G  T  T  G  C  T  J  D  W  N  R
E  A  L  G  O  R  E  L  S  I  M  Y  P  N  V  A  P
Q  L  A  G  E  L  I  A  O  O  L  Y  J  E  N  N  G
H  A  J  D  Q  M  L  I  S  C  C  I  N  V  A  C  S
Z  O  R  C  U  T  C  C  L  E  A  T  C  M  E  E  O
S  W  H  L  I  A  T  E  N  T  O  T  E  A  I  M  L
S  N  C  F  P  Q  V  P  M  R  E  N  I  T  F  L  J
B  E  O  I  M  N  S  S  Y  T  W  G  I  O  J  C  X
Z  R  T  W  E  T  G  F  S  S  E  L  R  T  N  V  U
P  A  E  S  N  E  C  I  L  E  I  K  A  A  V  G  Y
L  F  F  E  T  P  V  A  S  T  D  X  R  O  T  Y  B
E  R  I  S  K  S  O  K  U  B  E  Q  U  A  L  K  M
F  L  W  Y  N  G  Q  O  B  S  O  A  S  E  M  F  H
C  V  Z  B  F  Z  S  U  P  P  L  I  E  S  K  M  N
```

ADVERTISING	LEASE	RENT
CAPITAL	LEGAL	RISK
CLIENTS	LICENSE	SALARY
COSTS	LOCATION	SIGN
EQUIPMENT	MARKET	SPECIALTY
FACILITY	NAME	SUPPLIES
FINANCE	OWNER	TARGET
GOALS	PAYROLL	TAXES
IMAGE	PRICE	UTILITIES
INVENTORY	PROFIT	VENDORS

Candles

```
D P I L L C W D B L I G N O V E L
V T C B I R I I S I O L T A N E R
R T C O L G C P O O R T S R D O F
X A W S E E B E N O A T N O L B L
V P J L P O U I C L H G H O A I O
O E C C A G F L L N E C C D N R A
T R O O R F Y O S P A L M T A T T
I O N N A T W O R Y P R A U B Y L
H O T R V O T L D T D G G O N N O
T E A L I G H T T I Y E P A F O R
L P I T A P R W P L N I L L R V L
D T N D M D E A L I T N O L E F A
S S E L K C I W L T L A E V O T L
A Y R I R O L P O U T L I R P R T
N O V E L T Y O P I S T A C A S L
C L C R U O P A N E O W I R R S O
O T N T E A L G A V D O U N D O D
```

BEESWAX	GEL	ROLLED
BIRTHDAY	JAR	SOY
COLOR	NOVELTY	TALLOW
CONTAINER	OIL	TAPER
DINNER	OUTDOOR	TEALIGHT
DIPPED	PALM	UTILITY
FLOATING	PARAFFIN	VOTIVE
FRAGRANCE	PILLAR	WICKLESS

Cartoon Characters

```
N A R I C F U H T T T O N T Q P E
Z A T R E N N U R D A O R Q J A S
P D H H D T B P R P G B Q J F U U
Q R G K E L S I B M V O W K D J O
P M H V H G B P L U T O F R W R M
Y F O O G Y R S O N B B U I M T E
Z P X D T E N I Z O N T L R K L I
Z E I E A O S X N N D E Z S E S N
X R E N O F Q U Y C E Y R Y Y M N
F W A P K P F G O C H Z B L E W I
T M Y E B P G Y O M H X V O P T M
V X V F B A A Y D F Y E Y V O O I
A Z H I H I O N X U S E T S P C T
Z G V S P T G E T T C U K H H V S
S V E T E X P O E H J K N C T A S
O H G Y J C R R Y J E S F Z I P R
B U G S B U N N Y S I R O Z G M R
```

BOO BOO	PINK PANTHER	SNOOPY
BUGS BUNNY	PLUTO	SYLVESTER
DAFFY DUCK	POPEYE	THE GRINCH
GOOFY	ROAD RUNNER	TWEETY BIRD
MICKEY MOUSE	SCOOBY-DOO	WILE E. COYOTE
MINNIE MOUSE	SHAGGY	YOGI BEAR

City Life

```
K N A B N E J K I K S K O H H L S
G B E M I M U S E U M M N M I I Y
H R T W H L N P P X P E E A G N D
A E B N S M L E X P Z I O Q E B B
A M X Y E S R B L Q L V N M K A O
M H E Y Y M T A O Y R O S N X R J
F Z U N A A T A T A I M I W D B S
E E T R I I W R N T R S G D A E Y
R K K N P C A B A D P D N I P R G
O E Y S A F O T U P W O R U E S S
T S O R F R S M Q S A P T K A H I
S H O I U N U W C O O T A S E O T
K N C Z I I O A O R Z B Y O S P C
O J K A X P O S T O F F I C E U M
O Y R A R B I L R S B V Z M M N B
B T T T H G I L T E E R T S U R F
W T H E A T E R X C C R P I F H A
```

AIRPORT	CINEMA	RESTAURANT
APARTMENT	HOSPITAL	STREETLIGHT
BAKERY	LIBRARY	SUBWAY
BANK	MOVIE	SUPERMARKET
BARBER SHOP	MUSEUM	TAXI
BILLBOARD	NEON SIGN	THEATER
BOOKSTORE	NEWSSTAND	TRAFFIC
BUS STOP	POST OFFICE	TRAIN STATION

Cricket

```
G W T V F D G B S R F N B E F W U
S O U R G N Z W L H I R K L B U C
Y B O W L I N P H L O T Y B F U F
T I C G R E T U R N R T S M V J D
N E E Y L S W M S Y U R K U W E H
E S K X O Y S P E C N I N R Q T Z
S O I C X R M I V C V I E C L O N
E L R F I U K R P H A B M G A S H
S W T A T W T E B A B P A I L S R
S S S S Q Q L K R U L Y Z I J B Y
I N N I N G S M R G L K A O Q X G
O G Z P B I B G P T O B C T M R Q
N A M S T A B I Y P D S G O I M K
V I I T L Q T C F U H O K T N O Y
I Y E L V C B P C M B C S R P K T
W R R O H L W K A B N E D I A M H
G I P V V F I E L D T G V V V G F
```

ARM BALL	GRUBBER	SESSION
BAILS	INNINGS	SHOT
BAT-PAD	JIMINY	SITTER
BATSMAN	KNOCK	STRIKE
BOWL	MAIDEN	STUMPS
CRUMBLE	OUT	TEST
CUT	PACE	TOSS
DUCK	PITCH	UMPIRE
FIELD	RETURN	WICKET
GOOGLY	RUN	YORKER

Disco

```
R J J P R X F Z Z C Y M K R N Y N
G I A U Q Q T K M B P Z B F K D T
E T R K N L C R X G E O E C U E S
N D R A O B L L I B O G A V W L A
R U S I T F I Z M G D K T A J T P
E M I E H P L Z I D E A D Q A S E
K N P G K S M E K A H S N C Y U Q
L D O N N A S U M M E R S C Q H E
S T R O B E I Z B H R E H E E A R
O O B J T S P E K C E E H B J O J
U V P O J M C Y L G D T V A L O E
L B B M Z D C U E E O A Q E M L I
T O A R E M B E L C C S Z H F A Q
R S A L U T B I S T Y T T F Y G Z
A A Y S L Z C I G C U Y R H M O H
I Q I Y L M D D F D H R E I M O K
N C J K C D A W B R C N E L C B E
```

BALL	DEAD	PAST
BEAT	DISCOTHEQUE	PENGIUN
BEE GEES	DONNA SUMMER	PSYCHEDELIC
BILLBOARD	ELECTRIC	RHYTHM
BOOGALOO	ERA	ROBOT
BOOGIE	FEVER	SHAKE
BUMP	GENRE	SHIRT
CLUB	HUSTLE	SOUL TRAIN
CULTURE	MIX	STROBE
DANCE	MUSIC	TEMPO

Eclipse

```
R H T R A E J W J P K G N X N T T
A W M H G T V Q L O Y V M B D C P
R G R D H O M B L Y Z R B R G U A
E Y H P A R G O T O H P U L R A R
D V N N Z B N S S E D N Q M O U T
B H E G Y I S O A P V T H C B Y I
E A D N I T E A I F H Y I A W H A
R L U P T L S S R T Y E F G S M L
S O L A R H A U A B C E R I Y D N
M Z C F A Z H P N H M A B E S C L
E O C D K C P P W B S U R X C J M
T M O A F T N E M Z S N D F Z X Q
A W L N B S K T T G R S V E M A
M D S L E R Y O I K A P M K G R N
N U J A P E T M H N V K O J K F F
J V O X Z A N N U L A R U Z W W M
Z P L F L S D L Z L C M Z M E E W
```

ALIGN	MOON	RARE
ANNULAR	OCCLUDE	REFRACTION
ATMOSPHERE	ORBIT	SHADOW
EARTH	PARTIAL	SOLAR
EVENT	PATH	SUN
LUNAR	PHASES	TOTAL
MITSUBISHI	PHOTOGRAPHY	UMBRA

Ending in CIOUS

```
J L G L N V Z Z V E I T Y R S K A
S F S U O I C I L A M Y Z U B O K
M U A K M N V N S Q O Z O L R T K
S R O M P A I U Z B X I U T Q P O
T U T I C P O S O U C Q N E F Z Y
C T O I C I R D P I F S Y N I S C
J O O I C I A E F A U U M A M X D
S U T O C C D F C O C O Y C V U E
S U R N I E O U I O E I Z I P S L
O E O O O E R C J T C C O O C Y I
F G U I X C A P R I C I O U S C C
N S H Q C R H Y U V A P O S S B I
O G X Z G I E K F Q F S H U W Y O
S E E L Y E P Z P M L U T K S X U
S M S U O I C S N O C S T Y X R S
G K Q E P E R S U O I C S U L L V
A T R O C I O U S A K C H I K G K
```

ATROCIOUS
AUSPICIOUS
BODACIOUS
CAPRICIOUS
CONSCIOUS
DELICIOUS

FEROCIOUS
GRACIOUS
JUDICIOUS
LUSCIOUS
MALICIOUS
OFFICIOUS

PRECIOUS
PRECOCIOUS
SPACIOUS
SUSPICIOUS
TENACIOUS
VIVACIOUS

Famous Poets

```
U Z Q N V Q D M J I D F S Z F Y H
F I Q G V W P V S W Q X K Q U A I
S R A I N H S E G D I R B K R E I
G K O G N I N W O R B E A D W E D
I M L S F T L E D X R M Y O R Y I
U W J H T M K P S R Z L O N R M S
Z E O P G A W E I A P I K N H I V
L V Y R L N M N L K S K L E Y T G
T H C B D L O O R G V O A D P R X
F H E Y O S W R M I N E C X U Z M
C H F H Y E W Q O G E Y Z B V W O
L R Q N L M M O F S Z D D V E M K
B W N L V U W E R G S N L G A M W
K E Q N C V L M R T A E J I I V U
T A N G E L O U Z S H S T S W O U
D P L N O Q V J E A O N O T C E R
O L B W I B G G E B M N R V I W U
```

ANGELOU	HARDY	POE
BLAKE	HOLMES	ROSSETTI
BRIDGES	JOYCE	SANDBURG
BROWNING	KILMER	TENNYSON
DONNE	KIPLING	WHITMAN
EMERSON	LONGFELLOW	WILDE
FROST	LOWELL	WORDSWORTH

Fly a Kite

```
R E T H G I F N T V E U D N F W T
N V F I R T G V R J P T E D N K K
S I G O R B X A O A K G L B K H H
Q T O W O Y V P P U L I S B O H C
X A I X K D A R S C O U R V L N N
M E M K K R C G O F A D L D O O U
U R G E A A I R R L L N S L I F A
D C D F K G R I E X L R D T E O L
W B O R U O A Y E A K E A L U C X
D I A M O N D M O I T E R I E N P
L I E D E L T A M J R U E N H P T
O T V B O W P O N C N J R E G O N
Y R V M I V N S E O A E Y E R T Q
B A R N D O O R D N O Z L E S U G
J Y D Q F E K M D Q M T P I X G Y
Z V L I O F R E W O P O Y L A N D
S U S H J A T D S E D O S K S T A
```

AIRFOIL	DOPERO	POWER FOIL
BARN DOOR	DRAGON	RECREATION
BOW	ENJOY	ROKKAKU
BOX	FIGHTER	ROLLER
CANDLE	KIMONO	SLED
CELLULAR	KITS	SODE
CREATIVE	KYTOON	SPORT
CREATURES	LAUNCH	STUNT
DELTA	LINE	TAIL
DIAMOND	PARAFOIL	WIND

Formica

```
Q M R R S V Y M C H E S T N U T R
Q J P K U A L U N R D B M N B D Y
E J U P A N E N G V Y C R I I D H
R L M D J O B I Z E O S Q O N L C
E P P V P D L T R R M Y T U N H F
P Y K A Z E U A A E N S G A A Z S
S I I L M S F L R A V R T R L X E
A N N E I S F P G U U L C O R L G
J S D X X O F O T B T O I T N F L
Q A R R Q Y H N K I A A A S R E G
J O O W R A C H A L K I N G O R F
O D S R M V I C T O R I A N A F F
I N E G Y X O R E K K C Z N C T E
U H W S E V H B L U E S I L K K E
C G O B L K O J U P Q T X G O J K
Q J O Y Y N Z P F Z E M S M W E O
H R D F Y X H K U H M I S M M Q R
```

AGATE	CRYSTAL	NATURAL OAK
BLUE SILK	EBONY	OXYGEN
BLUFF	FLINT	PLATINUM
BRONZE	FOG	PUMPKIN
BURGUNDY	GEMSTONE	ROSEWOOD
CHALK	GRANITE	SEDONA
CHARCOAL	JADE	SIENNA
CHERRY	JASPER	SILVER
CHESTNUT	MAHOGANY	SMOKE
CORAL	MAPLE	VICTORIAN

Golden

```
P J Y B X T L T U Q D G X P O O T
F S J S C Y E K J R Y P A R P M N
K O R E I H I K E I S K C P Q K A
X L A V J L I V C C T Y O P J U G
I H C O F S E C Q I A R M V O N A
A Z C L H I E N K M T Q S K T O T
I K A G R U L E C U E H T E S G E
Q R G T C P L I N E G P G W L W B
M O E S S P I K E S G N O R N R
A R V M E J T R B C U S B P I C I
O I T A R Y A A B N L E R I G D D
B J C H L Y E Y R A S A H A T R G
P V N A B S U O I C I L E D E H E
C O R R A L B I H D H I O B V Y A
C Q O G U E N D N C P E Z H L H T
S W G N V A X O D M F V S Q U I J
N E M S X U P C K Z E S Q R K P M
```

AGE	GIRLS	RATIO
ARCHES	GLOBES	RETRIEVER
BROWN	GLOVES	RULE
CHICK	GRAHAMS	SILENCE
CORRAL	KEY	SPIKES
DELICIOUS	NUGGET	STATE
EYE	OPPORTUNITY	TICKET
GATE BRIDGE	POND	YEARS

```
C I T S I R U T U F T U B J B K S
T O D J G L Z Q S A P G T G M U Y
I B V R T I M E L E S S K S M C
L E T N A H V E O M I E K P M L B
K W D A P M S U H O R R E L F A X
T D E D U N A J F L N N E W H M M
E F Y D H T G W I E S V R S B R S
L U S S C I E N C E F I C T I O N
E Y N N T B G W I R O N Y V D N L
V G J E O O B R G B C L M S H A O
I O B A X I P W E Y R Y T O D R T
S L R T Z P T I S L E U R C L A P
I O O Q Y S E A A N L R T S I P N
O H Y U I S T C R N O I U S L T D
N T T W E N C U T R I C R Z I P R
K N T F A F O C E E A I V H S D P
Y A T F O J I O G O D N L Y T A F
```

ANTHOLOGY	IRONY	SUSPENSE
DISTURBING	JOURNEY	TALES
DRAMA	NARRATIONS	TELEVISION
DYSTOPIAN	PARANORMAL	THRILLER
FANTASY	SCIENCE FICTION	TIMELESS
FUTURISTIC	SERIES	TWIST
HORROR	SERLING	UNEXPECTED

Twins in Sports

```
X D W U O I S M E G E A K J S X C
T V Q T S D J T O S F B L S D Z T
H X T D R H A V X E I X K L I J B
A T O S E N N I M H M I J S E H V
E I V Y B S Y R L G K O N J B B C
Z M M K M X E N Q U I Y C A F A R
E Q G A A C X R I H N N R O Y N D
E V R L H L K P E M G D T Q E R Q
U P A T C A L G W F A T Q G S Z B
T G N N Y I R U W K O N E V N Y N
O W T W S I K G R L B D I Z I B Z
B V V D F L O P E Z U A B M U S G
E K J F L K V H R N X J R R O O T
N A I Y M F C A N H U X G B L O E
D N C A N S E C O H D E B O E R Z
E U I P G W L R H K H B B Y U R S
R A L I J B P C P D S Q E I B P Z
```

BARBER	DEGEN	HUGHES
BELLA	DUNN	KALLUR
BENDER	EFIMKIN	LOPEZ
BRYAN	EVANS	LUNDQVIST
BURGE	FERES	MINNESOTA
CANSECO	GALAXY	OMINAMI
CHAMBERS	GRAHAM	RECHT
CZISNY	GRANT	SCHELOTTO
DE BOER	GRIFFIN	WEAR

What Annoys You?

```
F O S E N I L G N O L D A H G C G
N O S E H A I R B N R H M L N N Y
A P O J D S S G N I R O N S I S X
V L C C T I N Q P E L C F T K S M
P E I A L E S P I A N L X S C E T
J A N A C A Y R D V I E S M A N J
R G P K N F W T E E T K H O M E S
B I T E A G R Y S S U N W K S D R
V I A U R A N L E D P R X E H U O
E G C H F C C A G R U E N N S R T
B E N F Y A U Z H O S O C J A O I
T L I I B A Q T A P H O W T L P D
Q C T S R V R Q A P I T C H E G E
G N I K R A B T L I A X A M Y I R
Q T M U Z X T L S N J R W E E E C
A W V Q J P E S W G B H Y L W E B
U A K V P C S T U P I D I T Y S C
```

BARKING	GNATS	SMACKING
BILLS	HANGNAIL	SMOKE
CELL PHONES	ITCH	SNORING
CREDITORS	LAWYERS	STARING
DISRESPECT	LONG LINES	STRAY HAIR
DRIPPY FAUCET	NECKTIE	STUPIDITY
EAVESDROPPING	NOSE HAIR	SWEAT
EYELASH	PAPER CUT	TEXTING
FLIES	RUDENESS	TRAFFIC

At the Arcade

```
N I O R S M A R I O B R O S U U S
A S D I O R E T S A U C R V G V R
M P Z T P O L A R I S Q E J A Y E
C I E R S L C D U X O N D N Q T D
A N L Z W E L X P W C O N M U J A
P B D L J S P A M W N D E G L H V
Y A A Y I J I M B K A Z F L C H N
V L V R K P R R E E K H E A K N I
O L T W G E E Y E T E N D D F Z E
I E C H G A K D A D U K M I Y M C
T L L G K O B M E R Q K S A N C A
T Z O O N L G P E K T B P T O T P
O R U G A S I U T T X N E O D E S
F T C S X T H B F D R I O R O U B
D X T X N L S S W G N O P C T Z Z
U E X E N A I X A L A G I V Y N Y
R H C W L T G G A L A G A D V D R
```

ASTEROIDS	GALAGA	POLARIS
BLASTER	GALAXIAN	PONG
BREAKOUT	GLADIATOR	Q*BERT
CENTIPEDE	MARIO BROS.	SKEE BALL
CONTRA	METROID	SPACE INVADERS
DEFENDER	MILLIPEDE	TEMPEST
DONKEY KONG	PAC-MAN	TETRIS
FROGGER	PINBALL	ZELDA

Australia

```
P E F R H U Y Y L K B O B Y C E O
F V F C S V U H T O O G Z K H R K
V K A N G A R O O A P H F Q E M Y
I T S A A B A M S L Y H R D E S G
G N U S E I E A U A P B N U R H W
B E D N T R L T B C Q U A B S Q E
V N E A A E A U O N N T L G J X
V I Q N Z K T P R W R V N O L L Z
N T G Q C P C I O T Y I O I Y A C
A N B I A C R D O F S D G D R L W
Z O R H J E A Q U N A U P I T A C
K C A B T U O N U Y W H A J N V F
G V S A A R R U B A K O O K U E B
S K M H U W G Q I E B O H M O E S
V J X G E S Z M M B R D E M C N B
H P B R Y E N D Y S B R W R Q O X
E Y Q N G W P M Q O S E A J O Y L
```

ABORIGINES	CRICKET	MATE
AUSTRALIA	DOWN UNDER	OUTBACK
BOOMERANG	EMU	RUGBY
CANBERRA	GOODAY	SHEEP
CHEERS	KANGAROO	STATION
CONTINENT	KOALA	SYDNEY
COUNTRY	KOOKABURRA	WALLABY

Billiards

```
C J O P F B V J O E T D H L A X K
S T C N Y O K T A B L E U F P G M
F U O F O R C E I A V U G R O D R
E H N H C T A R C S G A R L W U N
C V C F D A R M D N P Q I R D V I
X Q E T S K U N I N E R P A E W K
L C Y G A L O N P D L U L I R F C
T Y I E D M N O V V G V U L G Z Y
J V R Q A I S F O S N N T S A F B
A B G I C I R S T S A W O T C B I
F F D A T U N B C Q I C T L V B L
D S M I M A S O E F R T H L M X L
S N O O K E R H B M T E H A B X I
O N G E Y E K C I H Z K X R L Z A
P R T V G N X C T O Z C E I A K R
G L G K A Y S K K D N O S V X E D
D M G B T F A H S G Q P G C G E F
```

BALL	FORCE	PYRAMID
BANK	GAME	RACK
BILLIARD	GRIP	RAILS
BREAK	HICKEY	SCORE
BRIDGE	INNING	SCRATCH
CHALK	LONG	SHAFT
CUE	MATCH	SNAKE
CUSHION	POCKET	SNOOKER
DIAMONDS	POSITION	TABLE
FERRULE	POWDER	TRIANGLE

Independence Day

```
J  E  P  I  M  X  L  U  B  A  S  E  B  A  L  L  Q
X  U  S  S  E  R  G  N  O  C  U  P  V  J  X  P  E
Y  L  L  V  C  Z  Z  I  E  G  A  F  I  T  K  W  S
X  B  N  Y  N  O  I  T  A  R  A  L  C  E  D  T  K
H  C  X  P  R  B  A  E  A  Q  I  W  T  F  H  L  R
Y  X  O  T  H  B  A  D  A  M  S  H  O  I  X  E  O
N  T  J  L  V  I  E  S  L  C  M  I  R  K  C  P  W
B  O  R  E  O  C  L  T  D  F  U  T  Y  N  T  H  E
Y  T  S  E  O  N  L  A  X  A  E  E  E  A  T  S  R
Y  X  S  R  B  F  I  T  D  E  C  D  N  R  O  H  I
A  T  M  X  E  I  T  E  N  E  N  I  U  X  A  D  F
D  B  O  S  S  F  L  S  S  E  L  O  R  N  Z  R  Z
H  L  D  R  T  K  F  Y  P  K  F  P  C  E  G  J  M
T  C  E  L  G  A  E  E  N  U  A  O  H  A  M  Z  C
R  L  E  V  N  Q  D  A  J  O  C  Y  L  I  C  A  J
I  Z  R  K  I  N  R  E  D  K  Z  F  P  I  A  W  R
B  F  F  G  I  F  P  A  T  R  I  O  T  I  C  P  X
```

ADAMS	FIREWORKS	LIBERTY
AMERICA	FLAG	PARADE
BASEBALL	FOURTH	PATRIOTIC
BIRTHDAY	FRANKLIN	PHILADELPHIA
BLUE	FREEDOM	RED
COLONIES	HANCOCK	THIRTEEN
CONGRESS	INDEPENDENCE	UNITED STATES
DECLARATION	JEFFERSON	VICTORY
EAGLE	JULY	WHITE

Carnival

```
W C C T K A B U E J K G J I J B R
B U M O X E J E D I R G N I W S V
L A O H N A C N A C H D W R E J Q
P Z R S I D E A C S H Z M P E R Y
B C E G Y O O Z R U P I N L H O U
R W L N Q F C R A N P I E J K L M
B A Z I V B R X J I O E D S Q L E
Q Z Z L Y I C O R R H O P E V A B
O G I S Y F N A G W I U L V R D F
I N S A N I T Y S G C N B L L E U
I J N V X E X I F A A A G O A R N
P J X R S Y R E E Y O M G T E B H
B L J H O R U T N G U R E P O Y O
Q I I N E C N I H S I F O G X S U
F P E F U U P P E D P O B I Q B S
R M Q Q J X N O E T L T O O X Z E
L V L S X Z I P P E R S S H M B P
```

ARCADE	GO FISHIN'	ROLLA DERBY
BALLOON RACE	INSANITY	SIZZLER
CAN CAN	LOG RIDE	SLINGSHOT
CONDOR	LOOPER	SPIDER
FERRIS WHEEL	PIRATE SHIP	SWING RIDE
FROG GAME	POPCORN	TEACUPS
FUN HOUSE	RING TOSS	ZIPPER

Cook-Offs

```
X Y Q D O O F T R O F M O C G O N
L S C O E S O Q B F A J I T A Z Z
I L H X M L S O A U S W L X R J I
J S I C A J U N R W T S X K B B W
G Q L K G U L Z B E E N D M J U G
O C I U D V E G E T A R I A N F L
D A M W L A Z P C S K J S O R F B
T B R B I R O H U R P I I E V C R
O E Z M W U F R E O A A D T I P D
H N M C A E S E R N S W M E O L I
O N Q R E D N E N M O C A Y B I O
J C H B U O I O A H Y J C T J Y T
O M H N I O O L C F L K L L S B C
D B R P I D G M L J O L E T A Q W
E R F J L U A A L O Z O E Y G S G
X F N E N L F Q R J O R D U T E M
Q E K A C P U C M T O I N D L Z M
```

ARMADILLO	CUPCAKE	ROADKILL
ASIAN NOODLE	FAJITA	SEAFOOD
BARBECUE	GOURMET	SOUP
BEEF	GUMBO	SPAM
CAJUN	HOT DOG	STEAK
CHILI	OYSTER	STEW
CLAM CHOWDER	PIONEER	VEGETARIAN
COMFORT FOOD	RIB	WILD GAME

Famous Rabbits

```
F M C C I S M G V L P B V K Z H L
T O Y B W P F B E X Z X P V T I I
W H Y N N U B A L O L G M I T A Y
P F E U N I U T V X G R B T J E N
E T Y H Y U H F E W O B L V V Y N
T I M H A U B O T G A E P R D N U
E B L H M R S R E R B L A N L N B
R B T P L S E R E U O H E X H U K
R A E D Q Y R T N T Z K A T J B I
A R J L D A I N R A S G P C L S U
B X N M B H Y N A E J A C K M G Q
B I X B W F O T B W T K E C R U S
I R I E O G T I B B A R R E R B E
T T H O N A H Y I W Y K P U H E N
X T F A K K J T T L P I N S V T E
X O Y N N U B R E Z I G R E N E H
O P E T E R C O T T O N T A I L T
```

BR'ER RABBIT	PETER COTTONTAIL	THE WHITE RABBIT
BUGS BUNNY	PETER RABBIT	THUMPER
ENERGIZER BUNNY	ROGER RABBIT	TRIX RABBIT
HARVEY	THE EASTER BUNNY	VELVETEEN RABBIT
LITTLE BUNNY FOO FOO	THE HARE	YANG
LOLA BUNNY	THE NESQUIK BUNNY	YIN

Global Warming

```
M E Y E L B I S R E V E R R I E C
F R K S C H Q V B L J P X F R V Y
L E C T G U E S V C D E I H T A X
B V H S L K D N S E O R E Y T W E
E U C I A M J E A W H D O M T T Q
V H E T C E S I R H I I O U A A Z
I D G N I N R A W X T S C M G E S
J B N E E E Q E O U P E I L S H X
S B A I R P S I U H C L M A E E T
J C H C S A D U E S C B R D M S K
R V C S E N P R O J E C T I O N S
V P U S O L E D G H T L S C E W M
T T H B A C P R X I N S S R Z O L
Z L R N Y T F M C Z I E U K D I E
H A T C L I V Z J O T T E G E E Q
C S L F I P B Z N J U R A R F N G
M E L T I N G S A F U E T D G Q W
```

ARCTIC	GLACIER	RECYCLE
ATMOSPHERE	GREENHOUSE	REDUCE
CARBON DIOXIDE	HEATWAVE	REUSE
CHANGE	IRREVERSIBLE	RISE
CLIMATE	MELTING	SCIENTISTS
DROUGHT	METHANE	SEAS
EMISSIONS	PLANTS	VEHICLES
FUTURE	PROJECTIONS	WARNING

Heart

```
S M E D M U V W F S C S B B M W T
Z T B U Y C C A P I L L A R Y C S
N Q R V S X S N L N Z J Q T I Y J
M E I A E R D D Z V W L G R S M D
S F B V E N E D V A E P C T D U A
B T A L E H T B X T E U O I A T L
T P R P R I Q R M T L L Q M C P R
T A T T U A N S I A E N S U V E L
W L E E S X E K T C H A K Z K S D
P P R B S U X I E K L C W A U O R
A I Y U E A O A J P A E M M O N A
J T C T R N E U T I L E P L T O H
K A C A P Q W S D R C A B U R J J
C T Z I L K U R I A I S R T M Q M
F I E G M L A S P D T U A T G P G
C O R O T C A F H R I H M O I Z L
C N I N O Y L C T V P Z A S R M D
```

AORTA	CHAMBERS	PRESSURE
ARTERY	CIRCULATION	RH FACTOR
ATRIUM	DISEASE	SEPTUM
ATTACK	HEART	SERUM
BEAT	MITRAL	SYSTOLE
BLOOD	PACEMAKER	VALVE
CAPILLARY	PALPITATION	VEIN
CARDIAC	PLASMA	VENTRICLE PUMP

I've Been Framed

```
F L N P I L D T M T E S G N I W S
T Y V I I D O Y H V H S U W C R K
K X E C L D O O E V B T X G W K M
T M B T U P R H S S N V D P P M A
N R I U A V A O O E R D K E B K Z
U Q A R R C U I C X W E O L V P X
X V M E R X I O N E A G J I W D C
M Q O S C O N F M T R X M B A B S
Y X L X N N R B I Q I K P O E X L
V Y P D I T R D U T F N J M H B I
W G I Y W O E W P H R P G O W A W
J I D V I G O T I U A E F T U Y R
A H O D R D P O Q Q Z Y C U G P S
K B E E N H O U S E F Z E A K X X
B R E I Z E I Q H R X U L Y F N I
Y C W E S L A D E M N F X E G V J
X O E W T K O O H H C T A L J L I
```

ART	FLAG	PAINTING
AUTOMOBILE	HOUSE	PICTURES
CERTIFICATE	INNOCENT	PUZZLE
DEGREE	JERSEY	QUILT
DIPLOMA	LATCH HOOK	RECORD
DOOR	MEDALS	SWING SET
EMBROIDERY	MIRROR	WINDOW

I've Got the Blues

```
Y Y E S D V D B I W V P S X S E J
Y I O J L D V O E M M N D V U B D
P S Z L H E B O Z A Z W O V D L Z
L S I T S O G K T N R I O O F R W
A X W H N F R N R G U D L D G D H
T N Y N A C W E A R V O B R S A A
E O E S E E H C U O O A S O R T L
B T O G J T Q O Q U A T C S U E E
M N D T R W Y T A P A H S M N K Z
D I G O H E E L E R P Y T S I Z B
R R N E E R C S O M R I N Z V A U
R A I I I B D M A R P M U N Y Z S
F A Y B E Z A A E A S L C K U K W
E M B L E Q S B F C S Y A J Y B Z
C O L L A R B S Z O R B A R M D C
N O O M L B A Y R N T V Q U D R W
Y T V P O Z M P Q G I Z C L N W E
```

ANGELS	CHEESE	QUARTZ
BEARD	COLLAR	RAY
BELL	HEELER	RIBBON
BERRY	JAYS	RIDGE
BIRD	JEANS	SCREEN
BLOODS	LAGOON	SKY
BONNET	MAN GROUP	STAR
BOOK	MOON	TEMPLAR
BOY	NORTHERN	TOOTH
BUNNY	PLATE	WHALE

Literary Tone

```
I S B G B Z Z N W H I M S I C A L
K A P A T H E T I C R C P U H C D
D R S Z L A T L U F Y A L P X E W
V D A N C G N I Z I N O R T A P
S O O D N F I P A L A P I S H L G
Y N O Q I H C T D T R L U C U T G
M I H R D I N I S O S G O F A L I
P C J M N J D C U A S I T O P L O
A N D O E A D D I I I S D E F F E
T Y R T C L R A D T I S R Q N P H
H I R T S J A O E W A S U Y Q A C
E O I T E O N N M L U H R H U R F
T C J K D Y J H C A E G P G T A D
I O M S N F E E S H N G H M V N Y
C J D Z O U W I J A O T I Q E O E
U J D H C L V M O V Y L I A A I Q
L E Y E R E C N I S B F Y C C D H
```

ALOOF	ELEGIAC	PERSUASIVE
ANGRY	EMPHATIC	PLAYFUL
APATHETIC	ENTHUSIASTIC	PROUD
CONDESCENDING	HAUGHTY	ROMANTIC
CYNICAL	IRONIC	SARDONIC
DARK	JOYFUL	SINCERE
DIDACTIC	MELANCHOLY	SYMPATHETIC
DISGUSTED	PARANOID	WHIMSICAL
DISTANT	PATRONIZING	WISTFUL

Metric System

```
N M L A D R I A D A E O Y O S L H
O I F L O P T J M T H V C Y E E N
Q T V A V H N B Y O E K G O C B K
O M P L I T E R T I O R G T O V J
L N H E E U C M H V T K A C N V K
S I A D Z K E I I Y P R U O D K Y
T Y B N A F E L M C E S O Y P R W
I L G A K R Z L X N R M Z E F M C
O M F C E L S I U S R O L V L V I
T E G P D R Y N N E D D K U M T Z
G G M A E C I R T E M W P O B E W
H A T T E Z V E C R W A R T L D Q
I U D T R T M I S H G T U U T I B
R Z X O B T G O C I P M O L E C K
N R F X U X T P G E W J U N V V C
Y L S X Y U B Y T S J W R Q B X S
B E O S S R M A R G J P P A U R B
```

AMPERE	HECTARE	MOLE
ATTO	JOULE	NANO
CANDELA	KELVIN	NEWTON
CELSIUS	KILO	PETA
CENTI	LITER	PICO
DECI	MEGA	SECOND
DEKA	METER	TERA
FEMTO	METRIC	YOCTO
GIGA	MICRO	ZEPTO
GRAM	MILLI	ZETTA

New Home

```
Z I D B X G P B O G W T J Y B I W
L C S U S N J L N T Y Z D Z Y B F
Z Z N E Z I M I D W P W C D U P I
G O X E C C C N Q W O O H D Z S X
J C A B I N E T S X Z R I F X B T
L M D I E A A E I S P C K N I S U
M A O F J N A I L L Z S H X T G R
Z P O S I I Q C L E E E T D O S E
V T R G L F C N J P C E P P P P S
T K S E G O C L I S P T W R A A C
N A L P R O O L F R W A R C K O V
B A Z S L C H H A B I O S I U H S
L D G O A X S C C T Q D D N C Q K
T Y R T X G I M Z S N U T N L C F
W L I G H T I N G A W E P A I N T
I O Q G N I S O L C R U P R W W S
N H F B Z G W B U S A B B H N P T
```

APPLIANCES	ELECTRIC	LANDSCAPE
BRICK	ESCROW	LIGHTING
CABINETS	FENCING	LOCATION
CARPET	FINANCING	PAINT
CLOSING	FIXTURES	POINTS
COLOR	FLOOR PLAN	SCHOOLS
COUNTERS	GAS	TILE
DOORS	HOA	WINDOWS

Phlebotomist

```
L N K I S I V I I N U K I J T E D
T H K K W K N T W B I V H Y L N W
E E G A N O I T U A C E R P A F E
C Q R L E B A L L B T S V I C B Y
H D B U C P T D L A E T C P I B Q
N X A R T E R Y T V T I Q F D Q H
I I K Q K C F I O C N I I T E Z A
Q E L D E E N L O H E N P E M D U
U R Y Z N N G U C R G L N S W Z A
E U N W I R I E P E I U E T O W P
G D O E E K T A R I M T Z S V H R
T E W D M G T S R Y N E Y T K E C
T C R D A I T N T T O E T F P L B
J O J Z E I C E L M L T V H I L Z
W R N N C V F E T A B E Q N O B S
E P T K O A U T P D H U I O Z D Q
I S P T S D R N E S U C D T B N J
```

ARTERY	METHOD	SKILL
BLOOD	NEEDLE	SPECIMEN
CLINIC	ORDER	TECHNICIAN
DRAW	PATIENTS	TECHNIQUE
FINGERSTICK	PRECAUTION	TEST
GLOVES	PRIORITY	TRAIN
HOSPITAL	PROCEDURE	TUBE
LABEL	SAFETY	VEIN
MEDICAL	SELECT	VENIPUNCTURE

Potatoes

```
U H N D D L F Z H Z S Y G M M L P
A K E E X E O S E I R F Y L R U C
W K K L C N A G X Z U S I Y O Y A
I A D I F O D T R W A X P S I C W
B S R O Y F C O U C H O F I N F J
A G N B V S A S U I S G R U H Q B
V N X I B S T W P N H Y E O N C P
X I S T T R S I W C F C N N X B V
X L C E W A E O C P A N C A K E M
K P D S L R R A Z K N J H O Q B S
K M D A O B S G D Y S A F T N E K
I U D G H X E T U V A G R V G G N
Q D I S C H Q T E A S A I D M B G
Q E A N W D E H S A M S E X B C B
S H D D F E H Z V U M W D K X O N
N S C A L L O P E D C E E R T J M
L V V Z E P L N O Y F Y D L F L P
```

AU GRATIN	FRENCH-FRIED	SALAD
BAKED	GNOCCHI	SCALLOPED
BOILED	HASH BROWNS	SOUP
BREAD	MASHED	STEAMED
CHIPS	PANCAKE	STICKS
COUCH	PIEROGIES	VODKA
CURLY FRIES	RICE	WAFFLE
DUMPLINGS	ROASTED	WEDGES

Scavenger Hunt

```
N M K A P H G J J L K T Y F C C Q
B U V C U T K L I A N X S D O G B
R O V N O B B I R A I R N Y L N J
M E W P I S A S V C K T O L L Z E
A K K T A P C N G D P Y O P A A C
R E K C I T S N D D A D P A B C X
B V K M A E I E C A N U S P M T V
L D O G B R U S H E I L A E U M N
E U U O T Y C O K T U D K R G F I
F F E S L F K R L N O I S C Y Y R
E R V R U D E I C I B L U L U S Q
P S H N C E S H T A C L C I U T A
O H N A T Z B H L S H N K P Y A Q
E E O F M A F L O U T V E L T P R
L N L C G M O P H E G R R P V L L
K O P I P O E A Y K U G A R T E R
G W E T N A P R Z N D J O W W C O
```

BALLOON	HAMMER	SACK
BAND-AID	KEN DOLL	SOCK
BOW TIE	LUNCH BAG	SPOON
CLOTHESPIN	MARBLE	STAPLE
CRACKER	NAIL	STICKER
DOG BRUSH	NAPKIN	STRAW
FUNNEL	OLD SHOE	STRING
GARTER	PAPER CLIP	SUCKER
GOLF TEE	PENCIL	WET NAP
GUMBALL	RIBBON	YO-YO

Scorpions

```
X K N N O C T U R N A L C L C Z L
F L C O J M R B Q G F N A A E J O
Z D W O B R C R U A W M F I U A Z
S O O O R E O P T R B G Q R R Z X
R A D E L T N T R S R L G E O N R
E Q N I A L A K E C R O L P P B C
C N V D A I E L E Y L W W M E C W
N L E E L C H Y F D T L X I A Z O
I R A E V Y K A L Y X H K M N K L
P Q D W Q C I Y R O D P O O R G A
Y G H D R E K L A T S H T A E D R
V D S E B D Y F G Y H N B G Q O K
X H E W S X R R N K O R T B R M D
D P Y X A I P F I J T W O E E J J
Y D H K C C F P T A E W P P U O W
I K C A L B R W S J H M M U O B A
V E N O M Z S H C V E J K S X D U
```

AFRICAN	EUROPEAN	PINCERS
ARTHROPOD	FAT-TAILED	PREDATOR
BARK	FLAT ROCK	SAND
BLACK	GLOW	STING
BURROWING	GOLD	TREE
CLAW	HAIRY	VENOM
CREEPY	IMPERIAL	VILE
DEATHSTALKER	NEBO	YELLOW
EMPEROR	NOCTURNAL	ZODIAC

Space-Time Continuum

```
P N O I S N E M I D Z H V R J O A
N J S S X O Q V J F S I G S I H P
O E D U N I F I E D Y P W T P F A
I V E B S N A O R L T A A E P N R
T U C A W R S M E E I S O T H X T
A F U T B E J C S N V F G H I V I
L A R O P M E T I G I R A L M A C
I E V M V P K S G T T L E B Y I L
D U E I B C P E I H A H E S R D E
S G A C E A O U U V L M E T B I V
C K X R C M H N R W E M E I C O C
I I L E E Y I E T I R M C H G S P
S L E T R V T R M I A K H X T H X
Y G R O E N E D A R N B G T M A T
H Y E R I F D N A V X U A B D L M
P H S S X N L P T R W X U R G I I
T E M I T A D L O F I N A M Y F W
```

CONTINUUM
CURVE
DILATION
DIMENSION
EVENT
FABRIC
GEOMETRY
HEIGHT
HELIX

INTERVAL
LENGTH
MANIFOLD
MATHEMATICS
OBSERVER
PARAMETRIC
PARTICLE
PHYSICS
RELATIVITY

SPACE
SPATIAL
SUBATOMIC
TEMPORAL
THEORY
TIME
UNIFIED
UNIVERSE
WIDTH

Summer Camp

```
B E P N K A Y A K I N G C I D S K
P M A C S R J W R J K L A C H Z C
G C I W U L E K O A R F N I F E I
K G N I M M I W S H W K O T J P S
A X T V M Z R F P I S X E S B L E
E Z B D E J O G L U O T I U K C M
K M A U R V P D F K C S N R N R O
A W L R Y R E H C R A K G E B O H
L F L O X R S A A A B H I N L H H
K K R L N T E F D E C R I G O A W
W E O E I C T V D V E T N K Y S T
Q O S S F S S E O P E I I Y I M E
P S F N N D V C X C T N L V Z N S
N N W U O Q R E J A S I T S I T G
O I R O S E S R O H A I F U A T X
K S W C R C A B I N W T D F R B Y
E O P I N E C O N E S I F L S E A
```

ACTIVITY	DISCOVER	POOL
ADVENTURE	EXPERIENCE	ROPES
ARCHERY	HIKING	RUSTIC
BOATING	HOMESICK	SONGS
BUNK BED	HORSES	STAFF
CABIN	KAYAKING	SUMMER
CAMP	LAKE	SWIMMING
CANOEING	NURSE	TALENT SHOW
COUNSELOR	PAINTBALL	WILDERNESS
CRAFTS	PINECONES	WOODS

To the Gym!

```
Y  B  B  X  I  W  Y  W  X  U  B  Y  E  Q  N  I  R
L  A  V  A  X  B  L  A  C  I  T  P  I  L  L  E  M
F  R  E  E  W  E  I  G  H  T  S  E  L  I  T  M  P
K  B  F  D  S  I  J  E  Y  A  C  F  J  E  I  E  Z
C  E  Y  I  P  K  A  K  W  S  G  O  M  N  W  P  E
G  L  S  R  T  V  A  I  Y  P  C  O  B  C  S  R  F
V  L  E  A  Y  N  Z  B  L  I  D  I  Y  D  Y  O  H
N  N  L  B  L  G  E  E  C  E  J  C  B  S  P  I  M
I  E  A  L  C  P  G  S  P  R  N  Q  X  O  T  M  L
J  G  C  Y  R  P  O  I  S  A  U  L  R  O  R  L  B
U  U  S  J  R  U  V  C  H  B  V  N  Y  V  E  E  T
R  P  M  E  T  J  C  R  A  G  A  N  C  B  A  V  A
Z  J  S  P  V  F  W  E  S  O  R  L  B  H  D  N  I
C  S  B  R  R  S  J  X  L  O  T  M  L  P  M  B  C
I  Q  D  X  Y  O  L  E  W  B  U  B  A  R  I  H  Q
T  F  S  T  E  P  P  E  R  D  A  G  W  I  L  S  K
X  C  Y  I  J  C  R  E  U  N  V  C  H  W  L  G  Y
```

AB CRUNCH	EXERCISE BIKE	PEDOMETER
AEROBICS	FITNESS BALL	ROWER
BARBELL	FREE WEIGHTS	SCALES
CABLE CURL	HEAVY BAG	STEPPER
DUMBBELL	JUMP ROPE	TREADMILL
ELLIPTICAL	LEG PRESS	YOGA

Wild Cats

```
G D S A N D C A T D Q E F S T C Y
Q S M M S N L P T A F Y I N T L V
P R L A V X E M J O C B Z A D N M
L A V R E S O Z X U L S C N M K K
J G N B M K P E H W N E A V Q M R
W U Y L R A A N I K T G C L L Z E
L O L E A W R L O O Z H L O L S L
T C G D U U D G M I A T U E Y A T
N I C C G C P O A T L A X B C V P
T D O A A F I N E Y P C D U V A E
W Y L T J R I E N N K S C P R Z T
U C W M I P H X R O L A R X C A K
W C A R A C A L D E Q P Q F W Y R
M A C F C J I K I C X M Z C M Q M
Q V T A C B O B R Z D A E Q I I I
J I A R Z D B O Q X R P N F W T L
U B Y T A C G N I H S I F Z W U O
```

BOBCAT	JUNGLE CAT	OCELOT
CARACAL	KODKOD	PALLAS CAT
CHEETAH	LEOPARD	PAMPAS CAT
COUGAR	LION	SAND CAT
FISHING CAT	LYNX	SERVAL
IRIOMOTE CAT	MARBLED CAT	TIGER
JAGUAR	MARGAY	WILDCAT

Yard Sale

```
T T B D B S F F Z M M T Q R F O D
Z V T I I F L U T E C R I B S Y Z
P M N D C S O M S S L G L K G O H
L B U R Y Z H I E F L A O N L F H
Y O O A C H T E D C E O S U B L V
Z A C Y L R U K S I B D O J T H W
Y R S D E C I R P K J I C T A N V
N V I V C N S E U Q I T N A B K Q
R A D I O H O Q N D E L B A L T I
R A T I U G E M E E A M R M E E T
F B O Q C Y D A D M I G Z X S G H
U V H T H R L R P N A G S D S L P
O C L O T H E S J I E R H Y T N E
K Q K J A S E Y N P I K O B G V Q
G N G I S O H J K A E T E O O G X
M J S E H J V S H D Q G V E F R H
Y D R S I B P C G K H G G E W F S
```

ADVERTISE	DEAL	PRICE
ANTIQUES	DISCOUNT	RADIO
BARGAIN	DISHES	SALE
BICYCLE	DRESSER	SHOES
BOOKS	FLUTE	SIGN
CHAIRS	GUITAR	TABLES
CHEAP	JUNK	TOOLS
CLOTHES	LAMPS	TOYS
COUCH	MONEY	WEEKEND
CRIB	NEIGHBORS	YARD

Yogurt

```
S B Y V R C U J H C N E R F I U C
F E R P T N H P P E A R R T C J L
C F R E I H T O O M S L I P N S F
F U E U O P A O N R A U C I W K R
A J B N T G G B E E R N E I E E O
F T P E O L N G A F Y T S E U U Z
T R S O R M U A Q C O S R H P M E
D B A H I L E C M R T G Q R Q K N
V L R L A W Z L P B P E W F A Z S
P U P R O B I O T I C S R C K T T
L E R A E J G K N N X U E I A R G
X B Q K L M P E A C H S E F A N F
C E N A K L A B W G E E N Y S R N
F R D E P P I H W E G O P P K R U
T R I T P E O N H X N A T U R A L
R Y W L L Z Z C A H W H K Z R N F
H I E P E A L Z X V F M E K V G G
```

BACTERIA	GREEK	PINEAPPLE
BALKAN	HONEY	PROBIOTICS
BLUEBERRY	KIWI	PROTEIN
CALCIUM	LEMON	RASPBERRY
CHEESECAKE	MANGO	REGULAR
CULTURES	NATURAL	SMOOTHIE
FRENCH	NONFAT	SWISS
FROZEN	PEACH	VANILLA
FRUIT	PEAR	WHIPPED

Street Types

```
N T P L T H U W W L E Z R G M P L
J L M D P Y J J F I M S K D Z L Y
G D D L A L A U N A L I R E Z F Q
W J Y I R N N A E R I K G U Z P I
U Y A V K G X R L T R R K I O Y Z
X R Y A W E T A G L T N I O P C X
Y L L Y A S T P X E P Y L G O G T
T Q S S Y Q M X V N K D S P R R R
N K R C M E H T Q N O R W T T I B
J E H U A O K H O U E I W P B V V
V I A D U C T L Q T O V T N O T Y
A A O A O K L O A Z T E G A U K S
Z W V L V G C T R Y F C F S T H W
E Y K S T E S R D W A P S F C S O
B N P I R E N C Y O A S K N I X Q
J U I T W B L U F F X Y A O B L K
R O Q D N K L F E K N R K X A L C
```

AVENUE	GLEN	PORT
BLUFF	KNOLL	RANCH
BROOK	LOCK	SPUR
CLIFF	LOOP	STATION
COURSE	MEADOW	STREAM
DRIVE	MOTORWAY	TRAIL
ESTATE	PARKWAY	TUNNEL
GATEWAY	POINT	VIADUCT

Book Themes

```
I E G E J Y W C K C G S O K U L T
C N E S L A Y A R T E B E W O O U
J U X C P E P G R J K R I V J S C
E T P A T R I O T I S M E J B S W
C R Y P K G H K W M H T W E V X O
A O K E M N H O P E F T M K D B R
E F N W Q K O E D A R O R D E G C
P D U F E J L I M J H W H I N A E
M F I C O N O I T A L O S I B L H
Q S J S V R L U T P S D R P U I Z
E V I L C Y M N R U E E G X C E X
Y D O O G O E I R N F C V Q N N Y
X Z E B R M V V T F E V E Z D A Y
A V V A G E I E U Y X Y S D W T J
Q M P D T V H S R H M T N Z U I C
S G U N A H P N M Y V G R D E O Y
Q J O L Q Z I P C J R B H R U N Q
```

ALIENATION	EVIL	JUDGMENT
BETRAYAL	FAMILY	LOSS
BIRTH	FORTUNE	LOVE
CONFORMITY	GOOD	PATRIOTISM
DEATH	HEROISM	PEACE
DECEPTION	HOME	POWER
DISCOVERY	HOPE	SUFFERING
DUTY	ISOLATION	SURVIVAL
ESCAPE	JOURNEY	WAR

Branches of Physics

```
B A T O D Y A Q H L M Y J J S J W
C J Z P L E H S E A Z U P B V V N
K L G T A V M L C C W B T E S U R
E A M I G T C Z C I J B C N C Z M
A A M C J I O H E N N V I L A O S
A G W S T C E M K A F E E O L U R
C H E R A M X D I H K A G E S O Q
O M A O I L N X Y C R D C O C A F
U P A C P H P G R E K U I L Y P D
S L A C U H M R D M L G R C X R I
T L B J X L Y I X A D R J X H Z C
I E K O O D U S R X N N V D E A R
C O W B P L A C I T E R O E H T N
S U Z F F Y K M R C K L H T W F R
W B I O P H Y S I C S J F J N G C
T W G N F N T W J B Z Z H Y R G E
Z A N A N C W J W G J L Y E M D C
```

ACOUSTICS   FLUID   OPTICS
ATOMIC   GEOPHYSICS   PARTICLE
BIOPHYSICS   MECHANICAL   PLASMA
CHEMICAL   MOLECULAR   QUANTUM
CRYOGENICS   NUCLEAR   THEORETICAL

College Life

```
U R S L T N C C Z B W N J O I Y R
B F O E M N B R S L A N I F L S D
V R Y N R R E E E C P U V E H K Y
V E C I I O O D A D R F B G M O G
P S K K R M M D U E I J U N I O R
R H C C N O E O P T L T M E P B A
O M Y E A M O A H I S A S L J T D
F A A H I S P M B P J E E L P X E
E N F C E L C R M O O C B A N E S
S X S N A O A H R A N S R H H T F
S Q I I U R C T S E T T R C U I I
O O C R Y R B G I L Y E E D N I H
R O S R A E E R G E D A Y A W O N
S E M E S T E R G Z Z I N B A Z E
G Z S T J P Q N V Z D C T O K Y R
W E V Z X B W X I V E R Z Y J D Q
R T C E J O R P K U L L O X N T A
```

ACADEMICS	FRESHMAN	PROJECT
CHALLENGE	GRADES	RESEARCH
CHECK-IN	JUNIOR	ROOMMATE
COURSE	LIBRARY	SEMESTER
CREDITS	MAJOR	SENIOR
DEGREE	MINOR	SOCIAL
DORM	PAPER	SOPHOMORE
EXPERIENCE	PARTY	STUDENT
FINALS	PIZZA	STUDY
FINANCE	PROFESSOR	TEXTBOOKS

Cosmetic Brands

```
Y U E E T A G F T I R X Q I N M Z
E S E H G R O B N H V Q O T F H G
U U Z W J V X C O V E R G I R L T
P T B P N Y L O L A F S X E H I Q
U I T P D P S L V L D L S N K Y H
K F R E D U A L E E T S E I O W W
C E B J H E W Y R M I D A L N G U
D N V L R L A O A E X Z X L A H T
E E W O A R A X P O Y E J E M P B
C B L O B C F N B K U L P B P A Z
C V L O R A K H C Q Y O Y Y B Q Y
O T N E C B S O I O O A Y A K L M
B N F T M A I N P A M O K M R D C
E F O I M M I B V A C E L Y C A O
L R M S Y L I O B W L C T K R R Q
L W O O C E N R V O Y X E G Y A O
A A S H I S E I D O B S O B C W M
```

ALMAY	CARGO	L'OREAL
ARBONNE	CLINIQUE	MARY KAY
AVON	COVERGIRL	MAX FACTOR
BECCA	DUWOP	MAYBELLINE
BENEFIT	ECCO BELLA	REVLON
BLACK OPAL	ESSIE	RIMMEL
BOBBI BROWN	ESTÉE LAUDER	SHISEIDO
BORGHESE	LANCÔME	SMASHBOX

Drop Everything

```
N O I T K R I M H S E Z X B H Z F
Q W C R K F I Y T S S U H Q Z R T
Z U I M T F F P K V R F V U O V V
R W S B B O X C L A B I A U R Y S
H Z B M R P X M K C A B K L A H U
P T L M A K X C V N F K K G I V J
C Z O N E W I D N J Q D C P N A N
W E O L T K A Z O A E E W L R R M
Z E D W C G N T M W F Y G U J B O
S T E O B Q Q Q E H N R E C U E Z
E C U R T A I N L R M F B G A B I
G G E O E C I R P B O E T Q W O T
H L U M F L E B S F X O E K C R R
W V H M A N F V Q U D S R Z G U B
W N F S F S F H S Q B G T X G U A
R E J B J F T E U Q F O F Q A F Q
B I L U M Z S E C C D X K R B H F
```

BACK	EGG	OUT
BLOOD	EYE	PRICE
BOX	GUM	RAIN
CLOTH	JAW	SALINE
COUGH	KICK	SHIP
CURTAIN	LEMON	TEAR
DEW	MAIL	WATER
DOWN	OFF	ZONE

```
C M P G N I T S I L B O J J P Z R
T H E J H L W O U R E Y O L P M E
C B R E C O N O M Y H R M Y P T E
A B F Q A P W V R V G W I Q R R R
R O O M J A A K V K O B U H O U A
T H R N G L Y B E R P A W J M N C
N N M E U N K E K C L L O S O L E
O A S A S S Y F C I U E A I T L T
C Y B M N O O S F N T D T C E O A
U L T F L R U I S A A A O J E R N
E X G P C S C R E E P R O R E Y I
G L M E Z A A R C U N B E C P A M
O E N E T I C L C E F I R V O P R
X Y C I L O P C A A X U S E E T E
W L O L A B O R I R I F D U C S T
L N O I N U I R R T Y M L B J I
E K I H J O W E I V R E T N I T P
```

BONUS
BUSINESS
CAREER
CONTRACT
CREATE
ECONOMY
EMPLOYEE
EMPLOYER
HIRE
INTERVIEW

JOB FAIR
JOB LISTING
LABOR
OCCUPATION
PAYROLL
PERFORM
POLICY
PRODUCE
PROMOTE
QUALIFICATION

RECRUIT
RESOURCE
SALARY
SEVERANCE
TERMINATE
UNION
VALUABLE
WAGES
WORKFORCE
WORKPLACE

Freshwater Fish

```
R B R N K R A H S A L A B A W D E
L E F O R E L J J G N W Z A V R H
Q N E X I S L G O M Y B L G Q X S
G T F D G N Z I I O L L H B J Q I
F H S I F G A L F Z E S H C U T F
A O V M R I O D H Y I W U P G Z L
Z C A T F I S H E F L E I T O M E
R E H F B S C H D Z O R A G R X G
F L A O U F U L B A A Z N P J R N
C P E R C H O E U N C I X B P E A
N O V B A G T T H R H I P D S O X
I S R X P T U A A P E O C A C A L
X A B Y A O G L S H O F Q H L G M
B A H A R T E T A M R R F W L I Y
L K V T I G E R F I S H T U N I T
N P L M G M S G T M V C P F P Y D
A E O E K H Q G C H Q I M P W M J
```

ANGELFISH	FLAGFISH	PUFFER
BALA SHARK	GAR	REEDFISH
BARB	GOLDFISH	TETRA
BETTA	LOACH	TIGERFISH
CATFISH	PACU	TILAPIA
CICHLID	PERCH	TROPHEUS
CORY	PIRANHA	TROUT
DANIO	PLECO	WALLEYE

Grocery Store

```
S F S N O P U O C C K H M Z M W P
Y C E I J M U X A P A D O S T Y P
P E A A I J S R A T Z R Q D P C W
V R S E L B A T E G E V T A B A Q
E E O E J D L I G T G A S I K M F
M A N D L U N R S T T Z R R X R U
D L A R U P O E L L A U R Y O A I
W A L C E C M G G T E E B Z F H M
G W E F E G E A T G I S E L A P W
F L A R M A I U S H S N N I P Y C
B B Y E B A O S S Q F P L S V R B
P C A I A K X A T O B E C T P E K
F T V K C M C R O E D X F A B K K
R E C E I P T D F N R P S L E A V
B Q H L U N E Z R A N T X U O B I
D C K O V B G P E C A W W X M U D
G G S N C P E T S U P P L Y L L R
```

AISLES	DAIRY	PET SUPPLY
BAKERY	DELI	PHARMACY
BAKING	EGGS	PRODUCE
BREAD	FLOUR	RECEIPT
BUTTER	FROZEN FOOD	REGISTER
CART	GROCERY	SAMPLES
CASHIER	LIST	SEASONAL
CEREAL	MEAT	SODA
CHECKOUT	MILK	SOUP
COUPONS	PASTA	VEGETABLES

Hospital Departments

```
F Z T N M Q K P G D Y U A H T Z M
K Z E M E R G E N C Y Y B G J P A
E E N C U U W N Y F G P M Q H A T
Y Q S W W N R R N O M C Y Y C Y E
G U T C Q K E O L D U O S M J K R
O Z L H I G A O L Y F I H A G E N
L Q X T R R C B G O C P Y M S L I
O G R U R N T O D A G U M M J M T
I Y S K O A L A L R Y Y X O G P Y
D I A G N O S T I C I M A G I N G
R N V G I D H O Y D I O Y R Z S D
A X G D I E L O U E E W E A L J O
C H A O R C Z J W N C P O P H X W
U R F A M G B Y N A D E E H P X B
H O P R D D I C P P Z J A Y C O U
Y Y E N I C I D E M R A E L C U N
E J O X U E A M N P W D H S V F L
```

CARDIOLOGY
DIAGNOSTIC IMAGING
EMERGENCY
ICU
MAMMOGRAPHY

MATERNITY
MRI
NEUROLOGY
NUCLEAR MEDICINE
ONCOLOGY

PEDIATRICS
PHYSICAL THERAPY
RADIOLOGY
SURGERY
ULTRASOUND

```
W O F R I H U O Y A N S A D E L Q
J C H G T M B S H D V A C Z U S T
Q L U M N E Y S N U C Z Q E I Z L
W O D D Z I B I P M R U O K M W S
X D T E Y W R S Y L I T C A W G G
J W E W H G E L U T I C A T K R T
X R W E X T S O C S Y T S S K W R
F A Z A F N O W A R D H T I W D N
H F P U R Q E L T U H S Y M O W M
P T H S P L M B C B M Q G O V X X
L L C H H E C T E K H B N T E F D
M L C U I A I C N W S T I C R P V
Y R W E T N K O E X O F O C T D Y
O M N V K D W E L L S P R E A D D
T D X Y I L A P X P U X V S K S T
R T S B F B I L E T N V B L E V F
H U I Z A H O L D G J I M L K N Z
```

BET	GRIND	PUT
BID	HIT	QUIT
BURST	HOLD	RING
CAST	HURT	SHAKE
CLOTHE	KNIT	SHUT
COST	KNOW	SPLIT
CUT	LEAN	SPREAD
DWELL	LET	UPSET
FEED	MISTAKE	WED
FREEZE	OVERTAKE	WITHDRAW

Man Cave

```
G A R A G E E C D U A U Q W D R T
X B S D V T N E E R C S G I B G R
B P A T A S K C A N S L C J S J O
D O X S A R I Q S B Z O B S E L T
R K F F E D T A A T U A I D R L A
P E S M N M I S Y C E N O K E A R
R R E E B J E U H R N R C D I B E
O B L J M B T N M E E O E F F N G
J I E L A A D S T S L T I O I I I
E L R L A C G E D C E S U D L P R
C L L A I B L O N R H A N P P H F
T I R G T B T O E I A R T V M Z E
O A A K A I E O N D O C W S A O R
R R B T O N U G O C I I P I O H C
S D Z H K F R G P F U V I H C Q S
N S U R X O B O X I N G R I N G Q
X P J S D Q P I P O S T E R S G J
```

AMPLIFIER	COMPUTER	POKER
BAR	COUCH	POPCORN
BASEBALL	DARTS	POSTERS
BASEMENT	DICE	PROJECTOR
BEER	FISHING ROD	REFRIGERATOR
BIG SCREEN TV	FOOTBALL	SNACKS
BILLIARDS	GARAGE	STADIUM SEATS
BOXING RING	GUITAR	STEREO
CARDS	NEON CLOCK	TABLE TENNIS
CIGARS	PINBALL	VIDEO GAMES

Nocturnal Animals

```
Z X Y X T A R A N T U L A K P D W
R H A M S T E R G K T Z R N A M B
P E K M Q O T E S U A A M U Q U E
F D J I R C O K W A V N K K J S J
W G A G W R Y D V D W L G S A S Y
H E A T Z I O L R O T P O A S O C
C H I T P C C A L A O K I K R P I
Y O C W S K A F Y S W A Z N F O C
R G L L R E T S N O M A L I G A O
U E U L W T C W A R Y M T M T G X
B A V A I O Y Z O L Q K O F R G A
B A T A R D Q M F M V O I U D A X
F Q X P E R A E P R B S K W S A U
R F I D Q B R M U U H A X C O E D
E O F A V I U M R Q P A T U E Y K
N O X O F D E R U A M U V J W G Z
Q V F T F L N B A D G E R S G G D
```

AARDVARK
ARMADILLO
BADGER
BEAVER
CATFISH
COYOTE
CRICKET
FIREFLY
GECKO

GILA MONSTER
HAMSTER
HEDGEHOG
KANGAROO
KIWI
KOALA
LEMUR
MINK
MOUSE

OPOSSUM
OWL
RED FOX
SCORPION
SKUNK
TARANTULA
TOAD
WOLF
WOMBAT

177

Oxymorons

```
M E R U T U F R A E N A Q I I E A
M U P L K P J R Q L Y Q Q G Z T K
V C D H Y R Q U E N I H S L L U D
X H R B F A A G M Q V E G U X A O
U W E K A C L Q B C V D K L W D
N R S F N T B Z O I O A C I Z N I
T I S H T I H M Y N G S T X U J P
I K P T O C E R K N G T H M Q T O
C T A Q J E D L U R L S B R S S C
I G N R Z T I O B E A F H O I O G
F K T W J E Y I B I E W H O L M R
E F S Z Y S W I C E S T L D R X P
D N F K W T G X L Y S I F I A T Z
O D H E F R M I K E H E V B V I S
R T N E K M N Z U K V O F N M I E
E U Z I N G K G F E M R T J I I C
Z E E N T X H P R E T T Y U G L Y
```

A LITTLE BIG
CIVIL WAR
COLD FEVER
DRESS PANTS
DRY ICE
DULL SHINE

GUEST HOST
ICY HOT
INVISIBLE INK
JUMBO SHRIMP
LONG SHORTS
MUD BATH

NEAR FUTURE
NUMB FEELING
PRACTICE TEST
PRETTY UGLY
YOUNG ADULT
ZERO DEFICIT

Poker

```
E T H X V A T X R T H G I A R T S
X B L A Z E M G K O X Q S O F Z D
G A X X Q I B D P R J T X W W Z E
J C L A Y D O W N J D A T J I W T
L K P D E W P H P D E B C Y Y V S
D D Z A N S U F S O A L Z K W M U
R O P C I L U F R U L U L X P N B
A O A S L R O O Z E L F W A O O A
C R U E A D N A H D E F P I C G T
D E T I U S M D R L X Z S Q Q M B
L K S E M I D A F O L S E F V D O
I E V U B A W A N F E U Y O N X Q
W Y L I J C H O P R H D F O U X Y
K R E B A C I P G N V X X P Z T S
N G U X W T B G V J G T F J I T Y
O C H E C K A Z L O W S H C B R K
E H V A S N Z X W P F N C C N B X
```

ACTION	CHOP	HAND
AGGRESSION	DEAL	JACKPOT
BACKDOOR	DOWNCARD	LAYDOWN
BET	DRAW	PAIR
BLAZE	FLOP	RAISE
BLUFF	FLUSH	STRAIGHT
BUSTED	FOLD	SUITED
CALL	FREEZEOUT	TELL
CHECK	FULL HOUSE	WILD CARD

Résumés

```
Y R O T S I H G R O O Y E F T U A
D D X O N C L S Z J Z L U N G Y E
O R L E G E K O Z R I N E O V Y C
G O A N M I T Y O F C M A J E M Y
V N C I L P R S O T E L N J D I B
R N I L L E L R I V A O U U U A O
A R G N S E P O E S I B N T C J X
P Q O U I Z N I Y T N O I J A P Q
P J L N F A H G C M S O J L T S Q
Q T O I L C R A T C E M C V I A Z
S H N J A G C T T H Z N S I O T F
U E O B J E C T I V E O T X N W Y
C E R N O I T A C I F I L A U Q H
O T H J E H W L Z S U M M A R Y V
F N C W J S E C N E I R E P X E H
I F O R M A T T M G I N R H X H O
F W A N R K E X I X R F C P T W P
```

ABILITY	EXPERIENCE	OBJECTIVE
ACHIEVEMENT	FOCUS	PROFILE
ACTION	FORMAT	QUALIFICATION
CHRONOLOGICAL	FUNCTIONAL	RESULTS
CLEAR	GOAL	SKILL
CONSISTENT	HISTORY	SUMMARY
EDUCATION	HONEST	TOOL
EMPLOYMENT	LENGTH	TRAINING

Seashore

```
N I K S T E J P B U L R Q P S Y D
N H K B E R N I N C L P D E F K Z
S E A G U L L E P I A M A L F M V
G R Y Y T A T O E T B S W I M B G
C L O K I I U S C R H Y H C T V O
O P I C N I C E A E C T R A F A D
D Y E F J Q E A L C A S P N A H T
E J P P E M G L I H E N N F R E O
E D C E A G W P S C B K S U K K H
Z L E W O T U I A I S V W N S M D
L A O O D P F A K L I E A Y D Z U
Z G E N Y Y L I R C L L V L Q Y Z
F U M V L B N E Y D B E Q A I T O
T D G L C I O Z N T O J R D W Y J
Y J E M S L T A S O J Q Z B Z R N
B J C N B Q S N T S T I Q H M Z K
K Z L L A B Y E L L O V E V W U Z
```

BEACH BALL	JET SKI	SEAGULL
BIKINI	LIFEGUARD	SEASHELL
BLANKET	OCEAN	SUNSCREEN
BOAT	PELICAN	SWIM
CASTLE	PEOPLE	TOWEL
CRAB	PICNIC	UMBRELLA
HOT DOG	RAFT	VOLLEYBALL
JELLYFISH	SAND	WAVES

Sri Lanka

```
Y Y M B D E C W D T R O P I C A L
R D L U I S L A N D X P B V I J T
R Q N S I N H A L A H E S Y L B X
J Q S A N O T R F Z A L C L B R H
R J K S K O R H C C L I O U U Y Z
L Z R I B S G U H I N C L R P L K
H S O X M N T E B D C A O M E K A
T E T Y V O S N I B M N M Q R E S
C A S U Y M O A A E E S B O L T D
O C P G N O N P O H V R O O N G C
F U M T P O F G E V P G C E U U J
F Y H S C N C O S A S E M I L Z N
E K T E D G T O R Z C R L T B O N
E S A U Q E U H C E A O U E L I U
V N O M A N N I C G S R C Y W H S
I R V H S E L I T X E T E K E U X
H Z O I L U B T M F X C S L S W B
```

BEACHES	ELEPHANTS	PELICANS
BEAUTY	FORESTS	REPUBLIC
CEYLON	GARMENTS	RUBBER
CINNAMON	IBIS	SINHALA
COCONUTS	INDIAN OCEAN	SPOONBILLS
COFFEE	ISLAND	STORKS
COLOMBO	KANDY	TEA
CULTURE	MONSOONS	TEXTILES
DEER	PEACOCKS	TROPICAL

Suffixes

```
S O E M Y E I O R Y C E T R L I C
L E M K T C W O P A T H N L S A O
S I L E I O I C Y C L E E O D I C
S Y T I C L A P Y G N U M O O B S
P H G S A T H P Y I I I E O S O O
S H S O E I O P I H S O D C C H P
E E A I L C L M E I Y N R R R P I
L A L E S O I W Y H S Y M S A E C
E O E U Y B C E T L H E Y A C W N
A W P D N S H L E H L H E S Y E E
S E W C E Y O E D T Y M E D O O H
H C S C S O H R I S O E E O I I E
W W T Q S E P O C S C S I A S I S
R E L I U U N S T S I G O L M A C
S T Y I I E H O Y W Y A P O B R Y
T E D G H O P S S S E E I L M L Q
E S S N O C A N A L I Y E B A Y I
```

ABLE	ISH	PHILE
ACITY	ISM	PHOBIA
AHOLIC	LESS	SCOPY
CIDE	LIKE	SECT
CRACY	LOGIST	SHIP
CYCLE	MENT	SOME
ECTOMY	NESS	TION
ESQUE	OLOGY	ULAR
HOOD	OPSY	WARD
IASIS	PATH	WISE

The Tundra

```
X P C T P A V Y Q X Y F S J H R X
Q Z F H L S L P Q J B O N T Q N J
T N M S H O T P O U W K G A Y X K
G A A E E T Y B I L X U D L O C N
Q T G N S G O A T N A A A F C J O
Z O U S A N D P I P E R X M V W V
E Y T G S G O E Q D B C B S S W Z
E O K O M M J W S U Q T H E W G H
V T S O R F A M R E P I K S A E B
I G T C A Y U H O J Q C E R N R U
T H N I T S S T C D U R D D O A M
I J S I K K I L E D O X N T C H B
S S S O M U I Z Q S Y O Y F E K L
N U X B Q M G W Y U O B I R A C E
E J R S A V E A M L K O N L D Y B
S C O T I W O L F U U B G B T E E
I M E L I C H E N D Q F F Q T I E
```

ALPINE	GOOSE	PERMAFROST
ARCTIC	HARE	POLAR BEAR
BUMBLEBEE	LEMMING	SANDPIPER
CARIBOU	LICHEN	SEDGE
CLIMATE	LOON	SENSITIVE
COLD	MOSQUITO	SHRUB
DRY	MOSS	SNOW
DUCK	MOTH	SWAN
FOX	MUSK OX	TOYOTA
GOAT	OWL	WOLF

Top Jockeys

```
C S D O N B N X Q U V Z V C W W O
B T R E I L A E T N P O O E V A Z
Z E U Q S A V I D V O R W E M L S
P V R W S O P Q L G D R X E L U G
Z E E W V I R Y O E N N R O A K B
O N D W N H L M R D Y O F A C S K
L S Y O X L G O E G U W L A C L X
P I N C A Y J R S A O F L P G C I
C Z S S Z R B R D O U B S Y S R M
W Z J O E G H B R N Z X L F E B F
O W V O U E Z A B Q T I L K Q N V
T G L I Q H C E V J S I A I P Y A
M I D J S R N Z X D D M G R Y R R
S R N H A W L E Y W E O A T J Z D
Y N O S L I W Q G O J D O B C M O
F I A S E R I F H Q O M Y C Y R I
U T A K V Z E S M I T H L L Y S N
```

ARCARO	FIRES	PRADO
ARDOIN	GALL	SHOEMAKER
BAEZ	GUIDRY	SMITH
BAILEY	HAWLEY	SNYDER
BAZE	LONGDEN	SOLIS
BLACK	MCCARRON	STEVENS
CORDERO, JR.	OUZTS	VASQUEZ
DESORMEAUX	PINCAY, JR.	VELASQUEZ
DOOCY	PINO	WILSON

Typography

```
G J R T G P T U P I G D G C B A I
K B U K H D O R Q T D O H R B M R
I V L P E H I U R I U Z W K N P C
S F G G I M S A N L T N E C R E P
T C R A E L C A T D W E N Q T R F
W E J T G K C Y L E S G X E E S Y
E Y G T I N P R V S I I L I S A H
C U K N H E I K O S K L G O E N Y
T A G H F Z S N N W U C X N P D H
N J R A K I K O R B E I A M Y P N
I B C E R S I O B E L U S B T D O
R E I E T T D Y P X K Y I K S Y F
P E T J C N G I S T A Y Y J P C W
T S G E L I P F K R A M E D A R T
A R S G G O O D I T T O M A R K A
E F K N A P L V F X F Y T E H C E
P C R P D D Y O H G G X V K X A X
```

AMPERSAND	DITTO MARK	PRIME
ASTERISK	KERNING	PRINT
AT SIGN	OBELUS	SECTION SIGN
BACKSLASH	PERCENT	TILDE
BULLET	PILCROW	TRACKING
CARET	PIPE	TRADEMARK
DAGGER	POINT SIZE	TYPEFACE
DEGREE	POUND SIGN	TYPESET

Vikings

```
C R O X C S Y E Q W S Q T P F O E
M O D G N I R A F A E S T V H E S
S J U D B U P L G E S T I S G Y O
E H M R P I R A T E X K M U X G Q
S R T R A C S A S R I P O D C M H
G Q O Y O G Y S I N O D L Y X E C
N R Q M M M E R G D L C O O S D A
P R E A A L R G O E E Y T C R I N
I A A P H N H A I T Q R A X C E K
H N T T O E T H T Q S N B E V V R
S K U O L R S I N N D I L N R A J
G R K M S P U R C I A A H E Z L B
N H E J D E E E N I N H L Y Z S W
O T L R G D N A T D Z T C N W G B
L S O U A O V N F I T E S R O N Q
R W A R R I O R I E L I D C E D U
S V T Z A H B U S M C J B G F M E
```

ARMOR
COURAGE
EUROPE
EXPLORER
HELMET
HISTORY
ICELAND
KNARR
LONGSHIP

MEDIEVAL
MERCHANT
MINNESOTA
MYTHS
NORSE
PIRATE
RAIDER
ROMANTICIZED
RUTHLESS

SAGAS
SCANDINAVIA
SEAFARING
SETTLER
SHIELD
SWORD
TRADER
VIKING
WARRIOR

World Dams

```
K E R U N H I T Q F O R T P E C K
Y Q L D W V T Q P L D H X R Y I J
J D I L G D I C E P H E N I Y P F
Y C R U I Z H K O V O G I P J A L
Q C R O Q V C U J M H U M I H S W
T I S E G R O G E E R H T I J A M
V Z T B V U C R C O J U G M G N G
T B E A S O N Q O H E H O X P G Y
A A Q M P H O V S Z A Q A G H I G
B O R U C A O H L S Q P H B P T T
K Z C S W T N S W O M S E X S I Z
A N O U A R N A D A I D D T N O J
V W F R L E N T N U O C O Y O Q J
E L A E O D F G L A O T W X R N M
N S J W U L L N Y M A X R B J M V
A A W O H A A W U T J B L N M G L
K W G L F S B B B E U S A N C I N
```

BEAS	HIGH ASWAN	OROVILLE
BORUCA	HOOVER	PATI
CHAPETON	KANEV	ROGUN
CIPASANG	LOWER USUMA	SAN LUIS
COCHITI	MANGLA	SARATOV
FORT PECK	NUREK	TABKA
GURI	OAHE	THREE GORGES

Yo-Yo Tricks

```
E I M U W G N I O B G N I O B F D
K C Z K E Z E P A R T E M A F D Q
A W O R M H O L E Z L K R P L Q D
N T S T E L L Q E E C R X R I R I
S I I H A P F N V V E L O P O Z Z
E J I R O L E A U L A W H C T T Z
L F I Q Z O T E R G E W P P W V Y
T A E K S O T O R H E I L A U V B
T R M V R L L T T C R R L A G I A
A M P W I L E D H E E K B O D J B
R B G Q S R N E G E T K Z I B I Y
C C R R B U D D P H M I P G L C T
V W E W O N F P E E P O B K M B V
R U U R I B U D R P R V O G N M A
T B A W Y J O L E A K S D N O K C
C Q E F I G L R Q R W W L L W D A
U R O C K T H E B A B Y A G V B B
```

AROUND THE WORLD
BARREL ROLLS
BOING BOING
CREEPER
DIZZY BABY
DOG BITE
ELEVATOR

GERBIL
LARIAT
RATTLESNAKE
REWIND
RIPCORD
ROCK THE BABY
SHOOT THE MOON

SLEEPER
TIDAL WAVE
TRAPEZE
WALK THE DOG
WARP DRIVE
WORM HOLE
ZIPPER

```
L A U A N A H Z M P E A R C E S C
G I Y X G A I P N C T P D H R A H
S Q S Z O N P A J I R R A O P K A
M A R G U L I E S L Z R T K E L C
I R I I D G L K T L Z C S F R D T
T E S E S R O C S E E L E N C A R
H T T E L S N I W R U L W Z I K E
R I C H M A N X I R U G O G V F S
Q R O I R V D D Q U K L L M A W S
Z W T M C A I N J B Q Y L X L N C
D A S D C N C J I Z A P E J O H L
K F E P K C A T H T N Z F S A F B
X C G L I M A T O B R S R N K O B
G C A M M L A R I R E A D Q W O G
S G P V M E L G T V P L M E X A F
E K R R E P P E P H E K N M W I M
B I B G T S C D R R Y L T S I F H
```

ACTOR	KATIMS	PEPPER
ACTRESS	KING	PERCIVAL
BOWEN	LEVITAN	RICHMAN
BURRELL	MARGULIES	SCORSESE
CHANDLER	MARTINDALE	SMITH
DINKLAGE	MCCARTHY	SPILLER
DIRECTOR	PARSONS	WINSLET
FELLOWES	PEARCE	WRITER

American Abstract Expressionists

```
K V U C T F H F B M J I S A V R X
K C O S E L I G E R F U A R H E Y
X I O U I O M D U C A P Q V A B K
Q B K L L W C A W O E L F F E R R
B D A L L K E G T B N M S P F E A
L K Z B E O O L D T P D S T K F S
U A F R E L P S T K E O O N O O N
H Z N T D R A H N I E R A O K N E
M S Z B O M U K B S O H P O G A R
T O E H O B O R A O C R N F V C H
L R P O T T E R Z S E C R A F I H
G X G G I S Z Y I R R A H B Y S D
K O X N N W Z E O B N O Y L M R K
U W R I N M N M T K S D T K J A S
A Q C C D I G X E R L Q T H R M I
M K I U L U D Q S P E B M N K O I
B U M K D M P H E N R E T S R O G
```

ALSTON	GORKY	RESNICK
BABER	KLINE	ROSZAK
BAZIOTES	KOTIN	ROTHKO
BLUHM	KRASNER	RYAN
DUGMORE	LEWIS	SCHANKER
ERNST	MARSICANO	SELIGER
FERBER	MATTER	STERNE
FRANK	POLLOCK	TOBEY
GOLDBERG	POTTER	VOULKOS
GOODNOUGH	REINHARDT	WOELFFER

Begins with San

```
W  G  J  U  W  M  A  T  E  O  J  O  S  E  D  N  J
E  B  K  Q  W  W  L  Y  J  M  B  C  X  I  G  V  P
R  O  L  O  R  E  N  Z  O  L  L  V  E  A  O  S  E
O  A  L  I  D  M  L  O  X  E  Q  G  S  N  M  E  F
P  O  M  B  N  N  E  F  M  S  O  K  A  T  F  M  D
Q  N  Q  O  A  W  A  E  R  N  Q  R  M  O  Q  H  S
J  I  I  X  N  P  N  N  F  A  T  D  I  N  M  G  M
Z  D  L  V  G  T  D  S  R  S  N  A  D  I  U  Q  Y
Z  R  F  H  E  G  R  R  I  E  O  C  O  O  T  C  H
Q  A  U  G  L  E  O  P  A  R  F  N  I  N  K  M  A
N  N  Q  D  O  T  A  G  W  F  O  F  I  S  U  R  B
O  R  U  S  N  C  W  R  M  R  A  V  G  R  C  R  E
I  E  A  I  N  F  I  A  D  S  P  E  X  L  A  O  B
M  B  C  A  N  D  R  E  A  S  P  Q  L  X  S  M  G
A  A  U  D  G  C  P  C  J  L  E  I  R  B  A  G  P
J  J  L  O  O  P  S  I  B  O  S  I  U  L  F  P  Z
D  N  U  S  O  L  R  A  C  F  G  B  S  E  J  Z  U
```

ANDREAS	DIMAS	LUIS OBISPO
ANGELO	FERNANDO	MARCOS
ANSELMO	FRANCISCO	MARINO
ANTONIO	GABRIEL	MATEO
BERNARDINO	JACINTO	PABLO
BRUNO	JOSE	PEDRO
CARLOS	JUAN CAPISTRANO	RAFAEL
CLEMENTE	LEANDRO	RAMON
DIEGO	LORENZO	SABA

Coming Up Short

```
R Z S N P Z K F A P B W W W R X R
U H K A K K B I T K P I A M T J Z
M B I C E H C G S R B X Y R Z I L
U Z R P G V I I P T P S Z L T C L
O E T E N H A I T C O A E E X S V
T S T N A P R W U S T R R Q O B S
L M A I H T I O W Q S Y Y R P N W
H X R L C D H D P G S H S A E L Z
Y D F Q E K H S F E Y P Y I T K X
H C R Y R O M E M D L M E L C U A
K G Y A X S L E E V E K P I K R K
B Q C K O N O D D N A H R S Q F K
L U C X I B I R T C Z C L T U Y W
M G R T P S I A B N U Y E N L L V
T B R E A D A H F I O L D R T K V
F A L L E G N M T U L S K O K X Q
M N V B O X E R D F O W N T K T E
```

BOARD	HAIR	ROPE
BOXER	HAND	SIDED
BREAD	LEASH	SKIRT
BREATH	LINE	SLEEVE
CAKE	LIST	STICK
CHANGE	MARTIN	STOP
CIRCUIT	MEMORY	STORY
FALL	PANTS	STRAW
FUNDS	PAYMENT	TRIP
GYM	RIDE	WAVE

Coral Reef

```
I  D  W  E  N  O  M  E  N  A  U  U  A  I  N  U  L
S  L  X  Z  C  N  Y  Q  P  T  F  E  U  S  W  U  C
C  U  T  O  M  O  L  L  U  S  K  D  P  E  N  R  J
A  D  P  R  X  C  X  N  I  H  C  R  U  A  E  S  D
O  E  E  O  J  A  C  L  O  W  N  F  I  S  H  P  O
A  E  O  R  T  L  U  N  Q  B  R  H  P  T  L  B  L
F  L  T  S  U  C  S  E  O  I  S  O  U  A  A  T  F
R  L  G  H  Q  I  O  E  N  T  N  B  H  R  S  H  F
L  Q  A  A  Y  U  Y  G  A  G  K  A  C  I  F  G  X
V  O  E  R  E  M  I  N  E  C  B  N  S  Y  M  I  B
O  P  B  K  O  N  F  D  E  I  U  O  A  R  O  L  I
P  O  Z  S  G  C  P  N  T  G  I  C  E  L  U  N  T
U  L  Y  A  T  O  A  A  W  B  Y  I  U  N  P  U  A
B  L  P  F  L  E  T  O  M  X  R  X  M  M  N  S  L
D  A  H  Y  C  K  R  Y  Q  R  U  C  O  F  B  J  L
K  C  P  O  G  M  S  N  A  I  L  N  W  D  S  E  F
T  S  M  H  I  A  K  B  G  T  P  M  I  R  H  S  R
```

ALGAE	LOBSTER	SEA STAR
ANEMONE	MOLLUSK	SEA URCHIN
BARRIER	OCEAN	SHARK
CALCIUM	OCTOPUS	SHRIMP
CLOWN FISH	OXYGEN	SNAIL
CORAL	PLANKTON	SPONGE
CRAB	POLYPS	SQUID
EEL	REEF	SUNLIGHT
FRINGING	SCALLOP	SYMBIOSIS
HABITAT	SEA CUCUMBER	WORM

Friends

```
G G H A A O N N V I L B M G J Z B
O C D T C W C O M P A N I O N O Z
F E T R O H O C A S P T E P W X J
G D U A M I C O M Y U M W M G K Q
P A U G P A T O I R T A P M O C X
X R P P A R U D G L R S M N N H A
P M S X D E N I O V I T F T M U Y
A O S I R U L T G D K I A N C M G
O C R U E M R L E P Q C F A D T T
N A S R P O E K O T A L I D W H R
R M F U S C I H W C A R Q I M Q V
U Z V N C C J B Q Y J M T F D T J
U K O E K I V M U G S Y F N T R N
J C R O N Y M Y Q D R B A O E B T
L K J G Y L L A O W D Q B C B R A
M H U X A Z H S O G Q Y O F T Y C
K D W D C I T K O B U W C V D G X
```

ALLY	COLLEAGUE	DOST
AMICO	COMPADRE	FREUND
AMICUS	COMPANION	JINGU
AMIGO	COMPATRIOT	MATE
BFF	COMRADE	PAL
BUDDY	CONFIDANT	PARTNER
CHUM	CONSORT	SIDEKICK
COHORT	CRONY	VEN

Golf Clubs

```
S H M S I W Z E Z W X X Z O N D H
E S S V K O N M V F Z L B C H S L
N Q S W W O O W C Y Y I N D A Q G
S O E C I D R C N O R I E E R H T
I Q R O O M I N A P I G Y J I S E
X F E I J I O R U T P U N S X D S
I W C H T R W T B U D H N H D E B
R G J I I H T E X Y H L A K V O U
O F A E H E G D G Y H A L E W X L
N M V T R E V I R D H R N L V X C
V I N W Z H A N E J E I C D U X Q
F E N P L W O O G I R W F H I X J
S C L E Q R W W U O H Y P O G Q N
F O U R I R O N N F I O Q R N S W
Y S P E L R D S W F Q X O U Z K C
G N N Z N U O X W C Q T O Y O M O
M O O S I H Z N C R T U D F Q J R
```

CLUBS	HYBRID	SIX IRON
DRIVER	NINE IRON	THREE IRON
EIGHT IRON	ONE IRON	TWO IRON
FIVE IRON	PUTTER	WEDGE
FOUR IRON	SEVEN IRON	WOOD

Home Décor

```
R R N S F E Z R G W A U U J B X H
O L S E R U T X I F P J Z T C X Q
P I E L Q S R E R U T I N R U F O
A G M B W M T S L K J I S S R K A
R H E I J F E O F L O W E R S K T
X T H T Y V M C N P M M L O T K M
F I C C L B A M L E A Z E L N Y O
H N S E Z N I A R R W T D O I F S
S G H L D R C S F E O A R C R R P
C S B L R O S T W X P N R A P S H
I U E O F U X O D O Z A G E S W E
R S R C O C N X T P L R P S K A R
B S G T A K A I A O A L T L N G E
A S E D A H S I Q N H N I I L S S
F L O O R I N G C U A P Q P M A P
B E O F K T N E L L E Z A G C P W
B X L N B I N S P I R A T I O N G
```

ART	FLOWERS	PILLOWS
ATMOSPHERE	FOCAL POINT	PLANTS
BOOKS	FRAGRANCE	PRINTS
CANDLES	FRAMES	SCHEMES
COLLECTIBLES	FURNITURE	SHADES
COLOR	INSPIRATION	SHELVES
CURTAINS	LIGHTING	STONEWARE
FABRICS	MIRRORS	SWAGS
FIXTURES	PAINT	UNIQUE
FLOORING	PHOTOS	WALLPAPER

Martial Arts Styles

```
S X Z F S S T A U K A P H T T J Q
U Y R N I R O H S S R E S N R T H
M I A H T Y A U M C J A T R G L L
O K I L A K F M T U M N V A H X P
X A D U I H J N O B Y O G M R W L
W M F U C H A M O W D R N S A A R
Z M H R H K N N N E T I B K G K
Q I K B I M M I E T K J X H I W A
V D P E C C N K A P E D O S C Z O
E T S A H J H V I E Y O B I I E D
E O T H U A A O T A S I K N Q U U
Y N N T A S P K Y A K N C G W F J
W V S Z N D U K V L I O I Q P G K
A U Y E X N V I I I I K K L B N J
C A P O E I R A K D V F I U M U W
I A I D O X Q L Q M O K U D H K U
F A O D T A E K W O N D O T O S G
```

AIKIDO	KALI	SAMBO
CAPOEIRA	KARATE	SAVATE
CHOY LI FUT	KENDO	SHORIN RYU
DIM MAK	KICKBOXING	SHUKOKAI
HAPKIDO	KRAV MAGA	SUMO
HSING	KUNG FU	TAE KWON DO
IAIDO	MUAY THAI	TAI CHI CHUAN
JEET KUNE DO	NINJUTSU	UECHI RYU
JUDO	PA KUA	YOSEIKAN

Meet the NYMs

```
P O L Y O N Y M F S R P U H P W F
M H F M J N Z J K Q M S T A W A D
S Y U Y J Z C D L L E E Z M M C J
R H N N F B J M F V C U T Z B R F
M Y N O R T E R V M E D M O T O M
P J Q N T Z P O O M Y O N O N N Q
R A C Y A P M M P J M N M B Q Y B
X U R S O Y Y A Y Z Y Y O W S M M
G C E O N R T R T N N M P M E I R
S H A O N R O R C O O E P F O D A
W C M P O Y O N T M R X D Z O H F
A E L N I P M U Y G E A E W P M G
D C Y B O T A N D M T D K P P H K
K M I N M T O B Y Z E P B V Y O J
P S Y T O P O N Y M H K B M K L H
S M X N E A R U Y A L L O N Y M P
G M Y N O T N A W M E Q U A M N V
```

ACRONYM	EXONYM	POLYONYM
ALLONYM	HETERONYM	PSEUDONYM
ANTONYM	HOMONYM	RETRONYM
CAPITONYM	METONYM	SYNONYM
CRYPTONYM	ORONYM	TAUTONYM
DEMONYM	PARONYM	TOPONYM
EPONYM	PATRONYM	TROPONYM

Motorcycle Gangs

```
U E Z S L E G N A S L L E H I F M
S W A L T U O V B L O N E R S D S
O Y N E Z O D Y T R I D Q C E Z R
N R F A W Q Q G Z O A A D E Y Y E
S B D E V I L S D I C I P L E S K
O R O V S W B Y T P S S R G Q H O
F G S O F E Y F A D R L R A I B J
S H K S Z W V G R E E I E G L S Y
I O C O O E A A H E M E H B K P S
L S O L M N F T L R E W R N E O P
E T L B S O O I E S A S I B D R Y
N R R A S R N A G Y S F O I E E G
C I A I B O P G M H E N D U J H T
E D W D S E G E O H T N A X L H T
S E I Q R Q N A T L A E I T J S H
W R W S I G Y T V B S H R P A O E
I S C H I N G A L I N G S S V S P
```

BANDIDOS
BOOZEFIGHTERS
BROTHER SPEED
CHING-A-LINGS
DEVILS DICIPLES
DIABLOS
DIRTY DOZEN
FREE SOULS

GHOST RIDERS
GRIM REAPERS
GYPSY JOKERS
HELLS ANGELS
HIGHWAYMEN
LONERS
MONGOLS
OUTLAWS

PAGANS
REBELS
SATANS SLAVES
SONS OF SILENCE
THE BREED
THE FINKS
VAGOS
WARLOCKS

NFL Teams

```
S E C G C T O V Y V M H B S I N P
S A S H U Q A G E S N W O R B I K
N T I T A N S C Z O O S N E M I F
I E O N L R O R I D B J T L B M M
H X A I T O G A Y U E O T E S A B
P A V L R S C E C S S Y Y E J X N
L N T I G T C C R J D R Q T U K S
O S K W A H A E S S G S E S J J O
D O J Z I N K P F L R H L D A W C
S C I E E C R A J A A A B G I S N
N D F E A S L E E G N U I N A O
E S R P T C C B D I T A N O L H R
V S V N O A Y S D S R R I E M L B
A P A N T H E R S S K L Y E B D S
R I S E L G A E V I K I N G S W A
G R L N J C I R C T T F N Z I R P
M O Y Q W S Y O B W O C J S S R X
```

BEARS	COWBOYS	PATRIOTS
BENGALS	DOLPHINS	RAIDERS
BILLS	EAGLES	RAVENS
BRONCOS	FALCONS	REDSKINS
BROWNS	GIANTS	SAINTS
BUCCANEERS	JAGUARS	SEAHAWKS
CARDINALS	JETS	STEELERS
CHARGERS	LIONS	TEXANS
CHIEFS	PACKERS	TITANS
COLTS	PANTHERS	VIKINGS

Product Features

```
H E I G H T U E X B J Y Q G N X G
T P M E F Z R E I F I T N E D I B
N B P N D H T D I W S I A G U U E
E W O W O R I G I N S L A L R P M
Q Q R O P S E E Y P L I H P A B Q
T L T E T L R N E E V B H H T K D
H W A A Z U O E W Z R A S J I S A
G K N E T I D C S O Y I T N O Y T
I C C X R F S T A T E L V N N N E
E F E D W U R J N T M E Q L U D K
W T R L R E T E D R I R M O M O A
F J H E N E N C Q E T O M U R E C
R A P G O O T H U U P A N E L V L
E Y T H P C O L O R E T G W F O P
T H C M O H N U U V T N H H R O V
F P O S I T I O N U Q S C A N G P
H C Q O X N E S O P R U P Y G T J
```

AMOUNT
COLOR
COMPONENT
COUNT
DATE
DEPTH
DISTANCE
DURATION
FREQUENCY
HEIGHT

IDENTIFIER
IMPORTANCE
LOCATION
ORIGIN
OWNER
POSITION
PURPOSE
RELIABILITY
SHAPE
SIZE

SPEED
STATE
STRENGTH
STRUCTURE
TEXTURE
TIME
TYPE
VOLUME
WEIGHT
WIDTH

School Supplies

```
P F K R E L U R K R E N N A L P W
X K Y E E N K O E C O G A S K R I
X Q W Y I R O V Q P S X S L E E U
D F K F E B O H R W A R E I E Z Q
S R O D E C I K R B E P Q C G I C
E R N T K Z S W C D W Z F N Q T C
M I O O H I G H L I G H T E R I V
B N O C I E C O B K T L I P M N N
A B A R N D F A V T H S E I O A G
C I B A D E I U L K I A E R O S T
K J H Y E S N V T C B S G U H M M
P S J O X T L A I T U A S B L A B
A L U N C H B A G D N L Z U R G K
C J J S A Q K U R I E Y A K E H E
K R D L R C X Z Z I K R E T V D V
U X I B D S F E I Z P R S T O F C
L E R A S E R S R O S S I C S R A
```

BACKPACK	GLUE STICK	PENCILS
BINDER	HIGHLIGHTER	PLANNER
BOOK COVER	INDEX CARDS	RULER
CALCULATOR	LUNCH BAG	SANITIZER
CRAYONS	MARKERS	SCISSORS
DIVIDERS	NOTEBOOK	SPIRALS
ERASER	ORGANIZER	TISSUE
FOLDERS	PAPER	UNIFORM

Sidekicks

```
E O O B O O B L T P O U X L J B W
T W V O O N M X S R H K L P N T Q
H C O Y D D O S D A O E E T H E J
E G P O V Y O T L R B T C R W K X
L E O U D R P M R R W H C Y N C U
M T R O E S R P E O E A E H W I E
E K Q T S S T K A W N K T L J R E
R A E N P E N O B R N D G S L C R
T P R O B I N A C O C K E V O Y W
Z S C T T N C D D K L S R D J N U
W K P M Y C J U G H E A D O N I D
X O K K A X B J K O F U T M J M Z
P K C P Y L Y O H F S A U X K I I
C U H K S T M A D G K X L H O J X
B X V J I M M Y O L S E N C P Y S
V S W I T E M J L H A I V Q O G N
A C C Q T M V B X O X W E G F N U
```

BOO BOO	ETHEL MERTZ	MR. SPOCK
BUCKY	FALCON	PETE ROSS
CHEWBACCA	GOOSE	ROBIN
DONKEY	JIMINY CRICKET	SCRAPPY-DOO
DR. WATSON	JIMMY OLSEN	TINKER BELL
ED NORTON	JUGHEAD	TONTO
ERNIE	KATO	WOODSTOCK

Sports Injuries

```
N E D D L S S S U G S R C N T R W
K Y Y I T F T I S L M O G N Z U R
C X K S Z N J E B O N A I U D P O
L Q K L E S E U N T R L O S T S R
I P Y O V R R M U D P E P V A L I
O N E C M S U S E S O R N G A E M
T O X A I G I T N G A N L E H E F
L I O T V O V I C I N Z I Y S H J
T S I I N L H B N A A I T T I S W
C S G O U S V R R Q R H P Q I R H
E U X N Z B E F C U L F P M B S I
X C O G S T R A I N I M Z A I X P
O N O I S A R B A Q A S G J Y I L
Q O Q I V U Z Z F R T V E A O G A
O C L W W X L A C E R A T I O N S
B B N O I T A R A P E S B D P X H
D B F X L F E R Z X D B S K J J L
```

ABRASION	DISLOCATION	SHIN SPLINT
BLISTER	FRACTURE	SORENESS
BRUISE	HEEL SPUR	SPRAIN
BURSITIS	IMPINGEMENT	STRAIN
CONCUSSION	JAM	TEAR
CONTUSION	LACERATION	TENDONITIS
CRAMP	SEPARATION	WHIPLASH

Tobacco

```
V N G N I S A C L E R B F P F C Z
T W V G U A Q C J N J C L R A Q D
V I R G I N I A I I H Q U V D D O
K R Z O Z E S N I T R N E A E H Y
A S E R L H P U S O S N C R Z R I
N I V K O L I I N C D U U Z J N O
A E K D A P C D P I D C R E F N B
V S F A E L E U S N R F E A X R N
A M M F T R F H T I S B D S O I F
H T C O U A H A P H D C A F H Z
A U W C K N L C I G A R D D E M Z
M M N I J E S N E R G C I S U K M
V U C W S G L N K R U W A O Q Y E
S Y K C U T N E K T I I U V I C B
M A R Y L A N D S L H F J P R S R
E L K O Z Q C O D S R Y C H E W G
J O X M D M T U C H G U O R P X P
```

AIR-CURED	FLUE-CURED	ROUGH CUT
BROAD CUT	HAVANA	RUSTICA
CASING	KENTUCKY	SHAG
CAVENDISH	LATAKIA	SMOKELESS
CHEW	MARYLAND	SNUFF
CIGAR	NICOTINE	SPICE
DARK	PERIQUE	SUN-CURED
DIP	PIPE	TWIST
FIRE-CURED	ROLL CUT	VIRGINIA
FLAKE	ROPE	WILD

Truth

```
M S L E G I T I M A C Y P V D Z S
B S S I Y D Y N D H E E N S J S J
B E I F S T Q C X H R D N N E R L
C N B U T A I O A F O Y N N C P B
V L Q C R D G C E R T N T V R A Y
Y U A Z V T D C I N U H E E I T J
C F O K E C T J I T G C C S I R Y
F H A Y V I O A E I N I C L T T T
F T H S O E T R R X S E I A I Y I
B U O N T R R R R I A B H R O T L
W R V L E U O A O E I C E T F H E
G T T C G D J N C L C C T X U I D
Z D O H N T O H L I N T D N U A I
G U O A C T U A L I T Y N N E O F
J C C C D Y F R S J U Y T E Y S P
S S E N E N I U N E G J A O S C S
R E A L I T Y P T H S E P U T S T
```

ACCURACY	FACT	PRECISION
ACTUALITY	FIDELITY	REALITY
AUTHENTICITY	GENUINENESS	RIGHTNESS
CANDOR	HONESTY	SINCERITY
CERTAINTY	INFALLIBILITY	TRUISM
CORRECTNESS	LEGITIMACY	TRUTHFULNESS
EXACTNESS	PERFECTION	VERACITY

2009 Popular Twin Names

```
Z N L E A H C I M C C S N B O G E
J J O C I M A D D K F K O X C L V
L C S S C N V M C U R V D T I N R
C G M N I H A I A S I C N J Z D Q
P P H O R D R T H T S A A X B M G
M T C S T T A N H B T H L L D N Y
P J B O A F E M M A J H S R E Y I
J T B P P B A Y L A N H E R I B W
Z C Z H L E Y I Y R A M N W N G W
O K T I A K E L T N Z Q Q O U N C
M I S A M U E L A H M H D T S G L
J A Y D E N H H Z J G R R J Y A H
L V X E S E T S A L O E N T R A M
J E W X P E E Z O J N L C O R T F
U O F O F V M G T J A C O B E B R
U I H Z A P A A Z U Z V U W T D D
B Q D N L N K Y J X X D E S Y Q V
```

AVA & EMMA
CALEB & JOSHUA
ELIJAH & ISAIAH
ETHAN & EVAN
FAITH & HOPE

JACOB & JORDON
JAMES & JOHN
JAYDEN & JAYLEN
LANDON & LOGAN
MADISON & MASON

MATTHEW & MICHAEL
NATALIE & NATHAN
PATRICK & PATRICIA
SAMUEL & SOPHIA
TERRY & MARY

University Abbreviations

```
X  J  K  U  Y  P  T  F  V  Z  A  X  O  B  U  Z  C
X  Q  D  M  C  U  Y  E  O  M  J  S  G  V  G  O  Q
T  U  H  T  V  T  V  Y  J  D  T  O  Y  Q  O  F  D
N  B  C  P  G  K  Z  V  Z  S  W  S  J  S  B  Q  J
X  R  D  E  R  H  C  C  V  G  G  S  V  H  F  F  E
H  L  Q  N  N  S  C  B  J  U  K  O  A  X  R  J  E
U  M  S  N  I  U  D  V  E  K  M  S  W  K  S  P  J
S  W  R  S  U  C  G  U  C  C  U  I  S  J  T  F  W
P  V  I  M  U  S  C  S  S  M  A  B  E  T  Y  V  T
I  R  Q  S  S  G  I  S  O  T  P  L  V  P  Z  E  S
T  Y  K  B  F  D  W  S  U  D  E  X  U  G  L  J  E
U  H  J  R  S  T  U  C  L  A  G  B  B  X  C  Z  K
R  F  W  Y  H  X  S  V  I  S  L  O  G  R  W  X  E
Q  U  S  E  P  L  M  B  U  I  U  Z  G  J  T  H  B
R  C  Y  R  J  S  Y  S  R  D  P  O  F  Q  H  C  C
H  F  E  N  D  M  D  K  M  O  G  V  I  D  Y  L  O
Y  S  R  R  C  A  F  T  E  K  Y  E  J  G  J  E  C
```

ACR	ISU	PSU
ASU	IUB	SCSU
AUM	KSU	SFSU
CAL	LIU	SMU
CCSU	LSSU	TCU
DSU	LSU	THE Y
ECU	MSU	UCLA
ETSU	NYU	UTA
FGCU	OSU	UTK
GSU	PENN	WSU

Woman

```
S F U S R J R T X T H M H Y E U P
M S U M O T H E R C J C P I A T Y
L C E I T M C D T R R E A R D R I
E O I R U F N P O R A I T O A K H
V U V E T E U S S C O C H N C K X
E N F E I S I N E H R F O U Q O M
T S Z R R V M M D I O I M L B O T
E E F S D A A A T R T P B O W B A
R L A A I K P I E C A O P J C E R
I O Z D E B C N I S P I Y E G N O
N R Q R E Z G D W B Q V S W R O T
A N U T R I T I O N I S T E O H A
R J T N W R C S T A P Q E B R P V
I G U U K R S H H M G D W G N V I
A J S R R E P E E K K O O B B M T
N E H S F Q G A D F U I N N J K O
H A Y E T N A D I F N O C O X O M
```

ADVISOR	COUNSELOR	NURSE
ART CRITIC	DICTIONARY	NUTRITIONIST
BOOKKEEPER	FRIEND	PEACEMAKER
BOSS	FUND-RAISER	PHONE BOOK
CHEF	LOVER	SEAMSTRESS
COACH	MAID	SHOPPER
COMFORTER	MOTHER	TUTOR
CONFIDANT	MOTIVATOR	VETERINARIAN

Worms

```
P T Y V Y H E A R T P R E O U L W
L R S L H U L N H C N I I Z Y A E
I T Q E M B S R E M U D M B A R Z
S T T E V L E V G O N J S M B R T
F E A O D A E N I U G X Z A P O U
P L H H D A I T O F L A T W M W N
H W S S T R O R W F S K A N R C A
O A G E Y Q M R O E D J P L I E E
R O U S J W O O L L Y B E A R R P
S P K R F P M T G I E X L U V H L
E I W O O D S V W A A K C O O M E
H Y L H O I Y B R S T R U Z O Z B
A T P K R H W T R U O S V L N D H
I X J B Z C H J C W M Q P R F I U
R R R O I C W C E W J X F G I G B
V J C K L W U P Q P G K J L C O G
E V A A V S A F S Y Z T Q M H C I
```

ARROW	HEART	RIBBON
BLOOD	HOOK	RING
BRISTLE	HORSEHAIR	ROUND
EARTH	HORSESHOE	SILK
EEL	INCH	TAPE
FLAT	JAW	THREAD
FLUKE	MEAL	VELVET
GLOW	PEANUT	WOOD
GUINEA	RAILROAD	WOOLLY BEAR

Adverbs

```
F W N E V E R S V G Y Y R O X E C
F D E R O F E B K E N W L S H M N
G A U X U Y X R S E R Y S D U F L
N M S Y V E K T I Y Y E L M L Y P
M E U L S A E X R L L H T L I R
Q K A M R R A R E L Y B L T S C M
H P L R D L A W T A Q M S A R U D
N U L A B Y L L A E R A C M N U J
Z D Y W U Y F O L D V A M O J I F
T N A D A E T S N I U B E O E H F
P L I T E R A L L Y K A A Y R H L
T F J L E K S Y L Y R E L G O E T
O G C T Q E L K L L X D W U V S P
C M S P P A C T I K N V R I O T E
Z A A J N I S E B I V L S M S K J
F G B G U O R X K Z Y J L M Q E P
Q L J Q C V C L Y L I A D U B C N
```

ALMOST	IDEALLY	NEARBY
BEFORE	INSTEAD	NEVER
COSTLY	JUSTLY	QUICKLY
DAILY	KINDLY	RARELY
EARLIER	LATER	REALLY
EERILY	LESS	USUALLY
FASTER	LIKEWISE	VASTLY
FINALLY	LITERALLY	WARMLY
FURTHER	MILDLY	YEARLY
HOURLY	MORE	YESTERDAY

Aircraft

```
Z T W I N E N G I N E J G Z V Z W
O G I L H G B S H R I Y Y F G N O
B A L L O O N R E T H G I E R F M
R N E J I X I N N F S E M W Z V W
G L T R B A I R T E N O K T T S B
C P A C O L X A E A A B R F F E G
O P O R R B B B L D C Y H D N F J
M N R I U M A P O L I E P A P E R
M A A O O T O T B M L L L P X J E
E I R C P N L I I I B P G O V F T
R R A E O E P U C C A E L R M I U
C S L M T L L O C E V I R P Y B M
I H L E A H P L S I G L G O B D M
A I T N P T G L E H R J F B N S O
L P E E E S X I T R N G S R N A C
Z O G R A C B B F P X W A U B P K
C S V Y T I L I T U M A V T C H M
```

AEROBATIC	COMBAT	LIGHT
AGRICULTURAL	COMMERCIAL	MONOPLANE
AIRLINER	COMMUTER	PAPER
AIRSHIP	FIGHTER	PROPELLER
BALLOON	FREIGHTER	SEAPLANE
BIPLANE	GLIDER	TURBOPROP
BOMBER	HELICOPTER	TWIN-ENGINE
CARGO	JET	UTILITY

Breaking the IE Rule

```
S  G  L  A  C  I  E  R  I  T  S  A  D  S  F  L  E
Z  U  R  H  M  H  U  H  N  T  E  E  V  J  S  E  V
Z  H  K  E  N  S  E  E  L  U  I  S  J  M  F  W  F
C  J  H  O  I  O  I  K  M  C  C  Q  C  J  D  P  G
E  C  N  E  I  C  S  U  N  B  N  F  J  G  S  A  G
Q  X  G  U  I  I  N  A  G  A  A  C  N  E  V  X  O
S  U  M  F  F  E  F  A  G  T  C  I  W  F  C  M  Q
C  U  E  E  P  T  M  E  N  P  A  B  M  F  N  D  H
N  D  F  Q  R  Y  N  E  S  I  V  K  C  I  N  A  N
W  O  G  F  F  C  I  E  K  A  F  K  S  C  C  Z  M
Q  T  N  E  I  C  I  F  O  R  P  C  Y  I  E  O  R
C  W  Q  E  N  C  C  E  A  O  I  L  E  E  H  J  B
X  W  S  A  E  X  I  T  S  E  C  N  R  N  S  Y  G
N  R  H  P  H  C  A  E  N  I  D  Q  F  T  L  J  E
C  S  S  I  E  L  D  T  N  A  I  F  X  N  G  W  F
F  A  L  L  A  C  I  E  S  T  R  B  U  B  G  D  O
G  V  I  D  C  O  N  C  I  E  R  G  E  E  M  Y  B
```

AGENCIES	FANCIED	PROFICIENT
ANCIENT	FINANCIER	SCIENCE
CONCIERGE	GLACIER	SOCIETY
DEFICIENT	HACIENDA	SPECIES
EFFICIENT	MERCIES	SUFFICIENT
FALLACIES	OMNISCIENT	VACANCIES

Butterflies

```
B D H F L K U Y D B Y R Y P W A E
N R B L U E D I A D E M N R I F A
S O W L B U T T E R F L Y O P C Q
N T A K I Z L N F G H S N R R A G
G E E R L A A E N U T J F E C R N
W I E J E M T I B A F A U P E H I
L A F U T D W D R E E D D M I F W
V E N S Q D F R R L Z E V E G H E
T I O D R E Y L N O A E A D H C C
A P C I E N L A A D W J J E T R A
I F B E I R I G L S A S D L Y A L
L M S G R D E E N T H H M I E N O
E Z H R N O A R T U D E X A I O N
D T D I G F Y S F H J J R T G M R
J T N A R G I M W O L L E Y H H X
A Z Q O J D O G F A C E J W T J X
Y U W B M L T N A E G R E S R A Y
```

BIRDWING	JUNGLE QUEEN	STARRY NIGHT
BLUE DIADEM	LACEWING	SWORDTAIL
DEAD LEAF	MONARCH	TAILED EMPEROR
DOGFACE	OWL BUTTERFLY	TAILED JAY
EIGHTY-EIGHT	POSTMAN	VICEROY
INDIAN LEAF	RED FLASHER	WANDERER
JEZEBEL	SERGEANT	YELLOW MIGRANT

Catfish

```
S D V P A U I R T I B J A J O E E
H U E F T G P H P N G W R J C G O
A D T F R A R S A A W U N G N J Y
R M W C F H L E I Q N A R I I D K
K O A O I A S K D D B E H Z F E S
Z Z L I V P R D I T E T O D L L M
N E L E C T R I C N A D G Q I I J
Q U A W W A E F G E G I O A A A F
D C G I P M F O R S W Q L W S T E
L H O O E J L B D T R R D W N G G
B I E R A D R M U A J H D O T A S
A L A G N I K L A W R S C O C L U
O L U T A R O M A Z V M Y Y I F W
D A Q O P E S O N L E V O H S X J
R L V T G I L D E D D J B R L P D
J E B J Z O H M Q C H A N N E L B
M A E H L K L W L T C O K Q M D T
```

AIR-BREATHING	GREEN GOLD	SHOVELNOSE
ARMORED	JAGUAR	SYCHR'S
BANJO	JAU	TALKING
CHANNEL	LEOPARD	TWIG
ELECTRIC	PICTUS	UPSIDE-DOWN
EMERALD	REDTAIL	WALKING
FLAG-TAILED	SAILFIN	WALLAGO
GILDED	SEA	WHIPTAIL
GIRAFFE	SHARK	ZAMORA

```
I  V  I  Y  L  L  A  D  Y  L  L  I  D  A  P  Q  Y
E  L  D  D  A  F  E  L  D  D  I  F  H  X  I  Z  H
E  K  R  S  U  P  E  R  D  U  P  E  R  R  T  V  S
Y  N  N  B  R  R  K  P  T  O  E  Z  E  S  T  D  A
D  I  F  A  T  C  A  T  O  B  A  B  A  U  E  A  W
D  C  H  M  O  H  N  Z  I  H  B  P  C  T  R  D  Y
U  K  U  K  A  V  O  E  Z  A  P  X  C  P  P  B  H
D  K  D  O  A  L  J  K  J  L  B  I  O  S  A  B  S
Y  N  G  T  B  E  F  R  E  E  E  L  H  C  T  C  I
D  A  N  A  E  M  E  M  E  Y  F  D  K  T  T  U  W
D  C  M  B  Z  B  U  S  I  P  P  P  A  P  E  A  W
U  K  I  K  B  G  K  J  I  L  A  O  K  Z  R  G  P
F  E  R  I  V  N  I  L  O  C  F  T  K  T  Z  B  M
S  W  J  C  E  W  F  Z  K  B  D  G  G  E  S  L  E
F  J  Z  E  J  W  H  H  P  Y  M  J  F  M  Y  T  E
Q  O  S  H  O  C  U  S  P  O  C  U  S  M  T  F  B
I  Z  G  N  O  D  G  N  I  D  U  E  M  K  X  Y  L
```

BACKPACK	FLIP-FLOP	KNICKKNACK
BEE'S KNEES	FUDDY-DUDDY	MUMBO JUMBO
DILLYDALLY	HEEBIE-JEEBIES	PITTER-PATTER
DING-DONG	HIP-HOP	RAZZLE-DAZZLE
FAT CAT	HOCUS-POCUS	SUPER-DUPER
FIDDLE-FADDLE	HOKEYPOKEY	WISHY-WASHY
FLIMFLAM	JIBBER-JABBER	ZIGZAG

Home Sweet Home

```
T O F Q H P W H H F J A G O P J A
B S L G C E U X A M L P C L V D W
G D O N N L C K C U W A R O N A M
G P D O A L K C A Q N R T F N M U
Q Q G I R Y O A S O Z T O S D D O
M P E S D T A H T F L M W M A K O
B D N N T Q A S L T P E B D S B O
W O L A G N U B E Y A N V A A E R
Z M G M T X N A G A H T K O C P V
R E K Y C I Z N R E O B I A H I O
A C I D B B I R C T M V L B A A P
O T N A E L O U H Y E A I D A K L
N V C D L H F E G J P R D L L H H
Q E O E L Q Y X U L V R S D L O Q
I B W W I F P O R E E L U C U A I
A D O M I C I L E S Q F M S D K Q
F F Q Q M I A C S S R M E Q I V M
```

ABODE	DOMICILE	MANOR
ADDRESS	DWELLING	MANSION
APARTMENT	FLAT	PAD
BUNGALOW	HABITAT	PALACE
CABIN	HAUNT	QUARTERS
CASA	HOME	RANCH
CASTLE	HOUSE	ROOST
CONDO	HOVEL	SHACK
COTTAGE	LEAN-TO	SHANTY
CRIB	LODGE	VILLA

Mattresses

```
Z M Y K G R G R S Y T Q U G G X M
B I I C L H M A B F L L P Y Z E A
L N E O E A Q B F F L A F M Y F B
G L G M O R E B M U N P E E L S S
B C N F C D E S F L T I Q S C I C
L P I O I I S T P F V O S U M N N
D T R R W E D T A R H I N M E I J
P Y P T N P B E F W I T O Y W E I
H Y S M F I Y G P O W N F T I W N
S E R T A L R W Z R S Y G B L F Y
V I E L D L E T G S U K H A S T P
F I N B P O S T U R E P E D I C D
A L N K G W R P Q M C G M L Q R S
V M I B M T P D J S O F A E B N J
N X A V W O P G Y H Y U N D T C Q
S F H A R P O M H L Q O U A N Q L
M B U T A A B Q O E Q V H D U I G
```

COMFORT
FIRMNESS
FLUFFY
FOAM
FULL
FUTON
HARD
INNERSPRING

KING
PILLOW TOP
POSTUREPEDIC
QUALITY
QUEEN
SEALY
SERTA
SIMMONS

SLEEP NUMBER
SOFA
SOFT
SPRING AIR
SUPPORT
TEMPUR-PEDIC
TWIN
WATER

Menopause

```
E  S  T  R  O  G  E  N  W  X  X  G  D  O  W  M  K
S  T  Q  Y  U  A  F  I  J  B  M  Q  N  E  V  A  P
I  R  R  I  T  A  B  I  L  I  T  Y  I  I  T  P  P
C  L  N  P  T  E  S  D  Y  R  F  G  G  F  P  N  F
R  G  B  I  W  E  M  L  K  K  H  L  H  T  P  O  N
E  S  G  Q  G  E  A  B  V  T  M  N  T  G  R  C  C
X  U  G  N  T  V  N  H  R  E  W  S  S  W  O  Q  C
E  T  A  N  A  R  O  P  N  A  L  V  W  Q  G  T  Y
X  H  E  E  I  T  A  O  A  L  C  W  E  A  E  Z  Y
C  Y  H  A  F  W  P  N  I  I  A  E  A  I  S  S  Y
I  P  L  L  R  A  S  H  S  L  N  P  T  E  T  T  R
U  F  A  J  U  S  C  D  N  I  Q  M  S  C  E  D  S
Y  S  I  S  O  R  O  P  O  E  T  S  O  I  R  Q  V
H  S  E  N  O  M  R  O  H  O  O  I  X  S  O  Z  M
Y  J  W  O  Y  V  Y  U  E  F  M  N  O  X  N  O  G
Q  Z  K  M  D  D  J  R  G  O  A  M  O  N  E  I  W
O  R  V  F  O  H  O  K  Q  K  H  D  C  U  Z  W  K
```

ANXIETY	FATIGUE	NIGHT SWEATS
CHANGES	HORMONES	OSTEOPOROSIS
CHILLS	HOT FLASH	PROGESTERONE
COPING	INSOMNIA	TEARS
EMBRACE	IRRITABILITY	TRANSITION
ESTROGEN	MENOPAUSE	UPHEAVAL
EXERCISE	MOOD SWINGS	WEIGHT

Moons of Saturn

```
V F H D C L F P S I F Y F I N W X
O F Q I M E M R Y A F S A B D C Z
J T D O I N K O W P U H X H A Z Y
F A S N B O U M V E B Q Y K H F H
U S N E K H W E H T E O H I Z Y U
O D K U L T F T V U G N J W P H S
M I M A S E E H S S Z I E E W Y Q
B H V P T M T E G H R F R L H A A
Y H Y V I H O U Y A P I O T E E I
K D A P H N I S Q M O A E A Q H L
E N E L L A P N P N N T N L C R A
Z L D G D H L E G Y G T J D T Z A
A J U U O O H S A T L A T O O F P
V I P E T T E N C E L A D U S R I
Z N B S N X I Y D N T A C Z L A A
S E G A E I Q U I V I K T W T W J
F P N E O W Q X Q K M P S U C U Z
```

ALTAS	HYPERION	PALLENE
ANTHE	IAPETUS	PANDORA
CALYPSO	IJIRAQ	PHOEBE
DAPHNIS	JANUS	PROMETHEUS
DIONE	KIVIUQ	RHEA
ENCELADUS	METHONE	SKATHI
EPIMETHEUS	MIMAS	TELESTO
HELENE	PAALIAQ	TETHYS

Peanuts

```
E Y T Q V K V O O R M U I D A T S
M E L T O P I H C P A H J E R J S
G A R L I C R E L K U M Q E Z E X
Y W R H K R G A D E C P D G I A I
J C O S I E I Z I T M S E T D N D
Y L B I H N N C Z D K Q T D U E L
D E H N Y M I B R I H A S J S L O
Q G U A P W A Y N Y P K A P E T V
G U H P A K R L C H O C O L A T E
D M I S D O J R L A G L R P H I K
P E A P A E E D I O I A Y E A R L
B B L S A G T G E A W X E G I B K
I U T L U C R L T L T Y N E T Y N
D E T L E O K K A E I K O R K D C
D I A T E H C I E S J O H F Z X M
V R L G E O S W N M N V B K J U A
X T X H C R S P G G K U V I W D V
```

BOILED	GEORGIA	REDSKIN
BRITTLE	HAY	REGULAR
BUTTER	HONEY ROASTED	SHELLED
CAJUN	LEGUME	SPANISH
CHIPOTLE	MARSHMALLOW	STADIUM
CHOCOLATE	PACKING	SWEET
COCKTAIL	PATTIES	UNSALTED
DRY ROASTED	PLAIN	VIRGINIA
GARLIC	RAW	WASABI

Punctuation

```
C E K V P P N O Z S A K U W N J N
C Z C Y A Q P B F S B F E B I N Z
V E X C L A M A T I O N B R P L P
G N T T S I S E H T N E R A P O S
D N D J C C X Y W S G Q A C A F X
X C W J O O P P T L U G E K U F W
L M K M E H L E J E U T T E U F W
Y A M Q E T M O S K O E L T U T U
K A P N C E O T N U S K D S R N A
K H Z O L E I U Q O S U Q K D Q G
I N D L S O L E Q I E B D E D R O
X V I O N T L L R E G X R I M K Q
A U P M I G R E I P L S B Z L I O
G X A D N R T O H P C B X B B O X
E R L I A S E J P O S I U G X D S
K N S L A S H P R H E E M O K U Y
F N P K F Z H E U W E C S Y D U B
```

APOSTROPHE	DOUBLE QUOTE	PERIOD
ASTERISK	ELLIPSES	QUESTION MARK
BRACKETS	EXCLAMATION	SINGLE QUOTE
COLON	GUILLEMETS	SLASH
COMMA	HYPHEN	SOLIDUS
DASH	PARENTHESIS	UNDERSCORE

Rodeo

```
Y Q O E Z J S C O M P E T E R P T
X S E V P K S S T B H N J L X E D
C O V E R D B H T N U O L R A R E
L L Y N S P U R S E Q C V E C J X
J G O T U J C K W K E K K G B D S
G M N W L R K Q W C C R C A F F N
H C D I N A I U O A E S M R R E E
C R G L P C N W B I C O G E M O J
L A R I D O G E R B A L W V H N O
G N I G G I R R P K R T B A Y D I
W K O V R A A A J R L R Z G E M K
K V H L B B C C P S E E A K M L A
Q L E N Z O K A G D R P Q W Q S Y
A B K S W J R D I H R T O G E V L
J S D B R E G R E O A D H R H L Y
Z E O C N O R B E Y B P U Z U S I
N Y R A A B H Q A V G B N B Z Z L
```

ARENA	CLOWN	PENALTY
AVERAGE	COMPETE	RANK
BAREBACK	COVER	RIDER
BARREL RACE	COWBOY	RIGGING
BARRIER	COWGIRL	ROPER
BRONCO	EVENT	ROPING
BUCKAROO	HAZER	RUN
BUCKING	HORSE	SPURS
BULL	ISUZU	STEER

Salad Dressing

```
E  S  I  A  N  N  O  Y  A  M  F  J  V  B  M  S  K
B  G  R  E  E  N  G  O  D  D  E  S  S  Z  F  O  E
I  B  A  C  I  M  A  S  L  A  B  U  E  I  I  U  R
T  S  T  A  L  B  Z  T  F  B  A  D  P  L  W  O  G
I  B  I  E  S  U  O  H  S  A  R  S  A  Z  Q  O  T
U  D  B  S  V  I  N  O  N  A  T  N  I  U  O  E  K
W  L  S  A  Q  I  P  U  T  A  D  F  E  A  S  N  P
X  S  K  R  Z  A  N  S  N  V  I  F  R  E  N  O  R
Y  S  P  E  R  W  U  A  I  A  O  S  E  E  P  J  G
O  D  T  S  E  M  C  N  I  R  I  H  S  P  E  I  J
B  T  L  H  Y  R  E  D  T  G  C  L  Y  U  N  D  H
X  E  D  E  E  G  G  I  M  E  R  S  A  G  R  Y  C
Y  H  N  A  A  H  I  S  U  I  E  E  T  N  E  N
U  O  M  R  C  H  T  L  V  E  X  R  T  X  I  N  E
H  Y  G  N  Z  V  B  A  D  E  M  J  X  T  L  O  R
N  C  A  T  A  L  I  N  A  S  I  H  O  J  E  H  F
F  R  H  D  L  J  W  D  T  D  H  D  O  W  E  X  Z
```

ASIAN	GINGER	OIL AND VINEGAR
BALSAMIC	GREEK	PARSLEY
BLUE CHEESE	GREEN GODDESS	POPPY SEED
CAESAR	HONEY DIJON	RANCH
CATALINA	HONEY MUSTARD	ROQUEFORT
CREAMY	HOUSE	RUSSIAN
FAT FREE	ITALIAN	THOUSAND ISLAND
FRENCH	MAYONNAISE	VINAIGRETTE

Sharks

```
V F K G N O G E B B O W C O O Q W
G J Q L T T Y Z P A F I G E F G I
O N S P I N Y D O G F I S H P W N
D J R Y G M P V B M B R T G T V G
N U R S E F S W H L E T Y O D G H
I M F Q R O E T C H A H M B G O E
L H H E U Z X E S R A C N L T A A
B E Z P E E R E R M Z E K I S L D
Z T F E L R R P M Y I C B N E R P
Y I N A B H P E U C E N C G O Y G
N H H X T R R I D A C R N M D S R
P W N R O H A I T U R A G E R Y E
H T L M E B C G N K S N N U A R I
A A H A S H U I I B C K M A P H F
Z E D Y G R B L U E H A Y A O X V
F R I L L E D G L Y K A L M E L K
U G N I K S A B U O G Z J B L Z W
```

ANGEL	GOBLIN	NURSE
BASKING	GREAT WHITE	SOUPFIN
BLACKNOSE	GREY REEF	SPINY DOGFISH
BLACKTIP REEF	HAMMERHEAD	THRESHER
BLIND	HORN	TIGER
BLUE	LEOPARD	WHALE
BULL	LOAN	WINGHEAD
DUSKY	MAKO	WOBBEGONG
FRILLED	MILK	ZEBRA

Show Me the Way

```
X L B T H C A D V I S O R C S D C
H I K A O B I G B R O T H E R P S
H C I A C I U Z R P N I R S D Y G
B H C E I K T Y V E T R D E L D B
A H O S T E S S S S T I E L H N Z
R P F L A G I E N H L S A T I S P
R A A C A H U A A C E B I A T O U
I R H M I R R V V T U P T S C A K
E E E J E D O T I S D P H C G H P
R N T D I N L H G A A R I E E I O
G T A A W E E O A C E F I Y R E B
N E C G L G S Q T R F S W V L D Y
L X O I U E N G O A R S C P E E V
L M V I J L U U R R Z O M O K R D
N D D A I R O T N E M A W L R Y R
E E A S A M C A K Z X B C U A T S
P I I A Y R O T C E R I D H T I I
```

ADVISOR	DIRECTORY	MAP
ADVOCATE	ESCORT	MENTOR
ARROW	EXAMPLE	NAVIGATOR
BACKSEAT DRIVER	FLAG	PARENT
BARRIER	GPS	PATTERN
BIG BROTHER	GUIDE	SHEPHERD
BIG SISTER	HOSTESS	SYLLABUS
CAPTAIN	KEY	TEACHER
COACH	LEADER	TRAFFIC COP
COUNSELOR	LEGEND	USHER

Terriers

```
G F Z B Q M C O D Y K X X N N M O
B Q R M A H Y L A E S A H I N D L
I B H R W T L S H F Y H Q R J G N
U B F Y U I A I S V R K I B Z Q A
K W N Q B D C H L R U A S P B K I
Y X O F H O V R E O C P T L D J L
I K R A M G G Z W I I J P Z R P A
P N F H F A U L T U A R N X E J R
C B O W H A N F E C R O I U A I T
M U L T N S A C K N R A L S D Q S
U L K H G U I R H W O B X R H W U
F L C S P N U T I E Y F E I M G A
T S E V A S I C T R S D I B T A H
P G C J S L H L R O R T Z M F A T
A I R E D A L E D O C R E T A Q T
D O L R K N K M B E C S L R Q A J
Z L D N A L E K A L B H H O G Q L
```

AIREDALE	GLEN OF IMAAL	NORWICH
AUSTRALIAN	IRISH	RAT
BEDLINGTON	JACK RUSSELL	SCHNAUZER
BORDER	KERRY BLUE	SCOTTISH
BULL	LAKELAND	SEALYHAM
CAIRN	MANCHESTER	SKYE
FOX	NORFOLK	WELSH

The Boss

```
M Q X V C L V K F Y S L C D M A E
C R M Z F V L N Z O T O P D O G M
D A E H T E N X R A R B T K M K P
T L N D N K R E V O K E S J H B L
H J J O A R U L E R N I M A R B O
W R L Y D E O M Z U H R N A P R Y
I O T F N N L R F E Q A E G N E E
C R C T A B E M D M D D C V Z R R
Y E N Z M I I I P M N F O M O X Q
X P X T M B U G I X V U A N C G M
F M D E O G D R C S C Y C C A T T
E E R S C D A G H H O F H G P K N
I P S S P L D E L R E I P R T L W
H J P N E D R A W B A E C J A B H
C B H A L I X D A L H Y S X I V I
R E C I F F O P J L Y Z B E N K I
O I A F O L B S U P E R V I S O R
```

ADMIRAL	EMPEROR	MOM
BIG CHEESE	EMPLOYER	OFFICER
BOSS	FOREMAN	PREMIER
CAPTAIN	GOVERNOR	QUEEN
CHIEF	GUIDE	RULER
COACH	HEAD	SHERIFF
COLONEL	KING	SUPERVISOR
COMMANDANT	LEADER	TOP DOG
DAD	MAYOR	WARDEN

The Cat's Meow

```
L S C A R E D M A Z Z V A U T T A
F D C A F V E B U T E E N Y I Y J
E M E Q A F Q T L O T C B B R T U
S U W T F S E G O P E E M G E Q X
N L G A A F U C S R N Z N D D E X
O X H F N R J O T V M U J T S G F
P S H T J T T A I I H H H H I I C
S V J W Y H I S Z R O D A V F O J
E Q Q R I N O N U T U N F P N G N
R V F R A G A N G R Y C D F P Q E
Q L S H F P G M M P F A U O O Y V
E T A C I N U M M O C S Z Y X U A
Y U B D I D H S U O E O M J O X D
Y L E N O L K U S D Z U M Z N Y Q
Q Z R W R T J G N C C A B S J F R
V A X U I A B S I Q P V Y B P O T
W Y R F O F A N P I O W Q X W Y G
```

AFFECTION	FRUSTRATED	SCARED
ANGRY	HAPPY	THIRSTY
ATTENTION	HUNGRY	TIRED
COMMUNICATE	LONELY	UNCERTAIN
CONFUSED	LOST	WANTING
CURIOUS	RESPONSE	WARNING

U.S. Prohibition

```
V C K S C G P U Z H T Y M N F G L
M C X N D D M P M S J B O G X C H
G G A N G S T E R L T I S G C S U
D C K I B E R N U N T I N X E T M
A O B F E L I V E P T X L E K M V
J N C I W N A G M M S M Q L A R D
A T O V L T F U H A D Y H N S L Z
Y R R I P L S O Y T J N U D T A K
N O R V T N E A R W E F E R S C I
Z L U R O I G G R C A E O M H I P
J C P C E E B E A C E P N G A T A
F S T M L D P I T L S M T T G I L
A G I T T E U U H N G Q E Y H L C
P R O N A H R C A O M Q L N E O O
C O N L R E J R E L R X Y S T P H
B D E Y R O T S I H S P Z H M X O
Z D I S T R I B U T E K C L X O L
```

ALCOHOL	DISTRIBUTE	POLITICAL
AMENDMENT	EIGHTEENTH	PROHIBITION
BOOTLEG	ENFORCEMENT	REDUCE
CONSUMPTION	GANGSTER	REPEALED
CONTROL	HISTORY	SELL
CORRUPTION	ILLEGAL	STILLS
CRIME	MANUFACTURE	TRANSPORT

U.S. Cities

```
Q M N H Z R H E D X D E T R O I T
P V O E X Q X S R H G G A W K I G
H K T T S L T G A M B T P E E A I
O C S I C N A R F N A S T E L O N
E G U B P W F D O W A T N O P X D
N E O Z H E A O V G O N S V A V I
I L H N I L L A R L A A T K S G A
X U B B L O D L R T N C R O O C N
M E B A A K G A I G W O I H N C A
V U S V D L H E E V Y O C H C I P
D I L D E C T L I W N S R O C Z O
L J Q K L Z E I E D A O L T F I L
Y C U S P S J N M R N U S M H G I
G N S I H P M E M O M A S K B S S
P T D E I A V H T B R T S T C T T
O N S I A E P L U E A E U I I A L
D J S A N J O S E T C E I Z Z N J
```

AUSTIN	EL PASO	NEW YORK
BALTIMORE	FORT WORTH	PHILADELPHIA
CHARLOTTE	HOUSTON	PHOENIX
CHICAGO	INDIANAPOLIS	SAN ANTONIO
COLUMBUS	JACKSONVILLE	SAN DIEGO
DALLAS	LOS ANGELES	SAN FRANCISCO
DETROIT	MEMPHIS	SAN JOSE

Working Dogs

```
I H S M R E X F Z X T X Y D P S C
D M P O S R O C E N A C K C A A J
I S S P Z M Q Q X G H Y R H K B V
U F F I T S A M N A T E B I T Q Y
R Q V D B F A A D B W T T X V T E
Z E I D W E M V F R G A R G R M P
R V G N N V R G U R A B J E J D T
K K O R M A U I E K U N L J F I T
B U D W E W L A A L T I R R M R B
U N H N X B T D L N E X E E A C N
Y Q U A A D N M N W H X Z W B D S
Y O O C A L A O T U O U A P J T W
A M M N Q S N T E B O V S V S O S
K X E H T C O E U L O F N K J G Q
S A Z I M R Q K E H M G W A Y Z Y
D A F T X L J B G R M U Q E D J E
G F M A L A M U T E G I K H N U G
```

AKITA	GREENLAND	NEWFOUNDLAND
BOXER	HOVAWART	ROTTWEILER
BULLMASTIFF	KUVASZ	SIBERIAN HUSKY
CANE CORSO	LEONBERGER	ST. BERNARD
GREAT DANE	MALAMUTE	TIBETAN MASTIFF

Halloween Costumes

```
O N F E I G R I M R E A P E R G G
J T T Y O R J Z S R Q G U K N V D
J N O T E L E K S H S F G W A C E
B T O W I T C H E P R X W Q W H V
S O O D B M Y M C A I D O O Y E I
U C R B R T D R N T D R M M N L
P V V P A P P K I U A C E K M U M
E O U Q B A E B R A E C V R U Y H
R Y B A M N L S P R F I K E M L L
H O H P S Y E U A D K H A C W A R
E R R T U X I C C I N U O Q A O N
R J E P Z M S K N A O Q S I T L G
O I T I E M P G P N R D H C B C B
N E U R X O A K I C N D O O Q J U
G N N A M T A B I C Y D D A B U Q
T R R T T S O H G N G Q J K O O K
J O K E R R J Q B K K N Q N D K Y
```

BARBIE	GHOST	PUMPKIN
BATMAN	GRIM REAPER	ROBIN
BLACK CAT	HOBO	SCARECROW
DEVIL	JOKER	SKELETON
DOCTOR	MUMMY	SPIDER-MAN
DRACULA	NURSE	SUPERHERO
FAIRY	PIRATE	VIKING
FRANKENSTEIN	PRINCESS	WITCH

Amazon Warriors

```
D E T E L C L Y S E A R E T O U Q
A T O X I S D M B C Z X L Y R Z J
X U X L F E A E J E Y X V E I A T
O K A N D R O M E D A L P P T I H
U U R D P H M B G V E P E P H R L
I V I E P Y R Y A A I L X I I E G
W H S J O E M L W H I Q A S A T A
A D F O M U A K T T E E T Y R S X
N B X U I S S N S O S N L L K A P
T F S Q C P A A M I I B E Y B O D
I A D A P X H E I N P Q U M R B H
O N E A J K M I O H P O F X Y U T
P A E B O I R E T L I C K B P L E
E S I R O D U J M O L E I Y G J C
E P B D W E W V T X I E I O L T T
E L Y P I S P Y H M H M A I P B C
D K D X K Z V V S Z P W E B Q C U
```

AELLO	ERIOBEA	OKYALE
ANDROMEDA	EURYLEIA	ORITHIA
ANTIOPE	HYPSIPYLE	PHILIPPIS
ARETO	IPHITO	PHOEBE
ASTERIA	KREOUSA	SCYLEIA
BREMUSA	KYDOIME	TOXARIS
CLETE	LYKOPIS	TOXIS
CLYMENE	LYSIPPE	VALASCA
DORIS	MARPE	XANTHIPPE

Arachnophobia

```
A M D R P D I K O W O C P B F N H
G B F E F Y E U C C I E U G B B C
H A F L O W A C J O C L K A F L X
U R R D P L N G A A C L N N I T A
N C C D B N N R S F L A D Z S B W
T O U I E I K W A Q T R E R H E N
S J M F P N O D T B P A K P I W Q
M R D M H L Y N L A W I C Z N L K
A A U O L Q X A R W R F H A G E H
N J U E B Q C S U Y A A K W N N H
T S Y P K K O Q L V Y T N F K N M
E B R O W N R E C L U S E T N U V
F G N I T T I P S L T G O R U F W
U J D B Z K W P E N R H L D W L W
P O R D W E D M P C O B W E B S A
W W D J N B A M S B I D P U Q K L
R K T I J C B N O C K I M U R A L
```

BARN	FIDDLER	PARSON
BLACK WIDOW	FISHING	PEACOCK
BROWN RECLUSE	FUNNEL WEB	SAND
CAMEL	GARDEN	SPITTING
CAT-FACED	HOBO	TARANTULA
CELLAR	HOUSE	WATER
COBWEB	HUNTSMAN	WHIP
CRAB	JUMPING	WOLF
DEWDROP	KIMURA	YELLOW SAC

Aurora Borealis

```
S N A G N I C N A D M R K V L B G
O P R D N C O R O N A L W X B Q U
T A O E P I J F R Q C C I Y J H Y
R Q R Z H R W V E K T C O G Y Y N
Z I U I I T N O U B I P X S H O F
M M A N A C R R L N O T Y P S T U
F A T O G E B O T G V R G O Y F S
O G R I K L D R N D C A E L S Y D
J N A C U E I E X B E C N A B T A
A E S E H G G A F N I R C R L T S
D T F C U O Y P F T W E K Q G I O
D I H I R A L U C A T C E P S X S
V C N T L A A R V U K G R E E N I
B G I P S P A E R T X S T Q A T C
A N S M R F S T B O S K A G H S U
Q I A D A N A C H Q X T Q L G L K
D M L N O S O L A R W I N D A X N
```

ALASKA	DISPLAY	NITROGEN
ARCS	ELECTRIC	NORTHERN
ARCTIC	GLOWING	OXYGEN
AURORA	GREEN	PLASMA
BLUE	INTRIGUING	POLAR
BOREALIS	IONIZED	RED
CANADA	LIGHTS	SOLAR WIND
CORONA	MAGNETIC	SPECTACULAR
DANCING	MARCH	WAVES

Beans

```
D R Q L F D J V H G Z E P S G Q J
K I D N E Y P G Q G A G L A S Q W
T W N G U N N S O Y Q R R J T S
A H N W B U T T E R R B J O A Q L
W I C U M L H I B Q A W C E X S N
W T K E P X A G L N P Z A P L M A
T E C U L T D C Z T E A N T Z L V
W S W E Z Z J O K P T H N A E Z Y
A C Z Q V D K W V Y I E E H I U A
H A V O Q A A K H J S I L I H C N
O G N O C M P R C X F L L I H B R
U O G M X I P D J A A O I M D B D
K H V M N L L R V Y J U N I L X B
X E M T W E V A R V F D I P M G S
H T O M I B N R C K X Q J B F S S
H M B F F L N C L N R E H T R O N
I K Z D L Q K A F Z O V I R G T T
```

ADZUKI	FIELD	MUNG
BLACK	GARBANZO	NAVY
BUTTER	JACK	NORTHERN
CALICO	JELLY	PINTO
CANNELLINI	KIDNEY	SOY
CHILI	LENTIL	TEPARY
CONGO	LIMA	WHITE
FAVA	MOTH	WINGED

Buttons

```
N N L C T W X W D Y Y Y J I K E L
H G A Q G U L O U G D G H T L J V
D R R O U N D R R Z N R A E L E M
P F G N O I H S A F H R U R E G T
X P E O L F W G B E Z E I T H F S
Q E D N M O A E L I P L J V S K C
N I S E R R A B E S A T K F O T L
L S T C L M E H R N F N M Y C R A
C A M P A I G N O I M A C R B B Y
L E V J B C C I E S C V X O A D R
Z N A O E I T A Q T A Q E S L O O
B J N N T C N U T R S N W S P O S
J T O S N B A D I E O A Z E P W R
L T A U A R Q E A B K X F C E N Q
S L F L E A T H E R N B A C I P R
P Z R X Y Y N I T H N S U A U P C
S B F C H L P E V I T A R O C E D
```

ACCESSORY	FASHION	RESIN
ANTLER	FASTENER	ROUND
BONE	FUNCTIONAL	SHELL
CAMPAIGN	IVORY	SQUARE
CLAY	LARGE	STONE
COLOR	LEATHER	STURDY
DECORATIVE	METAL	TINY
DELICATE	OVAL	UNIFORM
DURABLE	PEARL	VARIETY
FABRIC	PLASTIC	WOOD

Carpet

```
L B U R N D S O L R W M S C I N X
O C H Z Y W H K A O E C T L B A X
U F L Z L R D R V P O B F Y I I R
T S U A O R E E R I E W R G J T Y
U T O M N T N D J F Z R A E Y E C
F P L U S H P W I L E X W T B N G
T C V E M W W O I O I E A V G E S
E L C L W A L I L G R Z W D F V Z
D R M I L I K I H Y F B E W M F L
D L K P Y N O X A S E K M F S H C
Q L K P O O L T U C O S L E F S I
L H G T A O E Z R O H A T K D C P
J U T O U V B O H W T X U E K U Y
L E V E L L O O P Q X Z L F R I Y
D G F E M B U Y F Y A O O G E I G
I Q V A U J P N W G J M U S Z Z G
L T P K U C R Y E Y P Z R D N O A
```

BERBER	KILIM	SAXONY
BURN	KNOTTED	SOUMAK
CUT LOOP	LEVEL LOOP	TUFTED
EMBROIDERY	NYLON	VELVET
FLAT	PILE	VENETIAN
FRIEZE	PLUSH	WOOL
HOOKED	POLYESTER	WOVEN

Crackers

```
P T R F R I H U T G L E P B V J C
S U I O Y S T E R A O R M Q U H Q
S X C U E B J C M R B L I A E L O
E O E I C G U I H A D L D D S Z C
V V D D R S N T G I L D D F T E T
I P F A I A I E T A N A B A I A S
L B H R S G L R R E R E M Y E S N
O A O Z P C O A T T R R S H L M H
M L G T H R T G O M R B W E E M A
Y E N I T L A S T Q I P Z K Z Z R
Y R P R J V N Q C E O S O C T A M
B L U E B E R R Y A M I F H E R N
Q G W R K Z R E T A W R E T R Q L
S G P C U M E M N F B C U B P C K
F Z I T I Z E E H C S O N O C A B
P H G E K A C T A O B I H J G Z X
C F W C L L S R I C P W Z B Y Y M
```

ANIMAL	CRISP BREAD	RICE
BACON	GOLDFISH	RITZ
BAGEL CHIP	GOURMET	RYE CRISP
BLUEBERRY	GRAHAM	SALTINE
BUTTER	MATZO	SESAME
CHEDDAR	OAT CAKE	SODA
CHEEZ-IT	OATMEAL	TARALLI
CHICKEN	OLIVE	TRISCUIT
CHINESE	OYSTER	WATER
CLUB	PRETZEL	WHEAT

Election Time

```
P L H T N N E Z I T I C F T F T N
R Y Y C A R C O M E D S F O R Y O
Z W G G O P P O S I T I O N W F I
P H M D E T X Q N T M U D L E B T
N T R P E N T N E B M U C N I S C
P O L L E E E K K V A N Q N W E
T O F A E D E R N C R P H O V D L
J B L T C N Y T A N U S M M I L E
C K O F T E E S A L N I E L X N U
P V C O O P T E N D N D S U G J T
P O A R R E A P T E I D T I S O X
C R L M A D B G E A N D A N L S P
A H I I L N E B E A G P N L U R I
U H E M T I D Z L X M E A A O O G
C N E W A I O W W A A B L X C G C
U W Q M K R C B C E T E Y E Q L T
S H P A R T Y S L X E J Q O D S E
```

BALLOT	DEMOCRACY	NOMINEE
BOOTH	ELECTION	OPPOSITION
CAMPAIGN	ELECTORAL	PARTY
CANDIDATE	GENERAL	PLATFORM
CAST	INCUMBENT	POLITICS
CAUCUS	INDEPENDENT	POLL
CITIZEN	ISSUES	PRIMARY
COUNT	LANDSLIDE	PROXY
DEBATE	LOCAL	RUNNING MATE
DELEGATE	MEDIA	VOTE

Interior Lighting

```
F H C G D E I T P M Y J P F T H S
O C E K N O R T R A T E F R Z Z G
O L I Q A I A U W A N B A W Y R L
T T L T E B T E T D C D M T D E Q
C N I A L C E H A C I K I W E I C
A E N E M R O N G T I N V U S L Y
N C G L H B T N I I A P A X S E G
D C N T L G I O T V L S L P E D M
L A R U T A N E N E U K K P C N F
E P U B E A W P N R M W C S E A R
E W H A L O G E N T E P M A R H B
R P H Y G P D M M W N D O Y B C P
A O N I G H T L I G H T O R I M Q
S C O N C E N P T V N E W M A J K
I H C L T N E C S E R O U L F R C
G V Y U F Z F Q O P T O F G Z A Y
X K J I Y A D N A L S I E N T F N
```

ACCENT
AMBIENT
BACKLIGHTING
CEILING
CHANDELIER
CONTEMPORARY
FLOOR
FLUORESCENT
FOOT-CANDLE

HALOGEN
ISLAND
LAMP
LUMEN
MODERN
NATURAL
NIGHT-LIGHT
PENDANT
PICTURE

RECESSED
SCONCE
TABLE
TASK
THREE-WAY
TRACK
TRADITIONAL
VANITY
WALL

Minerals

```
V N E D A G Q V C Y R E P S A J R
Y S Y D G X M Y I A E O R J T R T
L S O D A L I T E M R M M U X S B
E F M X T J Z V E T D N B G Y W D
O A S H E A T R N C I V E H N K I
E R I H P P A S I R X H T L O H A
O V U O R L N V R L A E C H I Q M
E K T W D E Z G U N M M K A U A O
D W U X F Z A E T A Q S I A L P N
I R H G S R N A N L B U M R P A D
S V J I N O I Y E O C A A Q A T M
P R P E T U T S V O R I G R W L I
O I T S G F E A A I D Y T W T E P
I H N V K S Y M N R B Q C R S Z K
D U N W H Q L E Z U Q W B K I V X
S P Q R T I G E R S E Y E B V N X
E N O T S N O O M X X N C A Q K E
```

AGATE   EMERALD   QUARTZ
AMETHYST   GARNET   RUBY
AQUAMARINE   JADE   SAPPHIRE
AVENTURINE   JASPER   SODALITE
CARNELIAN   LARIMAR   SUNSTONE
CITRINE   MALACHITE   TANZANITE
DIAMOND   MOONSTONE   TIGER'S EYE
DIOPSIDE   ONYX   TOPAZ

Political Leaders

```
C B W M M A N L D V T N N V I Y Q
N K I S S I N G E R A A I W N K X
E N I A T N O F J S F W N N W U W
L L Z S L K I U E L A A O N E Z S
O O U R H E N X U U R S F I A L T
V C T V J G D T O D A H C C I N A
N N L W B E H N A N Q I H S J L L
G I E D Q U F X A I O N I R W K I
H L V C L R N F K M U G R E G U N
T U E I Y H E E E N O T A X I O A
C F S S M A N L K R L O C N T P M
W K O S H N A I T A S N L L D D J
R R O G E S P S M I H O I M U H O
U W R D E I A A F E H M N X H K I
J M Y L R C N C N T A T V L X A R
B L A I R N O R A H S S H T S X Y
M W Y A Y F Y O V O Q N M U E J F
```

ANNAN	HITLER	MANDELA
ARAFAT	HUSSEIN	MINH
BLAIR	JEFFERSON	NEHRU
CASTRO	JUNG	NIXON
CHIRAC	KENNEDY	ROOSEVELT
FONTAINE	KISSINGER	SHARON
GANDHI	LENIN	STALIN
HAMILTON	LINCOLN	WALESA
HENRY	LUTHULI	WASHINGTON

Restaurant Chains

```
A W K D N G A P P L E B E E S I W
L D T O U E S G N I K R E G R U B
I F A M M C D S B T D G A S D L A
F P C I Y C C R S P O H I Y K E I
K I O N R S D O A L W D H N N R X
C A B O X Y L O D G O O E N J R J
I M E S V B Q E N U E K P E S A A
H Q L T A S N U T A A V U D K B S
C I L P U C G B E H L M I S C R O
V O N B O H A O S E F D E L Y E N
R O W R S C A N A C N J S W O K S
D A R Y K B K Z Z O H S K N S C D
Y A B J J A H O Z H T I Y L K A E
L R T E E L C H I C O L D X R L
A P V T M B X D B B P L U I N C I
Z C S S Z T G I F R I D A Y S E A
Y R N I B O R D E R S O F Q V N W
```

APPLEBEE'S	DOMINO'S	OUTBACK
ARBY'S	DON PABLO'S	PIZZA HUT
BURGER KING	EL CHICO	RED ROBIN
CHICK-FIL-A	GOLDEN CORRAL	STEAK 'N SHAKE
CHILI'S	IHOP	SUBWAY
CRACKER BARREL	JASON'S DELI	T.G.I. FRIDAY'S
DAIRY QUEEN	MCDONALD'S	TACO BELL
DENNY'S	OLIVE GARDEN	WENDY'S

Sandwiches

```
I  B  H  E  F  A  O  L  E  L  K  C  I  P  P  J  A
Y  A  A  O  U  N  N  P  O  N  F  D  A  R  I  L
Z  R  X  R  H  E  N  T  U  R  R  G  T  K  E  B  Q
O  B  V  V  S  B  B  J  T  E  S  T  Q  P  L  Q  R
G  E  E  W  A  U  Z  U  G  H  Y  A  U  T  K  E  M
B  C  V  V  L  E  J  N  S  M  J  L  P  L  C  N  M
S  U  B  M  A  R  I  N  E  N  V  S  G  D  U  J  D
H  E  L  T  M  F  O  L  T  Q  A  W  C  X  N  H  G
T  O  H  C  I  T  T  U  J  P  C  I  W  D  K  S  C
G  M  Q  O  N  F  R  R  D  W  P  M  L  U  P  N  H
G  M  E  E  A  K  O  G  T  O  V  P  R  A  B  R  N
M  M  M  A  E  G  W  N  B  C  O  Y  M  G  T  Q  Z
T  I  Z  Y  T  I  I  O  I  C  P  W  D  O  H  I  I
P  W  M  Z  Q  L  Y  E  O  O  B  V  G  B  T  O  K
W  N  K  B  O  L  O  G  N  A  N  G  Z  A  Z  R  Z
Q  P  H  S  I  F  T  A  C  F  E  P  A  A  D  S  Q
M  R  Z  A  Z  J  H  G  F  O  M  R  T  G  S  Q  C
```

B.L.T.	HERO	PIMENTO
BARBECUE	HOAGIE	PO' BOY
BOLOGNA	ITALIAN SUB	REUBEN
CATFISH	KNUCKLE	SALAMI
CLUB	MEATLOAF	SPAM
DAGWOOD	ONION	SUBMARINE
EGG	PATTY MELT	TURKEY
FINGER	PICKLE LOAF	WIMPY

Scuba Diving

```
T Q W N O I T A Z I L A U Q E C I
Q G E C P O P N B S K A D T R J I
E D T I F O F S B D I I J E U E B
K R S I D I Z D I N V M K B S A D
P S U E N E G B C E K U L N S E R
C Z I S S L C O R B U I Y F E X F
J T T D O O M O W M L L A P R F A
L W S V Z P H T M H P E Q V P N T
O D E H U E X I S P O H V C J T H
U S Y T C A V E U N R O F L I K O
Y T E F A S C S A D O E D U A O M
V R B B C Y R D N K R R S H F V T
B N O U Q I R E V J N Y K S V Y J
B U O Y A N C Y F A R A W E I D Y
X G D D E S C E N D S K T V L O W
Y W P D A B U C S G G A U G E J N
A W U N Y Q K S U F Y J V L Y W S
```

AIR SUPPLY	DEEP	HELIUM
ASCEND	DESCEND	HOOD
BENDS	DIVER	HOSES
BOOTIE	DRY SUIT	J-VALVE
BUDDY	EQUALIZATION	PRESSURE
BUOYANCY	EXPOSURE	SAFETY
CAVE	FATHOM	SCUBA
COMPUTER	FINS	SNORKEL
D.A.N.	GAUGE	TANK
DECOMPRESSION	GLOVES	WET SUIT

Self-Defined

```
N E T F K G F Y F B Z N W O N K W
K U L B W R A J V G L D O I L F R
N H O B B S I N G L E A R T I D H
I N A N I M A T E D B F C G S E S
D A E R X G D T N G N H I K T P I
E M B X M C E E H U W L B G E Y L
Z L Y S O L T L M I U A A L D T G
O B B M I X E B D X S Y L U W D N
N F M A E M E S F V E E L K O E E
S O E K T R P I S F D A Y A E F J
N H N I L I N L L O E F S Z F I R
O F O E R I R E E R W D A Y Z N H
Y X S R T B S W F K E O T M B A U
B S R E T T E L D O O E N C G B Z
X J V I I Y P R G Y X T E Y O L R
I C I R E T O S E T Y G P I J E I
G U T O F W L D D C I X Z E G A W
```

BLACK
BRIEF
COMMON
DEFINABLE
ENGLISH
ESOTERIC
EXTENDED
FINITE
HARMLESS
INANIMATE

INK
ITSELF
KNOWN
LEGIBLE
LETTERS
LISTED
NOUN
NUMBERLESS
PENTASYLLABIC
READ

REAL
SHORT
SIMPLE
SINGLE
SPELLED
THIS
TYPED
USED
WORD
WRITABLE

Tarot Cards

```
Y A Y I J C P T T Z P K B O P C A
K H T O R A T O Z Y V S Y K A F K
A T J U L V S W E Y F Q N R F B J
N G M X D A W E B T S Q D I M A S
Y N N A C L O R Y T I S U S O Y O
B E V I X I R Z I J C C I E M C C
G R O Z K E D U T U U C A B E H D
P T O U H R S L P I I S O L A N L
K S O C I A L S A T M L T R M S R
J E L E M E N T S R I R I I T Q O
A A A N G E L Y W S E O E U C H W
T S C T R U M P M L T H E H M E C
N M K K C W R N O I T A N I V I D
I A Q C W F T O X U A W W I G D C
S N O T A B F Y Z O F G Y A D M K
A N J C N F Z O T X G C M A A M O
R U E O Q G A L I F F S B A I J C
```

ANGEL	FOOL	QUEEN
BATONS	HERALDIC	SOCIAL
CARDS	HERMIT	STRENGTH
CAVALIER	JACK	SUITS
CHARIOT	JUSTICE	SWORDS
COINS	KING	SYMBOLISM
CUPS	MAGIC	TAROT
DIVINATION	MYSTICISM	TOWER
ELEMENTS	OCCULT	TRUMP
FACE	POETICAL	WORLD

The Wild West

```
D  J  V  E  I  R  I  A  R  P  S  B  L  G  N  D  T
M  F  X  Q  A  G  Z  L  F  X  O  T  C  N  G  B  U
C  C  T  L  O  C  N  J  O  T  U  I  M  I  U  O  M
K  A  O  S  E  L  O  H  R  E  T  A  W  G  N  S  B
A  Y  T  Y  O  D  P  S  T  N  L  Z  G  N  F  J  L
L  C  S  T  O  P  U  A  E  M  A  Y  W  A  I  J  E
H  H  E  G  L  T  G  M  W  O  W  O  J  H  G  C  W
N  C  I  D  W  E  E  N  S  D  D  X  L  P  H  I  E
O  E  N  Q  A  L  D  R  I  E  A  L  M  U  T  Y  E
T  D  D  A  T  R  O  R  O  H  Q  O  C  R  O  C  D
G  T  Q  T  R  U  P  H  I  A  C  K  R  B  A  D  A
N  I  E  G  N  A  R  O  T  V  W  T  W  L  L  F  B
I  S  H  D  H  J  U  O  S  A  E  O  I  I  I  I  E
M  B  U  F  F  A  L  O  G  T  C  W  W  H  R  A  S
E  P  E  D  W  B  T  O  B  K  F  R  E  U  X  M  R
R  S  A  L  O  O  N  J  D  L  G  M  T  S  Q  P  O
D  K  W  Y  B  L  A  C  K  S  M  I  T  H  T  P  H
```

BLACKSMITH	FARM	RANCH
BUFFALO	FORT	RANGE
BUGGY	GUNFIGHT	REMINGTON
CATTLE DRIVE	HANGING	ROUNDUP
CEDAR POST	HITCHING POST	SALOON
CHUCK WAGON	HOEDOWN	SETTLEMENT
COLT	HORSE	TUMBLEWEED
COWBOY	OUTLAW	WATER HOLE
COYOTE	PRAIRIE	WEST
DOGIE	RAILROAD	WILD

Theater

```
Z R S V K M U Z I O O A M I N E R
Y R E A M H C S R P Z O U W E N S
W E M U T S O C F M N M S R F E Z
C E P D V J X S U R I E I M C E O
L R I E X E F N M O A O C R O X M
D V E V T R R S N F T J A U N T A
E N O I T I D U A R R F L O H R Z
N C K L T S A C E E U S R E B A B
W S N L C O P P U P C P S G V Q Q
S P R E M I E R E T A P Y E X D Q
S S N S I R D D R P I E L H T P S
W E E B T D E O E A I A G C H Y K
V R I R J O U U N B N L B A H L B
S W O I T P O A Q I U B O L T Y Z
P L O T E C K G F S F T I G A S M
A C O O C Z A O E M A C J L U Y B
K E D D X A K S W W R M P O L E R
```

ACTOR	DEBUT	PREMIERE
ACTRESS	EPILOGUE	REPERTOIRE
APRON	EXTRA	REVUE
AUDIENCE	FARCE	SCENE
AUDITION	FINALE	SKIT
BILL	MASQUE	STAGE
CAMEO	MUSICAL	STOOGE
CAST	PERFORM	THESPIAN
COSTUME	PLAY	TROUPE
CURTAIN	PLOT	VAUDEVILLE

Toy Brands

```
H B M W U K I H L M F N I N Q H T
Z O Q A K N O T X I A M N G Y D D
Y K C G T U F E S E M T R S A S F
M H A M E T Z H A D N A C L V R W
Q E K V E R E N A Y C K O H X D M
O L I W J R E L L O A Y M S B Q F
Z B D D P G W Y A O A X A L V O Q
R S S R V O P B L R O J H I E Q X
W S I R R A G P C F N K W N M A K
P C I B A N D A I V O J S K H T L
E D S E K I T E L T T I L Y L N F
X A O Q C Y I E C N F P D K A V M
H G M O G Y G N Z P M J W A D L N
D I F G H O B W T N D J X C R G P
P C Q H O T W H E E L S X M W O O
T J B M N A F B J A N H V Q E D G
L J I Q P M T H C A C O D X Z T N
```

BANDAI	KIDS II	PLAYSKOOL
CRAYOLA	K'NEX	RADIO FLYER
FISHER-PRICE	LEGO	REMCO
GRACO	LITTLE TIKES	SLINKY
HASBRO	MATCHBOX	TONKA
HOT WHEELS	MATTEL	WHAM-O

Thanksgiving Day

```
X  B  G  V  C  T  P  J  Y  F  Z  Z  G  F  U  N  C
Y  E  K  R  U  T  M  U  A  T  D  T  I  J  L  M  E
S  D  N  E  I  R  F  M  O  P  H  R  V  L  A  W  V
H  H  F  B  X  W  I  S  U  T  D  A  I  V  V  D  M
V  B  B  M  H  L  L  M  U  M  T  D  N  G  I  B  A
Q  I  Y  E  Y  I  P  O  I  P  R  I  G  K  T  O  J
O  O  A  V  A  K  M  R  M  C  A  T  P  M  S  G  O
K  T  V  O  I  Y  G  S  O  T  V  I  H  B  E  R  O
A  R  W  N  L  L  A  R  S  L  E  O  H  O  F  I  S
P  T  P  P  I  S  N  A  W  T  L  N  R  Y  A  T  U
B  I  S  P  P  U  E  N  R  I  U  A  M  T  P  L  V
E  O  H  E  C  F  M  O  D  E  E  F  B  V  A  C  W
P  H  U  O  V  U  I  A  Q  Q  H  E  F  T  K  Y  V
M  R  P  N  T  R  Y  V  A  R  G  T  V  I  O  X  L
D  I  L  U  T  P  A  R  A  D  E  Z  A  R  N  O  G
A  Y  A  M  S  Y  K  H  U  X  A  P  H  G  A  G  F
R  U  W  P  M  P  T  E  T  A  R  B  E  L  E  C  F
```

AUTUMN	FRIENDS	PLYMOUTH
CORNUCOPIA	GATHER	PUMPKIN PIE
BOUNTY	GIVING	STUFFING
CARVE	GRAVY	THANKS
CELEBRATE	HARVEST	TRADITION
CORNUCOPIA	HOLIDAY	TRAVEL
FAMILY	NOVEMBER	TURKEY
FEAST	PARADE	WHEAT
FESTIVAL	PILGRIM	YAMS
FOOTBALL		

Transformed

```
X S E C C C W D V G W I S V J Q X
W N Z H U E R C E V O E N Q M J C
C H L P C P T G H Z N G N K U W X
H F W I U I A A Q I E G D S L I Z
E M A Y M B U J M W P S R F P V D
E O L I B X X Q I I A O E X D A O
S S R A E M H X E U L P T E X B G
E S C A R G O T E Y A K A L I S I
P I C K L E A R R F J Z W N E R W
L Z X C N L K A R D L X F Y A F U
Y S B U P R I O W L X I B M R U E
Y J R G A S G P T Y Q O A V W L T
M P E U I K V O R X L L R N O O O
Y F T N N G R A P E A D K P S V J
K Q G R Q I K Z W C T P D S J T T
Y L F R E T T U B H Y A E R R C P
F G T L P R T V X N T L C V I Z G
```

BUTTERFLY	ESCARGOT	PRUNE
CABBAGE	FROG	QUICHE
CALAMARI	GRAPE	RAISIN
CATERPILLAR	ICE	SAUERKRAUT
CHEESE	JALAPENO	SNAIL
CHIPOTLE	MILK	SQUID
CUCUMBER	PICKLE	TADPOLE
EGGS	PLUM	WATER

U.S. National Parks

```
C L E E R A G N O C U K O B C R A
A S N I S A B T A E R G S A E L Q
P H R T E R O O F K T A J D E V M
I P F U R V L J E M G G W L K I L
T D Z F E Y E V W U H O Y A A Z E
O E Z I M G A R A B O E E N L K E
L L N P O C A R G D L L Y D R S R
R F I Y D N O Y Z L A U N S E Y G
E C U N A A H S O Y A E O H T K G
E Y I K C C E W O V B D C T A H W
F W E A A Q S R O G K R E E R W G
H D D K U T E I I P A O K S C V N
K I E O O L M B B Y O S E M I T E
A I I N S D E A T H V A L L E Y N
X A E I A V G K I C B V Z R B A Z
J K B Y A L S Y D E Y P M K X Q F
G K G L A C I E R L X Y I L Y N E
```

ACADIA
ARCHES
BADLANDS
BIG BEND
BISCAYNE
CAPITOL REEF
CONGAREE
CRATER LAKE

DEATH VALLEY
DENALI
EVERGLADES
GLACIER
GREAT BASIN
ISLE ROYALE
KATMAI
OLYMPIC

REDWOOD
SAGUARO
SEQUOIA
VOYAGEURS
WIND CAVE
YELLOWSTONE
YOSEMITE
ZION

Antarctica

```
L F C S X L A F Q T S U P K H O M
H U P S K Z G G R B W S G C W S I
B E C M G J Y E A F C E R D E G S
L C W A E S S O R S A P T U S O
B N O E R E P N A Y E L I Q O G L
A E H A D E Z N I S D R D U G W A
A G Y I L D D S E A O N T S H B T
S R D T C E E R N E T H I I Z E I
C E L W S E D L T I P N G W I A O
X V O W R Y S E L O U H U X Y U N
I N C U E P M H L S E G Q O H T Y
S O B G I A U E E S E Z N W M I G
F C H I C T P E T E Q A C E X F A
X X S E A I C E L N T U R M P U K
C I R O L S E O N A C L O V V L W
P I D E G B T Y Z O H V R Q C Q S
V L C O N T I N E N T W A J I K I
```

ANDES	HIGHEST	SEA ICE
BEAUTIFUL	ICE SHEET	SEAL
COAL	ISOLATION	SNOW
COLD	METEORITES	SOUTH POLE
CONTINENT	MOUNTAINS	VOLCANOES
CONVERGENCE	PENGUIN	WEDDELL SEA
DESERT	RESEARCH	WHALE
GLACIERS	ROSS SEA	WINDY

Art

```
E Z T E W L O H R A W Z Y N T R D
N U X E X V S N R C U M S E Z L E
A W R E C I H P A R G T E T Z Y C
C H O O U S A K N C T J H T Z O O
I I V R P Q C T K L I V C A L F R
R S A K L E S U L A P R T L H F A
F T L O X D A E L A B H E F P V T
A O Q T I I W N N P N C K M A E I
F R Z Q N K A O S A T E S N A O V
U Y R A C N R G Z I M U G W X V E
Z O I O C A N P B M E O R F L L C
O S R I M I D L O F G R R E I G I
A E E A W T E X J H W P U U O C E
U N Q A S G N I T N I A P T V Z E
T I R T D N A R B M E R H T L D T
C D S Z T Q J L O W O I B A V U M
A H O S W G W U C A C R Y L I C C
```

ACRYLIC	EUROPEAN	PANORAMA
AFRICAN	FLATTEN	REMBRANDT
AMERICAN	FOLK	ROCKWELL
ANCIENT	GOTHIC	ROMANESQUE
ASIAN	GRAPHIC	SCULPTURE
COLLECTIBLE	HISTORY	SKETCHES
CULTURE	OIL	VAN GOGH
DECORATIVE	OLD	WARHOL
DRAWINGS	PAINTINGS	WORLD

Bows

```
D A C I S A B G Z Q H S C M R K B
P B I J Z L O B V P E I T D Y A S
S I N G L E U U J L R L D L T F W
C O N F E T T I W B P K O E S Z E
H H I W Y U I R A D P C F G G U M
D D L F H F Q F Z O N F A G A U G
R Z O P L E U F M P A U Q E L T V
Y Y I Z N O E P U T Q N O D P U Y
J L V I P O O L I T L U M P A J L
Y F A U J M L P W P H A R S M X R
A R R O N E H I Y T M A J G G O U
K E N I T A S K N U Y T I C E A C
P T N T L T U L O N G C E R M I U
Z T P G E Q X E E R T V N V G R G
Z U M D D T N H A A K P D A L I P
D B V G E C P J C Y M E G R F E Z
T G H M B L E A R U B W R T Y M V
```

BASIC
BOUTIQUE
BUTTERFLY
COMPOUND
CONFETTI
CURLY
FABRIC
FANCY
GIFT

HAIR
KORKER
LEGGED
LONG
LOOPY
MULTILOOP
PINWHEEL
POM-POM
PULL

RAIN
SATIN
SILK
SINGLE
TAFFETA
TIE
TWISTED
VELVET
VIOLIN

Collectibles

```
X Y S B R M A X S Q D D Q P S C S
J K N E G A H B I L S D R N N E T
Y U O S L T G O L S O Y I A T B A
U B P E K C P B T L T A M O A J T
P C A I S H I L L W R E N B T Y U
C D E B M B E S A T H K S B O F E
B Y W A O Y I M T N E N A I L S
U M C B X X P L B A E Z E G E P S
U S T E I N S N B R E S U L K T R
H G J I F P O S T C A R D S S E S
Y F S N I O C S S G I B D L M X X
Z D N A Z F H P L N S H A M Q G S
T H N E S I M E E V Q G A Z P I W
S E L B R A M S N C F L U M C K X
L P O T T E R Y K U S R N M Y K S
R F S S N K S K O O B C I M O C W
O E A P D K V A F M S U Y M X E P
```

BANKNOTES
BARBIE
BEANIE BABIES
COINS
COMIC BOOKS
DOLLS
DREAMSICLES
FIGURINES

HOT WHEELS
MARBLES
MATCHBOX
MUGS
PLATES
POSTCARDS
POTTERY
SLAMMER

STAMPS
STATUES
STEINS
SYMBOLS
TEA SETS
TRAINS
T-SHIRTS
WEAPONS

Decorate the Tree

```
C N N B O M B P C S A B E D Q J N
V J J N L R A T S T D B H I T R Z
R Z G L R U N L R N F A E K O H R
U E U Q C O E A V E K L C H R T D
V M B O W S C X M S W I S E W L N
S E L D N A C P Z E S G B V Z E J
T H S I E N U S O R N H A E G R E
O T T X E R K W J P O T E T Z T Y
C L X E Z I Y G X E Y S S J A G J
K L R T R A D I T I O N E T A G Q
I G A T D Y E S T A N D B R U H L
N Q D I I H L L J S Z O L L T B M
G Y L I I E V C C X I A B F J F T
S O K M G E U P F I N L L B I N O
H R C N O R P N L D C O V Y I B T
E N A C Y D N A C K C I K E V R C
J W Y M S A U N F K T I O Z R A T
```

ANGEL	HOLIDAY	SILVER
BLUE	ICICLE	SKIRT
BOWS	LIGHTS	STAND
CANDLES	ORNAMENTS	STAR
CANDY CANE	POPCORN	STOCKINGS
FLOCK	PRESENTS	THEME
GARLAND	RED	TINSEL
GREEN	RIBBON	TRADITION

Emotions

```
G D P T M X C A J M X M Y T W K B
M I K E M O T I O N A L U P C P L
X A A S H A M E V I T A Y I P C S
L R N T J R X F I T D C S C P A D
Y F G X S C C Y A Q E W K Q C U H
T A R X I U S Y L C X S K B O C X
J T Y T R O G U R L A M T R N P H
H H E I R N U S R A L B P Y F G S
S D O N N P U S I P E L N W I O O
G U S N S O N P D D R W E H D R R
S L O E I D E O V X I V E E H J
N W T V D E S U M A V L S F N K U
O T N T R U H W S U B P C E T H M
H E T I F E O C S L U F E C A E P
V K T N R T N V H O K S K S V D Y
H S O R R O W M Q B R O Z D P J W
C C O R A T F G Z H G E L N V R O
```

AFRAID	ENVIOUS	SHAME
AMUSED	EXCITED	SICK
ANGRY	HAPPY	SORE
ANXIOUS	HURT	SORROW
CALM	JOVIAL	SURPRISE
CONFIDENT	JUMPY	TENSE
CONFUSED	NERVOUS	TESTY
CURIOUS	PEACEFUL	TIRED
DISGUST	PROUD	UPSET
EMOTIONAL	RELAXED	WEARY

Meet the Smiths

```
K M Y C O L D K Z G A B B Q D K V
K R Q P T M D D T G R U T X S Q R
W T G N L Q B T Z T I A K G E M I
J F N D Z I L Y R A M K N S O U G
T K N G C A P C C J S L I N R S L
X U S R L T X P O O F K F U Y X W
F B M L E C E S T H I K E U O F Y
F A M H N I T R B R W N B N T X W
L Q M D F F I G E U O A N L K B P
O L X R W M H T H V B B U D A G O
C V I O Y N W O Q D L O G A Q D S
K J R W M E T A L A W I S V A C E
U R E P P O C G C V A W S X Y M N
A Y K P D A V K J J J X T T C M Y
O E E O S J A F Z Z B W H K F N P
W F U O U A X G G H K E P Y D P A
M X L S C J K V U B H A J K S U E
```

ARROW	GRANNY	SCYTHE
BLACK	GUN	SILVER
BLADE	KNIFE	TIN
COIN	LOCK	WHITE
COPPER	METAL	WILL
GOLD	PEWTER	WORD

```
D B Q H U N J Q P X G T W I H C U
M E P T Q L X K E Q Q N G A O B Y
A N I A R B O H N S H I I H F U A
T D G Q W H N V C A Q A A P D Z H
K H U E P E H D E A H R C B P K U
E F I S T A L E I R C T G P A A E
Y G J N N R N X V U S S C Z S K M
T J R T K D H T Y Z T F B G T M I
P P G O U G E D R A O H S N E N T
P U Q B G C F M R Y L H O I D O H
L E E S A H P E I U C E D P J E F
F A I E F O X U N D S E J P W E C
D O P A S T R Y R A I X I A E L Z
R E H T I W L E H C H T O T O A Z
V E E X B E V C F N D M B T H M E
N D T B X O R F O E I X H X A E S
V G G C C L W N V S W B Y C Z C R
```

BEAD	GOUGE	PHASE
BEND	HEARD	POSTED
BRAIN	HOARD	STALE
CHASE	LOVER	STARE
CLOTH	MAPPING	TAPPING
CLOTS	PANTRY	THANK
COVER	PASTED	THINK
DIME	PASTRY	TIME
EITHER	PEACE	TRAIN
GORGE	PENCE	WITHER

Sock It to Me

```
J L T N N W Q C O Z U W W M R E I
M C L K S R T R V F D K N U M B S
G N I N N U R E E N C O N S U V
W Z P T H H E S R N O W T A P T Z
S T Y U E Y G U T F V T T P P T A
P C K B P L O O H Q E T O C H H J
A M A T O P H R E L L R C I R N E
N S I S A B E T C C T R C D J E M
N Z E D U P B T A F Y K I I N U W
U Q D A P A N Y L O N E S K L I O
V E E I M J L A F Q S U T D S B W
D Q L Q O L C E L P T T H I N D R
O S P A N D E X G L J D E L H S O
G N I K I H T S O T J P V L S W A
F W O M R H H O S E J B Q E K O Q
C E C D U J W D C C V I R G L N B
M W O L H M J Y O B Z D G Y L Y A
```

ANKLETS	NOVELTY	SPANDEX
ATHLETIC	NYLON	SUPPORT
BOBBY	OVER-THE-CALF	THICK
CASUAL	PADDED	THIN
COTTON	PUPPET	TOE
CREW	RED	TROUSER
DRESS	RUNNING	TUBE
HIKING	SEAMLESS	WHITE
KNEE	SKI	WIND
MID-CALF	SLIPPER	WOOL

So Sad

```
P B I P V F U L B G S G N I P O M
O X L K S N U S U D L E B Q N W M
S D Y A H S D U U F M O Z H F E L
S B E A H Z E L O W E D O U V A U
E T P S R C L L H O E L I M M R F
L P W C P G C E R S P N O S Y Y W
Y F O R L O R N S E C S I D H W O
O S M Z G Y N E S O E D O T I G R
J L O L G V R D N Y Y H G M M C R
H X U C E P I S E Y C G C I B O O
H M R W E J O D R N N J M R W E S
N D N D D L Q A M M T N G G Z N R
T J F T A O E M E L A N C H O L Y
D A U B P R D L T S A C N W O D K
A R L Y D O O M R M J D Z L A T Q
R E Q F Q S Z Z S E K R C S F T R
K R X J K J C X M V D U G V G A P
```

BLAH	FLAT	MOODY
CHEERLESS	FORLORN	MOPING
DARK	GLOOMY	MOURNFUL
DEPRESSED	GLUM	SAD
DESPONDENT	GRAY	SOLEMN
DISMAL	GRIM	SOMBER
DOLEFUL	INCONSOLABLE	SORROWFUL
DOWNCAST	JOYLESS	SULLEN
DREARY	LOW	UNHAPPY
DULL	MELANCHOLY	WEARY

Solar System

```
H N E R S B H N A J Q J Z S I M U
G A Q S P A L A N E G D C P X O Q
M W S D T Z T A Z O U X Y S P W M
M M U T A E X U I H Z V R L P G I
I M N I E I M X R R Y R U N A P C
L S O L A R K O X N T T C K N D B
K W A S N O O M C P O S R H U L U
Y V R C W N A I V O J P E T W B U
W W A I T K T H D U S T M R T S W
A E N U T P E N J S K Y P A R G C
Y D X D I C I U X W T P X E S E N
G Q B L A S P K I J B I S A T O T
R A C P T I H F U K R A B W L S S
S E S A T E L L I T E S N R C A J
X L R E U X Y A W T R O A D O I G
D S R M T I X S Y A V N I M U H U
K G O F D Q Q F M P O Z O L Z K Z
```

ASTEROIDS	JUPITER	SATELLITES
COMETS	MARS	SATURN
DUST	MERCURY	SOLAR
EARTH	MILKY WAY	SPACE
ECLIPTIC	MOONS	STARS
GALAXY	NEPTUNE	SUN
GAS	ORBIT	TERRESTRIAL
JOVIAN	PLUTO	WIND

Stamp Collecting

```
I  H  Y  H  X  K  S  U  V  U  O  C  X  H  Z  E  C
J  B  O  N  F  P  R  O  O  F  S  O  C  L  D  A  E
N  C  K  P  G  C  E  A  D  S  O  L  F  P  Y  B  P
Z  K  O  H  B  C  G  F  M  E  W  L  J  M  X  O  Q
O  F  F  I  C  I  A  L  O  R  U  E  P  A  S  Z  L
G  O  T  L  L  C  V  N  S  E  E  C  I  T  T  I  L
I  M  F  A  E  S  L  O  U  P  G  T  M  S  A  O  Y
S  O  H  T  H  Y  E  I  Y  Z  E  A  A  M  S  B  M
E  U  F  E  P  E  S  T  S  B  R  C  R  W  B  U  V
Z  N  E  L  A  I  E  I  V  K  L  I  I  O  P  H  E
E  T  Z  Y  I  I  U  D  T  G  A  O  H  M  F  N  B
S  N  I  F  R  E  P  N  T  H  O  Y  C  O  E  O  F
G  P  L  A  T  E  I  O  U  E  M  L  R  K  G  N  H
R  K  V  Z  N  M  X  C  F  S  S  G  A  U  J  I  J
G  C  I  T  A  M  E  H  T  V  E  F  S  T  N  D  O
T  B  F  J  I  I  K  G  L  R  L  D  F  G  A  V  V
I  M  V  J  Q  Z  Y  P  Y  Z  A  A  E  O  T  C  S
```

AIRMAIL	HOBBY	POSTMARK
BLOCK	ISSUE	PROOFS
BOGUS	MINT	SELVAGE
CATALOG	MOUNT	SHEET
COIL	OFFICIAL	SPECIMEN
COLLECT	OFFSET	STAMP
CONDITION	PAIR	THEMATIC
FACE	PERFINS	UNUSED
FORGERY	PHILATELY	VARIETY
HINGE	PLATE	WATERMARK

Stars

```
H I Y L I M H J I A L B A I B E C
M G N U F I K S Y R M A N O J H V
L A P K B K A I F S O V A U J B B
A A Z O E I J C A F F I T S U G W
M C P G L V A F Q R H O R B G H O
A K I L L A M S O Z R H E P M P W
H A B B A J R X O T A E H P D T O
A U K E T A M I N Z L I C N P E J
B R M D R U I O S Y C H G Q P Z Y
L P I V I Q S C D I O I M N R P D
N C T M X U R C A L R B Q D M U B
W C U R S A X Q M T A I I E R K Q
S R I R A D S W A D J Z R U A E A
G O F W B Q A B B Q A A F A I W E
K Z G M E Q T H M R K B O H S E T
A A H G N Z H B P U W D I E E Z T
N A T T R N N Q M N I R T H S R G
```

ACRUX	FURUD	MIRA
ALCOR	GIRTAB	OKUL
BELLATRIX	GRUMIUM	PHAD
CHERTAN	HAMAL	POLARIS
CURSA	IZAR	SYRMA
DABIH	JABBAH	WEZN
ERRAI	KAJAM	YED PRIOR
ETAMIN	MERAK	ZOSMA

That's Saucy

```
Z W F B L M J E M M O D Y V W X D
F U K R R N C D U V C T K O O H M
I E W E E L R S M S C J M Y H Q
Y K D A I T T E H G A P S I S A B
K O E D N M S V R K B J Z I T I P
A P S I O T U B O O A M D J E N B
T D E L F I A B O K T A U N R G L
S O E E B I R R M L R Z C S K O B
B C H O C O L A T E A H K A L G W
W A C L W T L I S A I W E A R H D
L I R N E F Y R H L R T F T H S M
W O N B R M O I A C S F Y A L I J
X W A E E H A D E C U A C C N F C
A K D O V C A R B B B H W T R A D
T O M A T O U U A X U L W E I K U
X Q K R E P P E P C O A P P L E C
V B I P C J O H D N Z Y W S B V C
```

ALFREDO	DUCK	PEPPER
APPLE	ENCHILADA	SOY
BARBECUE	FISH	SPAGHETTI
BREAD	HORSERADISH	STEAK
BROWN	HOT	TABASCO
BUFFALO	LOBSTER	TARTAR
CARAMEL	MINT	TOMATO
CHEESE	MOLE	VERDE
CHILI	MUSHROOM	VODKA
CHOCOLATE	OYSTER	WINE

Compound Words

```
C S A Y O D P E O H R I V J Y L C
A I E G R F E A F T E R M A T H B
T M G A W S L M E K A T F I B F F
N A M E R O F E Z X W B Q R V B E
I N V E H W I T S G Y O L F Q J L
P H V B E G A T L R H B M I G C C
L O P L Z U U X D E U T Z E O I U
E L D Q P R B C V B J O A L D I E
T E L L N E W H K W A K Y D L P T
A N O P W F L S M R O S O O L T M
L A I B E I U B M H T R U T U T L
D K O R E J N P S X O Y B C B I G
E C E B P N I D W Z J W R E N K L
D U S F U T Y E M J L I E C Y J V
L L I H N W O D W I A L O V D E N
P I B M I P U O M H L M G G E L X
N G N L I F T O F F E L B P J R H
```

AFTERMATH	EARWAX	LIFTOFF
AIRFIELD	EYEBROW	MANHOLE
ARMPIT	FOOTPRINT	OVERSEE
BULLDOG	FOREMAN	TURNPIKE
CATNIP	HAIRCUT	UPLOAD
COBWEB	HOWEVER	WINDMILL
DOWNHILL	INCOME	YOURSELF

```
E E A Z U D N M U R B E R E C U T
R V E M O T I O N C L F E T B Z F
Q R T S X O X E E K O L F A J F W
S T E M N A O N N R Y U L O O U S
L T M C A O T T G C N S E U N D H
L Y P Q E R P E E O E L X O K M S
A Y O R A I T S I R O P I V F S U
T R R L O F V T E R P T H R D X O
I O A K U D A E T R I R O A P W I
P S L L N R O N E N S N E Y L R C
I N V U I H O H G O T E T T U O S
C E O P V C J O K A K R B H N J N
C S S P E E C H L B S A E O G I O
O E Z M U L L E B E R E C A L I C
R R N R O K D C P E P Q G B S V L
C C E D N O B S E Y R O M E M O J
M T K W G E R U T Q J H J C W H N
```

CENTRAL	FRONTAL	REFLEX
CEREBELLUM	INTERPRET	RESPIRATION
CEREBRUM	LIGHT	RESPONSE
COGNITION	LOBES	SENSORY
CONSCIOUS	MEMORY	SKULL
CONTROL	OCCIPITAL	SOUND
DIENCEPHALON	ODOR	SPEECH
EMOTION	REASON	STEM
FORGETFUL	RECEIVE	TEMPORAL

Together Again

```
C O M Q S S Y F S P H L P N X K G
W A L K X N I Y B A O D U Y M F Z
G E R L C Z I E N O R R J M L U L
E N H R S A E P V E S Y K A F M D
F S O S O S H I D E E K L S B F B
I H E Z J T U D P Y Y D N K Q T T
N E H E M O S S L X G A L F L R V
K S E O H S K R Z E E G Y E I A V
P K O R N C J O K B I B U A S C T
R R Y S O E Y R U L B F L B X K N
G O Z S N D Y R E R I N C K L C P
W F N J Q W S E I X G M Y X Z S N
Q I B A B I R D S D C L U F F N F
M V N G O J E U X H T W Z T C U S
U E W E Q U G G Z Y W V X L G H O
M U B V U B M S Z J N Q N A Z D Y
K C N N T B X Z A S M Z I S S Z X
```

BIRDS & BEES
BRIDE & GROOM
HIDE & SEEK
HORSE & BUGGY
KNIFE & FORK

MILK & HONEY
PEAS & CARROTS
PINS & NEEDLES
PORK & BEANS
ROD & REEL

SHOES & SOCKS
TRACK & FIELD
TRIAL & ERROR
WALK & TALK
WINE & CHEESE

The Little Ones

```
F S T F K L H O M U C I S Y X Z M
Q T E P P O M E O W L L O D Z V V
O F C W T K F H L D L U N T S U C
K P K L U A P F Y I N N U O V R X
F I O A R B R P S G N O B J K E F
P N D W N U O B S P R E B S F T M
W F D D K G G T O P R X V S A I Q
T A D P O L E R S N Q I M U W B K
W N V Z X R N L A P I A N O J E N
I T E W E K Y T N T L B O G B L B
V U D S E B K I N L N K M K B K C
C M A W M Q E M F I R V V A N N O
Y H R A C Z I R P M M W B V B A Y
L D L H K L Y P P O K Y S H H D O
T R I U Q S E E S E G N I K E P F
R C N B Z R A R V D Y N G J H P H
O K G O Y D X O D Q X C Y E T S G
```

ANGEL	INFANT	PROGENY
ANKLE BITER	JUVENILE	RUG RAT
BABY	KIDDO	SMALL FRY
BAMBINO	LAMB	SPROUT
BRAT	MOPPET	SQUIRT
CHICO	NIPPER	TADPOLE
DARLING	OFFSPRING	TYKE
DOLL	PEKINGESE	YOUNGSTER

Transportation

```
A A T J R J P L U R O N K S G D L
Y O I D H J B Y O N C Q E S A G I
B J O T E K K R E C D T V U G U R
M N O O L L A B E L A A T B Q H O
O A C B C S H I P K L O P L G B T
T Z R D Y P P O S T M O O I G Q A
O M L T C M T R V O F F R F L S L
R T R A I L E R B E N A M T I F A
B G N L B L U I A M R U R E D G C
I P B B L J L R T I E C F C E S S
K V U O X E O R V V N G R Q R J E
E G R V E T U H C A R A P A Y I H
M U S S C C X H C F N I I I F K A
J I L A K I X A T A K A W F N T C
R E R D J R A U Q G P L T T Y H Y
D T U C U W F S P A B B A S B Z P
X J W Q V C O N V E Y O R B E L T
```

AIRCRAFT	GLIDER	TAXI
AUTOMOBILE	HOVERCRAFT	TRACTOR
BALLOON	LIFT	TRAILER
BICYCLE	MOTORBIKE	TRAIN
BLIMP	PARACHUTE	TRAM
BUS	ROLLER SKATES	TROLLEY
CONVEYOR BELT	SHIP	TRUCK
ESCALATOR	SLED	VAN

Winter Is Here

```
M S I A C Q C X K G L O G B K K R
G S S C B F E J V B A R E J L Q V
F K O N E R I N C U R Z C Z H V P
C A E Z E E R F H W D D A M B W B
T T W F G T V C H I L L R D M K
S E A S O N T J F O B T P L X R L
X C Z M T I S I C F O E E D H C N
G Y A N U W L T M B Y H R P J K K
W Z L R T Q E O O N L A I N O Z A
W O N S F T D G W O Z E F P A X J
M C O I W Z G H Z Z B C V R R T U
G R E H T A E W I K Q T E O L I E
F H I D N F O L S N N T T J H P O
D T I R O T B X C M A F U B F S B
E U Q D G R E B M E C E D D O G F
R Z O S F J R F W P T C D N J O U
M T V I V Z M S C H K E E W P S T
```

BLIZZARD	FREEZE	SKATE
BOOTS	FROST	SLED
CHILL	HIBERNATE	SNOW
COAT	ICE	SWEATER
COLD	MITTENS	TOBOGGAN
COZY	SCARF	WEATHER
DECEMBER	SEASON	WHITE
FIREPLACE	SHOVEL	WINTER

Wrap It Up

```
H A T Y N I H S B K G J T Q U U I
B W S F R Z D R D A B T H F X Y X
J G I E Q O W E X A S G E E P I U
Q P T U P Z G P G A E K M P L P B
W U O P T I W P D U I B E A H S S
S J D L U F R O L O C G Q T J L R
I V U V W L I T B M T A T F H C R
F E J T C T B G S R C S Q I U M Q
K G K J W R B O B E V E W S G F L
Q T T R K I O G X P W I D T H H M
X M A I M M N I R A X I H A Z B K
S P V L E C L E D P A D Z O B R W
A M E I S S S O D R E R P I K S R
K B X G F E R M B L M S K P X T C
P Y A R N N F I L M P S D L T H P
R T Q T I S S U E W X D X F M O U
F K Z A U J T N H J C O X F V V A
```

ADORN	FILM	THEME
BAG	GIFT	TIES
BASKET	PAPER	TISSUE
BEADS	PRESENT	TOPPERS
BOW	RIBBON	TRIM
BOX	SHINY	TULLE
BRAIDS	STRIPES	TWINE
COLORFUL	TAGS	WRAP
DOTS	TAPE	YARN

Ending in Z

```
G G S J Z T I D G F L N R K P V F
Y S P P Z G V U B Z D B L A J W P
J B O T I J E Z P F R X I O G C T
R Z G Y F T H I T Y B G H C Q K O
C C Q N U K Z Y A U Z W J E F P P
Y J H V A Z Z T Z L K R H Z E A
M N A F A Y K Z I Q P M G T Z S Z
B W C Z J K Z L U L S A Y A I T A
X H Z T Z F B T A F G L J G R I W
Q U A R T Z B Y R U H W Q E F U E
I Z H E H Q G I F E S H H N S E Z
A Z P H H A T W W Y H A Q I O C X
A I C O J Z I U Q W G A S X Z J Y
Q Z T L A W X U R E Z U G Y P P L
L T V I K Y C X M C G I U I F N H
A R U K X M F Z F W O U Y K G Z L
G E A R O F W H G J G E C Z O T H
```

BLITZ	GIGAHERTZ	QUARTZ
BUZZ	GLITZ	QUIZ
DITZ	JAZZ	SOYUZ
FIZZ	KILOHERTZ	SPITZ
FRITZ	LUTZ	TOPAZ
FRIZZ	MEGAHERTZ	WALTZ
FUZZ	PIZZAZZ	WHIZ

Acidic Foods

```
O J N Z V W E X F B B V D O S Z R
J N D C E D H V B D S H L L F O X
P D O L A M B E E X P J I F X Q Y
M R Z C L S X N A U Z T O D W A Y
N S E O A Y J I G T N W A V D R Y
Q C B F A B V S N E E L W T D R
J M D F S I I O L O D H O Z H K W
I V T E N A C N K W R S N C H V S
B L U E B E R R Y Y S A A B G C M
L G G E E Y Z D D P K C C G E A O
P A Y H M L M R I C E J F A L X M
R E K E H U H H O N J B K A M U I
K V P F L P B D R L E U E Y S W E
K B C P R R D V T F I M M T J Q J
N T L U E A A H X M T V A N C T U
Y T N P H R F B C A O R E F O Y A
A E P K C I H C O P D U H D C P N
```

BACON	HADDOCK	PLUM
BARLEY	LAMB	PRUNE
BLUEBERRY	LENTIL	RICE
CANOLA OIL	MACARONI	SARDINE
CASHEW	MUSTARD	VEAL
CHICKPEA	OATMEAL	VENISON
COFFEE	OLIVE	VINEGAR
CORN	PEPPER	WHEAT

Allergies

```
E E K D W I E X R I C M B Y C O U
T R E A C T I O N Y A L Z R A L M
F E I L E R Q J E A C Q W G M Z N
O J L F G C E R Y H C T A R C S O
Z G C E E C E F S E X I P Q Z E I
E V T O T V X N F Y Y S L W Y F T
G S A I E G E Y V U C E J J S T A
B R O S L E R R I S A S N D M C
R N R N Z E O H A E R S M D B Y I
B C H E T E L R N T D O B L L S D
L N T A S T U F F Y D N N I V O E
R N W D B N C R F E P Y A M V P M
V N Z R N I N Z R I H O H D E B B
X K E Y A J B A M C N G L T L N K
G T C B L D T Y T F N S S L Y K T
R N I B X E E I S H Y U I F E B P
W U N Z X A P C C O D V A M Z N P
```

CEDAR
DANDER
DUST
ENVIRONMENT
EYES
FEVER
HAY
INJECTION
ITCHY

MEDICATION
MILD
MODERATE
MOLD
NOSE
POLLEN
REACTION
RELIEF
RUNNY

SCRATCHY
SEASON
SEVERE
SNEEZE
SNIFFLE
STUFFY
SUFFER
THROAT
WATERY

Amino Acids

```
E Q O C V Y U D D N C Y S T I N E
L N Z O T A G E R X F Q V F M G E
Z C I T R U L L I N E L Q W G N N
N A N C E O L I D N Z I N L I A I
Q V F R U N D Z N L N R U N H B E
N N E L U E I M X E F T A P T A T
I I N N A Z L N N U A L O L Y G S
X E I G S N T I O M A T I G R X Y
S H D U P H L H I I P Z L N O O C
N Y I S A O A N R Y H Y V A S O E
X X T M R B E R R E C T T J I E S
I Q S P A E E T G I O E E K N F J
F F I A G E T W N I P N N M E J L
F W H V I N O E Z R N K I I D Z S
S C S E N I R U A T K I P N S G X
E N I R E S Y G Z L G P N W E Y P
G J E N I H T I N R O E U E K F L
```

ALANINE	GLUTAMINE	PROLINE
ARGININE	GLYCINE	SERINE
ASPARAGINE	HISTIDINE	TAURINE
CITRULLINE	LEUCINE	THREONINE
CYSTEINE	LYSINE	TRYPTOPHAN
CYSTINE	METHIONINE	TYROSINE
GABA	ORNITHINE	VALINE

At the Car Wash

```
V M R E N E H S E R F R I A H P Z
O U E L I A T E D R I H S K J Y W
S U R J D N I L T Y Z W X U R R Z
X C L E A R C O A T I G B V O I O
U A Y T H D Q S W N D D P I T N T
P V J D V T P U D C T E T B C S H
H B R R F O A O L N I T M I L E J
O T U Y T R W E A P X A U E Y O X
L L P F K S A D L X F M W P Q Z F
S E R O F N N G A O H O Y E M I I
T E R M L E Z W R S T T A L R L K
E H S U T I O C A A E U L R P G K
R S G T S J S W N T N A B V Q P I
Y A A N L S S H I N E C W U L Q A
G D C Y W H E E L S Y R E H B C W
M A Z M S Z A R Z U D L E C T D Z
T A W Y F T T W P A O S K A Y N W
```

AIR FRESHENER	FRAGRANCE	TIP
APPLY	JET DRY	TOWELS
ATTENDANT	LEATHER	UPHOLSTERY
AUTOMATED	POLISH	VACUUM
BUFF	PRESSURE	WASH
CLEAN	RINSE	WATER
CLEAR COAT	SHINE	WAX
DASH	SOAP	WHEELS
DETAIL	SPOT FREE	WINDOWS

At the Casino

```
L V T E Z P L C C T Q D S G K F T
H O M N R Y A O D S P Z P F S A C
E O S Y B O Y Y Q I F V A G R X U
B S G E U Y U C O R H C R A F Z J
P V U N P P Y L P U Y S C M Y M P
T F A O I B F L E O T C M B J A R
A S K M H B A T B T A G S L F V O
K E F K X Y B G P B T V K E W D C
R C T N E M N I A T R E T N E X C
A U A R E S T A U R A N T N O T H
V R S J H V N F E K B C L D W I I
N I W H K G N T R A J S D E E B P
Z T U P O C M W Y T T S H E T C S
V Y G N I C A R U O K T X F B O I
F T E E R O I L L V R F T L B L H
T K L I G H T S B A V I U E B W O
B Y J Z C G G D G C H S F M L D B
```

BACCARAT	HOUSE	POKER
BINGO	KENO	RACING
BLACKJACK	LIGHTS	RESTAURANT
CHIPS	LOSE	ROULETTE
CRAPS	MONEY	SECURITY
ENTERTAINMENT	ODDS	SLOTS
GAMBLE	PAYOUT	TOURIST
HOTEL	PLAYERS	WIN

Bar Hop

```
I H X H C F M T N M I N I C K C W
I I D O U L L F E Q S I W K X Q Z
I H O N M M K U E W A E M Z K A S
C A S H A J C S F G L T M S O H E
P Y N U P S U R F L A A R T X P K
E D W W S A Z I O C D L A L I H H
U N Z O P H R R C W Y O S J Q A R
G A R T O R C A L E P C Q E P E Y
W C P G R S O O L M K O G E T J M
F K S A T R O T I L E H T W E V H
J M G A S T I U R F E C M F B J C
R E T S Y O O N O E O L P X E D B
F U B W Y E E E N P S Z X M A N Z
S I N G L E S S E P A S L U F J X
I Q G P I S S N A C K L E P B K G
L E S L F G B C W B T U P D V S A
W B Y N V V E R P N S N O E T A P
```

CANDY	JUICE	SNACK
CASH	MINI	SPACE
CHOCOLATE	OPEN	SPORTS
COFFEE	OYSTER	STATUS
CROSS	PARALLEL	SUSHI
CROW	SALAD	TASK
DESSERT	SAND	TOOL
FRUIT	SCROLL	TOW
IRON	SINGLES	WET

Borscht

```
J L F C C T M P A T G L J C U Q D
P R M C N O Q X D N F H D A R L Y
S W B D E R B S E E V U Z K V O H
Y W B R G R Z W E X L I Z R V D S
G V U U T A T B S T P H S T B T V
R B U P V C R D L T E F L O R C N
A E N S H W Q L L C P E D H R F K
W S T O M A T O I Y P E B O W B G
X H O A T K Z U D C E W Z O A R D
H L N U W U J L V S R K S V O O W
O L T L R N O I Z J T I P X N T Z
M U P H O C F R P K I F X I O H Z
B T R M T B R O C N B T O R Y N R
Y R E L E C T E R G F N N V K C M
Y L A E G A B B A C B L I T S I K
P S D O T V Y P U M R S W I U V R
V F L O U R O B V P J J R H F M P
```

BEEF	CROUTON	PEPPER
BEET	DILL SEED	POTATO
BROTH	FLOUR	SALT
CABBAGE	GARLIC	SOUR CREAM
CARROT	LEMON JUICE	TOMATO
CELERY	ONION	WATER

Careers

```
K D F R O T T C D U H H P C J I E
X V R E P O R T E R P Z I G M T S
M S G L Z W L R G F S Z P B A H R
S T O G V A D V I S O R I O G Y U
C F J G S R O T I D E X D X I J N
O P G U F D R I V E R P D E C A M
U N Q J R E P E E K O O Z R I L D
T T T P K N U N G C M W P R A A S
J S U D T R Z A I E Z J A G N U N
B O I T E A D I J T O R O C M C G
H A C G O V M R U J B L E K V U I
M C N K O R S O N I D R O U H E T
N A J C E L F T L S Z N B G T Q R
R J A B N Y O S M P G D A A I V D
M T R Y T O L I P I I K Y U K S I
E A R D B P T H B L T D X B G E T
B K J C T H E B X K H F J Y L J R
```

ADVISOR	EDITOR	MAID
ADVOCATE	GEOLOGIST	NURSE
BAKER	GOLDSMITH	PILOT
BARBER	GUARD	RANGER
BIOLOGIST	HISTORIAN	REPORTER
BOXER	JOCKEY	SCOUT
DANCER	JUGGLER	TUTOR
DIPLOMAT	LIBRARIAN	WARDEN
DRIVER	MAGICIAN	ZOOKEEPER

Champion Bull Riders

```
N F R I S O J N C H O B W U E C N
X V E Q N C L A R K U E X J D O B
S L T G Y R I S D E E U X K I W D
Q E N Q D A E H Y N N O J D R M C
D N A R E B M I R C K F U Y B Q C
D H C R R Q R V F F W N F K C A Z
S N O H O B F E B R N U T I M Z N
O E C Y T M Z R A O F G P I H S G
O X W R L W A S H B U R N S Q C J
P J I P E S W A A N H H V T M Q S
N V A Y E N F F A G A R O A R X F
U F J Y H T W M Y S C M U E I A S
B B A F M C E G O X V N A F D W H
V H Y H W D F R S R E M K R N D X
I E X R E L S Y S Y A Q H Z C N O
H P K H B F A R L E Y X S Y T H K
E J W C P A E P Y W N A U Q S O I
```

BOHON	GAFFNEY	MCBRIDE
CAMINHAS	HART	MORAES
CANTER	HAYES	PETERSEN
CLARK	HEDEMAN	SCHIFFNER
CRIMBER	LEE	SHIVERS
DUNN	MARCHI	SNYDER
FARLEY	MAUNEY	WASHBURN

City Suffix

```
F H W L K C P E G W X W M M G V I
L S X C O S Y L U S H U I X C R X
U P F Y B S Q W O W H Z Y N I C A
B H B U R G N S D Q M H D R O T F
F F R Q L V K E H A M P E L N P Z
W Y Y S L U H G S O B B P O R T H
W P S U P G D H X S M H M O O M C
Y V Y Z O C A W E H B O M P U M R
W E U O F W E O E B H F U L V E X
I P V N W O T R O I D L W T C R X
A D E I C A S T E R V K O T H P I
R I P A J N J H O A O N X J L T H
A E X W H L C F E Z G B L X P P K
J B Q P K A D L E I F K K E O U I
K X Y E F E L K Q H W G U L B S U
D F K K B I I W N H H L I A J J S
Y C K R V O G L Z X Q S B D C P T
```

BORO	MONT	SHAW
BURG	MOUTH	STEAD
BURY	NESS	TON
CASTER	ONIA	TOWN
DALE	POLIS	VIEW
FIELD	POOL	VILLE
FORD	PORT	WORTH

Come in Pairs

```
S P L S J W S N I W T Y V M K V X
P D M U W G S R H F P G S R Q E Y
A R N I N O S E A P O Q C P Y I O
A M N A A G S Q H L P W I E A J E
V G M B H G S G W C U N S T O O B
S T H G I L D A E H T C S C S X N
S P E A K E R S T E S U O H B N A
G F P N G S E E U W G P R N J T P
N C A X P T A N R N E G S C I S S
O W N H A R D O S M L E C B R B T
T D T K R E T H K B S K Z E U L C
Y N S I R Q O P D I C E P E U I A
V Z N W G R Y D T Z D P O K R S T
Q G E W T Z X A G T I N T H N S N
S A B S B A E E P L U P E A S X O
R Z S R R A H H S I B G E Y R P C
C L I P P E R S L O M J F U S T N
```

ARMS
BINOCULARS
BOOTS
CLIPPERS
CONTACTS
CRUTCHES
DICE
EARRINGS
EYES
FEET

GOGGLES
HANDS
HEADLIGHTS
HEADPHONES
JEANS
KIDNEYS
LEGS
LUNGS
PANTS
SCISSORS

SHOES
SHORTS
SKATES
SLIPPERS
SPEAKERS
TONGS
TWEEZERS
TWINS
UNDERWEAR
WINGS

```
T M H V B M I G H T A X M A C C P
W C X V L E N E Y Q O K E R T J T
R V A K B I R P T E L E P H O N E
I S X T N P O U C A I O R E U L Z
T Y Y G N H I T H A K F G C A Q
T E I M R O S O P S M F O A H B Z
E S X A B U C A T M E Z W U H R C
N N P T M O R E F O J G R G B E X
H H O P K G L P Y K G Q K N A V K
Y G Q T E F S S J E A R Z A J N J
N O Q L P I S A I S B G A L Q O B
S N E R U T S O P I P Z E P V N N
J T X T B F P B U G W C U O H W D
Y T E L E G R A M N N K I X O Y R
Z L F J G X L X L A D C Y R I X Y
Y R E W E A A K D L E C D X N P P
Y H P A R G I L L A C S U N Y M T
```

CALLIGRAPHY
DANCE
E-MAIL
EYE CONTACT
GESTURE
LANGUAGE
MUSIC
NONVERBAL

PHOTOGRAPHY
POSTURE
SIGNING
SMOKE SIGNAL
SOUND
SYMBOLS
TELEGRAM
TELEGRAPH

TELEPHONE
TEXT
TONE
TOUCH
TYPOGRAPHY
VOICE
WORDS
WRITTEN

Construction

```
A A Q D P F X E Y U E S S O B C P
Y X A E J O I S T S L R X L Q K R
W O G V D O X E M U U E U A N S E
R E S T O R E T L A O K E E P T M
C O N S T R U C T D L R N T E R O
E V I S E H D A S M D O E R S U D
T S E Z P R J Z O E T W C R L C E
F N E A P S G R M S S N G R Z T L
N O O Q R L T O R S O R E Y I U L
S I R M U A L E R C P B Y A R R K
P T T M R I N P X P U W K M K E P
K U O F S R P N O I T A D N U O F
T A O H O E V M L B V L M H F M Q
E C L C W T J D E P R U P F I E J
G N S B E A M S H N L I C I N I Y
E V O R P M I A R O T V C O K G C
L E K N W Z D E C X U C Z K C Q E
```

ADHESIVE	FIELD	REBUILD
BEAMS	FORMS	REMODEL
BRICK	FOUNDATION	REROUTE
CAUTION	IMPROVE	RESTORE
COLUMN	JOISTS	ROAD
CONCRETE	MATERIALS	STEEL
CONSTRUCT	MORTAR	STRUCTURE
CORNERSTONE	NEW	TOOLS
DEMOLISH	POST	WORKERS
EQUIPMENT	PROGRESS	ZONE

```
A O Y W Z O I N R A S X X A Y A Y
E L E U X Z F S S L D L M C V X J
G N E R D L I H C D K A G Y V E Z
M Q R A O E L E D W C Q L V J H A
Y G D K V O L I W F L P E E H S C
H M K S C E S L W G N O J M L H O
W O L O C U S T U R L T M T I W Y
F E R U E B D B E H O B J C A T O
I W J S R K E R T R K O K J U Y T
R S I L E N C E S D D E P P Q B E
E L R E U X K P G T N Y C P O O Z
P J R J W C I P R I I O E S I A K
L C U I I N I A R R W S L K Y H A
A U G R X M C Z P E I L S C N O W
C L C Q O T U G N D Q G L O Q O M
E G W F O N B U C N Y Y G H E H D
W O F R O G P B P O B D W Z I O V
```

BUG ZAPPER	DUCK	QUAIL
CHICKEN	FIREPLACE	RAIN
CHILDREN	FROG	ROOSTER
COW	HORSE	SHEEP
COYOTE	JUNE BUG	SILENCE
CREEK	LEAVES	TRACTOR
CRICKET	LOCUST	WHIP-POOR-WILL
DONKEY	OWL	WIND

Cup of Chili

```
R O Z T O M A T O G K J W V N F O
Z U J G S U K H L F P Z C D S C D
C V R Q W K I C O M Y A W Z V L P
F H S O W N R E T A W G M F D X V
P R E D W O P I L I H C I Y S Z P
D O G E T U A S D T P U Z B S Q W
B B A F S S P N J B T R F J G P F
N E R O E E N A O K Q R Z T I J H
Z P L L U E L E R C X Y R R I X G
R E I L W A B B B Y A N F K D I E
V H C T P J J E B C J B U K W C D
C R N E Z E O P G D S O X P W U R
E O N I O N P L M A C N T R O M K
L O U H I D B P L Z S P B N G A I
L Q Q M E T D T E A O U Q N V X Z
K B U A H H I Z X R A F A D Q I X
I C U F L X W F K D G U A S T V H
```

BACON	CHILI POWDER	PAPRIKA
BEANS	CUMIN	PORK
BEEF	CURRY	SALT
BELL PEPPER	GARLIC	SAUSAGE
CHEESE	JALAPENO	TOMATO
CHILES	ONION	WATER

Did You Catch That?

```
W D F O R B T U D B E M N A Z I T
P O V C G R E N I L H C N U P I F
M A Y I H D F Y P F O C O G H H M
J V C G L I M P S E M C P B R E K
R V I D O A X X T J Q Y E D A I D
W M J M A O N A C F T J S N S F L
J M R R Q W M I T F T Z J E E Y D
R S H A A T H E M A G Y O X L B L
K X B R H Y W V B I P D K F Z F B
H U C G I T S A C B R B R I O W R
S F I T R N S W R R I C T O H R X
I L E S E E Z E R Q D Q T F R E W
F F I W B W A X W W E B N B I R D
H P F A P T R A I N A T E V I R A
T Q L S H O W N H L I F O E Y I D
V L Y A O T N C L L R M E M E W Z
U Y P E Y T U V W C V E N B C Z T
```

BASEBALL	FOOTBALL	RAYS
BREATH	GAME	RIDE
BUS	GLIMPSE	SHOW
COLD	MATE	TAXI
CRIMINAL	MOVIE	TRAIN
DRIFT	MYSELF	TWENTY-TWO
FISH	PHRASE	WAVE
FLIGHT	PUNCH LINE	ZEES

Doctor Visit

```
N G F N D C F M V L A C I S Y H P
P F P L O K J E O V L P W L H L F
M A G A Z I N E T O M B J M K R S
P R C W A I T I N G R O O M J S W
R Q O H E A X P T L B Y C R W S R
I X P X E J P N I Y K T A F U E H
M R A I J C E P P R H T D L F N I
A M Y N W M K L O G C N V E P L N
R Z R I T N Z I I I U S R U I L F
Y T T A C A R E N R N R E N X I O
T Z E P R I W E S R A T S R Z U R
H R H S W C M E Y L S U M B P G M
T S L A T I V C L Q R N D E V Y A
L P A S C S H I P A A X T N N E T
A O H E U Y S U N O C I N P Y T I
E S P F L H O C N Q L S S V Y Q O
H S T X V P E N O I T P E C E R N
```

APPOINTMENT	INSURANCE	RECEPTION
CARE	MAGAZINE	REFERRAL
CHECK-IN	NURSE	SCALE
CO-PAY	PAIN	SPECIMEN
EXAM	PHYSICAL	TEST
HEALTH	PHYSICIAN	TREATMENT
HIPAA	PLAYROOM	VITALS
ILLNESS	PRESCRIPTION	WAITING ROOM
INFORMATION	PRIMARY	WEIGHT

Donate It

```
N B I S O I D A R K I X S N M J Q
N V M P L J S Z K S P S Q T P I T
X T L D R E S S E S R A T G O S Z
W G V N D E W L B O S K S R D O Z
C N Z R S G C O F L T N L I I H B
C K S O R Y X A T V A U A V S K S
B T C H C S N L M E O N C U H T S
F K V I I S U H J F C A K T E K K
S S B F U R N I T U R E S E S N E
N R S Z S G T P T P I D H N T V U
J E N T L Y I S O S O S T S W S D
U T Y O A L O M O N E Y X I C I I
F A V B L E Z T G L S L A L M D H
L E D O O F S J Q E Z S X S O E Q
S W W T Q Q K R O Y Y Z T O N U P
B S R E T A E H A B U F L A W C F
B M N E L O S X G C W B Y K H B U
```

BICYCLES	FURNITURE	SHOES
BLANKETS	GLOVES	SKIRTS
BLOOD	HATS	SLACKS
BOOTS	HEATERS	SOCKS
CAR SEATS	JEANS	SUITS
COATS	MONEY	SWEATERS
DISHES	PILLOWS	TIME
DRESSES	RADIOS	TOWELS
FANS	SHEETS	TOYS
FOOD	SHIRTS	UTENSILS

Double E

```
D E U S V A Q D G H Y X Q A K B N
F E R I N X I X Z W O F M E Q E E
E M E Q U E T C H W N L S N E E X
V N V L T W E E D Z L F A R M W C
T K T E B I E R E D R M G T E D E
Z U N V W L W U E K W E R A P H E
W P R E H V P E H C S M E X L B D
I E C E E K P U P X B H E H J V D
F Z P B E S E E C H E O P A C D Z
W E I E Z N N Q A V A S T E E L F
N E P F Y A N U I L H X B W E Z J
M W M O D E E R F E Q R Q W M A E
V T Y Z E E R B E C P U E E S D Y
X T E L R O T P R V N D E E E Y R
M S P U X C C E O G I D F E R E O
F S H E E T E X R V E I R W N A I
U P S Z H D L Y J R N B C G W D C
```

AGREE	FLEET	SNEER
BESEECH	FREEDOM	SPEED
BLEED	GREEN	SPLEEN
BREED	KNEE	TUREEN
BREEZY	LEVEE	TWEED
CAREER	QUEEN	TWEEZE
CHEER	REDEEM	UNSEEN
CREED	SHEEP	UPKEEP
DWEEB	SHEET	WHEEL
EXCEED	SKEET	WHEEZY

Fairs

```
M R B N M A I G M J Y L Z V M D U
U C R K J B U V N A G U X A J H A
R N R F C P O H M N E W W I W P Q
R O K A H O M O I X F T O M G F D
O T C L F L T R K O U U S E M E V
V N I L V T P S W E N Q D Z Z U X
A A W S S L E E B F C J S Q H C
E C N E I C S R I V A A E T D R G
T T L I T R A D E M I P D S X L U
E C A O T U A R E K R L B C T Q Q
I M A T H Y A L B L W J O H S N R
G T M A S I T R Y O O Y T N U O C
K X E U L V E E R F R I O H M F L
P G B R O T O L E D O O F T A Q K
S K O P N J D M V R K Y U I S Z Q
N A T I O N A L Z S T E U G A A F
D W W B D G X V M A O S L J H A Y
```

ALNWICK	FUNFAIR	SCIENCE
AUTO	GAME	SPRING
BOOK	HORSE	STATE
CAMEL	JOB	STEAM
CANTON	LIVESTOCK	STREET
COUNTY	MATH	TOY
CRAFT	MAY	TRADE
FALL	NATIONAL	VANITY
FOLK	RAILROAD	WINTER
FOOD	SCARBOROUGH	WORLD

Famous Bald People

```
A S H A K U R M P E V D A S H I N
J N D F G D U C A Q C L Y H I X X
D O F O O U O G G G N L O R D O N
U M R U R A M T N Z O O O R R K Y
N B Z D B D E P I T S O S D P N D
C R O S A V A L A S K O S L A D K
A A T J C N Y Y M K C T E Z U Q D
N O S N H O J A I J A I D F S C W
J Q K B E J D R Q T J V U Z T W N
D U K X V A E N H N T E R C I C D
R Y O I X T A A Y D N D W L N I E
T Y S O N M M L T R Z N L L E J A
J E K E Y G R K Q W E I I S B M C
T S V R Z U S F F P S N E U C Q S
Z O R A C C P L N D H L N B Q W G
R E N N Y R B I E B I M F O S O Q
B E W H G W A N K Y R S M E C J I
```

ADAMS	DUNCAN	RUDESS
AUSTIN	FUDD	SAVALAS
BERRYMAN	GORBACHEV	SHAKUR
BRYNNER	JACKSON	STATHAM
CONNERY	JOHNSON	STIPE
CURLY	JORDAN	TYSON
DEVITO	KINGSLEY	VENTER
DIESEL	MAGOO	WILLIS
DOLCE	O'QUINN	ZANE

Famous Sax Players

```
Z M J K N O D R O G W P K C N A J
C M R R S C U R T I S P X O A H M
Y I P W N O S R E D N E H L Y A C
K H O B I E E E G I F P U T R X P
P S P B L P G T G E H P E R J W N
G A X L L K D R C O L E M A N H D
Z A R I O P O O M H S R X N O C Q
U T D K R D H H P A A M M E S E E
T P D D E E W S Y X U W N L N G G
N A M D E R I B R L Z I K M I Q Z
S A N D E R S B L E T R N I V Z D
B O P P W A L I R N K M E N N N J
Z E V P N Y G E E A O C A T O S Z
K E C B Y A D R Y B B E E M R T L
P M O H N T R V L Q L G S R E A C
D R T Y E U A E U C W E K G B O C
N X L F T T Y W M F D G N U O Y G
```

ADDERLEY	DOLPHY	PARKER
BARBIERI	GETZ	PEPPER
BECHET	GORDON	REDMAN
BRECKER	HAWKINS	ROLLINS
BYAS	HENDERSON	SANBORN
CARTER	HODGES	SANDERS
COLEMAN	KIRK	SHORTER
COLTRANE	MCLEAN	TURRENTINE
CURTIS	MOBLEY	VINSON
DESMOND	MULLIGAN	YOUNG

```
T  J  U  T  R  M  A  N  A  U  D  O  U  V  P  S  C
T  P  L  T  G  J  O  N  E  S  E  T  U  L  N  C  H
Z  N  E  A  J  E  H  O  A  N  H  B  Y  N  I  H  N
A  O  D  V  G  E  W  L  D  O  E  R  E  E  W  N  J
C  P  A  O  K  B  M  E  M  G  D  E  M  M  L  E  R
O  D  R  K  R  S  R  P  N  A  P  H  Q  W  W  I  I
U  T  R  H  I  E  S  I  E  I  N  G  J  O  C  D  R
G  D  T  C  E  O  B  H  N  J  G  A  J  E  W  E  D
H  Z  K  O  N  Y  D  U  I  I  U  E  G  O  V  R  D
L  U  G  L  M  O  N  U  A  C  R  M  R  Q  V  K  I
I  I  M  K  O  B  R  S  Q  T  A  G  G  G  S  K  O
N  P  U  W  N  B  P  D  U  I  Y  U  E  Y  U  Z  N
V  D  R  E  U  A  B  K  C  O  T  S  L  L  V  L  V
W  X  F  I  S  P  Z  Z  R  I  N  O  S  K  L  S  F
E  G  E  R  S  Z  E  G  I  A  S  W  P  O  I  E  J
C  R  P  T  E  E  V  A  V  D  W  O  P  Y  R  N  P
L  V  L  A  B  Q  O  E  I  K  F  E  P  V  B  I  S
```

ALMSICK	HEYNS	RICE
BRUIJN	JONES	RILEY
CAULKINS	KLOCHKOVA	SCHNEIDER
COUGHLIN	MANAUDOU	SONI
EGERSZEGI	MEAGHER	STOCKBAUER
ENDER	OTTO	TAUBER
EVANS	PELLEGRINI	THOMPSON
GEWENIGER	POLL	WOODHEAD

Fireworks

```
R O B Z I R E S A H C T U J C H A
J E C O T Y P P F S Z S A D E R R
O A K X T V J I E J N C U V Q O T
A H F C Y T F N E A F T R W M E N
M M P P A O L N K Y M A I A N I Z
V I K O L R I E X R L F N P A E C
R L S H P M C R R U Z C C T J T B
S A G S S P U E C O A P N S B D E
P F T S I A E A R N C U R E M C D
A E I R D L T R D I O K X Q O V U
R S J E O C E L P F F P E C B X X
K K F R E M E W F L L S L T Y T K
L L U P P R E D W O P N U G R G H
E G S E E P S C S A P X Z Q R R T
R E E M Z B G I Q T S Y S Q E B W
V Z H Y G D O Y O W H R V T H U A
I W D D U N B W X H V M J M C F O
```

BOTTLE ROCKET	FOUNTAIN	POPPER
CHASER	FUSE	ROMAN CANDLE
CHERRY BOMB	GUNPOWDER	SNAKE
DISPLAY	MINE	SPARKLER
EXPLOSION	MISSILE	SPECTACULAR
FIRECRACKER	MORTAR	SPINNER

```
N K B H U N X A R C N N W G M V R
E Z Q O W E N I J H C L B R Z Q E
M L P T S O N T C A Z E F F G M T
V U Y N R I B A R R Y W Q A M P L
H B Z A T T O C S L Y I R I Y L A
Q R A R G L P P S E Y S V T A E W
F A A G T B U I P S X N T H Y L E
Q M A H A R B A K G O R S A L L K
K D O U G L A S P N O R V A L L G
W N O P D R Y W V S A R W Q E Q L
P A O C V W O C E M R R I S K N S
G E S N E L L I O T E Y K O A Z K
T D N H U A O X H N S K E M N G I
D V O N R H G O C T S D P V C Z Y
G C C K Y Q M E U T Z G I F R A U
A C S E M A J J Y C Z N E L L A Y
H R L D S Q C M F Q H R X H I Z H
```

AARON	FAITH	MARTIN
ABRAHAM	FAYE	OWEN
ALLEN	GAYLE	PAUL
BARRY	GRANT	PENNY
CHARLES	HARVEY	ROSE
CLARK	JAMES	ROSS
CRYSTAL	KELLY	SCOTT
DEAN	LAWRENCE	STEWART
DOUGLAS	LEWIS	THOMAS
ELLIOT	MARSHALL	WALTER

Flowers for You

```
I R E W O L F N U S A S A O A T G
E G U E L T Q N B K E F I I E V O
G S L P D Z Y T H H P H T R O F Y
V Y Q N S A Q Y E P T T V E I S Z
I N P R Z K D D U Q E O R C H I D
O A R O E R R H A S E R G I K G I
L S P M A H T A N I W P O T L G V
E W N N H N T I L S S D A A W W Z
T Q G A I I O A G P E Y D T A V O
Z E E C P P B Z E T P I T S M W S
A J A M U D W I U H O P A C A Z P
V Y N O E P R L S L D X L T R S W
H F R E E S I A A C K F I I Y A K
Y H S T N P N T G O U A L R L E W
D O C A R N A T I O N S A R L Y R
R D C A Z G H Z J U N F C Q I V B
S S V L K R L I D O F F A D S F K
```

AMARYLLIS	HYACINTH	POINSETTIA
CARNATION	HYDRANGEA	ROSE
DAFFODIL	IRIS	SNAPDRAGON
DAISY	LARKSPUR	STATICE
FREESIA	LILAC	SUNFLOWER
GLADIOLA	LILY	SWEET PEA
HEATHER	ORCHID	TULIP
HIBISCUS	PEONY	VIOLET

Found on eBay

```
G V O W V B B D K I Y S N W Y K F
N S M Z P E L E C T R O N I C S A
I S E U Q I T N A L E S Q S U E X
H N L L S K O O B O T A C F K M O
T M S L B I S I R M T T F I L O D
O S P T O I C T S B O E O D M T X
L R T A R D T P E Y P S B A E O L
C A Q A R U O C S K E U I R Q R C
M E P V M R M Z E M C L Z T F C R
V B Y O T P S E A L I I G F H Y M
C G O I H A S G N B L S T J K C Z
Y C N E R R U C A T V O T E B L V
Y G H E W O G R Y I S I C W T E S
E V M R E C O R D S C G L E X S A
U A C B A M X E B I D S W L P L H
C I X R E C O I N S C H K R B W F
T Z S M L S N X X A L Q E Y M M Q
```

ANTIQUES	COLLECTIBLES	MOTORCYCLES
ART	COMICS	MUSIC
BEARS	CURRENCY	POTTERY
BIDS	DOLLS	RECORDS
BOOKS	ELECTRONICS	SPORTING
CAMERAS	GAMES	STAMPS
CARS	INSTRUMENTS	TICKETS
CLOTHING	JEWELRY	TOYS
COINS	MEMORABILIA	VIDEOS

Geological Timescales

```
O J H Q D B W K S I L U R I A N E
E C Y A X Y C V Z Z M N Y G G N P
O A C E X C O R P M A I U D E K K
I R Y V N Q A L E I E A O C V P J
A B U R J E I M N T I S O C O V C
G O C D A O C O B N A L O O E I S
R N A I C I V O D R O C A Z O N C
V I O E O E T Y E H I W E Z O I E
F F N A D Z O R J L R A O O S I P
H E K R O L O A E J A E N S U A C
K R I U E X N N U T L P A R L S R
V O P S S E A R E A L I R E I A N
Y U Q S O I A E P C R H O U L R Z
K S Z G M S P T W T S G C Y K K Z
C L E R S F Z A K T E N D L K I L
Z N E I T A M U E N E C O G I L O
E P C A Q P Z Q E G O X M B A C M
```

CAMBRIAN	MESOZOIC	PALEOZOIC
CARBONIFEROUS	MIOCENE	PERMIAN
CENOZOIC	NEOGENE	PLIOCENE
CRETACEOUS	OLIGOCENE	QUATERNARY
DEVONIAN	ORDOVICIAN	SILURIAN
HOLOCENE	PALEOCENE	TERTIARY
JURASSIC	PALEOGENE	TRIASSIC

Glass

```
C T H U T M C B T A Z O A N L S C
O Q O W X A F X I B M D S W T V H
F Z U N I G I R N B S E T O O B M
L R S B A N T V A H K R P D T V H
G I E E V I E C R M B E K N E I V
G Y S A J F R E B Z E P P I M V B
O A P D D Y B F R F V M Y W Y X J
V M K S S I T Y F C R E N H P J L
A Y P T F N N O W P O T E U U E V
T G A M U G C G F K O D F D Z H N
B L U B T H G I L Z D T D J D L E
V N R X O A G E P I P O E P E D K
Y M A U C U V F L I D J L V C E K
N J R M R X I I K T X A X W O X C
R S L I P P E R R T T R L E Z T M
C H N C H Q S T M E J O Z I E Z S
R E H C T I P T L Q S F B G H C T
```

BEADS	HOUR	READING
BOTTLE	HOUSE	SLIPPER
COFFEEPOT	LIGHTBULB	SPY
CRYSTAL	MAGNIFYING	STOVE TOP
DOOR	MUG	TEMPERED
FIBER	PIPE	VASE
FIGURINE	PITCHER	WINDOW
FRAME	PLATE	WINE

Going on Vacation

```
J R S N S K H P U W F V T L S E I
V P I P D R C W L P N G D E Z V O
G D G N N G E O U H K Y R T L B O
H B H E E T Z Z D B L U R O S Z T
S E T F I V R S V E T E P M Y B F
O A S Q R R U A T C S K S H U T U
G W E D F B N O I T A V R E S E R
T B E Q T H H P S N S S Z A U M T
N J J G B S X S I P U G R Q P H K
E P P D M A E T E A H E I G M B J
M E N A L P R I A C N W T E I K I
E F M E C A P G R T U V S A S H D
T A R F V K U L A O F R H P F P X
I M O E Z T F L U F M X I X A T N
C I L F A R C P J Z R E P T X J R
X L U G G A G E M J O J M N Y X U
E Y X T R I P I T I N E R A R Y V
```

AIRPLANE	LUGGAGE	REST
BUS	MEMORIES	SECURITY
DOCK	MOTEL	SHIP
EXCITEMENT	PACK	SIGHTSEE
FAMILY	PARK	SOUVENIR
FRIENDS	PICTURES	TAXI
GATE	RELAX	TRAIN
HOTEL	RENTAL CAR	TRAVEL
ITINERARY	RESERVATION	TRIP

Good Morning

```
X C G E V B B F D Z Q P P Z Q T L
J O U N C E E F F O C W H K X X B
N O H C I I B G N G U B E R I W E
E L U Q X N U E I S S G S S K R R
K E E R W Y R J H N G R H U P O E
A L M O N D S O E S M S D N W O P
W S W W D A W N M G H K S R U S A
A T Q M Z E L E B I N T E I E T P
R K F S R A I R N N I A A S K E S
A A H S E F E E T R S D R E S R W
E F H R Q A S Z G Q C R L O M N E
N S E A K I B Y K O T K Y C Y O N
O C I F C K L I M W P A E D L C Z
I Y A R R D A Y B R E A K C R A C
M S E K A C N A P P K F Z H W B E
T X D X U Q J K E H N O Q E J K W
E T Q E R F R U I T L C I E Q S F
```

ALMONDS	DAWN	MILK
ARISE	DAYBREAK	MORNING
AWAKEN	DOUGHNUTS	NEWSPAPER
BACON	EARLY	ORANGE JUICE
BEGIN	EGGS	PANCAKES
BREAKFAST	EXERCISE	ROOSTER
CEREAL	FRUIT	SHINE
COFFEE	GRITS	SHOWER
COOL	JOURNAL	SUNRISE

Guitar Blues Players

```
G U L U C D N A T F M K W T X I Q
H O E R R E H N B S L M L Q W V B
B U C H A N A N N B N N R H S W I
U P G U Y E Y A R F O I O H A P I
T S N O S N H O J S T G L S H U N
T T R U H G W C I N T V Y L O B A
E M K E U N O L G O U P A I O B C
R N C A T P L X Z S H X T M K C C
F B V D E A M G J M I X L K E B X
I L D L O A W L X A C N T R R Q A
E Y A H Y W V W C I C S O U Y I N
L N W A L T E R S L V L G X L A F
D C L D D H Z L M L J X A J I N O
R L G N I K L R L I E A D P F D L
C B I L R E T N I W O G M N T I W
Y N L J W O L F E U B A P E I O L
L L O U Z E S X R U S M V B S O N
```

ALLISON	GUY	SAM
BROWN	HILL	SLIM
BUCHANAN	HOOKER	TAYLOR
BUTTERFIELD	HURT	VAUGHAN
CLAPTON	HUTTO	WALTER
COLLINS	JAMES	WATERS
COPELAND	JOHNSON	WELLS
CRAY	KING	WILLIAMSON
DIXON	MAYALL	WINTER
EARL	MCDOWELL	WOLF

Happy Trails

```
X C C K A I N R O F I L A C S D P
V G O Z W K M M C D W X B I K T X
G P O N Y E X P R E S S O W N P M
V G Q U U U G U Y D Y U O S J L X
D X A Q U W V G A T Q S N H O S C
L D E P F F L S O I E E H S E X
N A O E D O E Y R A L Z S G N P C
S O E C K E R I R T N I T T Z V O
E P G R V O W B T T H T R P P J J
S N A A O U R A E C U A A K E O M
X I N N W N C E O S L A C F H B H
D S S F I S I M H R R D E N E J T
J P Y W A S O M O C Y O M N R F S
B G S X S R H U A Z O U A B E N H
V T E F M J T V O C I Q Q D O G X
L T N O G E R O I R L I M V T U B
X K N B D F U B U A O E L F V C H
```

BOONE'S TRACE	EL CAMINO REAL	OREGON
CALIFORNIA	FORBES ROAD	PONY EXPRESS
CENTRAL ROUTE	GENE AUTRY	SANTA FE
CHEROKEE	IROQUOIS	SPANISH
CHISHOLM	JOHN MUIR	TEXAS CATTLE
DALE EVANS	MORMON	WAGON

Harmonica Blues Players

```
Y  K  S  J  M  Y  U  K  D  K  J  B  U  L  I  B  I
Y  M  N  K  H  A  L  L  G  X  R  X  A  G  J  R  B
A  Z  I  Z  Z  O  R  A  P  A  P  D  G  U  P  Q  S
L  O  G  A  N  I  Y  S  N  N  G  A  F  Y  F  H  R
E  B  G  B  E  O  C  C  L  O  D  L  H  G  L  P  X
D  G  I  J  N  Y  H  C  B  N  H  L  X  E  Y  T  O
F  T  W  T  S  V  T  H  I  Z  A  E  T  R  S  V  B
F  P  R  I  M  I  C  H  B  R  V  M  E  X  M  E  G
P  O  S  C  L  A  R  K  E  V  D  M  R  L  I  B  R
P  H  R  V  M  J  Y  Z  U  R  O  U  D  A  T  X  U
H  N  B  E  U  L  B  S  O  G  A  H  T  R  H  C  E
K  E  J  W  L  B  A  F  T  G  B  U  U  H  M  A  N
L  J  A  A  I  L  A  N  U  B  L  E  L  R  N  R  L
D  L  M  R  G  L  O  S  E  Y  A  H  X  T  V  B  I
D  B  A  A  D  M  S  K  W  U  U  W  Q  X  O  A  N
T  F  D  B  J  O  W  O  S  A  Z  Z  A  I  P  O  G
N  O  Z  M  W  A  C  Z  N  E  R  Q  D  P  M  K  V
```

BALL	HALL	PIAZZA
BLUE	HARMAN	PORTNOY
BOGDAL	HAYES	PRIMICH
BRANCH	HEARD	RICCI
CLARKE	HUMMEL	SALGADO
DELAY	LAMB	SKOLLER
FORD	LOGAN	SMITH
GRUENLING	MARS	THERAULT
GUSSOW	MONTGOMERY	WIGGINS
GUYGER	PAPAROZZI	WILSON

312

Home Beckons

```
Z M K W I S T E R I A Y H C A Y A
Z B O N A P P L E P I E X A K E F
N I R X C O A H U I L S E L C J V
R O H O Z W Y O Y G C G C I M A V
U G M C S D T N L D Q X P L N N R
M N R A D E C E I S G S D I H R Y
C E C F N R S Y G A D I L P P E K
A N S A Q N S S S L R L V W A X H
K I T Q N T I U O T A D U S P X D
E L T S U T O C C A B O T E P I P
K H S V A I A K B P R R J L C E Q
N S U R E O T L I U O E O D E V K
W E D Y R W R E O L Y S H F F C M
S R W U H L D T L U E B F T D H M
P F A Z Y Y K S O N P O N B A Z F
U J S L Z U C V I P C E D B M E F
A L F A L F A P A W B V A Y A Q L
```

ALFALFA	HONEYSUCKLE	POWDER
APPLE PIE	LEATHER	RAIN
CANTALOUPE	LILAC	ROSES
CEDAR	MESQUITE	RUM CAKE
CINNAMON	OLD SPICE	SAWDUST
COFFEE	PINE-SOL	VANILLA
DIRT	PIPE TOBACCO	WISTERIA
FRESH LINEN	POT ROAST	YEAST ROLLS

```
M R A L A R E T A E H R E T A W E
P R E K A M E C I P A W E U W O I
M G O F M C V N O P I A D K K Z Q
U F A B R F R T D E R S H D R H K
P P D I T I K E V O C H C C S D I
P S G J S O G A Y Z O E X I Z F W
M M S N O L W E Y R N R X T P W C
U O U C I O K K R X D F B P I B Q
S I M P R T S O A A I T U E G K H
S P O C L Y A P U V T H B S L P E
W O I L F L L E A L I O W D K L U
L M P N P U E L H Y O U R J T H R
D M E P M R W W A T N L L X A A P
G V R B N M I R D Y I N I O N F G
O F I X T U R E S Z N C E G Z U S
X N O J K J C M V W G J E R Y U T
G E L E C T R I C A L E Q F B O R
```

AIR-CONDITIONING	HEATING	REFRIGERATOR
ALARM	ICE MAKER	SEPTIC
COOKTOP	MICROWAVE	SPA
DOORBELL	OVEN	SUMP PUMP
DRYER	PLUMBING	WASHER
ELECTRICAL	POOL	WATER HEATER
FIXTURES	RANGE	WELL PUMP

In the News

```
R E N T E R T A I N M E N T I Y A
M S H T L A E H O Y R Z Q J C R N
U Q C U U F H V P X D Q N T I Z Y
C D D I M S B Y I E I E P I F A F
N G D X T A T I N A O U G E F L G
R M F L L I N R I B R P H A A T N
V S A V R K L I O K R B L W R B I
M I T B K O K O N P M Q C E T T V
P L U O T Q W A P T S U R X W F I
V A L T R U B J L K E K I W Z D L
T N E R X Y S X A W Y R M Q T V O
E R Y M O N O C E E M Q E L Q U W
Y U A M S I L A N O I T A S N E S
G O P V U W T O V G F C F S T K D
H J D A E H M I D Z O L K W X M R
Y A M C E L E X P L A C E S B O Z
Y H J R E S H B R V U Z C X Q E E
```

BANKRUPTCY	LOCAL	SENSATIONALISM
CRIME	LOTTERY	SPORTS
ECONOMY	MONEY	STORY
ENTERTAINMENT	MOVIES	TRAFFIC
HEALTH	OPINION	TRAGEDY
HUMAN INTEREST	PEOPLE	TRAVEL
JOURNALISM	PLACES	WEATHER
LIVING	POLITICS	WORLD

In Your Hair

```
R C Z F U R L X A W L Q T V P S I
C L T R V M R E N O I T I D N O C
A V I N E G A R M N X N R C S M F
Y J R A T N E O O O C D D T B W B
S P P U T I I I F O N B M N F N E
M D S U Y R S F O H L J O O V R P
U I B J O N E M E B O W U R M M W
G C R L E W O T P D R B S I T C H
C W L T R I F A S B T I S G C V K
O E X H S U R B U O N J E K O E I
R E T T M T Z K P S O L G C M U Y
Q E U S E K C U B H C R V I B B K
S R E C P I P X Y A Z A D A I R O
E Y I B L R K B L M Z L U O P H W
F L O W E R A R V P I L S L R C G
C C O L O R U Y B O R S R X M H L
W C B M U R E S D O F F T U G L T
```

BEER	FOAM	PART
BOW	FRIZZ CONTROL	ROLLER
BRUSH	GEL	ROOSTER TAIL
COLOR	GUM	SERUM
COMB	IRON	SHAMPOO
CONDITIONER	LEMON JUICE	SPRAY
COWLICK	LICE	SPRITZ
DEFINER	MOISTURE	VINEGAR
EXTENSION	MOUSSE	WAX
FLOWER	OIL	WIND

Keep Warm

```
S  T  G  C  C  Y  L  O  N  S  U  K  G  M  Z  E  T
L  O  N  G  J  O  H  N  S  R  S  B  N  C  P  E  K
L  B  C  T  Z  Y  G  E  E  E  R  E  J  T  J  F  M
O  O  L  K  U  B  T  R  A  M  F  A  S  K  A  F  V
E  G  O  V  S  S  I  A  M  R  N  R  A  T  N  O  Q
H  G  G  W  E  F  S  P  B  A  M  H  Z  Z  N  C  C
L  A  W  V  P  T  H  E  U  W  U  U  J  Y  F  A  K
R  N  O  M  T  J  A  K  T  G  X  G  F  U  S  W  P
Q  L  A  I  V  E  J  L  T  E  R  H  R  F  O  V  H
G  C  C  T  K  Y  K  E  O  L  S  N  O  O  S  F  Z
O  O  U  I  G  D  J  N  H  C  A  E  D  O  R  D  S
L  A  X  B  O  R  W  I  A  C  O  S  V  A  D  E  F
H  S  N  U  G  G  L  E  E  L  T  H  C  E  E  I  J
P  U  J  C  S  Z  D  R  T  O  B  S  C  P  E  F  E
A  O  Q  O  O  E  D  S  V  S  I  G  Z  T  C  L  O
P  P  U  R  E  T  A  E  W  S  A  E  Q  J  O  N  S
J  P  D  S  M  S  W  M  K  M  T  F  W  S  C  H  D
```

BEAR HUG	HOODIE	SNUGGLE
BLANKET	HOT CHOCOLATE	SOCKS
CAMPFIRE	HOT TUB	SOUP
COAT	LEG WARMERS	STEW
COFFEE	LONG JOHNS	SWEATER
EARMUFFS	PANTS	TOBOGGAN
FURNACE	SCARF	WOODSTOVE
GLOVES	SLEEVES	WOOL

Keys

```
W D I A K Y K Y C O N T R O L O Z
N U E L P M I D C S V H G E Y P R
O U F Z D L G O L D L Z T W I E M
V I G N I T I O N S A X R B D T D
B F I D Y S C J K E C E A G A O N
T R Y R E K R E N I I K N R O M N
W E C R B C L E T I S V S R W E K
Y W L U M E O E V J U V P W A R H
K F L A T R N R P O M Y O E Q O K
F F Z O V G K N A L B B N T U Q R
M L N R A L U B U T A L D S R M D
W O R M E R W L A N I X E R R K B
Q R V E E D P O T N Y V R D Y A K
N I I T V O A I O B S V E O C Q V
Z D S A L L Q L E D J W L V A J I
C A O Q T U I A B J E B E Q R G V
M O S C E J T S R P A N A R D Q B
```

ABLOY	DIMPLE	MASTER
ANSWER	DON	MUSICAL
ANTIQUE	DOOR	OVERSIZED
BLADE	FLAT	REMOTE
BLANK	FLORIDA	SILVER
BOW	GOLD	SKELETON
CARD	HOUSE	TRANSPONDER
CONTROL	IGNITION	TUBULAR
CUT	LOCK	VALET
DECORATIVE	MAGNETIC	WOODEN

Oh, Foot

```
V I D B S D F C F V G Q V T P O J
H W J O M T O O O L Y V N S Y V W
Y O P A Z W O R K G T O A C Q Y A
H L L R C T T O O A A M J T K J B
I J C D I Q I B L G E I Y P S M P
V E E N P N E R A E W H X Y E H N
G F G J A F T A D T R Y T P G S N
B Y D S T S E R E G H P A F P I F
B M I E H K L S P Y H O I C I Q S
H V R E T G O L W S J C B H I H X
I W B C R O Y Q I L L X F B L A X
X B T A L R N T O H T V U B Y M I
Q O E R O P E N O T S U J B Q W A
J G D Q H F G K F X J U S P X L L
V B L Z C A E I C A S O G L B L J
Q Q C K J D O C T O R K B Q E A A
V Q F H E G Z S R E L C X X P B I
```

AGE	GEAR	PRINT
BALL	HILLS	RACE
BATH	HOLD	REST
BOARD	LOCKER	ROPE
BRIDGE	LONG	SORE
DOCTOR	LOOSE	STONE
FETISH	NOTE	STOOL
FOOTIE	PATH	WEAR
FOOTING	PEDAL	WORK

On the Plane

```
M G G Y K I K Z K E Y B V F S M X
A F J T Y R C E G T E K N A L B Z
N O L L O A W A A S G S H L L R G
X O P O B L G L E F A Q L R R Q J
I D Y I T G I N S T R U M E N T S
E C N R U A O P S K E M C T E A T
T A R L R H T V E S V P O R A P N
Y R B Z P A Y I S A E Y I A B A J
M T T R A E C T O M B P T V S U N
L L A M Y K S V L N E S I E K Y W
T E K C I T E U C E X A X L F P E
J U A Y A R T A Y G B I L E L A N
Y W C H H E P H T Y T T U R G O S
U D Z E I T M G W X M F A S G C W
B L A V A T O R Y O J A G E H C O
C D O I D C Y V P I C D B W S N F
Y M N Q T C Y F T N A D N E T T A
```

ANXIETY	FLOTATION	PILLOW
ATTENDANT	FOOD CART	PILOT
BEVERAGE	INSTRUMENTS	SAFETY
BLANKET	LAVATORY	SEAT BELT
CABIN	LUGGAGE	SKYMALL
CAPTAIN	MEAL	SLEEP
CARRY-ON	MOVIE	TICKET
EARPHONES	OVERHEAD	TRAVELERS
EXIT	OXYGEN MASK	TRAY

One Letter Move

```
A D Q C A S J W N T P F M B J B Y
R S I G N M S O E R Q S I S S C I
M J T C G A N G L E B S A T W W Y
M W Y R E H I P X B V L K I F W D
X M P D L M B R R V T B T I U P H
N A G Q I R L P B I T R S S N M Q
Y A X U A R R H O M E S N X U H I
S H F I Q Y B E Y H I D K M W Q V
K H N T D I K S Y N U C A I A F R
N R A E D I R P G R Q S B Y L S Q
I L R M R E H X S X D G T F V C Q
S L D H M D D E C I F E W F B T V
Q Z M O L Y J B K P O Y H T E Z W
N B H O M A A W S R R D J P E W A
T W P N R D N C R A M M E Y U R W
U L E R F F A D C O W W B K X X B
T P X J R K S F G Z Z C P Q M D V
```

ANGEL	FORM	RHOME
ANGLE	FROM	RYDER
ARC	HAMS	SALT
BERT	HOMER	SHAM
BRAIN	ICED	SIGN
BRET	KIDS	SING
BRIAN	PRIDE	SINK
CAR	PRIED	SKID
DICE	QUIET	SKIN
DRYER	QUITE	SLAT

Ornamental Grass

```
E M U L P D A J E T F W P T V P Q
M Q P J N H V N A E B D V H C Q U
Y E U R L O I E A R N O A B W W A
L N T X I P M T L E F H D D U P K
E N G S U A H E E V O L D N A S I
U W E C E E H U L L E I I M O Q N
L P R D R U U D F I C T P P M M G
B O R R I L L O E S Y A B D V B P
P I E A R A B B I T S T A I L L J
F E N O I H M N M N F J G F G U M
D L O D C R E E D A V U O R V E S
L M A T I E I D O I W U T I G F T
S X I M D A F E R G N B E B Y E D
P W O L E K N I F T E G U B V S Q
S S E A O A T S A I D L U O X C V
O L A F F U B I O E R R M N Y U V
F D H A K O N E S R Z E E I C E T
```

BLUE FESCUE	JUNE	QUAKING
BLUE LYME	LEMON	RABBIT'S TAIL
BLUESTEM	MAIDEN	RIBBON
BUFFALO	MONDO	RUBY
FEATHER REED	MOOR	SAND LOVE
FLAME	NEEDLE	SEA OATS
FOUNTAIN	PAMPAS	SEDGE
GIANT SILVER	PLUME	SWITCH
HAKONE	PORCUPINE	TUFTED HAIR
INDIAN	PRAIRIE FIRE	VELVET

Pantry Items

```
V X Y R R R C U H P E P P E R W N
X A I B A K I N G S O D A C S A O
S O N T A J L C N O R L K G L I S
F A L I O F R H E Y E S L L B G E
A T E I L P A I K S N E S E A G D
Z M E P V L G C P A A P M B J B C
Y E P C F E A Z E U I K R T S R C
B A U L U R O B W C X E I E C O D
B L O N O A Q I E E Z S H R F T O
B U S A Y G S T L E N C Y F P H J
R X F O R U S T E T T C E R K A B
N N I W A S X R O A U E G V U S P
J I H M M P F N M H T N D W W P E
D Y A A E G N I L L I F E I P S P
G U O V S K J G N Z L Z X A A F X
N H S B O V A J A Z G F F L W D N
A L A E R E C C M P A S T A F S Q
```

ALLSPICE	GARLIC	PIE FILLING
BAKING SODA	HOT SAUCE	RICE
BEANS	JELL-O	ROSEMARY
BROTH	MATCHES	SALT
CAKE MIX	OATMEAL	SOUP
CEREAL	OLIVE OIL	SOY SAUCE
COFFEE	PAPRIKA	SUGAR
FLOUR	PASTA	SYRUP
FOIL	PEAS	TEA
FREEZER BAGS	PEPPER	VANILLA

Playground

```
U R C X E D R J F X O A P L F H E
T L P O E E Z E P A R T M R M E E
W T X B S N R F T E W M I V S C R
A O A D U L T S D H A E E A X U K
T J P N S P I I Q T R S Z M Z T D
F E Z A M E R D E X U E M E F V V
J X T S R G B S E O B E G S X A C
R U Q H N A G M H L R S R S U S A
N T N I E N L Y I R Y A N L M X V
L E R G I R A L Y L B W T R I D K
Q P R W L L B G E Y C B M D K R Z
S T S D P E O A E L A E H T Z P Q
V G H Y L R G K L R B C L V W Q K
J M Y I O I N Y N L N A Y O Y K Z
Z C S U S O H N M E Z O R U P M E
L A N C M V N C B D V R Y S J Z A
P D I F Z Z D B I Q J R A O L L V
```

ADULTS	MONKEY BARS	SLIDE
BENCH	PARALLEL BARS	SPRING RIDER
CHILDREN	PLAYHOUSE	SWING SET
JUNGLE GYM	POLE CLIMB	TETHERBALL
MAZE	SANDBOX	TRAPEZE
MERRY-GO-ROUND	SEESAW	VAULT BAR

Prime Numbers

```
3 0 8 5 1 2 4 1 0 1 2 0 5 6 0 9 0
1 9 1 3 8 3 1 0 2 3 7 9 0 3 9 2 9
7 3 1 5 9 7 0 3 1 2 5 1 7 1 3 3 3
2 1 6 5 1 8 5 0 7 2 3 6 8 7 3 2 1
1 3 0 1 3 2 0 1 1 6 2 1 0 3 3 5 7
3 8 1 8 8 9 0 7 9 6 1 9 1 2 1 9 1
3 1 5 0 9 3 2 9 9 9 5 3 7 3 1 2 1
4 9 3 1 9 9 4 9 3 2 2 0 0 9 5 9 1
6 7 9 9 3 1 0 9 0 7 2 1 5 5 7 2 1
1 0 3 9 8 0 3 1 7 9 9 9 9 3 0 9 0
2 1 8 6 7 3 4 0 2 9 1 2 2 6 1 9 1
9 3 5 7 1 7 5 9 9 0 9 0 9 1 7 3 3
3 1 0 3 1 9 7 2 1 5 1 1 3 4 1 2 6
1 7 2 0 3 7 3 1 3 3 5 7 3 4 8 6 7
2 2 3 1 9 7 1 2 7 3 6 3 0 7 0 6 7
9 8 0 1 0 8 0 1 3 9 1 4 1 1 1 3 8
7 1 9 6 1 0 2 6 6 3 1 7 6 1 9 3 5
```

1009	1597	2707
1019	1601	2909
1087	1637	3001
1151	1697	3049
1201	1777	3089
1223	1889	3229
1327	1901	3389
1361	2239	3461
1499	2357	3511
1553	2699	3571

Progress

```
F S F P W S W Y U F L K N J R E Z
J R L E Y Z E T A T S R E T N I E
A B C O M P U T E R T R M D N R D
B U L L U V Y D N E E W A J M T R
G R T B I L V U C N J R I X P E P
Z E N O R D C H O K N E L D P N V
R B O D M L N H T O W L L A B R A
E E Y D E O P X I O O E R V M E I
T D W A L L B S D I O C K K Z T R
I T R O L W I I C H S T X O A N P
L P G E P V I B L Y D R E D H I L
L Y C S E R A F K E E I I U B S A
E S P L E R A S I S C C G M L O N
T X E G C A S L A L P I K I D B E
A T S O N Q P L O J M T K S T H M
S V D V W E N U K S S Y J Z E A J
O E V A W O R C I M X J B V X O L
```

AIRPLANE
AUTOMOBILE
BARCODE
BLUETOOTH
CELL PHONE
COMPUTER
DIGITAL
DRONE

DVD
ELECTRICITY
E-MAIL
HDMI
INTERNET
INTERSTATE
LASER
LCD

MICROWAVE
NUCLEAR
SATELLITE
SKYSCRAPER
SOLAR POWER
TECHNOLOGY
TELEVISION
WI-FI

Serengeti

```
S H R J K I L F L A M I N G O V Z
O S T H G T I E Z L G Z R B O V E
L S U A I N X H H A N C H L F L U
A I N A Z N A T F P F A C G L U H
F L E I B T O S L M Z A Q E Q S I
F V L N A N S E N I N H Z O H H I
U I E Y C L G E R O F A T E V E L
B Y P N N K P B T U G Z Z O B F S
P D H I V O N E L S T P S A U R W
H Z A I L F I D U X E L J S B X A
D R N E O A Z L J W S F U O B E M
O S T R I C H I D A M I L V K U P
F N E X H T D W X A C W A Y O N H
A S L A O I U P A L E K U N P Y K
T K I Z J Y Y S I Q A G A R J G J
Y A F R I C A H E Y K W P L E O E
D W H L Z I H A T E E H C K S Y F
```

AFRICA	IMPALA	RHINO
ANTELOPE	JACKAL	SWAMP
BUFFALO	KOPJES	TANZANIA
CHEETAH	LION	TSETSE FLY
ELEPHANT	MAASAI	VOLCANO
FLAMINGO	OSTRICH	VULTURE
FOREST	PLAINS	WILDEBEEST
GAZELLE	RAIN	ZEBRA

```
I  L  F  F  P  K  L  C  I  T  A  M  U  E  N  P  Q
X  Y  H  F  Z  M  Z  Y  F  A  G  P  U  C  S  S  F
Z  E  A  J  W  D  S  P  T  E  P  T  S  O  Z  E  G
T  O  C  H  A  P  T  I  W  C  O  L  R  U  T  U  Y
Y  N  P  N  U  P  S  A  L  M  A  I  Y  P  P  D  Z
W  Z  D  H  O  C  I  Y  M  A  A  D  H  M  I  O  L
N  A  S  I  T  P  R  Z  L  S  Y  I  O  G  E  N  H
P  Z  B  Q  B  H  T  E  I  L  Z  T  I  R  C  Y  E
I  Y  O  O  I  W  A  S  P  P  A  N  P  N  E  M  H
H  P  J  S  C  D  I  L  S  N  N  T  A  T  R  T  E
Z  S  C  I  P  X  H  Y  A  E  E  G  G  Y  Y  H  P
L  I  W  T  C  I  C  E  F  T  I  U  M  M  C  L  H
R  O  L  S  Z  H  Y  P  Z  M  E  N  M  Y  N  D  S
P  N  E  Y  I  F  S  P  R  O  C  W  S  O  L  D  X
D  I  W  C  D  Y  P  A  J  M  R  P  W  J  N  P  A
V  C  P  B  Q  B  T  C  U  P  B  O  A  R  D  I  E
S  A  R  F  V  P  S  Y  C  H  O  S  I  S  N  K  A
```

CORPS	PSALM	PSYCHOSIS
COUP	PSEUDONYM	PSYLLA
CUPBOARD	PSIONIC	PTARMIGAN
PFENNIG	PSORIASIS	PTERODACTYL
PHTHALATE	PSYCHE	PTISAN
PNEUMATIC	PSYCHIATRIST	PTYALISM
PNEUMONIA	PSYCHIC	RECEIPT

Soft C

```
U Y Q Y L E X C E L V H U P A U T
F E C W F E H D C I P C K X W H H
P E C N A L A B U E J A L X F E J
A Z I N E D D V R T L S A I Y E Y
C M R L I C N E T S I L D U V C C
C N C C M S E W C L F Z A F B I X
E Q U T L K Y D E I K J N R T T C
J L S V R C U N P O S U C Y D S F
G S R Y A A C J C G N I E M V U J
S P S V L E C M R P G C O A L J G
N O I E I E F E E O H Y E N I G F
P R I N C E C A M C K D X A C U L
P Q U I E E C I N N A M O N N T Q
Q T O H N E R I D C F R L L U F V
R V B T S H C J J U Y K S X O N R
T Y A M E R C Y A F F M W O C O X
C V Z Q Z N K R K C H H U N K B F
```

BALANCE	DECISION	PRINCE
CELLAR	EXCEL	PRIVACY
CINCH	FANCY	RECENT
CINNAMON	JUICY	RECESS
CIRCUS	JUSTICE	SILENCE
CITY	LICENSE	SINCE
CIVIL	LUCID	STENCIL
COUNCIL	MERCY	TRACE
DANCE	ONCE	TRUCE
DECENCY	PEACE	VOICE

Staying Cool

```
S J L R F T T E E X U H C W B A F
N S H O R T S R H B Y B E L A L W
O A N X O P H I S H A D E T R E E
W V N Y F P I F M H O K E A A S X
C C H T A E R B P E E D S I C Y S
O Z R L G L T A P J O J R S O H K
N G L G O V T C U M R C H T U R H
E A T I V W Y X T J O O E M V W G
M M F H C R O V E N W V D N I J B
V Z Y G A E I L D E Z Y I J D W A
X U G R N M C I R Z B O L E D M U
L S B F P I T R T A P Z S N M O D
T I D M S I L B E F I E N T C I D
L Y I P O T G I U A W N P H Q E M
A Z O N N A W L E P M U I Y L G X
Z P E P Y X I C L C W O L E V K U
B R E T A W V Y P B F A S F L J L
```

AIR CONDITIONER	MALL	SHORTS
BEACH	MIST	SHOWER
CEILING FAN	MOVIE	SLIP 'N SLIDE
DEEP BREATH	POOL	SNOW CONE
ICE CREAM	POPSICLE	T-SHIRT
LIBRARY	SHADE TREE	WATER

(30 are hidden in the grid below)

```
Y E T O N E N O I S U L C N O C Q
P M V P A F T S Y M B O L I S M E
M E V I T C U D E D G Y R D L E C
Y H Y N T I I L V E N D O I C T N
G T R I Y C B M S G X E U O G A E
O T A O X O U A A K Y C T M U P R
L O M N R I R D E G G L F K P H E
A L M P P H F L N I E A H H Q O F
N K U Y P R O E M I C R R I A R N
A N S A N B E P R O S A Y E H L I
J S R E R O E D N P S T D V V R W
L A I E T R N T I E X I F F U S C
P W P S A T R Y S C F V B M S L Q
S Y L T E A I K S A T E S B J V T
H D I G S H Z N C B S I M I L E K
Z V U T G D T T G M Y N O T N A Q
E K L A N E C D O T E S D N Y B G
```

Landforms

(30 are hidden in the grid below)

```
F U Z K N G E K F J G T Z X C P Q
M X M W L B W G O H G W I K T P A
Y Y D L B T U N D R A T D R G E Q
O M E S A A A I T I B A N U D N W
O D L L C C S O S N R M A O C I P
P M T O L L L I H T E U L B A N T
L L A O W A S V N H H N S T N S L
A S V Y O A V W O K R M I L Y U X
T D J H O A Q G T I Y C U T O L C
E X S C M C B I V N L D A S N A D
A O H R J A Q E D I V I D Y R O E
U L F A C P R J F A L J T N Y R C
A U R K R E A F R T J L T L E X L
X P Q D B Q T L V N A A O E U Z P
E U S J U V C R L U K Z F N P A T
T P D L W Y D L W O E L T B K U F
P P R A I R I E F M N L P X Y J I
```

332

Ice

(21 are hidden in the grid below)

```
Y L D U V P R F R U J M Y Q T K F
D E P M A C H I N E Z V R R C I K
L S Z K P K L S I S D E A A W O N
G A B E R G C H Q Q B Y E X Z P T
H H H Y E L C I C I C M C A D W K
O U M A E R C N P D A A A C E U N
C P E C G D F G T E Z S R G H O R
L Z U O J L N Y N V Y U V K Q Q F
M Q O E W P G E T A S D E C D P Y
B T S Y I Q P L S H G C D O R I K
O R P X E T E E E S A C S L X L D
S X E N N K T D O V K W C B B E Y
D I A A W A C O E P X F Q H B L H
F T E H K F R O Z E N Z K U I P P
E R A S E E Z R H L S M C S N P I
B P Q G F O R D L H J S A J M C S
G Z A B I A R Z N Q Z V N A X Y D
```

333

Condiments

(24 are hidden in the grid below)

```
G M W S H M U H S L B H A J C Z T
P V U O A V Y O Q U S O I P F L V
U U N S V L U K T I M T P U J P G
R E D X T R S T D C J S M H E U R
Y E J D C A E A N E A A T C B A N
S Z L R W R R T L C J U J T G B R
G S E I A E O D Q U A C Z E P N G
A A S G S T E P U A U E N K L V V
M L O R A H F C L S N I R N D L Z
K T O T B H S J U R V N S D G B Y
W H V U I R E S I A N N O Y A M Q
O L I V E O I L S T S E K I C Q R
F L F P P E P P E R G K S D N T Y
V R A J K U S W B A N Z C E U O D
Z C Y D I N P E S T O M D U E G J
E F H K F Z R V Y W S C F T D H D
K J R N J B D U W D G S D R T X C
```

Snow

(30 are hidden in the grid below)

```
S H P G C Y B K G R N M E R O H S
C K L Z X F A L T L A X G T V V N
R V I L O Z L M I A Q F V J G N S
Y W L C O X L N U N Q B T M D J W
B A Y A G C E E S U D X A R G G I
F B D Q F G O T W N S N A O V G G
X L T P L E U V U S H O E T E G W
U O C O E O C O E D A J A S Q Y E
A W B M P W B N E R I T H L S O A
D E V B G O O S E I Q M S F X Z M
I R E P L L R L P F M N H I S D Y
F L A K E P I D V T K F E O R I W
L C V P G B W K S T J I W L J W O
A L E V O H S O J B U F Y W I D G
E S J M I E O M I N I E B R D Q O
K J N T Y S L R S V V I A W N C A
C E E N O C D B M O T A A M R A L
```

Time Flies

(30 are hidden in the grid below)

```
F C U J E D A C E D Q B Q Y G B E
O S R M U J F P H G R R B K Z M R
R S E I U L M P T R Y A D G T S U
T T T N R R R R D I O D E E F L T
N R R Z E U T E X N M N H E I T U
I M A Q O T Y S S T E E O N S O F
G L U H M R U E U R S L E L G D W
H A Q I U A C N A L D A Q E O E J
T B T T N O C T I A R C P Q E G M
O Y N O N N I H I M S L Z K V W Y
T E S D M O E P I X P J E T Y S Z
C A V J N I M L I N T E R V A L S
H R A F D Y C M L E E M R E A D O
L A C I L C Y C N I O R N I X R R
I C L O C K F O L N M X V G O G T
S I R I F U Z L T P Q H C C C D F
A B P W X Z Y H I Y B J X E C Z Y
```

Hospital Signage

(18 are hidden in the grid below)

```
S G Y S Q E L E V A T O R S I A K
S N O P A E W O N R B Z G D D K D
Y C R C B X J V D E C I O M O E K
K C P E K I R S E S F Y I I R I C
D A N R T T Z E U T P S U E I Y E
N F B E E N D W S R S T H W G S E
M E E T G M E H U I G R C O N H L
T T K N O R O C O C E E L U I Q M
S E V E T P E N R T B O R K K P Y
K R Y T S E S M S E I L F Y O W F
Q I A O W L R I E D C A A W M M T
P A R N C U G F A A B N I E S B P
B F D O M E K R Q R F L A B O N A
L C X D R Y E Q P E A K B C N Y U
I J B Y D K D R Q A K D C D D K U
Q U V F X J L R E S T R O O M S B
R U Y P M O O R G N I T I A W B U
```

Prepositions

(30 are hidden in the grid below)

```
P Z T H R O U G H O O L W E Q K U
S E A L V U N G Y U T Y Z R P D Y
U I P G A T T U G A P N E O B M X
N T H C A S I E O V E R I F E Y S
O F P T O I L H M D C T L E L R Y
P C C H A D N Z I Q X P U B O W K
U F Z N M E Z S Q T E D O O W L A
V N B R K U N G T W A B R I B R E
F V D I C I N E K R T B T A O A W
A U L E B I K P B A G H O U W U H
O S S O R C A E D E I X N V D O Q
B H P U J S H C L N D D E A E E T
R I D A T I J F G B O Q C F D N X
I E V M N Z T N R N Q Y P N C Y H
G W T D N W O D T O S N E R C Y D
O F L F Y M P O Q G M C T B H V U
Z B J O A D R G P B C P P C L F B
```

Easter

(27 are hidden in the grid below)

```
F Q K D H D Z C H H B O Q J W Q X
N H B B S I B O T A U L D R K P B
I V A U U V F T L N F N I O Y A Z
Y B S E N C O T Z P W Y T L L O A
C B K I D N X O C E W A D L I Y P
R N E A A Z Y N B H D D L J M E N
E H T Q Y T M T F P I I E P A B S
Q E G G S R Y A S D A L H K F E J
A Y U S N R I I L K L O D N B F S
P U E T X I H L J Y C H O R V P Z
X R O L O C R R B A G I E G E X Y
D E C O R A T E N I T M H E E N D
O B P O R E A D H I J H P C V Y L
G N M T N N Y X D T A J D I T K R
V X H N S N F A E T A L O C O H C
K X O G N I R P S F E G O L S K O
X B W P E T E R O G Z S C U Q X Y
```

Appetizers

(18 are hidden in the grid below)

```
I A M Q U J T A B B B E T B J B F
V J D C V D N O L V U Z U J I O W
G M D A V S E T G D X F A S R N O
D A R T L T K V N R F N Q R A I L
K Z X F Y E C O I A A U S R M O C
B S L I R A F H L L E C A Y A N B
W E W S Q K M O O M E I S X L R I
R L M H N F W F N W V D Y E A I R
W K F S E I R F R A D D E H C N T
U C U J N N K V C X C E G G A G R
B I N G U G F S O Y I H R E G S S
Z P S N M E B M O R L E O R F S T
T D S T Z R T V V T F N M S E D V
H E C V N S E L O M A C A U G C V
L I E F A J I T A B I T E S G R K
G R X X J V E P Q V Z H O R V Q V
L F W B R U S C H E T T A P U Y J
```

Four in a Row

(21 symbol groups are hidden in the grid below)

Salads

(21 are hidden in the grid below)

```
O F X D Y C J C G Q R N U F E G M
F R U I T Z L G S Z C S F R A V A
E O C N Y T O Z V O J W D Z X U C
I D B R O C C O L I Q D B R R Y A
C L P G A N R G K B J G H Y B A R
J A A M R B R J G Y F T Y O S T O
E W A L S E L O C E A C K U U S N
U H Q K E R E H R C L F A N I A I
G T W K Z B I N O Z O J A R E P Z
X Y B P U C D E P T R H Q B R O D
F E H C K C F F A E B A E S A O F
A E S E J E A T M X A E S F F I T
O W N E N B O G X P R E S E Q D E
W S J P R P K C C H M Z D Q A N Q
F L Z V F P M Q T B M P Q Q J C W
Z M N E D R A G U S F D H Q D R D
M P S I N L W C C H G C G N X K J
```

Gardening

(30 are hidden in the grid below)

```
B N R Y Q L T O L P Q K Q N B A S
Q C T A S V W A A Y U C B X X U R
J V U W E E D S U J E H D E B H G
Z A Z L D H L D N P Y T I L L E R
U C L A T N S B N I V N B A D R E
R S H E P I A F A T W A B F P Z G
S S P R W F V S V T S M L C L R D
B D U A H O E A L K E O E R A F Z
R N L T D A R A T Y W G P D N I Z
E P P I S E I T V E D R E M T C D
H R H O O N A G R D Y Y Z V O S F
F A N N S E S Y W T I F F Q C Z
X Y T E I R A V O P L O W J N F S
G A R D E N S R U Z S R S J U B K
J E G W F H R X Z U A U V R L R H
P L E A S U R E P K A N M U S M C
H J A F F G S D E E S F B A R N P
```

Leadership

(21 are hidden in the grid below)

```
Z V P U O G V D E T E R M I N E D
A P I I T V E Y L Z M X T K E I E
W I L L I N G M R P L B J R D J C
N Y E K Y E P O P S B B L O Y D I
S R Y A T Y E P U A S P E W X Y S
A J X A D M B P Y S T V A M M U I
S D R F P A P O T T I H D A F C V
K T V O Q O P R E S I Z E E B D E
S F W E R R O T A V E R R T N J K
I E O T R N X U A L I I G A I H N
R P I C G S S N B B E S T E G C O
G V E K U R I I R N L S U G T G I
E Z T X E S X T L X R E R L Z N S
Y S C P Q E B Y Y E M N B R C N I
K K N V L D V E D K V S V P O N V
R J B F W J C N J A J D W P X F I
U A K G H N U X U S P R N T E F I
```

Music

(30 are hidden in the grid below)

```
C F Z M H C R J S Z Y S O D V C U
B W W F V M H I O T T Z S E I K H
Q U T H Q W Y O P O T T L N L R G
C J S O N A T A R L I P O O P R C
D W O I L C H V A D D T A T L H G
H Q S T Y O M W N K Y E E I O O L
S C O T I U M J O S O U T R I V S
J X T R A E T E G R I D U A M E T
V B T I V C U E R M V S Y B R Y Z
P I N A P U C M N T E O G U D Z T
S R T V I B R A T O N H T G A F S
V C E O P E R A T J R R T J L T B
O O R L F O Q K S O E V D N L C B
F Y U R U T E C N V H J Z F A J J
T D A X U D A T O D P I U X B T R
Y I Y D O L E M R L W G U F Z A J
N I P O E P Z J Z T B F T C K W R
```

Bedding

(27 are hidden in the grid below)

```
D H T Z M S P C T S T A X T N Q D
L C X E M K Y G P I Y W O P U F R
V B U A K E S R C R O P I E I L A
L M H Z L N E K W O S Y E N U E O
U S F B O A A X I H L N H A M N B
B O U D D E I L E R A P P S C N D
Y O S I N G L E B D T J T C A A A
D D X R B O T E Z S L G L B L E
C U R S E T E E H S D E T T I F H
O P K A P P L G V M Y D L I Q U B
M I I K O R P W D U A Z S F K F Q
F S N L E B I O A E D T B R F T X
O L G V L F T N T Y A P T R D U P
R O O E A O L O G L P I A R K N R
T C A K Q G W G O S L M D C E X U
E T R U Q I L L U F E Y A A H S X
R X J R R M M X P K T S H H T I S
```

Cooking

(30 are hidden in the grid below)

```
Y Z M L O J D A E N K W C B Q K V
A D G A U S L J X E S U L R R W I
G L A Z E N A P O A C H V S E P V
V U B E A T C U N R O P A L E A O
K I D E R H S W T K R J S I M L M
O Z N X D B S C S E E T F V D Z L
Z C I I I R O V U L B E B E S H O
J X R K U M E C D M L M Z R N E M
D K G K P J U D O X U I L S X N F
W A D O Y R O E G A L N A G L N W
W E T S O C L M C E T C X O N E O
K E T A N I R A M U U E H Z W I T
T G S H O K P R B T D U T H C L H
I T G R C L A R I F Y E I P W U V
P J B M X C V N A D D P R R U J L
Q F X N A L C A G X J A Q J R W B
W G V N K N L Z D D A L N C K V N
```

Lists

(30 are hidden in the grid below)

```
G W A N T E K C U B U G A K E T R
K C E H C L G C V U W J V Y O O L
L I U E H R A H E L V W K P D D W
E N J S M G Z C C L H S T N V O D
M V P R T R K K I E A E E O I G E
K E C R U O S E R T N V C R N O R
E N K M N C M T P E E A O I W G E
I T C Z Z E G E S D B B L O N Y B
D O A D L R C D R U T I A I X V M
L R L R Q Y Y O L U A S P H E A U
E Y B D G R R A N M D P I D P J N
X E O R D E R E D T O E L L R L J
A Q Q N A Y T D M H A Z X S N O A
T C U D O R P E S V W C N E W E W
M A I H O N E Y D O M X T I D G O
L N V X C J J X L N V C S M S N J
G G R E F E R E N C E H G M B B I
```

Camping

(27 are hidden in the grid below)

```
M K Z I B U G S P R A Y Q T R W Z
E O Z A U C D N P G V Y J P B E K
E R S Y L Y O Z I S R U W S H N V
B H U Q V P A O N H F L W W W E E
S S S T U J H T L T S S J I Z E N
I W M Y A I E L S E L I R M I R N
R R O D C N T A A E R U F S N C N
F T R L T P F O E O Q R I U T S O
E T E J L K A P E T C X E I F N I
V H S R A A I H C S A R N T L U T
N D I E I N M A O D L R A H A S A
A X R K G F M H O T E L P H T W E
P B L B I P P B S T D D I R C F R
K D A D S N P M N R H O A R I O C
I G D I B O G A A F A I G N G G E
N W T M U Z L E W C L M K S O O R
S E S H L S W D O O W E R I F Z X
```

Let's Go Fishing

(30 are hidden in the grid below)

```
W G R Y V W C H P J S K L Q T S L
S P K P F H E T I B Q V U D Y W A
D X A W L O L W X B J D R I F T D
L D A T M P B O O L A K E T F T J
K I G L I P B C Y N P I R A P G B
T P N V E E I A Q R N J T C J R Q
A L O E L R N T A N T I K F I Q I
W E E K E N D C L V O H M M A A D
K L C O K A O H E I E F S Q Y O J
K A S W O B R P V A Q T A F Y H E
T C J X O L E E R S R T U T N R J
C S O A H R E K N I S Q Y O U P H
J A T D C O M Q N A F H V F R M J
X J Y H Z B J G C K T F U N E T X
J I M F O A E Z I E I J T R J C W
S D C U N R E B B O B Z U R Y F R
F Q L P J S I M M B T S K A I X Z
```

Rodents

(15 are hidden in the grid below)

```
I P R J W T R Q F G H X D H S E K
N F V O L E U F O H C B L J Q S G
G M P A V U J D G I P A E N I U G
U K T A D R E R K B F A M Z P O P
P G E A M I M N V A X M K M M M Q
N B L O R C R C I K G D I C Q X M
N V G I E K H G F P I K N U A G P
P S A O A G S I F F U N G H C I G
L R X O P H K U N U K C M C B Q R
P G H W Y H G W M C A Y R D T R V
Q A W F E E E O G N H Z E O U X Z
A W O T R X L R Y X J I M O P P J
Y O S B Q E X M O H E R L W L U O
U B I Z R R S L C Y A O T L P Z C
H L D A V E D B P M F U F G A I T
Y Z T Y W H J C D G Q X F A J R W
O A B K O F I T G Q X B V Z M M F
```

Flowers

(24 are hidden in the grid below)

```
A Z A N S O A L R A D D U T I I O
B B I I W E C I S R A I I G A R D
E Y N N E C A I L I E G H O B L A
G P E O N Y A P S H E T U C I O H
H E D C A I F Y I R A A A W R R C
W T R R C R A A L I F D S A D O E
I G A O E A S I I F R A O B O N S
R A G E Z N L W P N E C M O F N O
M R S A R Y E O E G U A I R P R M
P I L U T B R A A E I T M Y A P S
A E P E O D S R I N T T E I R P O
A O R C W C G Y O P S P O P A A C
S U C O R C B G B S S R E O D N A
M W N S R G E W S A E A R A I C C
I S I P I B I B E G B O C O S O R
M R G A R R E W O L F N U S E O O
I S A F F L O W E R L I B D A I G
```

U.S. State Nicknames

(30 are hidden in the grid below)

```
T M J Y I F Q K E N G Y A B E G A
T H G G V X Z M L A B T V A T F L
N L A S T F R O N T I E R D I O U
E Y E K C U B U W U C G T G N G M
D R S E A B N N F R P I O E A V H
R N I Q R E Y T E A A E S R R M A
A E G P D T A A S L T T L A G N L
G E C L M E E I M U A S R I P V O
Z R O E E V N E R N O I E C L H
R G G N D C L I I B A S A L D A A
E R U S A E R T H P V C H L V S N
W E I D E I B I R E H O I I H E S
T V B H A W K E Y E E N C O N O R
E E R R N N R A A M E B W E O E A
J A P O Q J G S A V H M B N A M M
T Q O D L U I O Z W E E E Y O N F
G I L Q H Z Z R F T S R I F P D I
```

Animal Cries

```
K M N E I G H W P T D B A Z Y S Z
J V Y A N X T I O C J O F K B O F
S Z B L O O S B S Y H V B C A S H
W R T H T M R E Q S B A V B U Z Z
J O O T A L K D M W R G T P Z W R
D O R P U U C R H K M L K T D M W
T K A C S Y A G N W P G D L E Q Y
H C E R N S U K U O B R O J I R J
B U J N C A Q P L E Y O E Y L X T
K C I R L Z H U L M M W I B F H S
R H O C A C K L E W P L A R B U I
W A G Z Q N O A B A O B L A D I N
K N P E I W O C H U K H L Y B T G
N N D O Y D H B H J I R R Q W N N
H E L B B O G R M I K W U M Y X B
F Y M W M D D R A O R Q Z N L L P
A M J F L T S F N L Y P B G B V Q
```

Investing

(27 are hidden in the grid below)

```
Z X F R F F I Q W I L M R E T W U
N J D D I S C I P L I N E S V S A
T O S O Z S W B M P I O E Y A N M
B H I Y N Z K X D E C I R P L O D
E L I T A L O V Y E T C E M U I C
D I L R A J Q L E I M A R K E T H
P P Y A H C P C R E N A M N S C Q
Q O S D O P I U H R X U N P J E D
L R Z E U G C F T B T C H D J J C
Q T Y S E E M B I U Y S H Y G O H
J F N V S J B D A S P E D A I R P
H O R T R R D L Y H R S D N N P O
A L U B O I F T B U T E H S O G X
Z I T K N U I X T G Q W V A Q B E
B O E G N U I U L Y T Z O I R V K
G R R D Q T F Y S T O C K R D E M
Q T S E V N I R T R V O G F G C S
```

Meats

(30 are hidden in the grid below)

```
Y T H A M B U R G E R X F V H Y B
M H S Q I O X K C R M B I X G P T
F K I Q V M G L A O D D L P F U A
O W F S A L A M I N Y H L O W C Y
D B M D V M S R K N G S E N J K S
E R E U G N O T T N E O T V E M I
S Y I C O T U K E S S K L E V L N
C L K K O R I V Q A A D C O R E F
A J J R K N O L V F K P Y I B A D
R D L E E D H E A Q E R Y G H K S
G Z Y D Q J N H B P T K R O P C J
O W D N F I C D I L I C I A R X V
T W N U S N V R U L B A L T T D A
S K T O U Y T O I S U A I A K D P
I P N L Q R P V G N M S R T V P M
Q N C F C V E A L B U P R C R W U
A G R O E R E T S B O L F E E B Q
```

At the Airport

(24 are hidden in the grid below)

```
D P I B L H C M O O R T S E R A Y
O R A Z S A X I G V D U N J R T T
A J A R H N N F N K E I A R I I N
C I D C U S P I K I S M I R R C N
Z H R Q T E M K M U K V U E B K G
R R K P T S B O O R A C L S P E E
E K U F L L O M T L E E E A L T I
N T B N E A I P U S V T S H Z E M
T X A U W L N V D A U O L S C C M
A O X G K A L E R E U C X W C O R
L Y O P W U Y T Z V P N V V A G I
C V B A G G A G E C L A I M B X U
A J J G T E G N U O L C R I A W M
R H A R P Y I E L C O U N T E R D
S G C O K R M V J F Q D G A U A N
E W H T N A R U A T S E R E R R Y
D S N N T E L U B J M V C T N Q E
```

Chewing Gum

(30 are hidden in the grid below)

```
C M Z R G W H R B T N E D I R T D
A T I U R F Y C I U J V N S H O U
N M E O Z H I D O E P M T Z U O F
D Q S S M S U X E O B E F B P J A
Y P P C H E W S D R L U L Z E N C
S T I C K R L Q P C G E T A P B I
A E L T B F B A I E M I B B P A N
V L C U T R N H N I A B B M E Z N
E O E J E E C J N O U R E E R O A
P Q B X I T H T A B I D M K M O M
E O T Z I N R G A B I T Z I I K O
P R W B Q I W B A C U B C I N A N
A E R D B W B U A P M B L N T T N
R O L B E U D T I H S Y B E U E B
G D O J H R E K P N A H J L U F B
N N X K W D E S U G A R F R E E X
D E N T Y N E D O G N A M F M G D
```

Harvest

(24 are hidden in the grid below)

```
Z P A M W N S K B D F N L H R O Q
Y O U C O O L E P B E B E S N R Z
J E Q M B O R B X Q S J O M D L W
Q B L R P M G C L F T Z L B C W A
T Z L L P K N T E R I E E G Q M M
N S Q N O E I O N R V F A X G F U
U M U E E W R N N D A I V E G S L
P Y U R G A E X A L L C E D G B J
X R G T N C H A L V Y U S R N K D
W E E G U J T H F V E Q A V L D E
Y A E D Z A A X E L N I W O U C J
S P O R C Y G H O P N H J D H X O
Y R G Z S C U L T I V A T E O E N
P W C T S E V R A H Z B M F Z D N
S E A S O N I N F Q B W A M Q V Z
M C F T A A N G T O L O P T W M N
K R X G F T B U H H G B Z V G L N
```

(21 are hidden in the grid below)

```
X L Y T D H A I L H W S Q Z S D I
U E M M Y R T S I G E R W J Z Q D
M V D A L M A N A C I A P Q L G A
W Y C N T C F J A M I P Y G A H O
M J R U I V O T S D A T F X C Q T
I N G A H J A N E P H G D M I U T
C O T L N L A P C E T Y A N D S Y
R C O E O O O I S O I E A Z O X R
O I N G N L I A Q E R T Q G I C V
F X N U C R U T T H L D M S R N N
O E N Y U R E C C A L B A U E F E
R L C X U B A T S I E A P N P I K
M N G S O R W A N G D C M L C O S
E F U L T I Q N P I P C W H T E A
Y Y G S B I B L I O G R A P H Y V
Y X B L V H R P M H B R J D K V D
L A M S E B K Y R O T C E R I D S
```

Cleaning Up

(30 are hidden in the grid below)

```
R Y N E N G Q J X V T P S T D C N
Q B C L A U N D E R B U W E L H E
M V A C U U M A U Q L T L E O E E
X I V Y N N O D H S O A K R F Z L
A P G C A E P V S S J W G G I D N
T U O E K A T C A N L A R T Y R T
M K L R B U O H W Q N Y I L I M X
O C V D X U F X G I M N E R R O N
R I Y A R P S R Z I A B E S O W D
K P W U E N P E E S A X U I N A A
I F J E O C T O N S L R X R R I C
Q T W X Y J U J L I H F T R C D R
V S I T Z N L R Y I Z E A S K S G
T S U D H F D K P A S N N L N A U
E Q R S Y Z U P W S G H X Y I Y U
S Y H J K C M U C E P I W U X Y A
M B B K B O P P N D J P N X Q H X
```

Direction

(21 are hidden in the grid below)

```
Q S O U O E E F W A E R Z K L U E
V T R K Y N A X L S S C G V A S L
K I U S G Z S D I U Y T B Z M E V
B X R I G H T W N P A J L S Q O K
A N G B E D K H M W W P U I C K C
A T S E W C T L O A E Y N N M Y S
K O N S O D O X R R D S W Z M K H
X W B L O U Z L X D I T O Z T G W
L A C I T R E V A D S Z D C B Z X
A R D S H L C Q E N Q L O P Y N W
M D I K T Y T A Y A O S E N T H D
N D D A U N T A M M O G W F T K M
E G W F O R W A R D Y A A R T A M
J C K R S A V A P E S Z O I M U L
N F F C I B R J P Q H N P J D V K
H Z W F A V K G L D B M X D K E W
Q I X O I B M S Z Y E S O M R W K
```

Laundry Day

(30 are hidden in the grid below)

```
U D U P J U W G G P E P H L S L O
X C S J Y L A U N D R O M A T T F
U V R S I H S P W G Y V R V K S P
O D S H T S H M P V H R N E G T P
G N E O N A E O F R R P D K T N B
D O T I L F R H X P E N F N Y A C
E T A T I G A C T C H T Q F U P W
C T C V D D X N H L T O R H U A C
S O I U R P E I W E A C N E U L L
T C L Y H G P S J A G O A D A P F
F S E D R V L H E N R S Q R U T D
U R D E E S N I R I O M B T P G L
A E T A T O R R Y C G N A H M P X
D E K M D C K T K Y U W S D Y L T
D A C L N V R S X L A G K N X B K
U T O H P I G X Y Y R I E V V G O
J F S L D P C Y C L E V T L J E Z
```

Pets

(24 are hidden in the grid below)

```
N A G O J Q A S D J C C N X S Y O
P E C G K U F R N V R Y X I D X R
N D N E N I L E F A L O I C R Y L
D Y C I W N K P B N K Z M Z H A M
R S T X U G A T V A P E G Y M T J
I C N E H Q A I X S Q I W M C E J
B W E Z G E E L B W U Z A R J R X
C Q D O R U F E X I I M U B B R R
X T O R T O I S E N H S L O D E M
Q E R T L R S N I E T P J U T F A
Z Y S I F Y H Y E A C I M S R F X
S P A R R O T Q C A N Y M A Q G C
A N O D O G T E N T P A I E Z Z K
S G N L O H A I K E H I B D N D X
L W O F W N N U O K Y M G U D S L
S W F E F E C K S U L L O M U G V
E V D O M L I X A Q L J N Z S R J
```

Common Verbs

(30 are hidden in the grid below)

```
Q G G T B U L X S D H G M S S B A
K C C X C O O V H K S N M D W U N
D G H W O R R Y G I U P T D X H A
E C N A D J Q R U U O A W T K B X
V V V K N I H T O O W A V K E L H
H K A A L G N B C W A O V L Y Q J
Y U T E Z L E V A R T U L S N B T
W C A P L L T G E Y C I E L C H K
O R L S I P S V P A H E X K A O A
N S K E E Y I E D L H U P N X A R
K C V C Z R L E E R C J L B W F G
G E C W D I O C L E A N A H Y U G
Y A L P F I N I S H I W I W K A S
A S W F Q A B A C X T R N Z W J U
D K E T C V Q G G I V E A H O P W
J R J N B M U V A R P C C E C B D
M T Q G D C K T O O O Y Y W H C P
```

Insects

(27 are hidden in the grid below)

```
K E L O M G U B Y D A L F E M S C
Z T A W R A L L I P R E T A C O N
T K C R H N L M M O P H Y B C N Q
L A C E W I N G O O T F E K Y W G
I T B I S I E H G O L D R J L I D
S P E U T N G H M Y B O U P F N R
Y J A E M S I O P U A L R J E M A
A L D T Z B G R G C E C I L R Q G
O H I K A M L N H U T H H O I P O
T P H X G A Z E I K I E W F F K N
I L P N M N E T B K L K K B P L F
U U A E L T E E B E L O D C V X L
Q T W V I I L H I I E A C S I K Y
S Q A M L S Y A S V F P W U C R C
O L R P F Z E V X W C Y W A S P C
M E Z S I L V E R F I S H A N T W
T K L Q F I P Y O N W P W E N Y E
```

Stuffed Animals

(24 are hidden in the grid below)

```
I O Q E U E B M Y B T U H B P W G
T T F L N U T H O E T T E C C H I
Q U Z R A C C O O N Q I M D C B R
L V R O O L N A Y Q D N B P H E A
V I W T R G B R T O U E J B H P F
G D L A L J F I E W C I C T A B F
X U T G C E H L P G B L N P R R E
N O M I T O E O P Y I A L R T Z Q
G W O L F P M J R F P T U B X S W
O D I L H R A E B S D G P V W U P
K O L A U C G I N P E O Y Y H O I
N T N E F G H U S K Y Y M O Z T Z
P T F L I D V N M K Z T L G I Y E
A J L T C F A C C Y L K G G H J M
M I B Y E K R U T E J F V C D N G
U B Q O E I D A Y B I O H M H N E
S T X J N F Q K G X O E E C K U V
```

Vaccines

(18 are hidden in the grid below)

```
M U M N E A P L E A T V R U B E L
R O L L F O E T S S E N A R A B P
A P S I S O L U C R E B U T C U N
B O A P Y V A R I C E L L A R M E
I L P N E L I P R N T A M I L L U
S I N E L M S I E R F U E A A S M
M O E R L B O E O R M L C I D R O
A P U N O H A A L P T C U I E E C
L V M R W T L S S O U P E L B O
L A O A F L A O I C A H S H N P C
P R C B E S R V O T T E D S R Z C
O I O B V E U G I H I I M A I L A
X C U L E T N N E R O T B L U S L
P R B T R I S R A H U I A P O L O
R M U M N B I P P T E S S P O M N
D I P E I A H Y P S E U B E E E A
I E M P S P T R T U S T R A B H P
```

Pg. 4 • New Year's Day

```
D S E N Y S G N A L D L U A F S D
T L J E T N J O L M C P N D S W Y
B L G T O A S T Y A I O A I O R G
H S C F N G C N L A I D K R I N O
A F A U U H N E W S C E N R A I R
P I A E R C D M N E O T C E I T O
Y F W P D H M N A D S V T G P E M
E O G A D A A R N O T E V R H M
T W O R K K E B M L I F N Y K T T
E O T O E H E Y U P N G M U C L E
G R B R Q L Y T E O A B E X O E G
A K A P E E I T C K N G X B L C A
S L C G O A A R M C W N P C J B
U J L N N M A S T A H A O E W N B
A W A R A E Y W E N P K L W Y L A
S H Q G Z B A L L O O N S B K K C
C T N B E C E X N G T A F I K N J
```

Pg. 5 • A Breaker's Moves

```
Q V U Z O P R H N H W E G Q K E E
V E P I W S P V I P L A T F O R M
A R L A C A B I B P J M S P A Q D
P S E B M M S Y M H T W K L M N B
E A T A P K P B O E W F S Z H O M
T J R H P W R R I G E G I Z H O M
S W T A T O N G D D N D B S P T B
E C U L L K C I P I E D Y S T I O
H E R O N F R I K S M R N Q D M D
C U T E R B R P L E C N W N U G Y
A L L I M D N I W I A N C J G
P S E Z O R D X A P H T S R J Z L
A T Z Q R E C G S H S T I S J Y I
K A S Y G Z K K D R C R W O Y D
U O U P R O C K A I K W O D C X
L W A Q A J E P E C O S N J T S
P F R Z B I H E T P I K E J G O Q
```

Pg. 6 • Babies

```
H J S S D G R A N D P A R E N T S
F T F P O P O Y U O G M R D N D T
H V O O T K I P P A N R U S V I R
I I W O O P M A H S E F E S A O L
D B C N T Z C N L A H R S P H P L
Q D H V A I O W H I T K N I O E L
T N P M F I P C U P E F S W E R E
P P R I T I H B Y K E T D Z S S R
G T E O N G T S O K T R T E Z A U
E H R O I C Q E S T A B Y M V
X T E K N A L B S O L J L W A C
S F I G K B P E U O R F E N K B L
H N R N J O R S B I B A A S I E W
Z J R B U T H T A B A R C R N G R
S R A T T L E H J K Q P C S C Y W
T B C F R J Y W Y S F O R M U L A
```

Pg. 7 • Island Nations

```
G N T B Q C F V T U K N Y Z X A O
R D I M A L T A P N A W R R L C S
S G F A A H I O A F F R U U G I D
V E R G R M A U R I T I U S N N J
C A N E P H R M J C X E Z G A I A
X O C I N U A I A D T R A L U M M
T M O S P A U B P S J P E R L O A
U A M N A P D T L P O C L A N D I
I S O C A I I A A R I X C A Q C
P Z R A R P N L E U D G L S A A
Q K O P X Q A T I J N A Z A C K A
V L S E K U J J L H B A M G N O O
H S E V I D L A M U P I V A X D Z
H C R E B J Q H C E C M L D Z R F
C K I R I B A T I M U I H A V J O
S S O D A B R A B W R W A M R V T
I S H E E O A S M S U L A V U T T
```

Pg. 8 • Carousels

```
E N G W J X M C T C A R O U S E L
T R A P P I N G S W V N Z N D T A
A O L H X O R T W F I E O V N I O
Y C L T X T A S A E X B S M G P G B
A I O E U N E U N R G G T U A E F
L N P X D X O B P A F B R G S R L
A U E E F E X B M J U M P E R O I D
S R R E L T T A B E L T T L L C
E L W R D L P C D W L D E N C E A
A L B E I W G O R N Y K A E N S I
M P E E W S S P O K U G N T A E L
O R J P U T Y P Y R R O E C D E S
N N M O H Q P I G O A R R O Z S C
S Z O G C A K H D P P G K T T R I
T Y I S R P N N J O R O N M S O D
E L W F I I A T L Z Q E E A A H S
R N Q A M B T E R M D H A Y K Y R
```

Pg. 9 • Difficult Vocabulary

```
E T E H T S E A J W U B M L M R Y
Z T T T V E P H P E X O G A M Y I
M S H I L N M E I S R C F C U G Z
A S T D Z A T A O M T L L I C T W
J S U J S A V M N Q S K P A O Z H
O C R B I U M A L T X E I T E D
R N T T E O E T L V E I I E D
D N I G L C I E S A E L R U O A
O V U I U I L N N Q E M Z A M C R
M E E F F Z L E U O U A S H E Z U
O R D I W D T U R R M I W P L G O
F A T U O U S I D U R I P T Y F G
R R E Q Z F S R W D Q V S O A D Q
A F U B K I K N M J I R W R I F P
Q M R D B T Y P J M V T C Z A S W
Q H N L K X E N B I G N E A N P E
C P E R B O K O G C I N E R I S W
```

369

Pg. 10 • E to E

```
F E E J E R A D I C A T E A N E D
E E S N E L I T E N F H K E E G Y E
D A V A I I E E A C D Y Z N E E E B
G C B E R M T D R M N G P C S C B A X
L X K C N Y R X I S D S G R V R A
B W P S W I O V E E P E G E D B B
I F U E U H B N C H P A P M L M J
D R H O N E A N E A E R E Q W E Q
E X S T V S L R E P E T E B A O U
O F E T A T S E D O E U H R D E K E
R J E G Y T U L W G B Q R L U S G
C E V I T C E L E K H U G X P L J
C Y V I A V Q T U E S A E A Q C E
A S V T N L A D C B E K L V O L K
B W E E D O S I P E D E P M K H F
B G S P I L E C L I P S E M R F Z
```

Pg. 11 • Farm Equipment

```
R J U J Q Y R B N A I Z Q K S E H
O F L A T B E D K K V K B I O O R
T X Y U I R D R L R C U C K R E Q Q
A R Z R V U Q K E U C K R E J X J
T C A R C S O R R G L O F L C W R
O N J C U H E T R E U U M A C E J
R S W A T H E R V E E A S B A M A
R B X J T O W H N T T P C P I D H
C B O A E G R N R E S N E W V N R
L X G T R E C A A M R R A S A F E
H C S I D F I B O P F D L L E D H
H W V E G L N W H F K M L L P S S
R A E R E Y A R P S Y P E I Y K A
O S R R O T A V I T L U C W F I K C
V F S R S J F Q O V O F I K C I T
Z Z Q D O P K D W M T I O F V O T
Q G I M O W E R D I O F A R P O B
```

Pg. 12 • File Extension

```
W X A B N H N X Y U P G P L K D A
H L U G A V A K D C L O R H D A W
S I H L L S V L T C F A Z F K X L
F M L S T L B J S E X E I U X H T
B I A Z N O I L P Q L T L R M Z C
T C G M I I F V E E S C A D B P L
D D O C X J J I J G R R G O V N
R V E H F L L Q O I S N Q X I D
V D P I N X C T H J H M L D I R H
Y D F I B T A B N O M T Y Y I G P
W F N Y U O B I V B G J A Q Y P W
U O Q P T F M R B J G K U V R V Y
B Z M M A Z A P P K X J V R A F M
H B F Y A F V H J I N Q V S E D Y
X Q Q N F T I E F P W E U G W X Y
D Q P I Z F X N K A B Z C P A K G
L M T H E Y F K G I Q T O B G A N
```

Pg. 13 • Fountains

```
L C A P L B B L T T N G H N B C A
O F D N E A R B M A H L A T S R
E Q C Z U T J S D H A F G N I K C
T T E M H H E K D L P Z G B M I H
R A R M Q E H R Z G T Z A J D T I
Z D A F N S A T H U Z N A M R J B
Z V U B H D Y U R O P L D U P P A
W J Q M A A M T N O F H O E J B L
P F S K B M E B N W C S I S O D
N I E Y Y E T R N R N S Y I I K K
N L L R K A I R M A N L G R T B
M R T X O D Y W L E B O A A T U J
W V S J G R N L A I R L I O H S E
O X A E D X I B U T L C C L W C M
S L C M K A R E E E O S U U R T Z
Q W L S V O S R B R E W E R S E E
Q W C H A R Y B D I S G B R Y V M
```

Pg. 14 • Hard to Say

```
Y W K E T A D I D N A C O Z H L D
L L E A M G I N E L L N R K A S K
R N B I N T E T A R O A T G O H X
A Y O J N M G C B M Q P L D K W
L Y Z N O E O A A C V U I R C R E
U B N D E V R T D A A L A H A T A
C E B O I M O S D O O L N S A C O
I A G U H P O I C U N V R I J N
T D Q A O P F N U H U I O A U U O
R E Z E I F O Y E C N B N Q R E R
A Z I B A L O C L H O I V I L Y A
P A R A S V O E A R P T T D U T A
Y L A M O N A F R C P L W Z O M L I
E D E T E R I O R A T I O N E T I
P S C I L I C E T F Z T I B R L T
I W H P R A L Z H E I M E R S E
K M Z Y X J O S C I T S I T A T S
```

Pg. 15 • In the Rain Forest

```
B N U F F O S L O T H A U H Y A Z
U S N W U R S K T C Q P M X F B Q
O I D Q B A O G F C E L F H R V E
L Y E K N O M G R D A L L D R R H
L N R Y R A C C E P C B O D A U Z
I P S H F N S E O A E D O T U E R
D B T A P I R I N H D R K G Z E
A F O V B Q N O I F L Y A G A J Q
M P R S I S P T P O A F X P J U W
R M Y O E Y N B U T T E R F L Y C
A W A T T A D S Y E O V B C L D V
K J T H H I N R E F B A T G I W F
C I C P O M U A O K Q L C H A Y N
A I E Z H G Z Q A D Q B C A Z G T
N L K P J Z A P S A N R D U C I J
E K G V N D O N R O O O P J Q Y C
L X N L N K Q J Y S M P C Y X B A
```

Pg. 16 • Jelly Beans

```
T G C R E D A P P L E X N J R P A
X B C R H L P I N E A P P L E L U
H K A C O R E D Y L A P A U B P T
H Q P S Z O T M E R E E L K P I U
P Z P F E Z T M O A R I G O E E N
T P U Y O C A B C N T E E F T X O
C W C T R R I H E T L B H A L W C
B W C J A R B R I E E I L C A E O
G S I C N P E U O R R O M T Z N C
F U N D G B R B R C C A E E R I O
P I O G E F A Y P O I R W Q J R N
L K I W I Q B N H S M L M F A E O
H A O T A L F C A E A F G E F G S
H S T M U L P B L N A R P O N N N
H U S E R N W O A J A V B A B A B
T N O M A N N I C Y A L M U A T P
F S P R E P U O L A T N A C Q F W
```

Pg. 17 • Katharine Hepburn

```
U N C O N V E N T I O N A L L A P
W Y Z B D D R A W A Y M E D A C A
N E E U Q N A C I R F A E H T R J
O R D G R I A F F A E V O L E M L
I F U F R A C I D E M O C T K O S
N D G B W A T B B L N C N L S R Y
O E O X G Z C S R G B I D V S N C
I S M S O O G E O O W B Z V E I A
S K M T C G C L O N A Z D M R N R
I S Q A M A D R I U D D O G T G T
V E O G D E R N E R I W W C C G R
E T S E N A O O A T E G X A A L E
L A X P U I E M D L S U L M Y O C
E N O T L G A C T V L O L E X R N
D O H V I K I R C L F B W R Y F E
R T A C N L E M M Y A R D F V Q S
```

Pg. 18 • Letter Order

```
P U X U P J G T A E G I L O P S H
Z O P V Z E P Y S K A C L B L T J
C Y R R W A C C E N T L B B J I O
W N Z E S B H L O O R K T R U H P
K Y S P O I B T X W S T S S D X M
E Q N D P J S U V K U T R B P H S
T J Z P W O G G Z H S J I Q X M N
S S Y B M U B R E K K L F H A B C
O H O L E X S A R W L Z L Q C I B
C A H U E B C O I B T S E X T
B R K L G O F U W C T P R N F R
R X T G R T E Y A R E O G Q I F S
E M P T Y G S P O O H S M D I H C
B C N S B E R F X B P K S T D R C
M R P G A A F A A S Q B E F P S T
V L X G E E Y P W I O M D C W P A
P Q V C Q R G C E S X F M A X Y F
```

Pg. 19 • Memory

```
C B R M N C M R E T T R O H S T R
B I R E C O N S T R U C T I V E L
C L N K W J I W D I V D S T H A S
D O P O E O T S I U C E I Q M T T
F C N V C K C L S E N C O D I N G
K M Z T N I L P E S A H S M V L
Z B E D E X F C L C R Y M L Y O S
Q L T Y R X M I A R S P O L N Q P
B U A Y E A T J C L O L E G R R I
S B K S R E A A W T R O M D
S H G Z R T I V M V P E T C L E R
Q S H E E A E T E E R A E P C E B
S A F P T L E I N M O S C H G P Z
M L B A N D R H T E S B O I V C M
V F P C U T W J E I S I V T T L A
S T A T E N G H N R C S L X G Y C
R R Y R D I D G P N O I T A R U D
```

Pg. 20 • Movie Stars

```
Y N V O T I H Q K P V F R B P S P
I A I I X T I D A N R Y I D E E K
Q U L D N B N U N E L D J L C P J
Z S Z Z D D L A D V M H Y N T E R
Y L S F R N I A R A H Z X E C C
W B Y I E I S E T G R Q Y C M R J
M V S W R T D S E Y K R L E T X
B A M O A R D E B B R I P S S Y
T A D I R A O E N W L K A R W L E
N Z R B M C L N E N L T B C E Y M
E E N O U L G W K A I V S Y F R G
X N N Q A V O N V C H S S P I E W
X W Y H I L W K I I U J Q Q I M I
H Z Q C B G D W A B H H O U O D N
O L J O H N W A Y N E I C S A N Z
T K R C Q I B R U C E W I L L I S
Z Q X L P N G G B M K D P G S B D
```

Pg. 21 • Onomatopoeia

```
S D R O M Z K F M G I Y W G S I N
T V N S G B N G Z G H I K N D L G
C X X P Y C O W N A T F P C S N T
D L I O Z L H I K O M A U P I N G
I D F Z K A R A B Q G D C Z Z S X
A F X R M N W O U W R Y C Z G N K
O H E N U G O Q U R A I I C L A V
W H I Z G M H C N C O P H Z E P A
E L G N A J B S K B E E Z U K U V
N K C X V S P L A S H U Q X P C
M G U R G L E V E R B S A H E X R
Y T P H C W G F K N C L P T N R E
X R Z L S I A E L T T A R X G D T
G F I O S O C P N W H O S U O J T
X C I M O Z O E A O G U S C P C U
K J F N X M O H J U J W D O C X U
H K E P V A M U W H O Q Z X W W F
```

Pg. 22 • Orchestra

```
E C T M J U F F A Z T H D H Y P V
G E T U L F I R C C F I U O T Y J
C N R T C H T G E K O U M A D P N
Y M Z A R L C I I N N C B I I A L L
M Z A R L C I I N N C B I I A L L
B J N U T L N T O I O H A O U N O
A D G G E S E I T U R K H B Z C I
L C L U S P S C R T X A D O K J U
S R E M M S D I W B R Y L E R F C
O D U U U E N H G Z R O M C L N Z
J R R C F E I Q E O P L M C J U F
D T R E T S W X T L N D L B V J L
T E N A T S A C T G A G L L O D C
P T E L O H V U X Y L O P H O N E
O N E N S A B M I R A M M Y U O E
E D N T F A Q Z M A Y S Q T E A K
S N Z B Z Q B Y K M A R A C A S Y
```

Pg. 23 • Pancakes

```
B X F K W Y B L U E B E R R Y E N
D R L X O O P S A J X I L T L G S
E K A C T O H O O B N B T P B I Y
I H P L C U K S K U U A P K A S C
S K J G L W S N K C R A M E T A N
R Q A Z U O A T K D C D K R T Q E
O K C Y F C D W R I B A O T E T K
B Z K J I V H R N A C A I U R G A
U V P X D E O N E E W U N G G P C
D L E O A T A A L V R B A A K H N
X M B T A M R D T F L S E V N H A
B A K T O D D C O M L I G R X A P
U P O N X I H C U E B S G R S T
W P V C R E P E S M E A B Q E Y O
L M I G E D B C V S M T L M J R
N U T S S P Q X A M X F K C J U N
D L E B N K L I M R E T T U B P T
```

Pg. 24 • Conifers

```
Z P Z M Y G N I R U M R U M R C C
F O X T A I L A R L D O V E R M Y
S I Q B D S V K O I L V L N O Q Y
S X N W R P O S N H F O W N A A S
E C T W D I E R H O P D T B S C G
R T J H O Q S C E E B E E T P R N
P Y O F U L R T G D R C I R C J
Y X C O G A L D L E N N O A U J G
C L I L L R O E Y E O O G N C A K
Y A M D A L A R Y Y C U P E E C T
S K D L S E P Y N C S O D N O K Y
N F O J F W H I T E U A N L C S X
R T Z W I D P E T B R B M E C Q E
T A M A R A C K L C Y E A O C S H
I H Y L L O L B O L H C T N N D V
M Q L A L U X W W A U C G N E B B
U U Q L M V P O D Y H B G A S A Z
```

Pg. 25 • Quantum Mechanics

```
G M Z L N Q U C P R U D Y C B G F
Y E A S N O T O H P Q B O W O E P
N W W V D G I M D P R N J S S R A
S P A Q U A N T U M C A N L O L Q
K M Y F P Q E J C E B O B B N P T
B J J R N A X T P N I G A O S M H
U D Q M O V R T Z M U B K E S H G
C T C A I E S T R P I H M K E I I
X T G T T H E I L H N E L I N L
E N T H A X E T I C O Y E V T A
L E H E I Z E T Y I L C S R A L A
P Y Y M D D Y N T M T E I F W A
M H R A A J W A E R A C X V C Q C
O O L T R M U T O R A T L M P S C
C K O I O Q S N U T G D T W C Q H
J M Z C E Y R T E M M Y S E G E L
S W Q O S X D W V D J D S E R H A
```

Pg. 26 • Rays and Skates

```
B P S J D Q A L B U T T E R F L Y
L X D D X N C P A J B J K V E A L
U U M A N T A O I D G S L Y H R A
E Y S K A U L F K W A I T Y Y C G
S K C A B T O P S B A X R I V A Z
P M C A W B F R Q T Y G R F J R X
O F A A B F Y G P I B I G W R I U
T L A B B D I U O D L R X J Q K
T C Y D J N H S T I E L C C M S D
E K R L E W R T H O T I J Y M F M
D P J L H E L O H M R A A S C G U
Y A G J E P M H T A R R X X Z J
S A G L N A H W C T G L F F F U E
E M D O N O K E A N V T S I T C
C V S R G W L B I T T F U E B S S
K E A U E E T T I X E J D Y S R H
M Y Z V R E S R I V E R T M F E M
```

Pg. 27 • Ship's Crew

```
M Q I R R M J U N D Y B O D L F C
U M U S I C I A N D V H U G N D V
P S N A Q S D P D T R U G R O X U
R B W C R L T L X E T N H N O G P
Q I R A S T W S X B I F Y X B I X
A X E B B N E I I A X E N C L D N
T G T I N B R R T T K O B O D L G
P T N N E T I P M N R O T O K U Q
A K E B S T A E O A A A R K N T D
R E P O O C A M W T S T A N P E S
T J R J Y R M S N V T E E W G D
Y M A W W E T W T T O R E W S S N
F A C I D Z A Q I S E E Q R A L J
Z S V W R I G G E R R E G I U Q Q
E H O L N K P P U U R I L R Q V N
U P T B N N M N M N F O F P U S C
M A D J N Z F L J R R N T Z X S A
```

Pg. 28 • Welcome

```
D T W Y Y W L A U X Q D J D Q A P H
A F P D T G N I H S E R E F E R S M
S H P I T I F D T M O R Z X A E E
R O P B W E L G A X H P S L S F C
N G U B P L E A S A N T U H J H A
T G S P C U E M T G T T J A N W R
A Z J L J O N L R I A D R I E X B
E P R E X G M E B T P E E L J L M
W I X A A F E F I A C S C T U L E
X I K S Q T R O O E T O O F N V T
K X E I I O N I P R M P T H I A X
B V S N N B W T E E T H E E L S W
Q J G G Z S I S D N G A C C U W H
H V F Z E O X K J I D E B U C T W
C Z Z Z N C X P L H R L W L F A A
R C C M V W C E M L P B Y C E Q H
Y Z Y S E D D E T A I C E R P P A
```

Pg. 29 • Crafts

```
A E Z A L G J O N E E M F F E E E
Q A V I R Y Y A R N D R N N G C A
G N A A N W A E A E S Q K G A J X
K I I C R T W L T I W A O J T C N
U A L N Z G R H C T E O U T N O B
R L I D L F N I L B E X L K O I L
D E L I C A T E C A T U C F M H J
E C X L F B Y A C A C Y O B C T P
T R Y P G R A R P N T E L H R G I
R O F O O I O O G I G E Y O L D E
U P X T R C S I N N C R G R K I Y
E R P T H E S K A Y T E L I P B S
E R E E N E V R A S T B R G R B V
V I T R O J R I E C F I H A H A A
U E Z Y O A B P A H E T I M M U L
N F C O L L A G E I I D H I W I I
W N R E T T A P A Y C U W E R P C
```

Pg. 30 • Groundhog Day

```
Y B R W O D A H S P N T N Q G A F
Y C G Z H X E I Y W C P Z Z H J J
R T T O X G X Y E J X R N J K T P
A W N P H W E A U L H O C W S B C
U H Y E E D T R C B A G H U O Z P
R A L E D H N R M O N N D N V P M
B N K S E O G U Y A J O K I Y U L
E S R R K N R M F N S D X C A F
F E S T I V A L E R R T A T U H P
W Y F R V W S L E E G I O N H E F E
D I P O G F P I L G N C N H E F E
F S N X R H I B E R N A T I O N D
P S V T E B Q W O A T D Y X S I
V M S L E O C H G T X O D X O M C
T T P F G R B A D G E R D L F I T
J Y E N W A T U S X N U P P S B Q
A A S B E I V O M T T A T X A O K
```

Pg. 31 • Super Bowl MVPs

```
V R I R N I W N W S P H V Q H S X
Y R G N I N N A M L S B T J T I N
N E Y N L C H D R E L B D A I R J
S N L Y R S E G M D S W U C M M U
M R I W D A Y L C A W B J K N A A
A A E A O S O W G W A K Y S E Z N
I W R G M H U H H C N N A O N Z N
L B D I D F N K H I N E W N P J W
G L O I O G B H N T U O I P Y A Y
I H U T E B R A D Y R E E A U H N
W L D D E N I T R A M O F E O S A
M J A N Q K O E T O A O B B F S T
U S S S M M I S B L S K N A R R F
W D I A I S X S L R L E C T O W C
X H N Y A N D E R S O N E B A C F
S X T U L G N V B Q V W V R P N I
S M D F Z D R Y M B M H N Z B P A
```

Pg. 32 • Hummingbirds

```
L S C I N T I L L A N T T J M E Z
L K N J Q L I J J U N U F X P B V
R S A V X A D Q S F R H S O U L T
P E N I L L Y R E B H F I V L A D
I D P W I U C D Z T V L F M U C S
D E T A O R H T E U L B B B C K U
I L D D S R U D H A J E E V I I T
R K E I F W C F X U M O L I I O A E C
X C L L V S O M O L I I O A E C
E E L N O C V R O U G L A C R A G
P I J J E N Y D S S R I P P E J
U S B R Z A X C B S F Y Z A K C
W N D V I I L O M W I O B L A M N
H X A N T U S Y M N O L L X A M R
B I O V R T H E G A R E L B V M A
N L R H A N N A S B N L U E Z K T
Y J B S E P M P H S W J Q G D P D
```

Pg. 33 • Islands of the World

```
T S U L A W E S I U Z Z E A P N H
S B N I K E M R Q M N Q S A S T I
L A P I Y N I L A H K A S L U T I
J R P R A C S A G A D A M O X L Z
X T K D L T Y A N J S I C U C
T A Z C G N I P Z K C S K N A R D
A M M D P C E R E A N C Y A C R J
N U Q I I D O W B O C A D P T O U
E S R L N T N U G T U N L S F F L
W M Y I I D C A A U A H Z I R J Y
B O A M K N A I L L I E S H R V M
R Y O V O E N N E E D N R N K S T
I R W Z A R R A C C N E G O A N
T C U A M J I S O O O I E A I H O
A L F S W V Y X A V O W U W B Y R
I W A U V S G R E E N L A N D X T
N T G Y W B M D S O E N R O B Y H
```

Pg. 34 • Kitchen Knives

```
H G Q R T B U C E P L Y F Q I C T
D R E T T U B O A Q Y S E R Q I P
G E S X N T R B D R O B J S U T U
E N L I J C E G R R V C D R O S Z
C R I I E H A E E Y I F H M A O Y
U X C L Q E D V L C A E N I A L Y
T W I C E R A M I C A P K N G L S
T U N T S E H C U A O C I C C S T
E C G G L J P C R O I T P N G J E
L V H C R X V G I N G E A S G L R
T V Q W U Q S I G W K N Y M E M K
U T I L I T Y F P F D E I C O A V
X V A J C H T M I A S N T N E T L
S S E H G Q S L W E R R A T O E E
M D E D I G L U E Q I I S S L B E
O F B A G E L H S C F N N J V W T
S T O K T U C E S J B Z P G K P S
```

Pg. 35 • Laws of Physics

```
W G C E L W K B N C K E U W D E Z
W E Q A K H Q J L P W S L S Y Z W
N B V N O I T C A R F E R Q S F A
D I H C Q G A J S K Q L P M N L D
U O Q O W A O M R R B C T C R I I
N F S X N Y U E S J B G A Q B N E
S A T W I O A E S L S J M U O V I O E
K V N V K T S R B M Y O T E X Y
G A A X I B O T H V A Z C O D S E
B R O V A C A M A D A E K K E J Z
G T I J X M X G A I L T E E T E X
B T K E P L E R S F D H I I H O R
Y X F E W J A X E G C A Y O F N T
X T R J G F J R H J W X R X N N V
O P R E S S U R E W C B M D V B
S L L E N S A R F Q C T A N W L T
```

Pg. 36 • Search Pad

```
S R E O G E G S R W S F I P H P O
I L E H R X J A I M Y O H I A X C
K U W D O Z D D V V A Q E R N D N
C I E K L N W D I G W T A A A V M
O M E M E U E L B O W P T P W Q N
L A W L H R O E C G R K I R C Y T
H S A H C K A H N E C S N A E M Q
F C G I A D G O S U L R G I K S K
L I U N B F S C G E P A A K C F S
F L I O C E R J K Y S R U S H U T
Q E K T T I Q C E K L K B N B U K
I Z R E P N I S E O N I X B C G N
Q V Y T Y W U T N E E Z L T U H O
G N I R U O C S E K A J E M K S T
S O L M M H H E A J L E G A L Q B
N E S X W S C R A T C H A H O R M
J P A J Y X B F Y J Z X U G Y T P
```

Pg. 37 • Mardi Gras

```
W D M F O S K B F B Z C L N T O A
G I O X T Q Z L G K N B Q M I E J
S O T N J K A N R S E G E A E K M
D D E A W M I F A T T U E S D A Y
V V A L B C J K I A Y C J K P C U
E D S E N L P S W O R H T S U G T
F A A A B A E P P L C N Y R L N R I
N U D N R H K A Y F A O O I W I I
X Y Z A E G C T U G R I B Y M K N
T A D A H W I Y Z X N T R A N U K
O E I G Y L O D U A I I C B N O E
X P O D I E S A M O N D R W Z D T
C O S T U M E S L U A A U P C J S
F C R U D E S P U E L R C I S U M
U E J J W H A M Z L A T B Q I B R
F M F W U T M N W C V N I N M V F
O E T A R B E L E C B U S P U U F
```

Pg. 38 • Has a Ring to It

```
A D L O B U T H T A B Y C F U V B
C O L L E G E O G P K E Z H L Z O
W R R N S F R I E N D S H I P H X
F A O A I L K Y I T S B T G B F I
D Q F N M L W P Z W M G Q B D B R
O S F E O B Z O R C A O E S P A D
C F S N R H W M B U L L I R U P Q
E N O H P E L E T R L D H L U M I
Y S M Y T U I K D Y E S X V V V C
E N I K P A N I B D N P X E I J V
L C I E P I A U S O I Z U R N B R
Z M Q Y A M T U I E N N A S E S F
T T B T O T I P F O N O G K A Q W
R V R N O K M R T E G I F F P S Y
N U D N R A E S H Z R M O I P D I
C Z K W H C I X Y S H I E R L N D
J R Y C I P M Y L O Z E F E H F
```

Pg. 39 • One Name Wonders

```
S H P G L V L W H S T X E N U E S
E M F S N D O D M I R E L R N H C
N O R A H C T E H V E E K I A Z G
Y A N N I A C D J L H I M Q S K V
A N R E X A K G V E C G W M H O W
E N I L R U Y I E C A F Y B A B Y
S A U E P G R E R M J J V N H M S
U H B S G A L F S A U O U O T M O
N I D I A E N T D S R M S L I S N
L R W I W G W O F K I B H Z Q R N
B T B E Y O N C E S R R E I A R A
S W J E C N I R P A S K R B Y C E
S I N B A D H U N O D T P O M I H
Q W Q D X S L D B G I I E P M K D
X K I I B M Y N W O N B D V I T K
N A W E A Z U B B K N B A D I J K
N Z U I C E P U F N I O O F Y E V
```

Pg. 40 • Penguins

```
S I Z S H K Q D D N A L D R O I F
N W A I T A H A E U N E P L N B N
J H A N V S J J L Y U U S H K G H
K I Y O O T N E G L E O R F W O Q
R T W R F A R A B N G W L M O B K
P E A A I R R E R A A I O B I P L
Q F T C D A L O P E G C I L A M E
N L G A T T F A C H S R I R L Q L
Y I O M T N L H T K D N T R D E A
G P K I I A U L R S H S E R F Q Y
G P L D G M E W D W N O M G J A O
B E B X B S B S W I J G P Q C P R
E R K O S K Z G H L E E E P W K N
J E L O T J A C Z T G S R Q E V K
F D M A G E L L A N I C O J W R G
T H W I D H D Y I M H K R Y S A A
I I Y P J V N K D E I L E D A U F
```

Pg. 41 • Quilting

```
T P I H S D N E I R F R N K C Y O
X F K Y A M I S H N S V J P C B Q
B P E R U N A I I A W A H O P R Z
A B I B O T V N N N P I L R E D S
S L T C B W E P I R T S O T E M U
E R T M A O A C Y P A U E A U E G
P I A T T C R H T C O D H I L T G
K I C D G R B A K A I C L T P W N
T H E O I L A I L O P L I E X F I
I O L C O T N K R Y O C S D Z L H
C R P C E G I B L W Y Z A R C Y S
X W K L S D M O S O P I M Y E U A
I S U M M E R F N V F T P U W D S
O D S F Z V B H O A J N L Y B B K
L M M N S E M I N O L E E N P L E
R O L O C R E T A W I D R Q Z N A
```

Pg. 42 • Raggedy Ann and Andy

```
A O M C T G N L C L O T H I N G G
J P Q O B R W S O C O M G M R Z S
B E A L E U A S G O H M W U C L A
E A W L W D N E G E L A E Y L T E
L M T E S W J N H A C L R O A A H
O B U C L P I D R Y L O D M C T X
V S J T L R K N F E D L G Q I R N
E L K I S L Y I L I A N U W G N V
D S P B A O G K C C I U A B A G G
S G Y L V U C T D D P B C M E K
W C A E R W G S D S G T C C U R
R J R I K J M E E N F A B R I C X
X W N A I B L U G P K R Y U X W M
Z E U B H F A N T A S Y K H Y S M
K P W W X T O M A E R S F O C U T
S Z Q E N J P U U G W K F Z O P K
Z R T T O C P E R U S A E R T B S
```

Pg. 43 • Safari

```
U V U T V P Y P O Y S N J I H E S I
E G V V O E N W B T V R I W H E G
C I N P V P O L S Z I N K L Z N B
C R O C O D I L E X L G C X J G N
Q A X V P S L Y T I S R E V I D E
H F B K H U U H A R Q X U R H R L
A F L R B S A M H C A N I V U N E
N E K Q T E I A R I Z J T B F P
N P K B E Z N X B T Y R N Y C Y H
A N T E L O P E E G E F W G A A N
V P H S C U Z G O N V P F A L L N
A C R E S A M O D G R O A M Y T
S T R W H Z Y C A R D E P P G I R
L O Z Y E M O W S T I M T W P Q I
S Q L L A K C A J X I L E I V I Y
W R L I B S H C E S Z X L M D G H
T E C J T A Q O E F J E G A E A I
```

Pg. 44 • Sausage

```
Z S Z A H C C N P S H U O Y L P V
Y M X B F G J E D H S P X Q N G K
S O S R A S I T K E I T A L I A N
O K T W V N U G C L U B P A H H
R E M M U S G S H K O Q I T Y W G
P D P L C C L E O N P P B X A W
W T S A F K A E R B A R J C V F B
I T N D T A M M I L C S H A A O
T I H J I T E M Z S M X N S L O L
A S X Y O R Y N O Z L N A K O L T
E B R Z G E R M A N E B B R N A J
S B R U N E M K N I L E E R G Q U
X Y E U W D F U V E M P K D P A P
Z Z C I Z T A P I E P R O H X J L
F G V P W Z A K R E R O N P S S J
T F Z M U L O R P W L X E D O I S
C K U O S Z T U B B O F U U Y P K
```

Pg. 45 • Ship It

```
P U A T G M E E T C N T A T J W
M U V P H L Y Z H R W R U E N W D
G M K M A G B G Y R U U A P R E F
H G C C C I S U Y S T C T L I A
Y Y S L I N K E T V O E A I E G D
F F A O R P U I R Y R V N P H D
D I M E N S I O N E S A G T R
M P V C T J C P G R O R E E I E
X O U P C N H O A L C F G X F S
I F E E S O T N R V E V A O R O S
W W L K O I D T W L B M A A A O B
Z E X G N T C A E H A R G L K M G
S M O T S U C I L D L I G G U V W
Q W W W D A B N B Y L U B Y K E A
H F O O X C Z E B E E X P R E S S
J C R E C N A R U S N I I X Y B L
W P D N U O R G B W B K C S L Q W
```

Pg. 46 • Social Networking

```
Y V I F N F L W M Z S C A M O Q L
V P T S E D J J Y E O Z O U K V
A T A H C Z I U D J E N E K Y L G
A C K A D V I C E Z I T F U Q O U
R G R R N C H L D G A A R L M K I
F U O E Q V O M A C I C I L X Y Y
N P W L I T U L I I A T E Q I D G
Q U T D B S Y N L A C S N J U O N
S S E N I S U B O A Y O D O K O L
A O N C Y M Y T O U B Z S Q J F E
S H P M N P L T D P O M F K Q E B
B P R O F I L E I O U M R M V E
M H C T H G A N P M U P L A X O T I
O Q N S O T O H P N A K D N T X I
C O N N E C T L I V Y F Z A T E D
W I Q K Q X E T Z B C H U R T D Z
K B M W U H Y C I P T C L R P E T
```

Pg. 47 • Taken for Granted

```
W B V V N O K X X O S S H T A E R B
F E N I H S N U S E M P Q K H E X
J V E L E C T R I C I T Y H G T A G
R L C I H E C P Y C F Q B E E Z A J
R E C F E G A P C O P A D Z W O
B S N E M R N S X J E O P R R F U
I U M I E A D I X L H L D I C U H
M O Q N C N T M K P A N S N V A Z
A P T O E I H H L L H N R G P V D
G S I I G T D L E S A K G P W F M
I E R T L N E E H M B W I U A V S
N A F P A E C A O M F A N R M A I O
A V E C X M E T I M E T I E G G N
T H E U X S N A U S R L H M N E
I M O D E E R F S R Y Y T C E O J
O K M E M O R Y R Q E X E S S P H
N D V N R I N T E R N E T G O R L
```

Pg. 48 • The Savanna

```
C M R V S D E T E W X B N O R U V
P L W M B D Q A I L A R T S U A S
Y F T D R A Z Z U B W F V T D I F
A L N K R C L O W C B Y R R E D Q
X S R F I A R B E Z A E T I U N X
Z N H P G S P D I P F R I O V A H
A I I E K G E O G K O O R H R A T
H K N Z G O E R E S A L A Q W I
U E O U N F A O E L B I E K H I Z
S U C J F Z O L W N C W U T L E S
H K E A E M O A A A G I A D N X N
B R R R N F R J C W Y E E N Y A I
L I O N I M A A A V T B T R E N H
G R S R I L G J I C E F T I J Y U
E L E P H A N T C E K P L E N W H
L C H E E T A H S R B A C R D J Y
F N Y L S N K T X B E W L T P H N
```

Pg. 49 • A Day at the Races

```
J W B V G L O B Z D D W Z S L E X
N D S I G N N T E E M L T I C I U
V E Y M K F D E R B Y Q E A D W B
I N C K F E H W Q O M L L I Z Y Q
E R H L I S D V C A P P C J F Y Y
F E A X I R H R E M X H B M J C N
J G R N R U E T A N E S Y E D M M
S Y I G K O H S S W P E B S C G A
Y E T K I C U H R E A L P Z I C C
A Z Y Q D D T Y O I V D C O Y
J J W I N N E R E D H M S V N N T
T I X S L L O P R I Z E A T C K I
K E N A L T F A L R D M E X E E E
K X P U O Q G B D O G S B B E B L
V S B M F D Q Q P A T K X M M X I
A I W P B I J L D D K V F I F U A
K G T K P Q Z L G Q D P V W D M Q
```

Pg. 50 • Anthropology

```
Z J Y D M T A X N Y P G A C N N
O K J C U K H A J S K U M F D H I
O L P I O G K D E S I G N Y Y U
L H A C O N S E R V A T I O N G U
O N A I D I S B O L P D E T N O Z
G U X D E A Y Y H T J U S A S L H
Y R T E M O N O R H C I G H L O C
E C O L O G Y T G O G A P I R E P
Y C Y O G U Q A H O T A F T C A Q
Q N I R R S D U L R R I I I B H C
P L W B A U E O A G O C R O T R
M U P E G N T U L T A O A E G A Y
S X G C H G N T U T I A Z U E S T
V B F I Y M C E T T N Z U L S T E
P K J W S I V U D I A N I Q O H T
D T B J P W R F S E A E L T F G A
R P A Y D E H T I Z S O F X E G Y
```

Pg. 51 • BAR Names

```
F S T B P B M I D F B B J B F T N
B H Y I A A C S U A B F A D I B O R
I T T E N R A B R E A E V R U A R A
V R M B E R D D A R B B B N R A B
M O Y L R O O E R D T A N G E B
I U O I R U N A T X E E D R R N K Y
B C N I A R B B I T N K T A E T J
M D G R B R A Z V Z C B R B A N C
O E V B A R K L E Y B N A A R T D
L M L B N B A R I S B R M R B M P
R P H A S E N R A B R Q G Y A C W
A T B Z D F R B B I R R A R R C B
Y W P K S A U N P B D A E O T K
B A R D O N K G Q A B B B M N D
K A M M R K T R R B A R R C L A Y
D L M A N O T R A B A T I Z X A Q
G A B V N L Y B J B M C T D L N Z
```

Pg. 52 • Blogging

```
L E X K E X M O L L E I Q I P O V
M B N T S H R N H K N C Q E W N T
D I L O P I O B N U I A T N G H Z
P C E A G T E T K X L T V N R E S
M L R Q C R T H E M E Z O E N U M
U D J U W K A S V U Y N A N M K G
L F E E D I L Q W B D F S V M K
T I D E I P I B T J R C J A H P
I C X J D L T W S R H R S P X V C
B I N T E R N E T I E S H P A L
L L I Q N I B G U B P R B L M X I
O O T D T T G M E J V V J O D R J
G G I E A O E N E F I O T G B R T
Z G O N L I N E K E U U J O X S G
Q I V B R I K F W K R P Q T P S H
R E D A E R F G U I N A F K P I Y
T S O P S B G O L B O N O N A V C
```

Pg. 53 • College Nicknames

```
V R X M S S N J L S H A U F O J S
G M G W B R R X L Y R G H V I R H
S L L O E U U E F O B E I S O A O
E O W U S J L D N P G A O C O S I
K U R E C C E G D A I G H R O T I
S G O R F D E N R O H A I O A S E
U A U I Y R V T O S G M T C R A R
H R V N S W A J E L S S D N W N S
N S C E D N S I Y O C L Q Z U Q S
R B D S S X K K N M I Y E Q I O G
O N L P Y O J T F W T W C G A I M
C F I G H T I N G I R I S H A O U
H D E O I D Y E P O V G G N T H T
O S E Y E K W A H Z Z O F E W Q R
G C K P A N T H E R S I Z X R J Y
C Z P M V F O X B U C K E Y E S N
```

Pg. 54 • Cruising

```
T B D N D O L P H I N V U D E V M
S P N V N E U C A R I B B E A N B
C H O Q X N X U C U A H V M I R B
H V I H X T U P E L A H W B Q E N
J I S P S E R Y A W G N A G T T I
Y N R S R R Y S V W C U E Y S R
U G U H E T K M L A A G R S M Q W
O F C K L A W D O T M C T E G F T
W C X W A I I D A O V A A P I U O
G S E X N L O V G R D H T W N H
X Q K A I M B O W B U E M A I H J
H K V N N E M O T P C T S B O J
O A G P F N H A E P Z K A A O W N
J S W I S T R N I D F C Q U T K D
Z U L A R D D E N I A T P A C S B
Z F I O I E R C S R V J U P F P W
R X P J R I D R X Z A N C H O R T
```

Pg. 55 • EI, EI, Oh!

```
C S C K S F X D X Y Y K M U N B V
J K O U K O Z Z E I T H E R G M T
J A N S S R T E Z T S R G I I I
P E C H E E V U Y S I K L C E C E
S G E G N I E B C N E Q Z B F C H
E I I F E G Z A I D F I L J O I N
K E V C N P N E N E R A S N R B E
A B E B F F T H C C O K C M E T R
V R E S E U Y G E F E O I C H A
D H E I R L O O M I I E P W N C A
G Q N P F U H G N T E U H S R N F
V E I L Y R B N G I E R E V O S X
N R E T S I E M Z D E T U B E S L
W Y I X H H Y I I R V N S F C L
Z E C E I L I N G E E I T L I Z D
D A W L T H G I E H R G E K W E H
R F J D Q P G I D M T D R W I Y L
```

Pg. 56 • Ending in ADE

```
R V B E I A W A D D I S S U E D A
P E L D D C E N T E I N V A D E C
A R O E D A W E D E P E R V A E C
R A O E G L A D E D D R P U A O
A F K M E S S O D A M A E A S E L
O O E O E U C A D A M R R A S C D
E P R V N G A S C V D T I C E
E B C A E A P A D O E D A D
T A O D N D U D D A N S D L O P A
A D M E A E E E E D D A A E B B G
G E R U R E S C A P C E E D R E I
T E D A K C O T S E P A S A A N
E I D D E V A O D D R P D C A E B
S E R C F A B R A A O E A R S G A
C K P A R A D E A E M R P A D A C
A B D E D A C S A C E A I A S P C
P E T R A E D C E N T I G R A D E
```

Pg. 57 • Ford

```
T D R R V G F G V J F Z F Y N Q Z
G R E G A L L I V R F W S O U P V
N N O U F T T Y A F O R I E R S G
A P Z C F K S N F L C S K X Z X B
T Q C H S B G D C U U L X P K J G
S E Q O E E C A N F S L E F F P
U O N I R O T O N I J V N D L Y
M P D L S L K B M W M V I N F E
R A X D E X P L O R E R D T U A K
T W V I S U D I G P A R O I A R L
E A F E M E P A C S E N U O A E L
Z X U A R R T B A G Q U O N E H J
C H X R O I R L D R E O C P Z P
J I A C U O C E E F R H Z G L P X
A M S Y N S N K K D E E A P P A Q
H M M C O N T O U R O D I K C F
M H O Z J A D K O G O M B S J F A
```

Pg. 58 • Garnish

Pg. 59 • Golden Years

Pg. 60 • High School Biology

Pg. 61 • St. Patrick's Day

Pg. 62 • Inventors

Pg. 63 • Machine Embroidery

Pg. 64 • Maps

```
T Z S W C B V X A C C W Q U P G C
H E B M E C O N O M I C E S F A C
Q M E E U A M M U J R U T M A Q P
T S I R U O T L O L O A A B Y C I
D E F C T W N H X A T M M T K U A
I Z X A A S Z M E E S A I M J Z J
S C I T Y A C F D R I Q L N F T X
A W T O P O G R A P H I C L I C J
S O K R U P E U O H L U N S I K W
T G L N C G O L R V H T N H G U Y
E Z T R I X I I L V C E A P V S T X
R R Q O O I T T I U R A H C N R Y
Y U N O C W U A A T R F M U R F L
L A C I S Y H P M G I J O S E O D
L W P C Q K T S O E U C Y S A X M
Z T J K L U R E C R H A A M V J V
S P X G V I G Q H J N T X L S U R
```

Pg. 65 • Minnesota Zip Codes

```
4 8 1 2 5 4 5 0 5 7 5 5 4 4 4 5 5
7 7 1 7 5 5 8 8 8 5 5 5 5 0 5 5 3
5 0 4 4 8 5 5 5 5 4 7 9 5 5 5 1 6
5 8 5 5 8 7 4 5 5 5 5 5 4 5 4 3 5
4 7 5 5 5 2 8 5 5 5 5 7 5 5 0 6 0
4 5 5 5 5 8 6 1 4 4 4 5 5 4 5 4 3
2 4 4 5 5 5 4 5 4 7 5 7 1 0 5 5
5 0 2 5 5 5 5 7 5 5 9 5 0 0 5 6 1
0 5 4 4 5 4 4 5 5 5 5 4 9 7 5 4 5
8 5 5 5 4 4 5 5 1 5 5 0 7 5 2 4 7
5 5 4 7 5 0 5 8 4 7 0 3 5 5 4 0 0
7 5 5 4 0 7 0 5 5 5 8 2 8 8 3 4 5
8 4 5 5 0 5 5 5 5 4 7 0 1 0 4 5 8
7 5 5 4 5 8 8 4 5 5 4 4 4 4 4 5 5
5 8 0 4 5 5 8 5 5 2 6 5 1 0 5 5 0
1 5 0 9 5 5 5 7 8 5 5 5 1 5 5 5 8
4 9 4 4 4 5 5 5 5 4 0 0 5 5 4 1 8
```

Pg. 66 • NBA Teams

```
Z K R L R G K I K T D S H N G S
N S C I T L E C G V I R C O S X F
B U K N I C K S T H U N D E R C Y
C I G A M V T A S W B Q G X O Z D
R C B G B A X E A U C E Z S I N X
I A A T E M F S C S P H R P R J F
S P P H R T Q K R U R E R U R F U
S Q Z T W M S B R E I E S R A D B
I P Q D O E A O U L C E P S W O U
A H E A L R C V A L I A W P B C S
S N D V K S V E L L I P C I T F
M N S P E J A Z Z R Z S A S E L S
T P O T S C O Z G A I T S N U R C
S Q S T U E I M R H S C R K E N O
P S X J S R T D A G H O K K W D S
Y X N J G I S G K J H J A S E A Q
H B N H C Q P V T R W L R B Q S H
```

Pg. 67 • Omnivores

```
A K B X O Y E K N O M L N E Y F W
C H I C K E N T Q W E Q P E B K H
W N N X B E M F P R G A Y M V T B
X O F A L C Z C R R N E T L L A D
W K R T R R H I I D E L R Y D M R
M N R C Y I U I A T I P I G W Z M
O U Z L P Q P Y M W P V E Z E N N
T K S M S M B H W P G R Z S A Z Y
F S U S G Z Y S T P A B X W R R W
V N H T O L S I V O M N R I R W D
K Z A B D P K F A L R S Z N L S V
K S S I K C O D N A S X W E N D E
A Q L M U L X R T R D W Q A E Z G
W H E D G E H O G B Y C M O N O L
C G O H T R A W M E E U N J O R K
A Z I W Q P D S M A H S O S X I Y
Y K D Y X P A L X R L I E Z X V C
```

Pg. 68 • Poetry

```
K G F U P C I P E D O M S E M E M
D G Y N H R R C C X Q S M T R C E
A C F M X D O F Q V Y A F E I O I
L Y T C A D N S F I N S V N C N D
L S T T A V Y H E A O I Q I N C E
A X K E T N A B L E T U R W A E P
B Z L L N I Z O S A A Y L F S I R
H B X P K N G O R I L D M E H T A
R Q U U Y O R N Q H L N Y A I C
K H J O F Q A S J E U R Y L G R I
Y C Y C G N P L K C Y A L D E E I
T I I M A G E R Y U O E T E I F S
E E S R E V E E R F G D L R A R T
D U C L E L O E Z O P O E K A A V
Q A E P O M M A R G I P E S C I F
P G P V I Q Y F M H B K V M N N
Y P X V E D G L G L X W A O V V R
```

Pg. 69 • Racehorses

```
A S T W R D A K M T A D Z M U L P
N F W O N E S U I S R G H A O Z A
E M F A M N C U H F X D L N S F Q
R J K I P F C N A S I C E O L Y L
M O S V R S O G A Y A N S W E R A
T H E F I M E O A D R N I A K Y R
E N U B Y R E W L C E Y O R M G I
L H A E S A D J T P V P L R A M
W E L S E L T T A E S B I O A L
S N I C R W C F H W O S U T C L A
Y R N I L O C O S L B N Q G A A
B Y H G X J G T D K D N E Q H N
N W L A S E C R E T A R I A T T F
O E R R R Y U X A A L Y D A R F D
S W U O C L Y B B C I T A T I O N
Y T F T E E L F T N U O C P M X R
S W D R U E P A L R A H P X Z D L
```

Pg. 70 • Roofing

```
M G E P T L P D S V C X I M U L E
Y T N E V L T S R O N U E N T C R
N Y R I D G E L M I F C H E J E B
V E L E K S T F E E P F L L G L Y
P D R K L C P T S Z T E I J P W
E E V A E F E C H M C A D T W P Z
L B T H U R U D I H O F L G I Z
G E V S C Q R A E A M I D T E K I
N U G N I H S A L F P O C S B F T
I F O E Y P T C D D O H N A T V L
H C S K H F A L G W S Z L N H C Q
S A S A I C S A F R I G Y L R N W
V A L L E Y B Y A P T Q H R X K E
S T X R I L J T T T E A H D D E Q
P S J U E A T H A O I V Y A C J Q
G A Z E B O N L B R A K E V J C T
K P O I H F F R I J P U Z X U K E
```

Pg. 71 • Shopping

```
U V C Y T E I R A V C G Y H X E T
N C H S U U Q T N B E I S A D N U
R P A L X G V J G X N A R G E Z K
M F R A P P L I A N C E E M L J X
C B G I C N P B B N P D T D I J J
H A E C R R O T O A K R N P V F G
E G W P W R M T P T R O F R L Y O
K R I S D S E Y E C C V Y W O L N
O C R F A N T A D H E T Q X N J H
U E U F T I K R A B G L I U V A H
T P C S V M T S K U T P E D E O C
Q Q A X I T O E S M V R M Q S E D E
S A T R V O R E L I A T E R M R T
T C R M W R M D C J E W E L R Y C
A O N L I N E E D Z T L X W M M
Z U N S E O H S R R N A T N T G I
```

Pg. 72 • A Rose Is a Rose

```
E L I A E B A P E N E P E N E L O
A A P R E L C X S G N I S S E L B
L C E E L E I E P O L E N E P
B A N R I I N N A P E C A Y E L I
E F R E E D O M A E L I A B I O
R A A D A O B C O S W B S F A E E
N I E N L A W A H N N R C E E R A
F L E A I O I L I L S E L E A L
W E A W N R N R L B C B I G U E E
A N L S G E E B O A E C H N P L X
N R E I O L U L B H S R A E P A A
F O A N C D P R L E P C T R O C N
E C S A W I O R L A N U U I R P D
L C N B B S A P P A B P E B N L E
I A O O A L P D C B G G P U R E R
C N W N B I A A A I L R O D L Y S
D C C I R B L E B E E A M O I L S
```

Pg. 73 • Arboreal Animals

```
C R E D I X L M U S S O P O L T H
C S F G Z I E L K T R V L W A X O
P R N N G H R S R A E W W B P K N
T I C A C I R K N E I S T R C T G
C P C S K N I G Z R D I O E Y O W
Q M O N K E U I E M U P G M R U Z
E C C I O T Q I O R A X A F R C L
X C H L A Z S N E G A R I N E A R
O D A N L R K U R J D E R X D N M
I S M J A E N I P U C R O P G A B
J W E T Y O Z P T A M F A A N L R
A L L N S I B C K U E U Z U S L
I H E L T Q I B C N B S L D I T X
L E O P A R D M I F F D B D V L H
H T I H F O L X Q P R A H Y B Y C
D N B G C F A Y L B F W N H D D R
```

Pg. 74 • Baby's First

```
M O E E U M S S V S E B C S B Q X
N P L C H V S H N M H R G A S A U
W Q W P A E R H B N Y O L B M M L
F R A O N R S O Y A D H T R I B A
D A R K R E R L L P T H Q D L V L
H O C X W D V I J H I L E H
N I O Y W Q S D D K V S Z G H
S W C F G W A V E P S V K U N Q Z
H I I X D U U Y P E T S E I T P J
S T A N D I Q K R K Z R D R S I V
B U I U P U L C C H R E T A Z T S
D C L I I W H O V E E A R A O X F
A R U X E A I X S F H G E Y A A H
I I M I N S D A N V G C T Y Y C T
K A G G O Z C A S C R I B B L E
A H E H T A E R B B I L C R T W O
T P Z K Z Q J H L C M K P T W R T
```

Pg. 75 • Ballooning

```
N W D G N S W A Y C F Y R N D L X
Z O T Z U Z S K I R T E C H R O B
F L F F C Z X F R N P J T D O A H R
E N V E L O P E P P O U E G P D T R
N O O L L A B P O U O M O X L T A E
O U D N W U P H K M S N M C I A H
M T A O R H T I S E D B R A N E T
E D F N E A R U N O Y O M O E E T
X O E H N P P S L F W G U F S R T
O R X U W P I A G N L T R X H R T
N A F R O T A L F N I A I A E T L
C U J R D K E J O T M T T I B T A
S T T L N I B K E T P S S I S H U
R S U Q A C Z P S X X O R C O M N
G S W O L G M O L A R R L A O N C
W Z F S P O T T E R B E C E E O H
A C S L C M T U R E Z A J E S T P
```

Pg. 76 • Beat of a Different Drum

```
G H K L A D A M P U V J J Q F T Q
C O M K N O Y D T Z U M X V T L V
R C A T C E K H S P X S T Y I E A
G E I T R E P I N I Q U E G M O H
Z P X S E N G M H D H O L L B Q V
D B S W T N O A U S E Z B B A K L
T A W A I W O Y E W O U L P E N X
B L V K W O D R U S H N G P E N X
H I L U H U A S I L G J L G S Q M
L A S X L N K Q K O E T B E D U G
T T L W S J I U R A I Z T N E H P
Q K I L P E A T R M R Y L J M T M
V C T A B L A G P U Q Y N J H X S
M O T M O T W A N Y B X E A O F Q
U C E H U U N N D O P A W N U B E
I J F B L I Q G H G C R E Z D Y J
D W B K L T W I M L B I F S C A N
```

Pg. 77 • Bells

```
A T A T K N L T N Q D O A W E W G
H L I D I N N E R Q H U H W T A A
Y K E G S Z F M M C J L M Q E I O
T P B X E B T P L A M Z H B L C R
R G E W A R D L N G C P A T E V U
E U L T I N K E R R R U N Q P D D
B M G N I D D E W P E A D B H A F
I E N B Y C L E X C H H B F O N O
L M I L H T S B R P O H T B N Q C
C I J U T R X R E G O W O U E J B
S H R E A N K L E G R T L B O L Q
Z C K H G I E L S V T A R D S L
H S H Z B G K P V O L A H G V F L
Q P D O O R I Y M I S I E A R H J
X I R I O H C S E S R K S V M A A
D N G M S L O W Y G T W Y A L E L
Q P K H Q F X Q I E Y X Z L S C U
```

Pg. 78 • Boxing Greats

```
O L E C P G Y E L V E W T I W L F
M H D H T M V N A D R E C K M M W
C A R A A A B B L R O P L C H A L
S A A V P R D P E A O J G J L Q A
X E N E S C G I G P M O Z K Z N N
X Y O Z S I Z G C R V O E K A N G
H Q E O A U E N E S R T R Z L R
M C L A R N I N R O M I U T C J E
P O O F Y O E N D W R D U Y A P L
N O S N I B O R M S I T I O F C D
G V N M N X O D I J E L S Z L T D
E A O P Y F E V R O A L D M Z D A
O B E R G M K H S M Y F W F E R G S
N P A N P X U T U N N E Y A D A R
U C A S I D J M Z S A J Z P H O K
N L E H C T E K Z O E G V Z F C O
Y Y Y F O R E M A N L J Q H Q L T
```

Pg. 79 • Classic Toys

```
I M T Z H O A S V G C C O I M B K
D K W L K N Y K Z F Q K T Y U I H
B I R M P O G O S T I C K T H L E
F P C A S T K L Y K O L E T N I T
W V R M C S R X R C P T U D T C H
E K J P O L L I U E O A S P K E A
P H X P R O D T B W C E G J Y Y B S
O T T L N O I W S T O B Q L S R I K
R E T T A K H O I L N S S L M I E
P V W U S Y X A N R B O I Y I C T
M D M C O Y D L L I L N M S R E C
U E U A G B O O G U K E C E S T H
J B I O A C J W H Y H V R B L Q H
E Y J R N Z H N O I T A R E P O L
I N B I W E K M S E L B R A M U W
X I L W E E B L E S I S R R A X V
E C I L R E T S A M W E I V V M S
```

Pg. 80 • Computer Trouble

```
C X N I A V S H J U X N Y M V V S
S A S O W B P D B F N Z H Y R G N
A L D Q I X Y E A Z A P F R W O A
D O Z W W N W F N O H M K O I U W
F G F A A W A E V I L F A T C M A
C I Y I M R R P S B R B C C E R U
R C H I L K E H M E Z A X E R I O
S B K P T E I H S O T V Q R P O J
D O V K T N I C C H S I M D N
E M P G G U D N E J A A D S Q K
C B A V J E O R F R E M U A V Q M
U K J J N S I G O E A A N Z Z D F
R E Y T U E B M P C W Z Z O R Y
I T S D V F O Y S R M T L O N C M
P O L Y M O R P H I C N O A W Z K
F C Q Z T R O J A N M N U R M Q M
M Z W B Y C H A E T I R W R E V O
```

Pg. 81 • Cycling

```
K N P X K N F G R A S C G A J U G
S A D Q T C Y N C Z C P T P Y Q N
T F I H S E A I E S H M T H T S J
X R A E G S J K W G W E Y E P S V
M M O C L T V C N P A C E L I N E
E H S A R D A O R M G N S M U Z L
S N D A Z I R L B U A R E W U O
W E I V B T T B S O R R E T B H D
P N U L S S L E L T L A J W I B R
L H B M P I F Y R H R E C Q X O O
I P R R I M D O I A O H I B S M
P A I F E P C R T K U M H C N J
O N W L I G E S C F N M M S E G B
T J D C J S D I N A S P E E D O
G X U R A E K I S D L R N M R Z H
Z Q O H U T O U R E L D D A S D K
K W C T S I R U N B B T C O O I A
```

Pg. 82 • Day at the Spa

```
F O I M N A G N I R E P M A P A E
W A A G O Y R A M A O V E B G R G
F S C B I A N O K O B U Y J U Y C
W H M I T U B Z M I O I P S T C D
M A S S A G E U X A J R S F O L K
C I T S I L O H R B T E M L Q R T
W H I R L P O O L C R H L A Y H Q
T R C P O G G L E P S A E I E E P
A K X A F R W L U L G H W R Q T S
C D O R X P M C Y E E A A L A E S
H Z V W E J A U N R R P P F Y P W
B E P Y D L W H U W E U S F O A Y
Q U R D Q H A C I U U I C N X O D
O T L O R B I X T S S T T I J R L
N J C B B N P I I U E Q N R D F M
E Q T G A X C S N N D G F Q E E D
J Q G M J S Z K B E G G Z X K T P
```

Pg. 83 • Tax Day

```
U P L G R O S S Y L T N T F H U N
C H C R E E T D W D I I Y R S Z
S N G T V K Z J E N I L D A E D H
V T X S E U G Z E T E P L U T R F
L X P Q N E I J X Y S F Z E A O X
C P J I U M X Z T I P U G B H C P
C E X P E N S E N E O J M B E Y
A A M T K C I U N Y R R V D N R Z
D U I A O X E U S L J A U A R S
V E K R N Y L R I N S M L G R M Y
E E D A E A H N E O Q T M Z I F C
H C O U T F T I N M Y H S Q N F D
C G I I C E U N P Y O M P S C J G
S Z P V R T I N T E R E S T O Q N
P A T N R G I L D O R W A V M L O
C L A Z H E Q O F M S X V P E D D
G L C K A A S Z N D C C O V V K C
```

Pg. 84 • Dolphins

```
F E C L K A A P Z L K N J I Y X D
A I W H I T E S I D E D U A H R E
I B M S R O T C E H S V A E E Z T
P M O A I R K C M R N T Y H A N T
N J Q T I D O I E E P N D E V J O
T E I P T M E S L H I E S U I O P
N V E R M L A K U X H G E Z S E S
F D E O R R E M A T K I L O I K E
I S N F A P N O E Q L A K D W Y
R P X P E B W O O Y B L E O E C M
L I E I A M T A X S C E P Q S A S
R N W C V H Y T D T E T T F U V O
P N K G G K G L J D R N Z I J D P
R E T U C U X I C P Y I S T H X V
D R O A I K G T Z H P A V P M W C
E R L L S P S O S S I R J E P P A
O B E T I H W E S E N I H C R A H
```

Pg. 85 • Engineers

```
N L S L H U P K Q N F U L P T B L
B A L V A Y M F O E I A T R N A K
A R V A S C U U I U C A A H R H R
I E L A T Y I F E I O N R U M C L
A N I B L N N T R L S C T T K M A
U I D G U U E T P P O C E S Q E R
F M P U C C M O O U R V A E T U
A R W L S E H R N R U T F N A C T
H W E M L T T E T O G A M E E L E
E A K E F A R S M F R O X T P L I
R O J B T B T I M I I I T Y H U C
A W L I V I C I A D C Y V S C R A
W B O E A U N X U J Y A W N R G I
T N L A C I N A H C E M L Z E C H
F L R P N Z E C A P S O R E A A R
O E G G U B I O M E D I C A L A A
S B G E O L O G I C A L F U G L K
```

Pg. 86 • Everyday Odors

```
S E H T O L C Y T R I D N P M Z E
G M S O B P V G G I V T D F R I O
A U S T N A R O D O E D I E K U H
R F E E T V D W E H Y S F U S L S
R R T Y U T F S V A H R V D R X S
A E I E E L P L R A I N E L F I N
B P N W R I A P O G D V G T Y K N
D K E C S C E W P P E Y S N E
I C A E H R H R A T E S A R D N E
G J S Y I S A A A N G R O G U S T
A O P A M T E E V I D J S E Q A Q
R V H O O Y W R N E G L S N W H E
E M G R V S A M F G P U E T R E J
T C A T L I T T E R O D D H F P I
T R S Q X G L N V O I L O F B I O
E A W O P O G G E X B A O Y E M Y
S P H E R O M O N E S C F C Y S F
```

Pg. 87 • Genealogy

```
S R R Y U J T E S O O V A Y U H C
K E Q E A I M O T H E R N D J F X
K T T X S K N X J O F E C I X H M
S H F K R E H T A F O N E V W Y F
E G A I R R A M Y D F R S O C N D
L U H I S T O R Y G E X T R Y E W
A A V S E R B Q C T X O O C C G J
J D F A M I L Y S H A L R E W O X
K F O M N E F I W D Z E A L X R K
M T B R J H S L N H B U I N R P J
D S U R N A M E E A E N U I N R J
W N S D R O C E R D E S R S E E C
X F A D T S R C A A E T P H N O G
C W U B E T H N G C H A T O U E S
T Y J D S I E E I S R O T S U Y C
B K P E V U K U O S R I I H J S N
Y J G E R N H L X B I N C T X V E
```

Pg. 88 • Italian Cooking

```
Q S F C M B H P H I Q L U V O S D
Y T A R U O A P T S I M N M E C L
V W N T I R S T E O A Y A A J I X
Z E T A S C E C E P R G S U J L W
J E N L L H O V A E P A E F Z R A
R R E O G P I T L T L E M L I A G
S Y U A T L G E T T O L R E J G B
E A P L O S C G D A O Y A M L Q O
O S M O Z Z A R E L L A P O I L U
T O R R A C O Z S A I N I N M L I
A A X P M S I Y Z L O S X K O A L
M O T T E R A M A I X I T A T N R L
O S V M P N M X N Q P T S B C B O
T L A J F O N O R E G A N O E O N
X R B R G M H E D G F Q M E L R W
Y R I G A T O N I W R U F Z L I W
Q O U S E V A E L Y A B N J O O Z
```

Pg. 89 • Pitches

```
R A N G L E C D K F Q S D U T D Z
V E L O C I T Y D W C U X X N J V
F K K U I X I L P R K O A Z Y M V
A Z P N Z T P M E P U E G N A H C
S Q H P U V A W A N J F R E G M Y
T R T B S C B X I L E E P S D K X
B E E A P A K L R E S R C G T J O
A T B D L C A L P A U O Y S N I T
L T V L I B U U E O V R W G E T C
U C G T L D R F O L X T M Q E J A
W C Q I F N S G V B O P H R E E J
S M P D I E G S A E D R W V V P A
R S M W N F A L M O B Q K R O E R
N F U A G L L X A A O A U B M S T
M G B R E A K I N G L L L G A Z O
X K W S R E K N I S I K L C L M
O A U E W S Y L L A B M L A P M L
```

Pg. 90 • Marmots

```
B P I Y G R Z H J H W N S A B Z G
L K J D D O N D I O M V Z X V R X
A E N N Y P L A O M K L Y L O I D
C G A T D X U D G R A K L U O N F
K I A U J Y C I E A K L N I A O Y
C B L P S H A D V N B D A L V H T
A H A S U V F R M G H R S Y W S L
P D S C R M O N G O L I A N A D N
P F K Z N E E A G M R T P T E N O
E W A K D E I L L E B W O L L E Y
D N J I G Y B V T T I I X R B A A
Z D F I Z E E U Z M A X S W J G A
C I P M Y L O P R N T I S V G B A
W L F R R C K T P G E D Y A Q B V
A J A D N F Q L N E F M S X O V R
S O K A B O B O X B T D B F Q S A
H W V S M V L U K L E S T E X T T
```

Pg. 91 • Texting

```
P S I I F C N F H N D M N P X S H
B N I M R Y H S D T I F O C A R A
R S K R K A L U C H Y S B M O S D
W U T V G T F V Y S K D X U M V A
W F W D F M F N Z M N H W Y W C D
O X R S I G B F L M B O C C E E Z
M S U M T G N J Z Y F T S J X P S
R U W G B Q U J R T T F N V A H K
M O C L A B U W K E S T T F C I G
T H M R B E H H U O T L T Q A X
T O V V F Y I X R C X A Z B E D I
B Y M H S B U X T B W B G D I N C
Y L D E R W U O J S T W K C H S S
T T I Y S U F Z N B D D T G I S S
Y S C W P T K Q A M C R W B P E V
S H E J B B N I E N N G A H J A U
```

Pg. 92 • Volcanoes

```
H T K K M V H E S Z S N D Z F Z R
P E Z O N Z D P E C E P Z B W Z I
D C C H J U O R A F S S V R P X N
S I F I S S U R E R A C D E S J G
A Y J T M P S H L D G S M N S H O
A V W T U Y S T I O R P U X F
W C A I P O P A Y X D S M S M D F
Y G O L O N A C L O V Y A S M M I
E N T N P W A I S U H B G S I N B
F Z T R E L S N S M A F M C T E E
A Q H K D V O A I S A C A G R E S
D M V E V I T C A P T N I E I U R
M L R I S S L H N O E T N U I S
K A J O L D T O E Q E A K L D W Q
D O R M A N T V F H R Z N B E E T
S E E T M W O W X C D Y J G A A R
V L T G H U A R E O G U U X D F E
```

Pg. 93 • Wingdings

Pg. 94 • Yellow

Pg. 95 • Alfred Hitchcock

Pg. 96 • Appearances

Pg. 97 • Begins and Ends the Same

Pg. 98 • Biomes

Pg. 99 • Black Holes

Pg. 100 • Children's Games

```
T H O P S C O T C H C B Q A Q B J
H A Z E B R L M Y W F G M X T W J
U T U G O F W A R O P W A Z M L N
M J E G E T W I U O H A R T X Z N
B P B Y D A C R J B I E B W U Q N
W S W X P T S A L W V Z L C I K V
A V G E K Q E L T O X M E K N F J K
R C E O U I A L T O X Z K S E F J K
X K H A R B C D E J I Y K E R X A
F N R A E F E K U P A T E S J I Z
G E I G R R P M B S H J G D E S U
D N D J U A P A N A W O Q N K N B
F O Z M B R D O E N L M N A P D E
O N A C O C M E S L E L A E J W W
K I S P Y I Z J S O K U E D L O E
E V E I S L L A B T O O F I H B I
D Y O T A T O P T O H B O H S E B
```

Pg. 101 • Digraphs

```
C C W H X E T V D N M L C J S T F
K O Y C A M R A H P Z I A H U Q K
G W S A A F T G E V E T E X I A I
R S V T H R O Y D G T T P T E N E
W E M T R L B R E O N L H R I M A
W H I A H I A K E F O E B N X P H D
A P P R O A C H Z D E W L H I R W
T M P K R O C H N N W Q A L E C A
E D F N R E O Y A W W S U A A L F
R Z N N C P T C P Q I N M N T H W
F O Y O Y I I E M S J K E H L P C
A E I T R R E V I H S H O T E I M
L T H A R T V Q H T P U G B V Q E
L O H U L F H L C Y G B F F O A S
N C H L H W A E H H W T U G H A O
W Q S H A T T E R I A R J J S Y T
A Y P M U U C A V N Y M A M M A L
```

Pg. 102 • Edible Seeds

```
K O H S A U Q S S J M P C T R V Y
Y P P O P R N F J B W E U A B O A
P G L L P K E A N E D A M A M E W
I O I F Z M L D J M J N I J X E A
D R M H E A A M N L G U N R Q I R
E I A E P R U Y Q A S T E D S X A
A A A E G S T A A P I W P X I A C
S N N S T R F M K K O R K P I L A
E O C A L L A N E L A Y O H C C L
L X R F A A B N F L R E C C O L E
T D I F S F N A E O X M R Z E J
A C L L H W U Y L T V N N A Z N A
A A O E S H E M P E N S U N V N V
W Z C A L W J D C A J W A I N U T E F
P I N E N U T K Y A R S I J T F S
F F B R G N I K P M U P J U B O I
I C Y W Q X P A C N J H H V G I L
```

Pg. 103 • Fishing Lures

```
Z L Z I B L T I A B K N A R C X G
R M M R O W R T M U V J W R X O H
E D R E Q A O I S T I A B Z Z U B
L E I H L P L A D O R G F D L H B
S S C S W Q L B R C F L H A H C P
G X K A L A I M C M Y T I H A L R
X T T L F V N I Z O Z C B S Y E A
N E U F G R G W T G I V T A N M Q
R O E B K R U S J F L N N I A C
Z T O E B R S B N X I I S D T M
J J I P L U G T O G I P Z M Z B C
M J P A S G R S O N S Q F A B L P
Q O B C B A N J I D H M G C R A U
P Z C U Z K S T I C K B A I T D J
A F R I V X R B E J J Z S Q J E G
H G X D O D G E R V V J I D C B S
P A G M R W L T J T N T B Z I T M
```

Pg. 104 • G to H

```
Y H C O V U B U A D F T U J N P Z
I H C E P G Y G C H W G N B P T S
H C L U G H U M R S C R U R R M I
T N R G P O A S G O N E A S T O X
R I A Y G F N R H G W I R L W U F
I R L O L L I S A H S T N L O D R
G O L D F I S H H S H H J O W S
W H Z N F Y H T O G G O R O F Y B
E H A I J V C J M O L G R U O
N C T R G G N A S H G J X A R T C
V H G I E K X M N J A G W R G D F
U X F T M G B G X F G O T N D H N
X N V W O S R E O L U L C I K L D
S T E H Y A N V I Q O N P S O E Y
B A P R U S U B W E O N H I W E
V P L H C U O R G P M I Z E L T N
F R D R U O M B F N E J O U T H N
```

Pg. 105 • Going Bananas

```
O T I N A N A B Q E O T C O C M M
G Z R M Q H L G R A M R A E L D J
P D U K K X U O R P X O R V N R Z
L V P L R R S A H A H C D U K D B
A L A B U Y E Z M G N O A M B L H
N I J L M O B G R O Y N B A M H A
T S A O E S P O N S A I A R F Y B
I G O D M Y L P B F O L D N M Y
N H T R I E K X R B L Y P Z Q D Y
C L A C A T A N M O M P D O S F J
U W H S A B A A H J E B P A N M S
D E H D B B N I P K T N K A L I L
L O O E U Z V P A N I R B E Z D N
S E L C A V E N D I S H R J O U G
S W P N T P E B W H C F P P Z Z J
V J O T I R O D U Y T W I S G P J
```

Pg. 106 • Heteronyms

```
B T T R P E A L E B E R E E I T G
O B C G E R V C T Y Y T P E E J Y
W Q E I Q C O Y A N A A Y T Q S X
E D F M V M O J R R G Q N C S M C
D T F F B N I R E A D P R E T O Q
E E A I M R O B D C L X R F O B U
R S N R I F I C O G T D L R P I S
L E U S A L U Y M X D J D E F L U
I A T C E P S U S A U I R P H E B
Q X X M D X X E V I L N M D L G A J
Z E Z I H E A S L A I K J Z B J E
W G C O N D U C T T O T H U M T C
D O E K B A O E L G N V S O S O T
H C I G N I T T U P I E X E U V Q
Y Y T M V C Q E C H Z G G G Y S P
T A T T R I B U T E E I Y F M A E
N N O D Q N O R L O D K P W H U E
```

Pg. 107 • HIPAA

```
H M B Y J K E C N A R U S N I Z O
N C E P M D E O P Q D F S H P F X
T O A D D C A A E R U L E Z F X K
E L I E I I B T S L I V C I D Y W
Z M A T R C S B A E I V C R N B I
I I V O Q A B A C E O S X A E M I E
R N E F F M I L S R U C S X Z Q O
H S J I Y H T O R E S S Z R Y C Y
T E I H L I V C F D T U G D M N F
U C P W O E Z A E N O H R V J A L
A U Q N Q K S I R T I F A E C I C
C R E D I V O R P D O L G I X L I
J I C N O X G B X B I R L G M P N
H T L A E H K C X D H I P U B M U
V Y C O N F I D E N T I A L O O D
B Y D T C I B Q R Y B L J G P C B
```

Pg. 108 • Just in Case

```
T U Y D H B J P Z N N R X J R Y E
O X S S H S U E U K P Q V P R K H
O Z C O J W X E A X Y A C L U R C
L E D L W O Q L F R S C E I W O M
Q I I F O R D B E U E W Y D U G N
B S C W R S Y U I G E M K Y N Q R
Q E J N K T E T R J A T A U O B F
B A S K E T W D B G G H C U M X
Y L D T R P U O P C P N F G X J W
R U F C M E T O O S S E L E P O H
X D G V N H E S I K C P V G K B Y
C R U H T Y M D N B O O K L O Z F
J B F E D E R A L B P W I B Q Y D
C K V S T U R K P M N B N Q V V W
R A G I C C G M J L N I E E H R C
U A C O Y F C P C H N U G L D D S
L D I F V X Z Q V V N P A S P C M
```

Pg. 109 • Living Fossils

```
A I S E A W E E D M W D U H Z Y J
I G Z D V L N R G O A D Y K C Q E
D K O W E T A T Q L O P P V R P V
Q Q M S M G U R H L K J L I O Q H
G K S A O R G E H U A D J E C H I
J U I N T N T D I S P W H P O I E
M F F L I O M N H K I C I J D T E
S L E R E K C A M S R F V I X J
Y H R K J F I M A E I A G M L N I
F E R F R L G A P L Q F R N E O C
H R W E O A Z L Q H L E Y M U R W
N Y O N W D H A G I T I H L A L W
N L G G A O Y S T E R J G Y L B K
I A C O E L A C A N T H F A I E A
M R T R E T S B O L T I Q R T X J
B B S E T L I L K Y S H C Q N O H
U I F P G S J D A H B H P A G F R
```

Pg. 110 • Mediterranean Countries

```
J A X Z J I Y T T R I L L R R O Z
H D E K Y S E V G J U C H Q Y D U
A R H P E G K C O B V H L D T D D
I S R A E L R L I F Q O E G F G Z
R L C G L O U E O T Y E S H H L Z
Y I C V A B T B E E F L D J O N
S B L T Q V A A C C J C Y P B K O
E Y I C O M I N I F E N U R C C K
F A Z X P S A O I N I U H Z C I V
N A U F I R Y N K A E D O O T C N
C R K N F Z C N P W S V R M Z E D
U S U R P Y C S M I T O O I M J C
B T Q Z S U T O T P M P M L G Y S
T O M L V A N A Y V Y L B Z S Y T
N G B H N A L G E R I A X N Y V T
K M S I C Y E A A T N C F J F S U
D M J O W Q T N L C J K C J G M X
```

Pg. 111 • Homophones

```
M D O P P T Z W Y I H U C Q C Q H
U A U X Q H H L C T F G U P B N N
T H R O N E U G H U O U H R R W Q
Q Z K T L Q K X I E R B J W H O D
G M A D I A T A G E E Q V F E R U
E T O R R A C T H M W L T V A H N
R E H A A S L C E Y O X I W L T U
O O T G E E C S R H R F R V P Y K
B T T M I L H E N D O C O H D J
T Y E A F S W N N Q F X T E B P R
Y A E R O P T A T W I P M G L D
M P W C L A N N A F C O A S V G E
H I B F H K D F L O U R Z G S B J
C Q I K F K R Y R S D F O U U Q
Z S R G D B E E C H R V F N C J O
E E N Q U O L R A O B Y V A T I E
V T D E W O L L A X W O T S P N R
```

386

Pg. 112 • NASCAR Champions

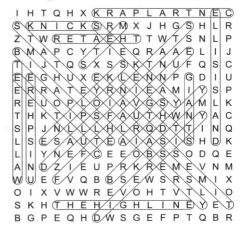

```
L C Y B R S Y R O X J H D A Q R V
Z E B Y O T Y T W S E P I N X E U
I K N R D E Z Y T E O B D R G P S
E Y Q O B W P Z A E A F U C G D R
I S N N S A M G I C P T G S M C L
E H G U O R O B R A Y H H U C P Q
H Y H L M T A P B L Y C W E A H P
Q F H Z K Y R E O L A N L T R V G
A L L I S O N S P A E Q J I E L H
I B A K E R A A S W J A X H L C J
F R V B A M R I R P R H Y W L G F
L H R F O S K X I R Q X N N I L X
X C I H O N R R E B V F T R O P G
Q Z T N Q K T T F X T W Z C T P Z
D A S H I L T E L M F T K Y T M O
T R H L A W G M E A R N H A R D T
R Y F W N O D R O G N L J N Y I L
```

Pg. 113 • New York City

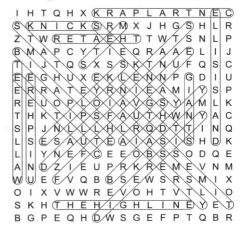

```
I H T Q H X K R A P L A R T N E C
S K N I C K S R M X J H G S H L R
Z T W R E T A E H T T W T S N L P
B M A P C Y T I E Q R A A E L I J
T I J T Q S X S S K T N U F Q S C
E E G H U X E K L E N N P G D I U
R R R A T E Y R N E A M I Y S P
R E U O P L O I A V G S Y A M L N
T H K T I P S F A U T H W N Y A C
P L S E S A U T E A I A S I S H D K
L I Y N E F C E E O B S S O D Q E
A N D Z I E U P R K R E M E V N M
W U E F V Q B S E W S R S M I X
O I X V W W R E V O H T V T L I O
S K H T H E H I G H L I N E Y E T
B G P E Q H D W S G E F P T Q B R
```

Pg. 114 • Popular Baby Names

```
K Z A M B T L X C J A W B P Z F H
M I L A H T B I A N O C S C S A P
N K X S O A L Y A J V L L E E Y B
A Q E O I Y J X S M A G A S F I N F
T N L N Q W M I O Y I L Y H X A
H B I M D A X P L A N R S P U Y L
A V N T N A I T S A B E S F G V L
N L A I N S L E Y S D G D A O J E
N M X C I E L L A B Q H V S N E
S Y F N Z S L C R F B I Y C T X
P Q Y E R D U A C C N R H T Y A B
U A G T P L Y F V H A Q O B L R A
L N H A I L E Y Z E A L O O A D G
E I J O K H A Q V R C E D K S E L
C G Z N Q F I O N A A K Y B B E Q
E C A A G M I L H J L T A N L Y V
H M S R H J I C G N E D I A W L G
```

Pg. 115 • Paranormal

```
U T L N T S O H G X Y S U A N O E
R S A I N H U M A N E N H C J W D
A P B B V A P P A R I T I O N O D
A I L A L O H C E K C R R B C D W
N R M H A U N T A R I O A O X A R
Y I S O I U Q E T Q N N N T V H R
C T A E F H R L D O G A S J Z S P
N Q L C S T D E M E P I T K U H D
A O P Z S I B K L K E S P U E R C
M S O R B U O I I G M T D N R G E
O I T U N E K N R S Y O L N A B
R G C K N N E E E M M G O O G L
C H E T S M I L R I P N I Z R K E D
N I Y C O S N S A G E H I I D N Y
M N D P Q A X S S Q O O W O N B E
Y G J H M L A M R O N A R A P T S
```

Pg. 116 • Rhymeless

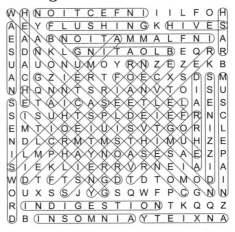

```
Z Y P F R E P V L W M O N S T E R
M T R K F A N N L C A L Y Q N U T
G E S G G S I L V E R E G Z O T C
S N U L N A P D M A N W T J E I L
F I O S I A D E N M C H G R T W U
Q G I R H H L L I A O U C R O R G
T N X G T B W H E S B E U B S U G
L E N O O U C C T G S S L M O P A
O O A R N Y E A F C N E U J M L G
R A P Z O Y G N S S O A Y H E Z E
A W O L V E S N A A W M U F T G P
N D I N I U G N E P N T M S H L B
G V A L S S D S F B Q C N E I U R
E M P T Y W Z V M N B B T Q N X R
Z K V N I R I P S A D H U I G T E
U M V C Q Q R B M D G I X L O A E
C S H C I G T B X P D X S S B N B
```

Pg. 117 • Side Effects

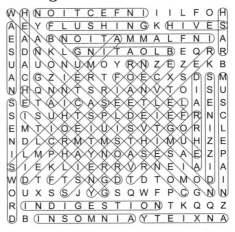

```
W H N O I T C E F N I I I L F O H
A E Y F L U S H I N G K H I V E S
E A B N O I T A M M A L F N I A
S D N K L G N I T A O L B E Q R R
U A U O N U M O Y R N Z E Z E K B
A C G Z I E R T F O E C X S D S M
N H Q N N T S R I A N V T O I I U
S E T A I C A S E E T L E L A E S
S M X I O E I U I S V T G O R I C
E N D L C R M T M S T H I M U H Z L
N I L M P H A Y N O A S E S A E Z E
I S I E K L I E R R V R N E I A I P
W D T F T S N G D T D T O M O D A I
O U X S S J Y G S Q W F P C G N N
R I N D I G E S T I O N T K Q Q Z
D B I N S O M N I A Y T E I X N A
```

Pg. 118 • Prom Night

Pg. 119 • A-Door-Able

Pg. 120 • All About Cats

Pg. 121 • American Muscle Cars

Pg. 122 • Barbecue

Pg. 123 • Begins with O

Pg. 124 • Bicycles

```
U T P U N Y A R E G N E S S E M L
Q D R T S S E L N I A H C O C X S
E G N I R U O T T G I K T U K R H
X J N L P N I X M V N N R J E G
G E T I G L R Y D M E T J U K D T
T I C T H N E E U B A F S P T I I
C L R Y E T L T M I W R P S B R K
A E E C K C A D H V E R C C O D
J H D T N E Z I F E B Q T I L R
P W R N R I R G R Y Y J H A C N A
C I C Z A E C E N H N S U B W X G
C A V O E T S Y I I G N L L T A D
E X E R C I S E C K D B E E Z C S
I F F J U Z F X A L A L J P F B A
K C A R T D Y N U A E X O U X Z B
U F C L S O D F Z N I H Q F A Q W
```

Pg. 125 • Bowling

```
T E E D V X K H O N M C S T N B D
Z B K G R D V C I M M U X Y Q A K
K D N P N F P L A N E T W H V I L
X B B W O I S E V R B S Z W O L P
J E A T N C T P Y B R W F X A O A
U D L S O R K F L S G O F B S N K
Q E R A Y U E E O I U R H M Q T P
V N E Y E K R U T L T R T C S D J
W S S I R J I J T A H C N O R E
R N E R E W F I A H E G Q E W A E
B Z T W H M N L C M R I K Z J D V
O S P A R E A T S V E C Y N R B I
C O U N P Y A R N H A N A E O C L
B U Z Z A R D R F B O H T W L D E
V K O K C E D N I P Q E L W G L D
V T Z S E X P L Q E I E S Z Q B A
V W H I M F H J D V R Z V I U C G
```

Pg. 126 • Business Start-Up

```
P H M P S A L A R Y D K R S U B E
I A G N I S I T R E V D A R A F C
M M Y T M L S Y Z Y N H G O D I I
V R A R D L G T T G C T J D W N R
E A L G O R E L S I M Y P N V A P
Q L A G E L I A O O L Y J E N N
H A J D Q M L I S C C I N V A C S
Z O R C U T C L E A T C M E E O
S W H L I A T E N T O T E A M L
S N C F P Q V P M R E N I T F L J
B E O I M N S S Y T W G I O J C X
Z R T W E T G F S S E L R T N V U
P A E S N E C I L E K A A V G Y
L F F E T P V A S T D R O T Y B
E R I S K S O K U B E Q U A L K M
F L W Y N G Q O B S O A S E M F H
C V Z B F Z S U P P L I E S K M N
```

Pg. 127 • Candles

```
D P I L L C W D B L I G N O V E L
V T C B I R I I S I O L T A N E R
R T C O L G C P O O R T S R D O F
X A W S E E B E N O A T N O L B L
V P J L P O U I C L H G H O A I O
O E C C A G F L L N E C C D N R A
T R O O R F Y O S P A L M T A T T
I O N N A T W O R Y P R A U B Y L
H O T R V O T L D T D G G O N N O
T E A L I G H T T I Y E P A F O R
L P I T A P R W P L N I L L R V L
D T N D M D E A L I T N O L E V O T L
S S E L K C I W L T L A E V O T L
A Y R I R O L P O U T L I R P R T
N O V E L T Y O P I S T A C A S L
C L C R U O P A N E O W I R R S O
O T N T E A L G A V D O U N D O D
```

Pg. 128 • Cartoon Characters

```
N A R I C F U H T T T O N T Q P E
Z A T R E N N U R D A O R Q J A S
P D H H D T B P R P G B Q J F U U
Q R G K E L S I B M V O W K D J O
P M H V H G B P L U T O F R W R M
Y F O O G Y R S O N B B U I M T E
Z P X D T E N I Z O N T L R K L I
Z E I E A O S N N D E Z S E S N
X R E N O F Q U Y C E Y R Y Y M I
F W A P K P F G C H Z B L E W I
T M Y H P B G Y O M H X V O P T M
V X V F B A A Y D Z Y K V T Y V O O I
A Z H I H I O N X U S E T S P C T
Z G V S P T G E T T C U K H H V S
S V E T E X P O E H J K N C T A S
O H G Y J C R R Y J E S F Z I P R
B U G S B U N N Y S I R O Z G M R
```

Pg. 129 • City Life

```
K N A B N E J K I K S K O H H L S
G B E M I M U S E U M M N M I I Y
H R T W H L N P P X P E E A G N D
A E B N S M L E X P Z I O Q E B B
A M X Y E S R B L Q L V N M K A O
M H E Y M T A O Y R O S N X R J
F Z U N A A T A T A I M I W D B S
E E T R I I W R N T R S G D A E Y
R K K N P C A B A D P D N I P R G
O E Y S A F O T U P W O R U E S S
T S O R F R S M Q S A P S K A H I
S H O I U N U W C O O T A S E O T
K N C Z I I O A O R Z B Y O S P C
O J K A X P O S T O F F I C E U M
E B Y R A R B I L R S B V Z M M N B
B T T H G I L T E E R T S U R F
W T H E A T E R X C C R P I F H A
```

Pg. 130 • Cricket

```
G W T V F D G B S R F N B E F W U
S O U R G N Z W L H I R K L B U C
Y B O W L I N P H L O T Y B F U F
T I C G R E T U R N R T S M V J D
N E E Y L S W M S Y U R K U W E H
E S K X O Y S P E C N I N R Q T Z
S O I C X R M I V C V I E C L O N
E L R F I U K R P H A B M G A S I
S W T A T W T E B A B P A I L S B
S S S S Q Q L K R U L Y Z I J B Y
I N N I N G S M R G L K A O Q X G
O G Z P B I B G P T O B C T M R Q
N A M S T A B I Y P D S G O I M K
V I I T L Q T C F U H O K T N O Y
I Y E L V C B P C M B C S R P K T
W R R O H L W K A B N E D I A M H
G I P V V F I E L D T G V V V G F
```

Pg. 131 • Disco

```
R J J P R X F Z Z C Y M K R N Y N
G I A U Q Q T K M B P Z B F K D T
E T R K N L C R X G E O E C U E S
N D R A O B L L I B O G A V W L A
R U S I T F I Z M G D K T A J T P
E M I E H P L Z I D E A D Q A S E
K N P G K S M E K A H S M O Y U Q
L D O N N A S U M M E R S C Q H E
S T R O B E I Z B H R E H E E A R
O B J T S P E K C E X H E B J H J
U V P O J M C Y L G D T V A L O E
L B B M Z D C U E E O A Q E M L I
T O A R E M B E L C C S Z H F A Q
R S A L U T B I S T Y T T F Y G Z
A A Y S L Z C I G C U Y R H M O X
I Q I Y L M D D F D H R E I M O K
N C J K C D A W B R C N E L C B E
```

Pg. 132 • Eclipse

```
R H T R A E J W J P K G N X N T T
A W M H G T V Q L O Y V M B D C P
R G R D H O M B L Y Z R B R G U A
E Y H P A R G O T O H P U L R A R
D V N N Z B N S S E O D Q M O U T
B H E G Y I S O A P V T H C B Y I
E A D N I T E A I F H Y I A W H A
R L U P T L S S R T Y E F G S M L
S O L A R H A U A B C E R I Y D N
M Z C F A Z H P N H M A B E S C L
E O C D K C P P W B S U R X C J M
T M O A F T N E M Z S N D F Z X Q
A W L N B S K T T G R S V E M A
M D S L E R Y O I K A P M K G R N
N U J A P E T M H N V K O J K F J
J V O X Z A N N U L A R U Z W W M
Z P L F L S D Z L C M Z M E E W
```

Pg. 133 • Ending in CIOUS

```
J L G L N V Z Z V E I T Y R S K A
X S F S U O I C I L A M Y Z U B O K
M U A K M N V N S Q Z O Z L R T K
S R O M P A I U Z B X I U T Q P O
T U T I C P O S O U C Q N E F Z Y
C T O I C I R D P I F S Y N I S C
J O O I C I A E F A U U M A M X D
S U T O C C D F C O C O Y C V U E
S U R N I E O U I O E I Z I P S L
O E O O O E R C J T C C O O C Y I
F G U I X C A P R I C I O U S C C
N S H Q C X R H Y U V A P O S S B
O G X Z G I E K F Q F S H U W Y O
S E E L Y E P Z P M L U T K S X S
S M S U O I C S N O C S T Y X R S
G K Q E P E R S U O I C S U L L V
A T R O C I O U S A K C H I K G K
```

Pg. 134 • Famous Poets

```
U Z Q N V Q D M J I D F S Z F Y H
F I Q G V W P V S W Q X K Q U A I
S R A I N H S E G D I R B K R E I
G K O G N I N W O R B E A D W E D
I M L S F T L E D X R M Y O R Y I
U W J H T M K P S R Z L O N R M S
Z E O P G A W E I A P I K N H I V
L V Y R L N M N L K S K L E Y T G
T H C B D L O O R G V O A D P R X
F H E Y O S W R M I N E C X U Z M
C H F H Y E W Q O G E Y Z B V W O
L R Q N L M M O F S Z D D V E M K
B W N L V U W E R G S N L G A M W
K E Q N C V L M R T A E J I I V U
T A N G E L O U Z S H S T S W O U
D P L N Q V J E A O N O T C E R
O L B W I B G G E B M N R V I W U
```

Pg. 135 • Fly a Kite

```
R E T H G I F N T V E U D N F W T
N V F I R T G V R J P T E D N K K
S I G O R B X A O A K G L B K H H
Q T O W O Y V P P U L I S B O H C
X A I X K D A R S C O U R V L N N
M E M K R C G O F A D L D O O U U
U R G E A A I R R L L N S L I F A
D C D F K G R I E X L R D T E O L
W B O R U O A Y E A K E A L U C C
D I A M O N D M O I T E R I E N P
L I E D E L T A M J R U E N H P T
O T V B O W P O N C N J R E G O N
Y R V M I V N S E O A E Y E R T Q
B A R N D O O R D N O Z L E S U G
J Y D Q F E K M D Q M T P I X G Y
Z V L I O F R E W O P O Y L A N D
S U S H J A T D S E D O S K S T A
```

Pg. 136 • Formica

```
Q M R R S V Y M C H E S T N U T R
Q J P K U A L U N R D B M N B D Y
E J U P A N E N G V Y C R I I D H
R L M D J O B I Z E O S Q O N L C
E P P V P D L T R R M Y T U N H F
P Y K A Z E U A A A S G A A Z S
S I I L M S F L R A V R T R L X E
A N N E I S F P G U U L C O R L G
J S D X X O F O T B T O I T N F L
Q A R R Q Y H N K I A A A S R E G
J O O W R A C H A L K I N G O R F
O D S R M V I C T O R I A N A F F
I N E G Y X O R E K K C Z N C T E
U H W S E V H B L U E S I L K K E
C G O B L K O J U P Q T X G O J K
Q J O Y Y N Z P F Z E M S M W E O
H R D F Y X H K U H M I S M M Q R
```

Pg. 137 • Golden

```
P J Y B X T L T U Q D G X P O O T
F S J S C Y E K J R Y P A R P M N
K O R E I H I K E I S K C P Q K A
X L A V J L I V C C T Y O P J U G
I H C O F S E C Q I A R M V O N A
A Z C L H I E N K M T Q S K T O T
I K A G R U L E C U E H T E S G E
Q R G T C P L I N E G P G W L W B
M O E S S S P I K E S G N O R N R
A R V M E J T R B C U S B P I C I
O I T A R Y A A B N L E R I G D D
B J C H L Y E Y R A S A H A T R G
P V N A B S U O I C I L E D E H E
C O R R A L B I H D H I O B V Y A
C Q O G U E N D N C P E Z H L H T
S W G N V A X O D M F V S Q U I J
N E M S X U P C K Z E S Q R K P M
```

Pg. 138 • The Twilight Zone

```
C I T S I R U T U F T U B J B K S
T O D J G L Z Q S A P G T G M U Y
I B V R T I M E L E S S S K S M C
L E T N A H V E O M I E K P M L B
K W D A P M S U H O R R E L F A X
T D E D U N A J F L N N E W H M M
E F Y D H T G W I E S V R S B R S
L U S S C I E N C E F I C T I O N
E Y N N T B G W I R O N Y V D N L
V G J E O O B R G B C L M S H A D
I O B A X I P W E Y R Y T O D R T
S I O O Q Y S E A A N L R T S I P N
I O H Y U I S T C R N O I U S L T D
O N T T W E N C U T R I C R Z I P R
K N T F A F O C E E A I V H S D P
Y A T F O J I O G O D N L Y T A F
```

Pg. 139 • Twins in Sports

```
X D W U O I S M E G E A K J S X C
T V Q T S D J T O S F B L S D Z T
H X T D R H A V X E I X K L I J B
A T O S E N N I M H M I J S E H V
E I V Y B S Y R L G K O N J B B C
Z M M K M X E N Q U I Y C A F A R
E Q G A A C X R I H N N R O Y N D
E V R L H L K P E M G D T Q E R Q
U P A T C A L G W F A T Q G S Z B
T G N N Y I R U W K O N E V N Y N
O W T W S I K G R L B D I Z I B Z
B E K J F L O P E Z U A B M U S G
N A I Y M F C A N H U X G B L O E
D N C A N S E C O H D E B O E R Z
E U I P G W L R H K H B B Y U R S
R A L I J B P C P D S Q E I B P Z
```

Pg. 140 • What Annoys You?

```
F O S E N I L G N O L D A H G C G
N O S E H A I R B N R H M L N N Y
A P O J D S S G N I R O N S I S X
V L C C T I N Q P E L C F T K S M
P E I A L E S P I A N L X S C E T
J A N A C A Y R D V I E S M A N J
R G P K N F W T E E T K H O M E S
B I T E A G R Y S S U N W K S E O
V I A U R A N L E D P R X E H U O
E G C H G A C A G R U E N N R S T
B E N F Y A U Z H O S O C J A O I
T L I B A Q T A P H O W T L P E
Q C T S R V R Q A P I T C H E G E
G N I K R A B T L I A X A M Y I R
Q T M U Z X T L S N J R W E E E C
A W V Q J P E S W G B H Y L W E B
U A K V P C S T U P I D I T Y S C
```

Pg. 141 • At the Arcade

```
N I O R S M A R I O B R O S U U S
A S D I O R E T S A U C R V G V R
M P Z T P O L A R I S Q E J A Y E
C I E R S L C D U X O N D N Q T D
A N L Z W E L X P W C O N M U J A
P B D L J S P A M W N E G L H V
Y A A Y I J I M B K A Z F L C H N
V L V R K P R R E E V T E A K N I
O L T W G E E Y E T E N D D F Z E
I E C H G A K D A D U K M I Y M C
T L L G K O B M E R Q K S A N C A
T Z O O N L G P E K T B P T O T P
O R U G A S I U T T X N E O D E S
F T C S X T H B F D R I O R O U B
D X T X N L S S W G N O P C T Z Z
U E X E N A I X A L A G I V Y N Y
R H C W L T G G A L A G A D V D R
```

Pg. 142 • Australia

```
P E F R H U Y Y L K B O B Y C E O
F V F C S V U H T O O G Z K H R K
V I K A N G A R O O A P H F Q E M Y
I T S A A B A M S L Y H R D E S G
G N U S E I E A U A P B N U R H W
B E D N T R L T B C Q U A B S Q E
V N V E A A A E A U O N N T L G J X
V I I Q N Z K T P R W R V N O L L Z
N N T G Q C P C I O T Y I O I Y A C
A N B I A C R D O F S D G D R L W
Z O R H J E A Q U N A U P I T A C
K C A B T U O N U Y W H A J N V F
G V S A A R R U B A K O O K U E B
S K M H U W G Q I E B O H M O E S
V J X G E S Z M M B R D E M C N B
H P B R Y E N D Y S B R W R Q O X
E Y Q N G W P M Q O S E A J O Y L
```

Pg. 143 • Billiards

```
C J O P F B V J O E T D H L A X K
S T C N Y O K T A B L E U F P G M
F U O F O R C E I A V U G R O D R
E H N H C T A R C S G A R L W U N
C V C F D A R M D N P Q I R D V I
X Q E T S K U N I N E R P A E W K
L C Y G A L C A P D L U I R F C
T Y I E D M N O V V G V U L G Z Y
J V R Q A I S F O S N I N S A F B
A B G I C I R S S A W O T C B I L
F F D A T U N B C Q I C T L V L L
D S M I M A S O E F R T H L M X L I
S N O O K E R H B M T E H A B X A
O N G E Y E K C I H Z K X R L Z R
P R T V G N X C T O Z C E I A W D
G L G A Y S K K D N O S V X E D
D M G B T F A H S G Q P G C G E F
```

Pg. 144 • Independence Day

```
J E P I M X L U B A S E B A L L Q
X U S S E R G N O C U P V J X P E
Y L L V C Z Z I E G A F I T K W S
X B N Y N O I T A R A L C E D T K
H C X P R B A E A Q I M T F H L R
Y X O T H B A D A M S H O I X E O
N T J L V I E S L C M I R K C P W
B O R E O C L T D F U T Y N T H E
Y S T S E O N L A X A E E E A T S
X S R F I T D E C D N R O H N I F
Y A T M X E I E N U X A D F Z R Z
A D H T B O S S F L S S E L O R N J M
H T C E L G A E E N U A O H A M Z C
T R I Z R K I N E D K Z F P I A W R
I Z B F G I F P A T R I O T I C P X
```

Pg. 145 • Carnival

```
W C C T K A B U E J K G J I J B R
B U M O X E J E D I R G N I W S V
L A O H N A C N A C D H W R E J Q
P Z R S I D E A C S H Z M P E R Y
B C E G Y O O Z R U P I N L H O U
R W L N Q F C R A N P I E J K L U M E
B A Z I V B R X J I O E D S Q L L
Q Z Z L Y I C O R R H O P E V A B
O G I S Y F N A G W I U L V R D E
I N S A N I T Y S G C N B L D E F
I J N V X E X I F A A A G O A R N
P J X R S Y R E E Y O M G T E B H O
B L J X O R U T N G U R E P O Y U
Q I I N E C N I H S I F O G X S S
F P E F U U P P E D P O B I Q B S
R M Q Q J X N O E T L T O O X Z E
L V L S X Z I P P E R S S H M B P
```

Pg. 146 • Cook-Offs

```
X Y Q D O O F T R O F M O C G O N
L S C O E S O Q B F A J I T A Z Z
I L H X M L S O A U S W L X R J I
J S I C A J U N R W T S X K B B W
G U L K Z G L Z B E E N D M J U G
O C I U D V E G E T A R I A N F L
D A M W L A Z P C S K Y S O R F B
T B R B I R O H U R P I I E V C R
O E Z M W U F R E O A A D T I P D
H N M C A E S E R N S W M E O L I
O N Q R E D N E N M O C A Y B I O
J C H B U O I O A H Y J C T J Y T
O M H N I O O L C F L K L L S B C
D B R P I D G M L J O L E T A Q W
E R F J L U A A L O O E Y G S G
X F N E N L F Q R J O R D U T E M
Q E K A C P U C M T O I N D L Z M
```

Pg. 147 • Famous Rabbits

```
F M C C I S M G V L P B V K Z H L
T O Y B W P F B E X Z X P V T I I
W H Y N N U B A L O L G M I T A Y
P F E U N I U T V X G R B T J E N
E T Y H Y U H F E W O B L V L N U
I M H A U B O T G A E P R D N U B
B L H M R S R E R B A L N L N B B
R A E D Q Y R T N T Z K A T J B K
A R J L D A X N E J A C K M O B I
B X N M B H Y N A E J A C K M E U
I R I E O G T I B B A R R E R B S
T H O N A H Y I W Y K P U H E N E
X F A K K J T L P I N S V T N E H
X O Y N N U B R E Z I G R E N E T
O P E T E R C O T T O N T A I L T
```

Pg. 148 • Global Warming

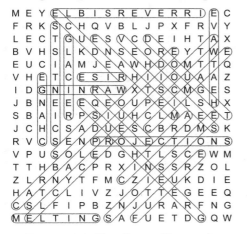

```
M E Y E L B I S R E V E R R I E C
F R K S C H Q V B L J P X F R V Y
L E C T G U E S V C D E I H T A X
B V H S L K D N S E O R E Y T W E
E U C I A M J E A W H D O M T T Q
V H E T C E S I R H I I O U A A Z
I D G N I N R A W X T S C M G E S
J B N E E Q E O U P E I L S H X
S B A I R P S I U H C L M A E E T
J C H C S A D U E S C B R D M S K
R V C S E N P R O J E C T I O N S
V P U S O L E D G H T L S C E W M
T T H B A C P R X I N S S R Z O L
Z L R N Y T F M C Z I E U K D I E
H A T C L I V Z J O T T E G E E Q
C S L F I P B Z N J U R A R F N G
M E L T I N G S A F U E T D G Q W
```

Pg. 149 • Heart

```
S M E D M U V W F S C S B B M W T
Z T B U Y C C A P I L L A R Y C S
N Q R V S X S N L N Z J Q T I Y J
M E I A E R D D Z V W L G R S M D
S F B V E N E D V A E P C T D U A
B T A L E H T B X T E U O I A T L
T P R P R I Q R M T L L Q M C P R
T A T T U A N S I A E N S U V E L
W L E E S X E K T C H A K Z K S D
P P R B S U X I E K L C W A U O R
A I Y U E A O A J P A E M M O N A
J T C T R N E U T I L E P L T O H
K A C A P Q W S D R C A B U R J J
C T Z I L K U R I A I S R T M Q M
F I E G M L A S P D T U A T G P G
C O R O T C A F H R I H M O I Z L
C N I N O Y L C T V P Z A S R M D
```

Pg. 150 • I've Been Framed

```
F L N P I L D T M T E S G N I W S
T Y V I I D O Y H V H S U W C R K
K X E C L D O O E V B T X G W K M
T M B T U P R H S S N V D P P M A
N R I U A V A O O E R D K E B K Z
U Q A R R C U I C X W E O L V P X
X V M E R X I O N E A G J I W D C
M Q O S C O N F M T R X M B A B S
Y X L X N N R B I Q I K P O E X L
V Y P D I T R D U T F N J M H B I
W G I I Y W O E W P H R P G O W A W
J I D V I G O T I U A E F T U Y R
A H O D R D P O Q Q Z Y C U G P S
K B E E N H O U S E F Z E A K X X
B R E I Z E N H O J F V L Y F N I
Y C W E S L A D E M N F X E G V J
X O E W T K O O H H C T A L J L I
```

Pg. 151 • I've Got the Blues

```
Y Y E S D V D B I W V P S X S E J
Y I O J L D V O E M M N D V U B D
P S Z L H E B O Z A Z W O V D L A
L S I T S O G K T N R I O O F R W
A X W H N F R N R G U D L D G D H
T N Y N A C W E A R V O B R S A A
E O E S E E H C U O O A S O R T L
B T O G J T Q O Q U A T C S U E E
M N D T R W Y T A P A H S M N K Z
D I G O H E E L E R P Y T S I Z B
R R N E E R C S O M R I N Z V A U
R A I I B D M A R P M U N Y Z S
F A Y B E Z A A E A S L C K U K W
E M B L E Q S B F C S Y A J Y B Z
C O L L A R B S Z O R B A R M D
N O O M L B A Y R N T V Q U D R W
Y T V P O Z M P Q G I Z C L N W E
```

Pg. 152 • Literary Tone

```
I S B G B Z Z N W H I M S I C A L
K A P A T H E T I C R C P U H C D
D R S Z L A T L U F Y A L P X E W
V D A N G C G N I Z I N O R T A P
S O O D N F I P A L A P I S H L G
Y N O Q I H C T D T R L U C U T G
M I H R D I N I S O S G O F A L I
P C J M N J D C U A S I T O P L O
A T N D O E A D D I G E D F F E
T Y R T C L R A D T I R S Q N P H
H R T S J A O E W A S U Y Q A C R
E O I T E O N N M L U H R H U R F
T C J K D Y J H C A E G P G T A D
I O M S N F E E S H N G H M V N Y
C J D Z O U W I J A O T I Q E O E
U J D H C L V M O V Y L I A A I Q
L E Y E R E C N I S B F Y C C D H
```

Pg. 153 • Metric System

```
N M L A D R I A D A E O Y O S L H
O I F L O P T J M T H V C Y E E N
Q T V A V H N B Y O E K G O C B K
O M P L I T E R T I O R G T O V J
L N H E E U C M H V T K A C N V K
S I A D Z K E I Y P R U O D K Y
T Y B N A F E L M C E S O Y P R W
I L G A K R Z L X N R M Z E F M C
O M F C E L S I U S R O L V L V I
T E G P D R Y N E D D K U M T Z
G G M A E C I R T E M W P O B E W
H A T T E Z V E C R W A R T L D Q
I U D T R T M I S H G T U U T I B
R Z X O B T G O C I P M O L E C K
N R F X U X T P G E W J U N V V C
Y L S X Y U B Y T S J W R Q B X S
B E O S S R M A R G J P P A U R B
```

```
Z I D B X G P B O G W T J Y B I W
L C S U S N J L N T Y Z D Z Y B F
Z Z N E Z I M I D W P W C D U P I
G O X E C C C N Q W O O H D Z S X
J C A B I N E T S X Z R I F X B T
L M D I E A A E I S P C K N I S U
M A O F J N A I L L Z S H X T G E
Z P O S I I Q C L E E E T D O S E
V T R G L F C N J P C E P P P S
T K S E G O C L I S P T W R A A C
N A L P R O O L F R W A R C K O V
B A Z S L C H H A B I O S I U H S
L D G O A X S C C T Q D D N C Q K
T Y R T X G I M Z S N U T N L C F
W L I G H T I N G A W E P A I N T
I O Q G N I S O L C R U P R W W S
N H F B Z G W B U S A B B H N P T
```

```
L N K I S I V I I N U K I J T E D
T H K K W K N T W B I V H Y L N W
E E G A N O I T U A C E R P A F E
C Q R L E B A L L B T S V I C B Y
H D B U C P T D L A E T C P I B Q
N X A R T E R Y T V T I Q F D Q H
I K Q K C F I O C N X I I T E Z A
E E L D E E N L O H E N P E M D U
R Y Z N G U C R G L N S W Z A
E U N W I R I E P E I U E T O W P
G D O E E K T A R I M T Z S V H R
T E W D M G T S R Y N E Y T K E C
T C R D A I T N T T O E T F P L B
J O J Z E I C E L M L T V H I L Z
W R N N C V F E T A B E Q N O B S
E P T K O A U T P D H U I O Z D Q
I S P T S D R N E S U C D T B N J
```

```
U H N D D L F Z H Z S Y G M M L P
A K E E X E O S E I R F Y L R U C
W K K L C N A G X Z U S I Y O Y A
I A D I F O D T R W A X S I C W
B S R O Y F C O U C H O F I N F J
A G N B V S A S U I S G R U H Q B
V N X I B S T W P N H Y E O N C P
X I S T T R S I W C F C N N X B V
X L C E W A E O C P A N C A K E M
K P D S L R R A Z K N J H O Q B S
K M D A O B S G D Y S A F T N E K
I U D G H X E T U V A G R V G G N
Q D I S C H Q T E A S A I D M B G
Q E A N W D E H S A M S E X B C B
S H D D F E H Z V U M W D K X O N
N S C A L L O P E D C E E R T J M
L V V Z E P L N O Y F Y D L F L P
```

```
N M K A P H G J J L K T Y F C C Q
B U V C U T K L I A N X S D O G B
R O V N O B B I R A I R N Y L N J
M E W P A S A V C K T O L L Z E
A K K T A P C N G D P Y O P A A C
R E K C I T S N D D A D P A B C X
B V K M A E I E C A N U S P M T V
L D O G B R U S H E I L A E U M N
E U U O T Y C O K T U D K R G F I
F F E S L F K R L N O I S C Y Y R
E R V R U D E I C I B L U L U S Q
P S H N C E S H T A C L C I U T A
O H N A T Z B H L S H N K Y A Q
E E F M A F L O U T V E L T P R L
L N L C G M O P H E G R R P V L L
K O P I P O E A Y K U G A R T E R
G W E T N A P R Z N D J O W W C O
```

```
X K N N O C T U R N A L C L C Z L
F L C O J M R B Q G F N A A E J O
Z D W O B R C R U A W M F I U A Z
S O O O R E O P T R B G Q R R Z X
R A D E L T N T R S R L G E O N R
E Q N I A L A K E C R O L P P B C
C N V D A I E L E Y L W W M E C W
N L E E L C H Y F D T L X I A Z O
I R A E V Y K A L Y X H K M N K L
P Q D W Q C I Y R O D P O O R G A
Y G H D E R E K L A T S H T A E D R
V D S E B D Y F G Y H N B G Q D
X H E W S X R R N K O R T B R M D
D P Y X A I P F I J T W O E E J J
D J H K C C F P T A E W P P U O W
I K C A L B R W S J H M M U O B A
V E N O M Z S H C V E J K S X D U
```

```
P N O I S N E M I D Z H V R J O A
N J S S X O Q V J F S I G S I H P
O E D U N I F I E D Y P W T P F A
I V E B S N A O R L T A A E P N R
T U C A W R S M E I S O T H X T I
A F U T B E J C S N V F G H V I I
L A R O P M E T I G I R A L M A C
I E V M V P K S G T L E B Y I L
D U E I B C P E I H A H E S R D E
S G A C E A O U V L M E C O C
C K X R C M H N R W E M E I C O C
I I L E E Y I E T I R M C H G S P
S L E T R V T R M I A K H X T H X
Y G R O E N E D A R N B G T M A T
H Y E R I F D N A V X U A B D L M
P H S S X N L P T R W X U R G I I
T E M I T A D L O F I N A M Y F W
```

Pg. 160 • Summer Camp

```
B E P N K A Y A K I N G C I D S K
P M A C S R J W R J K L A C H Z C
G C I W U L E K O A R F N I F E I
K G N I M M I W S H W K O T J P S
A X T V M Z R F P I S X E S B L E
E Z B D E J O G L U O T I U K C M
K M A U R V P D F K C S N R N R O
A W L R Y R E H C R A K C E B O H
L F L O X R S A A A B H N L H H
K K R L N T E F D E C R I G O A W
W E O E I C T V D V E T N K Y S T
Q O S F S S E O P E I I Y I M E
P S F N N D V C X C T N L V Z N S
N N W U O Q R E J A S I T S I T G
O I R O S E S R O H A I F U A T C
K S W C R C A B I N W T D F R B Y
E O P I N E C O N E S I F L S E A
```

Pg. 161 • To the Gym!

```
Y B B X I W Y W X U B Y E Q N I R
L A V A X B L A C I T P I L L E M
F R E E W E I G H T S E L I T M P
K B F D S I J E Y A C F J E I E Z
C E Y I P K A K W S G O M N W P E
G L S R T V A I Y P C O B C S R F
N N L E A Y N Z B L I D I Y D Y O H
I E A L C P G S P R N Q X O T M L
J G C Y R P O I S A U L R O R L B
U U S J R U V C H B V N Y V E E T
R P M E T J C R A G A N C B A V A
Z J S P V F W E S O R L B H D N I
C S B R R S J X L O T M L M B C
I Q D X Y O L E W B U B A R I H Q
T F S T E P P E R D A G W I L S K
X C Y I J C R E U N V C H W L G Y
```

Pg. 162 • Wild Cats

```
G D S A N D C A T D Q E F S T C Y
Q S M M S N L P T A F Y I N T L V
P R L A V X E M J O C B Z A D N M
L A V R E S O Z X U L S C N M K K
J G N B M K P E H W N E A V Q M R
W U Y L R A A N I K T G C L L Z E
L O L E A W R L O O Z H L O L S L
T C G D U U D G M I A T U E Y A T
N I C G C P O A T L A X B C V P
T D O A A F I N E Y P C D U V A E
W Y L T J R I E N N K S C P R Z T
U C W M I P H X R O L A R X C A K
W C A R A C A L D E Q P Q F W Y R
M A C F G I K I C X M Z C M Q M
Q V L T A C B O B R Z D A E Q I I I
J I A R Z D B O Q X R P N F W T L
U B Y T A C G N I H S I F Z W U O
```

Pg. 163 • Yard Sale

```
T T B D B S F F Z M M T Q R F O D
Z V T I I F L U T E C R I B S Y Z
P M N D C S O M S L G L K G O H
L B U R Y Z H I E F L A O N L F H
Y O O A C H T E D C E O S U B L V
Z A C Y L R U K S I B D O J T H W
Y R S D E C I R P K J I C T A N V
N V I V C N S E U Q I T N A B K Q
R A D I O H O Q N D E L B A L T I
R A T I U G E M E E A M R M E E T
F B O Q C Y D A D M G Z X S G H
U V H T H R L R P N A G S D S L P
O C L O T H E S J I E R H Y T N E
K Q K J A S E Y N P I K O B G V Q
G N G I S O H J K A E T E O O G X
M J S E H J V S H D Q G V E F R H
Y D R S I B P C G K H G G E W F S
```

Pg. 164 • Yogurt

```
S B Y V R C U J H C N E R F I U C
F E R P T N H P P E A R R T C J L
C F R E I H T O O M S L I P N S F
F U E U O P A O N R A U C I W K R
A J B N T G G B E E R N E I E E O
F T P E O L N G A F Y T S E U U Z
T R S O R M U A Q C O S R H P M E
D B A H I L E C M R T G Q R Q K N
V L R L A W Z L P B P E W F A Z S
P U P R O B I O T I C S R C K T T
L E R A E J G K N X U E I A R A
X B Q K L M P E A C H S E F A N F
C E N A K L A B W G E E N Y S R N
F R D E P P I H W E G O P P K R U
T R I T P E O N H X N A T U R A L
R Y W L L Z Z C A H W H K Z R N F
H I E P E A L Z X V F M E K V G G
```

Pg. 165 • Bags

```
F C Z G R A B B R X Y B E G F C S
G N I H C N U P R E I V T B M K C
H E L X A T F Q E L N Q X Y R S I
L S P A G I D D L B E G G L A S T
X C A R P S I E O A O I I X R H S
D O V R I T V T S T F B S E Z A
U F F M T A O G M U R T S R E S L
F P B Y L R T N P E G W M K U D P
E X P O P C O R N B L S V A O F M
L O Y E Z Y O R E S O B E J E P Y O K
Q C E W Y R R T M Q H T B N A O K
U L R Q E W M E X U I O U M G Z O
S H O P P I N G C L I J Y Y A E U
D N A H L E I G G O D I P O L F R
S P J X S S V V X A R P T G O M M
C M S J M B H O N Q T G I S Z Z W
```

Pg. 166 • Book Themes

```
I E G E J Y W C K C G S O K U L T
C N E S L A Y A R T E B E W O O U
J U X C P E P G R J K R I V J S C
E T P A T R I O T I S M E J B S W
C R Y P K G H K W M H T W E V X O
A O K E M N H O P E F T M K D B R
E F N W Q K O E D A R O R D E G C
P O U F E J L I M J H W H I N A E
M F I C O N O X I T A L O S I B L H
Q S J S V R L U T P S D R P U I Z
E V I L C Y M N R U E E G X C E X
Y D O O G O E I R N F C V Q N N Y
X Z E B R M V V T F E V E Z D A Y
A V V A G E I E U Y X Y S D W T J
Q M P D T V H S R H M T N Z U I C
S G U N A H P N M V G R D E O Y
Q J O L Q Z I P C J R B H R U N Q
```

Pg. 167 • Branches of Physics

```
B A T O D Y A Q H L M Y J J S J W
C J Z P L E H S E A Z U P B V V N
K L G T A V M L C C W B T E S U R
E A M I G T C Z C I J B C N C Z M
A A M C J I O H E N N V I L A O S
A G W S T C E M K A F E E O L U R
C H E R A M X D I H K A G E S O O
O M A O I L N X Y C R D C O X C F
U P A C P H P G R E K U I L Y P D
S L A C U H M R D M L G R C X R I
T L B J X L Y I X A D R J X H Z C
I E K O O D U S R X N N V D E A R
C O W B P L A C I T E R O E H T N
S U Z F Y K M R C K L H T W F R
W B I O P H Y S I C S J F J N G C
T W G N F N T W J B Z Z H Y R G E
Z A N A N C W J W G J L Y E M D C
```

Pg. 168 • College Life

```
U R S L T N C C Z B W N J O I Y R
B F O E M N B R S L A N I F L S D
V R Y N R E E X C P U V E H K Y
V E C I I O O D A D R F B G M O G
P S K K R M M D U E I J U N I O R
R H C C N O E O P T L T M E P B A
O M Y E A M O A H I S A S L J T D
F A A H I S P M B P J E E L P X E
E N F C E L C R M O O C B A N E S
S X S N A O A H R A N S R H H T F
S Q I I U R C T S E T T R C U I I
O O C R Y R B G I L Y E E D N I H
R O S R A E E R G E D A Y A W O N
S E M E S T E R G Z Z I N B A Z E
G Z S T J P Q N V Z D C T O K Y R
W E V Z X B W X I V E R Z Y J D Q
R T C E J O R P K U L L O X N T A
```

Pg. 169 • Cosmetic Brands

```
Y U E E T A G F T I R X Q I N M Z
E S E H G R O B N H V Q O T F H G
U U Z W J X C O V E R G I R L E H Q
P T B P N Y L O L A F S X E H I Q
U I T P D P S L V L D L S N K Y H
K F R E D U A L E E T S E I O W W
C E B J H E W Y R M I D A L N G U
D N V L R L A O A E X Z X L A H T
E E W O A R A X P O Y E J E M P B
C B L O B C F N B K U L P B P A Z
C V L O R A K H C Q Y O Y Y B Q Y
O T N E C B S O O O A Y A K L M
B N F T M A I P A M O K M D C J
E F O I M M I B V A C E L Y C A O
L R M S Y L I O B W L C T K R R Q
L W O O C E N R V O Y X E G Y A O
A A S H I S E I D O B S O B C W M
```

Pg. 170 • Drop Everything

```
N O I T K R I M H S E Z X B H Z F
Q W C R K F I Y T S S U H Q Z R T
Z U I M T F F P K V R F V U O V V
R W S B B O X C L A B I A U R Y S
H Z B M R P X M K C A B K L A H U
P T L M A K X C V N F K K G I V J
C Z O N E W I D N J Q D C P N A N
W E O L T K A Z O A E E W L R R M
Z E D O T E B G Q Q E H N R E C U E Z
E C U R T A I N L R M F B G A B I
G G E O E C I R P B O E T Q W O T
H L U M F L E B S F X O E K C R R
W V H M A N F V Q U D S R Z G U B
W N F S F S F H S Q B G T X G U A
R E J B J F T E U Q F O F Q A F Q
B I L U M Z S E C C D X K R B H F
```

Pg. 171 • Employment

```
C M P G N I T S I L B O J J P Z R
T H E J H L W O U R E Y O L P M E
C B R E C O N O M Y H R M Y P T E
A B F Q A P W V R V G W I Q R R R
R O O M J A A K X K O B U H O U A
T H R N G L Y B E R P A W J M N C
N M E U N K E K C L L O S O L E
O A S A S S Y F C I U E A I T L T
U L T F L R U I S A A A O J E R N
E X G P C S C R E E P R O R E J I
G L M E Z A A R C U N B E C P A M
O E N E T I C L C E F I R V O P
X Y C I L O P C A A X U S E E T E
W L O L A B O R I R I F D U C S T
L N O I N U I R R T Y T M L B J I
E K I H J O W E I V R E T N I T P
```

Pg. 172 • Freshwater Fish

```
R B R N K R A H S A L A B A W D E
L E F O R E L J J G N W Z A V R H
Q N E X I S L G O M Y B L G Q X S
G T F D G N Z I I O L H B J V L J
F H S I F G A L F Z E S H C U T F
A O V M R I O D H Y I W U P G Z L
Z C A T F I S H E F L E I T O M E
R E H F B S C H D Z O R A G R X G
F L A O U F U L B A A Z N P J R N
C P E R C H O E U N C I X B P E A
N O V B A G T H R H I P D S O X
I S R X P T U A A P E O C A C A L
X A B Y A O G L S H O F Q H L G M
B A H A R T E T A M R R F W L I V
L K V T I G E R F I S H T U N I T
N P L M G S G T M V C P F P Y D
A E O E K H Q G C H Q I M P W M J
```

Pg. 173 • Grocery Store

```
S F S N O P U O C C K H M Z M W P
Y C E I J M U X A P A D O S T Y P
P E A A I J S R A T Z R Q D P C W
V R S E L B A T E G E V T A B A Q
E E O E J D L I G T G A S I K M F
M A N D L U N R S T T Z R R X R U
D L A R U P O E L L A U R Y O A I
W A L C E X M G G T E E B Z F H M
G W E F E G E A T G I S E L A P W
F L A R M A I U S H S N N I P Y C
B B Y E B A O S S Q F P L S V R B
P C A I A K X A T O B E C T P E K
F T X K C M C R O E D X F A B K K
R E C E I P T D F N R P S L E A V
B Q H L U N E Z R A N T X U O B I
D C K O V B G P E C A W W X M U D
G G S N C P E T S U P P L Y L L R
```

Pg. 174 • Hospital Departments

```
F Z T N M Q K P G D Y U A H T Z M
K Z E M E R G E N C Y Y B G J P A
E E N C U U W N Y F G P M Q H A T
Y Q S W W N R R N O M C Y Y C Y E
G U T C Q K E O L D U O S M J K R
O Z L H I G A O L Y F I H A G E N
L Q X T R R C B G O C P Y M S L I
S K O A L A R Y Y Y X O G P Y
D I A G N O S T I C I M A G I N G
R N V G I D H O Y D I O Y R Z S D
A X G D I E L O U E E W E A L J O
C H A O R C Z J W N C P O P H X W
U R F A M G B Y N A D E E H P X B
H O P R D D I C P P Z J A Y C O U
Y Y E N I C I D E M R A E L C U N
E J O X U E A M N P W D H S V F L
```

Pg. 175 • Irregular Verbs

```
W O F R I H U O Y A N S A D E L Q
J C H G T M B S H D V A C Z U S T
Q L U M N E Y S N U C Z Q E I Z L
W O D D Z I B I P M R U O K M W S
X D T E Y W R S Y L I T C A W G G
J W E W H G E L U T I C A T K R T
X R W E X T S O C S Y T S S K W R
F A Z A F N O W A R D H T I W D M
H F P U R Q E L T U H S Y M O W M
P T H S P L M B C B M Q G O V X X
L L C H H E C T E K H B N T E F D
M L C U I A I C N W S T I C R P V
Y R W E T N K O E X O F O C T D Y
O M N V K D W E L L S P R E A D D
T D X Y I L A P X P U X V S K S T
R T S B F B I L E T N V B L E V F
H U I Z A H O L D G J I M L K N Z
```

Pg. 176 • Man Cave

```
G A R A G E E C D U A U Q W D R T
X B S D V T N E E R C S G I B G R
B P A T A S K C A N S L C J S J O
D O X S A R I Q S B Z O B S E L T
R K F F E D T A U V X S J N L A R
P E S M N M I S Y C E N O K E A E
R R E E B J E U H R N R C D I B E
O B L J M B T N M E E O E F F N G
J I E L A A D S T S L T I O I I I
E L R L A C G E D C E S U D L P R
C L L A I B L O N R H A N P H F F
T O A K A I E O N D O C W S A O R
O A R B T O N U G O C I I P I O H C
R R B T O N U G O C I I P I O H C
S D Z H K F R G P F U V I H C Q S
N S U R X O B O X I N G R I N G Q
X P J S D Q P I P O S T E R S G J
```

Pg. 177 • Nocturnal Animals

```
Z X Y X T A R A N T U L A K P D W
R H A M S T E R G K T Z R N A M B
P E K M Q O T E S U A A M U Q U E
F D J I R C O K W A V N K K J S J
W G A G W R Y D O W L G S A S Y
H E A T Z I O L R O T P O A S O C
C H I T P C C A L A O K I K R P I
Y O C W S K A F Y S W A Z N F O C
R G L L R E T S N O M A L I G A O
U E U L W T C W A R Y M T M T G X
B A V A I O Y Z O L Q K O F R G A
B A T A R D Q M F M V O I U D A X
F Q X P E R A E P R B S K W S A U
R F I D Q B R M U U H A X C O E D
E O F A V I U M R Q P A T U E Y K
N O X O F D E R U A M U V J W G Z
Q V F T F L N B A D G E R S G G D
```

Pg. 178 • Oxymorons

```
M E R U T U F R A E N A Q I I E A
M U P L K P J R Q L Y Q Q G Z T K
V C D H Y R Q U E N I H S L L U D
X H R B F A A G M Q V E G U X A O
U W E K A C K L U A H V W E Y A P
N R S F N T B Z O I O A C I Z N I
T I S H T I H M Y N G S T X U J P
I K P T O C E R K N G T H M Q T O
C T A Q J E D L U R L S B R S S C
I G N R Z T I O B E A F H O I O G
F K T W J E Y I B I E W H O L M R
E F S Z Y S W I C E S T L D R X P
D N F K W T Q X L Y S I F I A T Z
O D H E F R M I K E H E V B V I S
R T N E K M N Z U K V O F N M I E
E U Z I N G K G F E M R T J I I C
Z E E N T X H P R E T T Y U G L Y
```

Pg. 179 • Poker

```
E T H X V A T X R T H G I A R T S
X B L A Z E M G K O X Q S O F Z D
G A X X Q I B D P R J T X W W Z E
J C L A Y D O W N J D A T J I W T
K P D C E W P H P D E B C Y S S U
D D Z A N S U F S O A L Z K W M U
R O P C I L U F R U L U L X P N B
A O A S L R O O Z E L F W A O O A
C R U E A D N A H D E F P I C G T
D E T I U S M D R L X Z S Q Q M B
L K S E M I D A F O L S E F V D O
I E V U B A W A N F E U Y O N X Q
W Y L I J C H O P R H D F O U X Y
K R E B A C I G P N V X X P Z T S
N G U X W T G V J G T F J I T Y
O C H E C K A Z L O W S H C B R K
E H V A S N Z X W P F N C C N B X
```

Pg. 180 • Résumés

```
Y R O T S I H G R O O Y E F T U A
D D X O N C L S Z J Z L U N G Y E
O R L E G E K O Z R I N E O V Y C
G O A N M I T Y O F C M A J E M Y
V N C I L P R S O T E L N J D I B
R N I L L E L R I V A O U U U A O
A R G N S E P O E S S N T C J X Z
P J Q U I Z N I Y Y T N O I J A P Q
J L N R A T O Y C L R A T C E M C V M
Q T O I L C R A T C E M C I X N W Y
S H N J A G C T T H Z N S I O T F
U E O B J E C T I V E O T X N W Y
C E R N O I T A C I F I L A U Q H
O T H J E H W L Z S U M M A R Y V
F N C W J S E C N E I R E P X E H
I F O R M A T T M G I N R H X H O
F W A N R K E X I X R F C P T W P
```

Pg. 181 • Seashore

```
N I K S T E J P B U L R Q P S Y D
N H K B E R N I N C L P D E F K Z
S E A G U L L E P I A M A L F M V
G R Y Y T A T O E T B S W I M B G
C L O K I I U S C R H Y H C T V O
O P I C N I C E A E C T R A F A D
D Y E F J Q E A L C A S P N A H T
E J P P E M G L I H E N N F R E O
E D C E A G W P S C B K S U K K H
Z L E W O T U I A I S V W N S M D
L A O O D P F A K L I E A Y D Z U
Z G E N Y Y L I R C L L V L Q Y Z
F U M V L B N E Y D B E Q A I T O
T D G L C I O Z N T O J R D W Y J
Y J E M S L T A S O J Q Z B Z R N
B J C N B Q S N T S T I Q H M Z K
K Z L L A B Y E L L O V E V W U Z
```

Pg. 182 • Sri Lanka

```
Y Y M B D E C W D T R O P I C A L
R D L U I S L A N D X P B V I J T
R Q N S I N H A L A H E S Y L B X
J Q S A N O T R F Z A L C L B R H
R J K S K O R H C C L I O U U Y Z
L Z R I B S G U H I N C L R P L K
H S O X M N T E B D C A O M E K A
T E T Y V O S N I B M N M Q R E S
C A S U Y M O A A E S B O L T D
O C P G N O N P O H V R O O N G C
F U M T P O F G E V P G C E U U J
F E Y H S C N C O S A S E M I L Z N
E K T E D G T O R Z C R L T B O N
E S A U Q E U H C E A O U E L I U
V N O M A N N I C G S R C Y W H S
I R V H S E L I T X E T E K E U X
H Z O I L U B T M F X C S L S W B
```

Pg. 183 • Suffixes

```
S O E M Y E I O R Y C E T R L I C
L E M K T C W O P A T H N L S A O
S I L E I O I C Y C L E E O D I C
S Y T I C L A P Y G N U M O O B S
P H G S A T H P Y I I I E O S O O
S H S O E I O P I H S O D C H P I
E E A L C L M E I Y N R R R P R I
L A L E S O I W Y H Y S M S A E C
E O E U Y B C E T L H E Y A C W N
A W P D N S H L E H L H E S Y E E
S E W C E Y O E D T Y M E D O O H
H C S C S O H R I S O E E O I I E
W W T Q S E P O C S C S I A S I S
R E L I U U N S T S I G O L M A C
S T Y I I E H O Y W Y A P O B R Y
T E D G H O P S S S E E I L M L Q
E S S N O C A N A L I Y E B A Y I
```

Pg. 184 • The Tundra

```
X P C T P A V Y Q X Y F S J H R X
Q Z F H L S L P Q J B O N T Q N J
T N M S H O T P O U W K G A Y O K
G A A E E T Y B I L X U D L O C N
Q T G N S G O A T N A A A Z C J O
Z O U S A N D P I P E R X M V W V
E Y T G S G O E Q D B C B S S W Z
E O K O M M J W S U Q T H E W G H
V T S O R F A M R E P I K S A E B
I G T C A Y U H O J Q C E R N R U
T H N I T S S T C D U R D D O A M
I J S I K K I L E D O X N T C H B
S S S O M U I Z Q S Y O Y F E K L
N U X B Q M X W X A L K O N L D Y B
E J R S A V E A M L K O N L D Y B
S C O T I W O L F U U B G B T E E
I M E L I C H E N D Q F F Q T I E
```

Pg. 185 • Top Jockeys

```
C S D O N B N X Q U V Z V C W W O
B T R E I L A E T N P O O E V A Z
Z E U Q S A V I D V O R W E M L S
P V R W S O P Q L G D R X E L U G
Z E E W V I R Y O E N N R O A K B
O N D W N H L M R D Y O F A C S K
L S Y O X L G O E G U W L A C L X
P I N C A Y J R S A O F L P G C I
C Z S S Z R B R D O U B S Y S R M
W Z J O E G H B R N Z X L F E B F
O W V O U E Z A B Q T I L K Q N V
T G L I Q H C E V J S I A I P Y A
M I D J S R N Z X D M G R Y R R
S R N H A W L E Y W E O A T J Z D
Y N O S L I W Q G O J D O B C M O
F I A S E R I F H Q O M Y C Y R I
U T A K V Z E S M I T H L L Y S N
```

Pg. 186 • Typography

```
G J R T G P T U P I G D G C B A I
K B U K H D O R Q T D O H R B M R
I V L P E H I U R I U Z W K N P C
S F G G I M S A N L T N E C R E P
T C R A E L C A T D W E N Q T R F
W E J T G K C Y L E S G X E E S L
E Y G T I N P R V S I I L I S A N
C U K N H E I R O S K L G O E N Y
T A G H J R A K I K O R B E I A M P H
N J R A K I K O R B E I A M P H
I B C E R S I O B E L U S B T D O
R E I E T T D Y P X K Y I K S Y F
P E T J C N G I S T A Y Y J P C W
T S G E L I P F K R A M E D A R T
A R S G G O O D I T T O M A R K A
E F K N A P L V F X F Y T E H C E
P C R P D D Y O H G G X V K X A X
```

Pg. 187 • Vikings

```
C R O X C S Y E Q W S Q T P F O E
M O D G N I R A F A E S T V H E S
S J U D B U P L G E S T I S G Y O
E H M R P I R A T E X K M U X G Q
S R T R A C S A S R I P O D C M H
G Q O Y O G Y S I N O D L Y X E C A
N R Q M M M E R G D L C O O S D A N
P R E A A L R G O E E Y T C R I A
A A P H N H A I T Q R A X C E
S K U O L R S I N N D I L N R A J
G R K M S P U R C I A A H E Z L B
N H E J D E E E N I N H L Y Z S W
O T L R G D N A T D Z T C N W G B
L S O U A O V N F I T E S R O N Q
R W A R R I O R I E L I D C E D U
S V T Z A H B U S M C J B G F M E
```

Pg. 188 • World Dams

```
K E R U N H I T Q F O R T P E C K
Y Q L D W V T Q P L D H X R Y I J
J D I L G D I C E P H E N I Y P J
Y C R U I Z H K O V O G I P J A L
Q C R O Q V C U J M H C A N H S W
T I S E G R O G E E R H T I J A M
V Z T B V U C R C O J U G M G N Q
V A B E A S O N Q O H E H O X P G Y
A A Q M P H O V S Z A Q A G H I G
B O R U C A O H L S Q P H B P T T
K Z C S W T N S W O M S E X S I Z
A N O U A R N A D A I D D T N O J
V W F R L E N T N U O C O Y O Q J
E L A E O D F G L A O T W X R N M
N S J W U L L N Y M A X R B J M V
A A W O H A A W U T J B L N M G L
K W G L F S B B B E U S A N C I N
```

Pg. 189 • Yo-Yo Tricks

```
E I M U W G N I O B G N I O B F D
K C Z K E Z E P A R T E M A F D Q
A W O R M H O L E Z L K R P L Q D
N T S T E L L Q E E C R X R I R I
S I I H A P F N V C E P O Z Z
E J I R O L E A U L A W H C T T Z
A E K S O T O R H E I L A U V B
T R M V R L L T T C R R L A G I A
A M P W I L E D H E E K B O D J B
R B G Q S R N E G E T K Z I B I Y
C C R R B U D D P H M P G L C T
V W E W O N F P E E P O B K M B V
R U U R I B U D R P R V O G N M A
T B A W Y J O L E A K S D N O K C
C Q E F I G L R Q R W L L L W D A
U R O C K T H E B A B Y A G V B B
```

Pg. 190 • 2011 Emmy-Winners

```
L A U A N A H Z M P E A R C E S C
G I Y X G A I P N C T P D H R A H
S Q S Z O N P A J I R R A O P K A
M A R G U L I E S L Z R T K E L C
I R I I D G L K T L Z C S F R D T
T E S E S R O C S E E L E N C A R
H T E L S N I W R U L W Z I K E A K
R I C H M A N X I R U G O G V F S
Q R O I R V D D Q U K L L M A W S
Z W T M C A I N J B Q Y L X L N C
D A S D C N C J I Z A P E J O H L
K F E P K C A T H T N Z F S A F B
X C G L I M A T O B R S R N K O B
G C A M M L A R I R E A D Q W O G
S G P V M E L G T V P L M E X A F
E K R R E P P E P H E K N M W I M
B I B G T S C D R R Y L T S I F H
```

Pg. 191 • American Abstract Expressionists

```
K V U C T F H F B M J I S A V R X
K C O S E L I G E R F U A R H E Y
X I O U I O M D U C A P Q V A B K
Q B K L L W C A W O E L F F E R R
D A L L K E G T B N M S P F E A
L K Z B X O O L T P D S T X I S
U A F R E L P S T K E O O N O N
H Z N T D R A H N I E R A O K N
M S Z B O M U K B S O H P O G A R
T O E H O B O R A O C R N F V C H
L R P O T T E R Z S E C R A F I I
G X G I S Z Y I R R A H B Y S D
K O X N N W Z E O B N O Y L M R K
U W R I N M N M T K S D T K J A S
A Q C C D I G X E R L Q T H R M I
M K I U L U D Q S P E B M N K O I
B U M K D M P H E N R E T S R O G
```

Pg. 192 • Begins with San

```
W G J U W M A T E O J O S E D N J
E B K Q W W L Y J M B C X I G V P
R O L O R E N Z O L L V E A O S E
O A L I D M L O X E Q G S N M E F
P O M B N N E F M S O K A T F M D
Q N Q O A W A E R N Q R M O Q H S
J I I X N P N N F A T D I N M G M
Z D L V G T D S R S N A D I U Q Y
Z R F H E G R R I E O C O O T C H
Q A U G L E O P A R F N I N K M A
N N D O T A G W F O F I S U R B
O R U S N C W R M R A V G R C R E
I E A I N F I A D S P E X L A O B
M B C A N D R E A S P Q L X S M G
A A U D G C P C J L E I R B A G P
J J L O O P S I B O S I U L F P Z
D N U S O L R A C F G B S E J Z U
```

Pg. 193 • Coming Up Short

```
R Z S N P Z K F A P B W W W R X R
U H K A K K B I T K P I A M T J Z
M B I C E H C G S R B X Y R Z I L
U Z R P G V I I P T P S Z L T C L
O E T E N H A I T C O A E E X S V
T S T N A P R W U S T R R Q O B S
L M A I H T I O W Q S Y Y R P N W
H X R L C D H D P G S H S A E L Z
Y D F Q E K H S F E Y P Y I T K X
H C R Y R O M E D L M E L C U A
K G Y A X S L E E V E K P I K R K
B Q C K O N O D D N A H R S Q F K
L U C X I B R T C Z C L T U Y W
M G R T P S I A B N U Y E N L L V
T B R E A D A H F I O L D R T K V
F A L L E G N M T U L S K O K X Q
M N V B O X E R D F O W N T K T E
```

Pg. 194 • Coral Reef

```
I D W E N O M E N A U U A I N U L
S L X Z C N Y Q P T F E U S W U C
C U T O M O L L U S K D P E N R J
A D P R X C X N I H C R U A E S
O E O J A C L O W N F I S H P O
A E O R T L U N Q B R H P T L B
F L T S U C S E O I S Q U A A T
R L G H Q I O E N T N B R S H F X
L Q A U Y G A G K A C F G X
L V O E R E M I N E C B N S Y M I B
O P B K O N F D E I U O A R O L I
P O Z S G C P N T G I C E L U N T
U L Y A T O A A W B Y I U N P U A
B L P F L E T O M X R X M M N S L
D A H Y C K R Y Q R U C O F B J L
K C P O G M S N A I L N W D S E F
T S M H I A K B G T P M I R H S R
```

Pg. 195 • Friends

```
G G H A A O N N V I L B M G J Z B
O C D T C W C O M P A N I O N O Z
F E T R O H O C A S P T E P W X J
G D U A M I C O M Y U M W M G K Q
P A U G P A T O I R T A P M O C
X R P P A R U D G L R S M N N H A
P M S X D E N I O V I T F T M U Y
A O S I R U L T G D K I A N C M C
N A S R P O E K O T A L I D W H R
R M F U S C I H W C A R Q I M Q V
U Z V N C C J B Q Y J M T F D T J
U K O E K I V M U G S Y F N T R N
J C R O N Y M Y Q D R B A O E B T
L K J G Y L L A O W D Q B C B R A
M H U X A Z H S O G Q Y O F T Y C
K D W D C I T K O B U W C V D G X
```

Pg. 196 • Golf Clubs

```
S H M S I W Z E Z W X X Z O N D H
E S S V K O N M V F Z L B C H S L
N Q S W W O O W C Y Y I N D A Q G
S O E C I D R C N O R I E E R H T
I Q R O O M I N A P I G Y J I S E
X F E I J I O R U T P U N S X D S
I W C H T R W T B U D H N H D E B
R G J I H T E X Y H L A E V O U
F A E H E G D G Y H A L E W X L
N M V T R E V I R D H R N L V X C
V I N W Z H A N E J E I C D U X Q
F E N P L W O O G I R W F H I X J
S C L E Q R W W U O H Y P O G Q N
F O U R I R O N N F I O Q R N S W
Y S P E L R D S W F Q X O U Z K C
G N N Z N U O X W C Q T O Y O M O
M O O S I H Z N C R T U D F Q J R
```

Pg. 197 • Home Décor

```
R R N S F E Z R G W A U U J B X H
O L S E R U T X I F P J Z T C X Q
P I E L Q S R E R U T I N R U F O
A G M B W M T S L K J I S S R K A
R H E I J F E O F L O W E R S K T
X T H T Y V M C N P M M L O T K M
F I C C L B A M L E A Z E L N Y O
H N S E Z N I A R R W T D O I F S
C S G H L D R C S F E O A R C R R P
I U E O F U X O D O Z A G E S W E
R S R C O C N X T P L R P S K A R
B S G T A K A I A O A L T L N G E
A S E D A H S I Q N H N I I L S S
F L O O R I N G C U A P Q P M A P
B E O F K T N E L L E Z A G C P W
B X L N B I N S P I R A T I O N G
```

Pg. 198 • Martial Arts Styles

```
S X Z F S S T A U K A P H T T J Q
U Y R N I R O H S S R E S N R T H
M I A H T Y A U M C J A T R G L L
O K I L A K F M T U M N V A H X P
X A D U I H J N O B Y O G M R W L
W M F U C H A M O W D R N S A A R
Z M H R H K N N N E T I B K G K
Q I K B I M M I E T K J X H I W A
V D P E C C N K A P E D O S C Z O
E T S A H J H V I E Y O B I I E D
E O T H U A A O T A S I K N Q U U
Y N N T A S P K Y A K N C G W F J
W V S Z N D U K V L I O I Q P G K
A U Y E X N V I I I K K L B N J
C A P O E I R A K D V F I U M U W
I A I D O X Q L Q M O K U D H K U
F A O D T A E K W O N D O T O S S
```

Pg. 199 • Meet the NYMs

```
P O L Y O N Y M F S R P U H P W F
M H F M J N Z J K Q M S T A W A D
S Y U J Y J Z C D L L E E Z M M C J
R H N N F B J M F V C U T Z B R M
M Y N O R T E R V M E D O T O M
P J Q N T Z P O O M Y O N O N N Q
R A C Y A P M M P J M N M B Q Y B
X U R S O Y Y A Z Y Y O W S M M
G C E O N R T R T N N M P M E I R
S H A O N R O R C O O E P D O D A
W C M P O Y O N T M R X D Z O H
A E L N I P M U Y G E A E W P M G
D C Y B O T A N D M T D K P P H
K M I N M T O B Y Z E P B V Y O J
P S Y T O P O N Y M H K E M K L H
S M X N E A R U Y A L L O N Y M P
G M Y N O T N A W M E Q U A M N V
```

Pg. 200 • Motorcycle Gangs

```
U E Z S L E G N A S L L E H I F M
S W A L T U O V B L O N E R S D S
O Y N E Z O D Y T R I D Q C E Z R
N R F A W Q Q G Z O A A D E Y Y E
S B D E V I L S D I C I P L E S K
O R O V S W B Y T P S S R G O H
F G S O F E Y F A D R L R A I B
S H K S Z W V G R E E I E G L S Q
I O C O O E A A H E M B K P S H
L S O L M N F T I R E W R N E O Y
E T R A S O O I E S A S I S B D R
N R I A S R N A G Y S F O I E A G
C I B O P G M H E N D U J H T
E D W S E G E O H T N A X L H T
S E I Q R Q N A T L A E I T J S H
W R W S I G Y T V B S H R P A O E
I S C H I N G A L I N G S S V S
```

Pg. 201 • NFL Teams

```
S E C G C T O V Y V M H B S I N P
S A S H U Q A G E S N W O R B I K
N T I T A N S C Z O O S N E M I F
I E O N L R O R I D B J T L B M M
H X A I T O G A Y U E O T E S A B
P A V L R S C E C S S Y E J X N
L N T I G T C C R J D R Q T U K S
D J I K P F L R H L D A W C O
S C I E E C R A J A A A B G I S N
N D F E A S L E E G N G U I N A O
E S R P T C C B D I T A N O L H R
V S V N O A Y S D S R R I E M L B
A P A N T H E R S S K L Y E B D S
R I S E L G A E V I K I N G S W A
G R L N J C I R C T T F N Z I R P
M O Y Q W S Y O B W O C J S S R X
```

Pg. 202 • Product Features

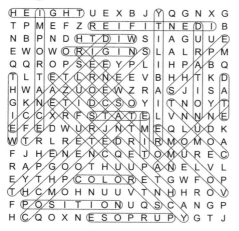

```
H E I G H T U E X B J Y Q G N X G
T P M E F Z R E I F I T N E D I B
N B P N D H T D I W S I A G U U E
E W O W O R I G I N S L A L R P M
Q Q R O P S E Y P L I H P A B Q
T L T E T L R N E V B H H T K D
H W A A Z U O E W Z R A S J I S A
G K N E T I D C S O Y I T N O Y T
I C C X R F S T A T E L V N N N E
E F E D W U R J N T M E Q L U D K
W T R L R E T E D R I R M O M O A
F J H E N E N C Q E T O M U R E C
R A P G O O T H U U P A N E L V L
E Y T H P C O L O R E T G W F O P
T H C M O H N U U V T N H H R O V
F P O S I T I O N U Q S C A N G P
H C Q O X N E S O P R U P Y G T J
```

Pg. 203 • School Supplies

```
P F K R E L U R K R E N N A L P W
X K Y E E N K O E C O G A S K R I
X Q W Y I R O V Q P S X S L E E U
D F K F E B O H R W A R E I E Z Q
S R O D E C I K R B E P Q C G I C
E R N T K Z S W C D W Z F N Q T C
M I O O H I G H L I G H T E R I V
B N O C I E C O B K T L P M N N
A B A R N D F A V T H S E I O A G
C I B A D E I U L K I A E R O S T
K J H Y E S N V T C B S G U H M M
P S J O X T L A I T U A S B L A B
A L U N C H B A G D N L Z U R G B
C J J S A Q K U R I E Y A K E H E
K R D L R C X Z Z I K R E T V D V
U X I B D S F E I Z P R S T O F C
L E R A S E R S R O S S I C S R A
```

Pg. 204 • Sidekicks

```
E O O B O O B L T P O U X L J B W
E T W V O O N M X S R H K L P N T Q
T H C O Y D D O S D A O E E T H E J
E E G P O V Y O T L R B T C V K X
L E O U D R P M R R W H C Y N C U E
M T R O E S R P E O E A E H W I E R
E K Q T S S T K A W N K T L J R E
R A E N P E N O B R N D G S L C R
T Z S C T T N C D D K L S R D J N U
W K P M Y C J U G H E A D O N I D
X O K K A X B J K O F U T M J M Z
P K C H K S P Y L Y O H F S A U X K I
C U H K S T M A D G K X L H O J X
B X V J I M M Y O L S E N C P Y S
V S W I T E M J L H A I V Q O G N
A C C Q T M V B X O X W E G F N U
```

Pg. 205 • Sports Injuries

```
N E D D L S S S U G S R C N T R W
K Y Y I T T I S L M O G N Z U R
C X K S Z N J E B O N A I U D P O
L Q K L E S E U N T R L O S T S R
I P Y O V R R M U D P E P V A L I
O N E C M S U S E S O R N G A E M
T O X A I G I T N G A N L E H E F
L I O T V O V I C I N Z I Y S H J
T S I I N L H B N A A I T T I S W
C S G O U S V R R Q R H P Q I R H
E U X N Z B F C U L E P M B S I P
X C O G S T R A I N M Z A I X P
O N O I S A R B A Q A S G J Y I L
Q O Q V U Z Z F R T V E A O G A S
O C L W W X L A C E R A T I O N S
B B N O I T A R E P S B D P X H
D B F X L F E R Z X D B S K J J L
```

Pg. 206 • Tobacco

```
V N G N I S A C L E R B F P F C Z
T W V G U A Q C J N J C L R A Q D
V I R G I N I A I I H Q U V D D O
K R Z O Z E S N I T R N E A E H Y
A S E R L H P U S O S N C R Z R I
N I V K O L I I N C D U U Z J N O
A E K D C D P I D C R E F N B B
S F A E L E U S N R F E A X R N
A M M F T F H T I S B D S O I F
H T C O U A U P A H D C A F H Z
A U W C K N L C I G A R D D E M Z
M M N I J E S N E R G C I S U K M
V U C W S G L N K R U W A O Q Y E
S Y K C U T N E K T I U V I C B
M A R Y L A N D S L H F J P R S R
E L K O Z Q C O D S R Y C H E W G
J O X M D M T U C H G U O R P X P
```

Pg. 207 • Truth

```
M S L E G I T I M A C Y P V D Z S
B S S I Y D Y N D H E E N S J S J
E I F S T Q C X H R D N N E R L
C N B U T A I O A F O Y N N C P B
V L Q C R D G C E R T N T V R A Y
Y U A Z V T D C I N U H E E I T J
C F O K E C T I J T G C C S I R Y
F H A Y V I O A E I N I T T I T
F T H S O E T R R X S E I A I Y
B U O N T R R R R I A B H R O T L
W R V L E U O A O E I C E T F H E
G T T C G D J N C L C C C T X U I D
Z D O H N T O H L I N T D N U A I
G U O A C T U A L I T Y N N E O F
J C C C D Y F R S J U Y T E Y S P
S S E N E N I U N E G J A O S C S
R E A L I T Y P T H S E P U T S T
```

402

Pg. 208 • 2009 Popular Twin Names

```
Z N L E A H C I M C C S N B O G E
J J O C I M A D D K F K O X C L V
L C S S S C N V M C U R V D T I N R
C G M N I H A I A S I C N J Z D Q
P P H O R D R T H T S A A X B M G
M T C S T T A N H B T H L L D N Y
P J B O A F E M M A J H S R E Y I
J T B P P B A Y L A N H E R I B W
Z C Z H L E Y I Y R A M N W N G W
O K T I I A K E L T N Z Q Q O U N C
M I S A M U E L A H M H D T S G L
J A Y D E N H H Z J G R R J Y A H
L V X E S E T S A L O E N T R A M
J E W X P E E Z O J N L C O R T F
U O F O F V M G T J A C O B E B R
U I H Z A P A Z U Z V U W T D D
B Q D N L N K Y J X X D E S Y Q V
```

Pg. 209 • University Abbreviations

```
X J K U Y P T F V Z A X O B U Z C
X Q D M C U Y E O M J S G V G O Q
T U H T V T V Y J D T O Y Q O F D
N B C P G K Z V Z S W S J S B Q J
X R D E H C C V G G S V H F K J E
H L Q N S C B J U K O A X R J E
U M S N I U D V E K M S W K S P J
S W R S U C G U C C U I S J T F W
P V I M U S C S S M A B E T Y V T
I R Q S S G I S O T P L V P Z E S
T Y K B F D W S U D E X U G L J E
U H J R S T U C L A G B B X C Z K
R F W Y H X S V I S L O G R W X E
Q U S E P L M B U I U Z G J T H B
R C Y R J S Y S R D P O F Q H C C
H F E N D M D K M O G V I D Y L O
Y S R R C A F T E K Y E J G J E C
```

Pg. 210 • Woman

```
S F U S R J R T X T H M H Y E U P
M S U M O T H E R C J C P I A T Y
L C E I T M C D T R R E A R D R I
E O I R U F N P O R A I T O A K H
U U V E T E U S S C O C H N C K X
E N F E I S I N E H R F O U Q O M
T E S Z R R V M M D I O I M L B O T
E S E F S D A A R T P B O W B A
R L A A I K P I E C A O P J C E R
I O Z D E B C N I S P I Y E G N O
N R Q R E Z G D W B Q V S W R O T
A J T N W R C S T A P Q E B R P V I
R I G U U K R S H H M G D W G N V I
I A J S R R E P E E K K O O B B M T
N E H S F Q G A D F U I N N J K O
H A Y E T N A D I F N O C O X O M
```

Pg. 211 • Worms

```
P T Y V Y H E A R T P R E O U L W
L R S L H U L N H C N I Z Y A E
I T Q E M B S R E M U D M B A R Z
S T T E V L E V G O N J S M B R T
F E A O D A E N I U G X Z A P O U
P L H H D A I T O F L A T W M W N
H W S S T R O R W F S K A N R C A
O A G E R R O E D J P L I E E
R O U S J W O O L L Y B E A R P
S P K R F E A R X E X L U V H L
E I W O O D S V W A A K C O O M E
H X L H O I Y B R S T R U Z O Z B
A T P K R H W T R U O S V L N D H
I X J B Z C H J C W M Q P R F I U
R R O I C W C E W J X F G I G B
V J C K L W U P Q P G K J L C O G
E V A A V S A F S Y Z T Q M H C I
```

Pg. 212 • Adverbs

```
F W N E V E R S V G Y Y R O X E C
F D E R O F E B K E N W L S H M N
G A U X U Y X R S E R Y S D U F L
N M S Y V E K T I Y L M L Y P
M E U L S A E X R L L H T L R
Q K A M R A R E L Y B L T S C M
H P L R D L A W T A Q M S A R U D
N U L A B Y L L A E R A C M N U J
Z D Y W U Y F O L D V A M O J I F
T N A D A E T S N I U B E O E H F
P L I T E R A L L Y K A A Y R H L
T F J L E K S Y L Y R E L G O E T
O G C T Q E L K L L X D W U V S P
C M S P P A C T I K N V R I O T E
Z A A J N I S E B I V L S M S K J
F G B G U O R X K Z Y J L M Q E P
Q L J Q C V C L Y L I A D U B C N
```

Pg. 213 • Aircraft

```
Z T W I N E N G I N E J G Z V Z W
O G I L H G B S H R I Y Y F G N O
B A L L O O N R E T H G I E R F M
R N E J I X N N F S E M W Z V W
G L T R B A I R T E N O K T T S B
C P A C O L X R B B L D C Y H D F F
M N R X I U M A P O L I E P A P E R
M A A O O T O T B M L L L P X J E
E R R C P N L I I B P G O V F T
R R A E O E P U C C A E L R M I U
C S L M T L L O C E V I R P Y B M
I H L E A H P L S I G L G O B D M
A I T N P T G L E H R J F B N S O
L P E E E S X I T R N G S R N A C
Z O G R A C B B F P X W A U B P K
C S V Y T I L I T U M A V T C H M
```

Pg. 214 • Breaking the IE Rule

```
S G L A C I E R I T S A D S F L E
Z U R H M H U H N T E E V J S E V
Z H K E N S E E L U I S J M F W F
C J H O I O I K M C C Q C J D F E
E C N E I C S U N B N F J G S A G
Q X G U I N A G A A C N E V X O
S U M F F E F A G T C I W F C M Q
C U E E P T M E N P A B M F N D H
N D F Q R Y N E S I V K C I N A N
W O G F F C I E K A F K S C C Z M
Q T N E I C I F O R P C Y I E O R
C W Q E N C C E A O I L E E H J B
X W S A E X I T S E C N R N S Y G
N R H P H C A E N I D Q F T L J E
C S S I E L D T N A I F X N G W F
F A L L A C I E S T R B U B G D O
G V I D C O N C I E R G E E M Y B
```

Pg. 215 • Butterflies

```
B D H F L K U Y D B Y R Y P W A E
N R B L U E D I A D E M N R I F A
S O W L B U T T E R F L Y O P C Q
N T A K I Z L N F G N S N R R A G
G E E R L A A E N U T J F E C R N
W I E J E M T I B A F A U P E H I
L A F U T D W D R E E D D M I F W
V E N S Q D F R R L Z E V E H E C
T I O D R E Y L N O A E D H T C A
A P C I E N L A A D W J E T Y R L
I F B E I R I G L S A S D L Y E N
L M S G R D E E N T H H M I E N O
E Z H R N O A R T U D E X A I O N
D T D I G F Y S F H J R T G M E X
J A Z Q O J D O G F A C E J W T J X
Y U W B M L T N A E G R E S R A Y
```

Pg. 216 • Catfish

```
S D V P A U I R T I B J A J O E E
H U E F T G P H P N G W R J C G O
A D T F R A R S A A W U N G N J Y
R M W C F H L E I Q N A R I I D K
K O A O I A S K D D B E H Z F E S
Z Z L I V P R D I T E T O D L L M
N E L E C T R I C N A D G Q I I J
Q U A W W A E F G E G I O A A A F
D C G I P M F O R S W Q L W S T E
L H O O E J L B D T R R D W S O A
B I E R A D R M U A J H D O T A S
A L A G N I K L A W R S C O C L U
O L U T A R O M A Z V M Y Y I F W
D A Q O P E S O N L E V O H S X J
R L V T G I L D E D D J B R L P D
J E B J Z O H M Q C H A N N E L B
M A E H L K L W L T C O K Q M D T
```

Pg. 217 • English Reduplication

```
I V I Y L L A D Y L L I D A P Q Y
E L D D A F E L D D I F H X I Z H
E K R S U P E R D U P E R R T V S
Y N N B R R K P T O E Z E S T D A
D I I F A T C A T O B A B A U E A W
D C H M O H N Z I H B P C T R D J
U K U K A V O E Z A P X C P P B L
Y N G T B E F R E E E L I O S A B
E C M E A M E E Y P P D H T W I S
D C M B Z B U S I P P P A P E A W
U K I K B G K J I L A O K Z R G P
F E R I V N I L O C F T K T Z B M
S W J C E W F Z K B D G G E S L E
F J Z E J W H H P Y M J F M Y T T
Q O S H O C U S P O C U S M T F B
I Z G N O D G N I D U E M K X Y L
```

Pg. 218 • Home Sweet Home

```
T O F Q H P W H H F J A G O P J A
B S L G C E U X A M L P C L V D W
G D O N N L C K C U W A R O N A M
G P D O A L K C A Q N R T F N M U
Q Q G I R Y O A S O Z T O S D D O
M P E S D T A T H F L M W M A K O
B D N N T Q A S L T P E B D S B O
W O L A G N U B E Y A N V A A E
Z M G M T X N A G A H T K O C P V
R E K Y C I Z N R E O B I A H I O
A C I D B B I R C T M V L B A A P
O T N A E D O U H Y E A I D A K L
N V C D L H F E G J P R D L L H H
Q E O E L Q Y X U L V R S D L O Q
I B W W I F P O R E E L U C U A I
A D O M I C I L E S Q F M S D K Q
F F Q Q M I A C S S R M E Q I V M
```

Pg. 219 • Mattresses

```
Z M Y K G R G R S Y T Q U G G X M
B I I C L H M A B F L L P Y Z E A
L N E O E A Q B F F L A F M Y F B
G L G M O R E B M U N P E E L S S
B C N F C D E S F L T I Q S C I C
L P I O I I S T P F V O S U M N N
D T R R W E D T A R H I N M E I
P Y P T N P B E F W I T O Y W E I
H Y S M F I Y G P O W N F T I W N
S E R T A L R W Z R S Y G B L F Y
V I E L D L E T G S U K H A S T P
F I N B P O S T U R E P E D I C D
A L N K G W R P Q M C G M L Q R S
V M U B M T P D J S O F A E B N J
N X A V W O P G Y H Y U N D T C Q
S F H A R P O M H L Q O U A N Q L
M B U T A A B Q O E Q V H D U I G
```

Pg. 220 • Menopause

```
E S T R O G E N W X X G D O W M K
S T Q Y U A F I J B M Q N E V A P
I R R I T A B I L I T Y I I T P P
C L N P T E S D Y R F G G F P N F
R G B I W E M L K K H L H P O N
E S G Q G E A B V T M N T G R C C
X U G N T V N H R E W S S W O Q C
E T A N A R O P N A L V W Q G T Y
X H E E I T A O A L C W E A E Z Y
C Y H A F W P N I I A E A I S S Y
I P L L R A S H S L N P T E T T R
U F A J U S C D N I Q M S C E D S
Y S I S O R O P E O T S O I R Q V
H S E N O M R O H O O I X X S O Z M
Y J W O Y V Y U E F M N O X N O G
Q Z K M D D J R G O A M O N E I W
O R V F O H O K Q K H D C U Z W K
```

Pg. 221 • Moons of Saturn

```
V F H D C L F P S I F Y F I N W X
O F Q I M E M R Y A F S A B D C Z
J T D O I N K O W P U H X H A Z Y
F A S N B O U M V B Q Y K H F H
U S N E K H W E H T E O H I Z Y U
O D K U L T F T V U G N J W P H S
M I M A S E E H S S Z I E E W Y Q
B H V P T M T E G H R F R L H A A
Y H Y V I H O U Y A P I O T E E I
K D A P H N I S Q M O A E A Q H L
E N E L L A P N P N N T N L C R A A
Z L D G D H L E G Y G T J D T Z A
A J U U O O H S A T L A T O O F P
V I P E T T E N C E L A D U S R I
B N S N X I Y D N T A C Z L A A
S E G A E I Q U I V I K T W T W J
F P N E O W Q X Q K M P S U C U Z
```

Pg. 222 • Peanuts

```
E Y T Q V K V O O R M U I D A T S
M E L T O P I H C P A H J E R J S
G A R L I C R E L K U M Q E Z E X
Y W R H K R G A D E C P D G I A I
J C O S I E I Z I T M S E T D N D
Y L B I H N N C Z D K Q T D U E L
D E H N Y M I B R I H A S J S L O
Q G U A P W A Y N Y P K A P E C T
G U H P A K R L C H O C O L A T E
D M I S D O J R L D G L R P H I K
P E A P A E E D I O I A Y E A R L
B B L S A G T G E A W X E G I B K
I U T L U C R L T L T Y N E T Y N
D E T L E O K K A E I K O R K D C
D I A T E H C I E S J O H F Z X M
V R L G E O S W N M N V B K J U A
X T X H C R S P G G K U V I W D V
```

Pg. 223 • Punctuation

```
C E K V P P N O Z S A K U W N J N
C Z C Y A Q P B F S B F E B I N Z
V E X C L A M A T I O N B R P L P
G N T T S I S E H T N E R A P O S
D N D J C C X Y W S G Q A C A F X
X C W J O O P P T L U G E K U F W
L M K M E H L E J E U T T E U F W
Y A M Q E T M O S K O E L T U T U
K A P N C E O T N U S K D S R N A
K H Z O L E I U Q O S U Q K D Q O
I N D L S O L E Q I E B D E D R O
X V I O N T L L R E G X R I M K Q
A U P M I G R E I P L S B Z L I O
G X A D N R T O H P C B X B B O X
E R L I A S E J P O S I U G X D S
K N S L A S H P R H E E M O K U Y
F N P K F Z H E U W E C S Y D U B
```

Pg. 224 • Rodeo

```
Y Q O E Z J S C O M P E T E R P T
X S E V P K S S T B H N J L X E D
C O V E R D B H T N U O L R A R E
L L Y N S P U R S E Q C V E C J X
J G O T U J C K W K R K K G B D S
G M N W K R K Q W C R C A F H E M
H C D N A I U O A E S M R R E E
C R G L P C N W B I C O G E M O J
L A R I D O G E R B A L W V H N O
G N I G G I R R P K R T B A Y D I
W K O V R A A J R L R Z G E M K
K V H L B B C P S X E A K M L A
Q L E N Z O K A G D R P Q W Q S Y
A B K S W J R D I H R T O G E V L
J S D B R E G R E O A D H R H L Y
Z E O C N O R B E Y B P U Z U S I
N Y R A A B H Q A V G B N B Z Z L
```

Pg. 225 • Salad Dressing

```
E S I A N N O Y A M F J V B M S K
B G R E E N G O D D E S S Z F O E
I B A C I M A S L A B U E I I U R
T S T A L B Z T F B A D P L W O G
I B I E E S U O H S A R S A Z Q O T
U D B S V I N O N A T N I U O E K
W L S A Q U T A D F E A S N P
X S K R Z A N S N I V F R E N O R
Y S P E R W U A I A O S E E P J G
O D T S E M C N I R I H S P E I J
B T L H Y R E D T G C L Y U N D
X E D E E G G I M E R S A G R Y
Y H N A A H I S U I E E T N E
U O M R C H T L V E X R T X I N E R
H Y G N Z V B A D E M J X T L O R
N C A T A L I N A S I H O J E H
F R H D L J W D T D H D O W E X Z
```

Pg. 226 • Sharks

```
V F K G N O E B B O W C O O Q W
G J Q L T T Y Z P A F I G E F G I
O N S P I N Y D O G F I S H P W N
D J R Y G M P V B M B R T G T V G
N U R S E F S W H L E T Y O D G H
I M F Q R O E T C H A H M B G O E
L H H E U Z X E S R A C N L T A A
B E Z P E E R E R M Z E K I S L D
Z Y T F E L R R P M Y I C B N E R P
Y I N A B H P E U C E N C O Y G G
N H H X T R R I D A C R N M D S S
P W N R O H A I T U R A G E R Y E
H T L M E B C G N K S N N U A R I
A A H A S H U I I R N N M A P H V
Z E D Y G R B L U E H A Y A A X Y
O F R I L L E D G L Y K A L M E L K
U G N I K S A B U O G Z J B L Z W
```

Pg. 227 • Show Me the Way

```
X L B T H C A D V I S O R C S D C
H I K A O B I G B R O T H E R P S
H C I A C I U Z R P N I R S D Y G
B H C E I K T Y V E T R D E L D B
A R H O S T E S S S T I E L H N Z
R R P F L A G I E N H L S A T I S P
R A A C A H U A A C E B I A T O U
I R H M I R R V T U P T S C A K
E E J E D O T I S D P H C G H O J
R N T D I N L H G A A R I E E I O
G T A A W E E O A C E F I Y R E B
N E C G L G S Q T R F S W V L D Y
L X O I U E N G O A R S P E E V
L M V J L U U R R Z O M O K R D
N D D A I R O T N E M A W L R Y R
E E A S A M C A K Z X B C U A T S
P I I A Y R O T C E R I D H T I I
```

Pg. 228 • Terriers

```
G F Z B Q M C O D Y K X X N N M O
B Q R M A H Y L A E S A H I N D L
I B H R W T L S H F Y H Q R J G N
U B F Y U I A I S V R K I B Z Q A
K W N Q B D C H L R U A S P B K I I
Y X O F H O V R E O C P T L D J L
I K R A M G Z W I J P Z R P A R
P N F H F A U L T U A R N X E J R
C B O W H A N F E C R O I U A R I
M U L T N S A C K N R A L S D Q S E
U L K H G U I R H W O B X R H W U
F L C S P N U T I E Y F E I M G A
T S E V A S I C T R S D I B T A H
P G C J S L H L R O R T Z M F A T
A I R E D A L E D O C R E T A Q T
D O L R K N K M B E C S L R Q A J
Z L D N A L E K A L B H H O G Q L
```

Pg. 229 • The Boss

```
M Q X V C L V K F Y S L C D M A E
C R M Z F V L N Z O T O P D O G M
D A E H T E N X R A R B T K M K P
T L N D N K R E V O K E S J H B L
H J J O A R U L E R N I M A R B O
W R L Y D E O M Z U H R N A P R Y
I O T F N N L R F E Q A E G N E E
C R C T A B E M D M D C V Z R R
Y E N Z M I I M P M N F O M O X Q
F M D E O G D R C S C Y C C A T N
E E R S C D A G H H O F H G P T L W
I P S S P L D E L R E I P R T L W
H J P N E D R A W B A E C J A B H
C B H A L I X D A L H Y S X I V I
R E C I F F O P J L Y Z B E N K I
O I A F O L B S U P E R V I S O R
```

Pg. 230 • The Cat's Meow

```
L S C A R E D M A Z Z V A U T A
F D C A F V E B U T E E N Y I I J
E M E Q A F Q T L O T C B B R T U
S U W T F S E G O P E E M G E Q X
N L G A A F U C S R N Z N O D E X
O X H F N R J O T V M U J T S G F
P S H T J T T A I I H H H I I C
S V J W Y H I S Z R O D A V F O J
E Q Q R I N O N U T U N F P N G N
R V F R A G A N G R Y C D F P Q E
Q L S H F P G M M P F A U O O Y V
E T A C I N U M M O C S Z Y X U A
Y U B D I D H S U O E O M J O X D
Y L E N O L K U S D Z U M Z N Y D
Q Z R W R T J G N C C A B S J F R
V A X U I A B S I Q P V Y B P O T
W Y R F O F A N P I O W Z H M X O
```

Pg. 231 • U.S. Prohibition

```
V C K S C G P U Z H T Y M N F G L
M C X N D D M P M S J B O G X C H
G G A N G S T E R L T I S G C S U
D C K I B E R N U N T I N X E T M
A O B F E L I V E P T X L E K M J
J N C I W N A G M M S M Q L A R D
A T O V L T F U H A D Y H N S L A
Y R I P L S O Y T J N U D T A K I
N O R V T N E A R W E F E R S L C
Z L U R O I G G R C A E O M H I P
J C P C E E B E A C E P N G A T A
F S T M L D P I T L S M T T G I L
A G I T T E U U H N G Q E Y H L C
P R O N A H R C A O M Q L N E O O
C O N L R E J R E L R X Y S T P H
B D E Y R O T S I H S P Z H M X O
Z D I S T R I B U T E K C L X O L
```

406

Pg. 232 • U.S. Cities

```
Q M N H Z R H E D X D E T R O I T
P V O E X Q X S R H G G A W K I G
H K T T S L T G A M B T P E E A I
O C S I C N A R F N A S T E L O N
E G U B P W F D O W A T N O P X D
N E O Z H E A O V G O N S V A V I
I L H N I L L A R L A A T K S A A
X U B B L O D L R T N C R O O C N
M E B A A K G A I G W O I H N C A
V U S V D L H E E V Y O C H C I P
D I L D E C T L I W N S R O C Z O
L J Q K L Z E I E D A O L T F I L
Y C U S P S J N M R N U S M H G I
G N S I H P M E M O M A S K B S S
P T D E I A V H T B R T S C T T T
O N S I A E P L U E A E U I A L L
D J S A N J O S E T C E I Z Z N J
```

Pg. 233 • Working Dogs

```
I H S M R E X F Z X T X Y D P S C
D M P O S R O C E N A C K C A A J
I S S P Z M Q Q X G H Y R H K B V
U F F I T S A M N A T E B I T Q Y
R Q V D B F A A D B W T X V T E
Z E I D W E M V F R G A R G R M P
R V G N N V R G U R A B J E J D T
K K O R M A U I E K U N L J F I T
B U D W E W L A A L T I R R M R B
U N H N X B T D L N E X E E A C N
Y Q U A A D N M N W H X Z W B D S
Y O O C A L A O T U O U A P J T W
A M M N Q S N T E B O V S V S O S
K X E H T C O E U L O F N K J G Q
S A Z I M R Q K E H M G W A Y Z Y
D A F T X L J B G R M U Q E D J E
G F M A L A M U T E G I K H N U G
```

Pg. 234 • Halloween Costumes

```
O N F E I G R I M R E A P E R G G
J T T Y O R J Z S R Q G U K N V D
J N O T E L E K S H S F G W A C E
B T O W I T C H E P R X W Q W H V
S O O D B M Y M C A I D O O Y E I
U C R B R T D R N T N D R M M N L
P V V A P X K U A C E K M U M
E O U Q B A E B R A E C R U Y H
R Y B A M N L S P R F I K E M L L
H O H P S Y E U N C H A C W A R
E R R T U X I C C I N U O Q A O N
R J E P Z M S K N A O Q S I T L G
O I T I E M P G P N R D H C B C B
N E U R X O A K I C N D O O Q J U
G N N A M T A B I C Y D D A B U Q
T R R T T S O H G N G Q J K O O K
J O K E R R J Q B K K N Q N D K Y
```

Pg. 235 • Amazon Warriors

```
D E T E L C L Y S E A R E T O U Q
A T O X I S D M B C Z X L Y R Z J
X U X L F E A E J E Y X V E I A T
O K A N D R O M E D A L P P T I H
U U R D P H M B G V E P E P H R L
I V I E P Y R Y A A I L X I I E G
W H S J O E M L W H I Q A S A T A
A D F O M U A K T T E E T Y R S X
N B X U I S S N S O N L L K A P
T F S U D A P A M M I I B E Y B O D
I A D A P X H E I N P Q U M R B H
O N E A J K M I O H P O F X Y U T
P A E B O I R E T L I C K B P L E
E S I R O D U J M O L E I Y G J C
E P B D W E W V T X I E I O L T T
E L Y P I S P Y H M H M A I P B C
D K D X K Z V V S Z P W E B Q C U
```

Pg. 236 • Arachnophobia

```
A M D R P D I K O W O C P B F N H
G B F E F Y E U C C I E U G B B C
H A F L O W A C J O C L K A F L X
U R R D P L N G A A C L N N I T A
N C C D B N N R S F L A D S B W T
T O U I E L K W A Q T R E R H E N
S J M F P N O D T B P A W E N W Q
M R D M H L Y N L A W I C Z N L K
A A U O L Q X A R W R F H A G E L
N J U E B Q C S U Y A A K W N N H
T S Y P K K Q L V Y T N F K N M
E B R O W N R E C L U S E T N U V
F G N I T T I P S L T G O R U F W
U J D B Z K W P E N R H L D W L W
P O R D W E D M P C O B W E B S A
W W D J N B A M S B I D P U Q K L
R K T I J C B N O C K I M U R A L
```

Pg. 237 • Aurora Borealis

```
S N A G N I C N A D M R K V L B G
O P R D N C O R O N A L W X B Q U
T A O E P I J F R Q C C I Y J H Y
R Q R Z H R W V E K T C O G Y Y N
Z I U I T N N O U B I P X S H O F
M A N A C R R L N O T Y P S T U
F A T O G E B O T G V R G O Y F S
O G R I K L D R N D C A E L S Y D
J N A C U E I E X B E C N A B T A
A E S E H G G A F N I R C R L T S
D T F C U O Y P F T W E K Q G I O
D I H I R A L U C A T C E P S X S
V C N T L A A R V U K G R E E N I
B G I P S P A E R T X S T Q A T C
A N S M R F S T B O S K A G H S U
Q I A D A N A C H Q X T Q L G L K
D M L N O S O L A R W I N D A X N
```

Pg. 238 • Beans

```
D R Q L F D J V H G Z E P S G Q J
K I D N E Y P G Q G A G L A S Q W
T W N G U N N N S O Y Q R R J T S
A H N W B U T T E R R B J O A Q L
W I C U M L H I B Q A W C E X S N
W T K E P X A G L N P Z A P L M A
T E C U L T D C Z T E A N T Z L N
W S W E Z Z J O K P T H N A E Z Y
A C Z Q V D K W V Y I E E H I U A
H A V O Q A A K H J S I L I H C N
O G N O C M P R C X F L L I H B R
U O G M X I P D J A A O I M D B D
K H V M N L L R V Y J U N I L X B
X E M T W E V A R V F D I P M G S
H T O M I B N R C K X Q J B F S S
H M B F F L N C L N R E H T R O N
I K Z D L Q K A F Z O V I R G T T
```

Pg. 239 • Buttons

```
N N L C T W X W D Y Y Y J I K E L
H G A Q G U L O U G D G H T L J V
D R R O U N D R R Z N R A E L E M
P F G N O I H S A F H R U R E G T
X P E O L F W G B E Z E I T H F S
Q E D N M O A E L I P L J V S K C
N I S E R R A B E S A T K F O T L
L S T C L M E H R N F N M Y C R A
C A M P A I G N O I M A C R B B Y
L E V J B C C I E S C V X O A D R
Z N A O E I T A Q T A Q E S L O O
B J N N T C N U T R S N W S P O S
J T O S N B A D I E O A Z E P W R
L T A U A R Q E A B K X F C E N Q
S L F L E A T H E R N B A C I P R
P Z R X Y Y N I T H N S U A U P C
S B F C H L P E V I T A R O C E D
```

Pg. 240 • Carpet

```
L B U R N D S O L R W M S C I N X
O C H Z Y W H K A O E C T L B A X
U F L Z L R D R V P O B F Y I I R
T S U A O R E E R I E W R G J T Y
U T O M N T N D J F Z R A E Y E C
F P L U S H P W I L E X W T B N G
T C V E M W W O I O I E A V G E S
E L C L W A L I L G R Z W D F V Z
D R M I L K I H Y F B E W M F L
D L K P Y N O X A S E K M F S H C
Q L K P O O L T U C O S L E F S I
L H G T A O E Z R O H A T K D C P
J U T O U V B O H W T X U E K U Y
L E V E L L O O P Q X Z L F R I Y
D G F E M B U Y F Y A O O G E I G
I Q V A U J P N W G J M U S Z Z G
L T P K U C R Y E Y P Z R D N O A
```

Pg. 241 • Crackers

```
P T R F R I H U T G L E P B V J C
S U I O Y S T E R A O R M Q U H Q
S X C U E B J C M R B L I A E L O
E O E I C G U I H A D L D D S Z C
V V D D R S N T G I L D D F T E T
I P F A I A I E T A N A B A I A S
L B H R S G L R R E R E M Y E X H
O A O Z P C O A T T R R S H L M H
M L G T H R T G O M R B W E E M A
Y E N I T L A S T Q I P Z K Z T N
Y R P R J Y U N Q C E O S O C T A M
B L U E B E R R Y A M I F H E R N
Q G W R K Z R E T A W R E T R Q L
S G P C U M E M N F B C U B P C K
F Z I T I Z E E H C S O N O C A B
P H G E K A C T A O B I H J G Z X
C F W C L L S R I C P W Z B Y Y M
```

Pg. 242 • Election Time

```
P L H T N N E Z I T I C F T F T N
R Y Y C A R C O M E D S F O R Y O
Z W G G O P P O S I T I O N W F I
P H M D E T X Q N T M U D L E B T
N T R P E N T N E B M U C N I S C
P O L L E E A O N W E
T O F A E D E R N C R P H O V D L
J B L T C N Y T A N U S M M I L E
C K O F T E E S A L N I E L X N U
P V C O O P T E N D N D S U G J T
P O A R R E A P T E I D T I S O X
C R L M A D B G E A N D A N L S P
A H I L N E B E A G P N L U R I
U H E M T I D Z L X M E A A O O G
C N E W A I O W W A A B L X C G C
U W Q M K R C B C E T E Y Q L T
S H P A R T Y S L X E J Q O D S E
```

Pg. 243 • Interior Lighting

```
F H C G D E I T P M Y J P F T H S
O C E K N O R T R A T E F R Z Z G
O L I Q A I A U W A N B A W Y R L
T T L E B T E T D C D M T D E Q
C A N I A L C E H A C I K I W E I C
N C G L H B T N I A P A X S E L Y
I L U N T I L G I O T V L S E D M
L A R U T A N E N E U K K P C N F
E P U B E A W P N R M W C S E A R
E W H A L O G E N T E P M A R H B
R P H Y G P D M M W N D O Y B C P
A O N I G H T L I G H T O R I M Q
S C O N C E N P T V N E W M A J K
I H C L T N E C S E R O U L F R C
G V Y U F Z F Q O P T O F G Z A Y
X K J I Y A D N A L S I E N T F N
```

408

Pg. 244 • Minerals

```
V N E D A G Q V C Y R E P S A J R
Y S Y D G X M Y I A E O R J T R T
L S O D A L I T E M R M M U X S B
E F M X T J Z V E T D N B G Y W O
O A S H E A T R N C I V E H N K I
E R I H P P A S I R X H T L O H A
O V U O R L N V R L A E C H I Q M
E K T W D E Z G U N M M K A U A O
D W U X F Z A E T A Q S I A L P N
I R H G S R N A N L B U M R P A D
S V J I N O I Y E O C A A Q A T M
P R P E T U T S V O R I G R W L I
O I T S G F E A A I D Y T W T E P
I H N V K S Y M N R B Q C R S Z K
D U N W H Q L E Z U Q W B K I V X
S P Q R T I G E R S E Y E B V N X
E N O T S N O O M X X N C A Q K E
```

Pg. 245 • Political Leaders

```
C B W M M A N L D V T N N V I Y Q
N K I S S I N G E R A A I W N K X
E N I A T N O F J A A N N W U W
L L Z S L K I U E L A A O N E Z
O O U R H E N X U U R S F I A L T
V C T V J G D T O D A H C C I N A
N N L W B E H N A N Q I H S J L L
G I E D Q U F X A I O N I R W K I
H L V C L R N F K M U G R E G U N
T U E I Y H E E N O T A X I O A
C F S S M A N L K R L O C N T P M
W K O S H N A I T A S N L L D D J
R R O G E S P S M H O I M U H O
U W R D E I A A F E H M N X H K I
J M Y L R C N C N T A T V L X A R
B L A I R N O R A H S S H T S X Y
M W Y A Y F Y O V O Q N M U E J F
```

Pg. 246 • Restaurant Chains

```
A W K D N G A P P L E B E E S I W
L O T O U E S G N I K R E G R U B
I F A M M C D S B T D G A S D L A
F P C I Y C C R S P O H I Y K E I
K I O N R S D O A L W D H N N R X
C A B O X Y L O D G O O E N J R J
I M E S V B D E N U E K P E S A A
H Q L T A S N U T A A V U D K B S
C I L P U C G B E H L M I S C R O
V O N B O H A O S E F D E L Y E N
R O W R S C A N C N J S W O K S
D A R Y K B K Z Z O H S K N S C D
Y A B J J A H O Z H T I Y L K A E
L R T E E L C H I C O L D X R L
A P V T M B X D B B P L U I N C I
Z C S S Z T G I F R I D A Y S E A
Y R N I B O R D E R S O F Q V N W
```

Pg. 247 • Sandwiches

```
I B H E F A O L E L K C I P P J A
Y A A O U N N N P O N F D A R I L
Z R X R H E N T U R R G T K E B Q
O B V V S B J T E S T Q P L Q R
G E E W A U Z U G H Y A U T K E M
B C V V L E J N S M J L P L C N M
S U B M A R I N E N V S G D U J D
H E L T M F O L T Q A W C X N H G
T O H C I T T U J P C I W D K S C
G M Q M F R D W P M L U P N H
G M E E A K O G T O V P R A B R N
M M M A E G W N B C O Y M G T Q Z
T I Z Y T I I O I C P W D O H I I
P W M Z Q L Y E O O B V G B T O K
W N K B O L O G N A N G Z A Z R Z
Q P H S I F T A C F E P A A D S Q
M R Z A Z J H G F O M R T G S Q C
```

Pg. 248 • Scuba Diving

```
T Q W N O I T A Z I L A U Q E C I
Q G E C P O P N B S K A D T R J I
E D T I F O F S B D I J E U E B
K R S I D Z D I N V M K B S A D
P S U E N E G B C E K U L N S E R
C Z I S S L C O R B U I Y F E X F
J T I D O O M W M L A P R F A
L W S V Z P H T M H P E Q V P N T
O D E H U E X I S P O H V C J T H
U S Y T C A V E U N R O F L I K O
Y T E F A S C S A D O E D U A O M
V R B B C Y R D N K R R S H F X V
B N O U Q I R E V J N Y K S V Y J
B U O Y A N C Y F A R A W E I D Y
X G D D E S C E N D S K T V L O W
Y W P D A B U C S G G A U G E J N
A W U N Y Q K S U F Y J V L Y W S
```

Pg. 249 • Self-Defined

```
N E T F K G F Y F B Z N W O N K W
K U L B W R A J V G L D O I L F R
N H O B B S I N G L E A R T I D D
U N A N I M A T E D B F C G S E
D A E R X G D T N G N H I K T P I
E M B X M C E H U W L B G E Y L
Z L Y S O L T L M I U A A L D T G
O B B M I X E B D X S Y L U W D N
N F M A E M E S F V E E L K O E E
S O E K T R P I S F D A Y A E F J
N H N L I N L L O E F S Z F I R H
O F O E R I R E E R W D A Y Z N H
Y X S R T B S W F K E O T M B A U
B S R E T T E L D O O E N C G B Z
X J V I I Y P R G Y X T E Y O L R
C I R E T O S E T Y G P I J E I
G U T O F W L D D C I X Z E G A W
```

Pg. 250 • Tarot Cards

Pg. 251 • The Wild West

Pg. 252 • Theater

Pg. 253 • Toy Brands

Pg. 254 • Thanksgiving Day

Pg. 255 • Transformed

Pg. 256 • U.S. National Parks

C	L	E	E	R	A	G	N	O	C	U	K	O	B	C	R	A
A	S	N	I	S	A	B	T	A	E	R	G	S	A	E	L	Q
P	H	R	T	E	R	O	O	F	K	T	A	J	D	E	V	M
I	P	F	U	R	V	L	J	E	M	G	G	W	L	K	I	L
T	D	Z	F	E	Y	E	V	W	U	H	O	Y	A	A	Z	E
O	E	Z	I	M	G	A	R	A	B	O	E	E	N	L	K	E
L	L	N	P	O	C	A	R	G	D	L	L	Y	D	R	S	R
R	F	I	Y	D	N	O	Y	Z	L	A	U	N	S	E	Y	G
E	C	U	N	A	A	H	S	O	Y	A	E	O	H	T	K	G
E	Y	I	K	C	C	E	W	O	V	B	D	C	T	A	H	W
F	W	E	A	A	Q	S	R	O	G	K	R	E	E	R	W	G
H	D	D	K	U	T	E	I	I	P	A	O	K	S	C	V	N
K	I	E	O	O	L	M	B	B	Y	O	S	E	M	I	T	E
A	I	I	N	S	D	E	A	T	H	V	A	L	L	E	Y	N
X	A	E	I	A	V	G	K	I	C	B	V	Z	R	B	A	Z
J	K	B	Y	A	L	S	Y	D	E	Y	P	M	K	X	Q	F
G	K	G	L	A	C	I	E	R	L	X	Y	I	L	Y	N	E

Pg. 257 • Antarctica

L	F	C	S	X	L	A	F	Q	T	S	U	P	K	H	O	M
H	U	P	S	K	Z	G	G	R	B	W	S	G	C	W	S	I
B	E	C	M	G	J	Y	E	A	F	C	E	R	D	E	G	S
L	C	W	A	E	S	S	S	O	R	S	A	P	T	U	S	O
B	N	O	E	R	E	P	N	A	Y	E	L	I	Q	O	G	L
A	E	H	A	D	E	Z	N	I	S	D	R	D	U	G	W	A
A	G	Y	I	L	D	D	S	E	A	O	N	T	S	H	B	T
S	R	D	T	C	E	E	R	N	E	T	H	I	I	Z	E	I
C	E	L	W	S	E	D	L	T	I	P	N	G	W	I	A	O
X	V	O	W	R	Y	S	E	L	O	U	H	U	X	Y	U	N
I	N	C	U	E	P	M	H	L	S	E	G	Q	O	H	T	Y
S	O	B	G	I	A	U	E	E	S	E	Z	N	W	M	I	G
F	C	H	I	C	T	P	E	T	E	Q	A	C	E	X	F	A
X	X	S	E	A	I	C	E	L	N	T	U	R	M	P	U	K
C	I	R	O	L	S	E	O	N	A	C	L	O	V	V	L	W
P	I	D	E	G	B	T	Y	Z	O	H	V	R	Q	C	Q	S
V	L	C	O	N	T	I	N	E	N	T	W	A	J	I	K	I

Pg. 258 • Art

E	Z	T	E	W	L	O	H	R	A	W	Z	Y	N	T	R	D
N	U	X	E	X	V	S	N	R	C	U	M	S	E	Z	L	E
A	W	R	E	C	I	H	P	A	R	G	T	E	T	Z	Y	C
C	H	O	O	U	S	A	K	N	C	T	J	H	T	Z	O	O
I	I	V	R	P	Q	C	T	K	L	I	V	C	A	L	F	R
R	S	A	K	L	E	S	U	L	A	P	R	T	L	H	F	A
F	T	L	O	X	D	A	E	L	A	B	H	E	F	P	V	T
A	O	Q	T	I	I	W	N	N	P	N	C	K	M	A	E	I
F	R	Z	Q	N	K	A	O	S	A	T	E	S	N	A	O	V
U	Y	R	A	C	N	R	G	Z	I	M	U	G	W	X	V	E
Z	O	I	O	C	A	N	P	B	M	E	O	R	F	L	L	C
O	S	R	I	M	I	D	L	O	F	G	R	R	E	I	G	I
A	E	E	A	W	T	E	X	J	H	W	P	U	U	O	C	E
U	N	Q	A	S	G	N	I	T	N	I	A	P	T	V	Z	E
T	I	R	T	D	N	A	R	B	M	E	R	H	T	L	D	T
C	D	S	Z	T	Q	J	L	O	W	O	I	B	A	V	U	M
A	H	O	S	W	G	W	U	C	A	C	R	Y	L	I	C	C

Pg. 259 • Bows

D	A	C	I	S	A	B	G	Z	Q	H	S	C	M	R	K	B
P	B	I	J	Z	L	O	B	V	P	E	I	T	D	Y	A	S
S	I	N	G	L	E	U	U	J	L	R	L	D	L	T	F	W
C	O	N	F	E	T	T	I	W	B	P	K	O	E	S	Z	E
H	H	I	W	Y	U	I	R	A	D	P	C	F	G	G	U	M
D	D	L	F	H	F	Q	F	Z	O	N	F	A	G	A	U	G
R	Z	O	P	L	E	U	F	M	P	A	U	Q	E	L	T	V
Y	Y	I	Z	N	O	E	P	U	T	Q	N	O	D	P	U	Y
J	L	V	I	P	O	O	L	I	T	L	U	M	P	A	J	L
Y	F	A	U	J	M	L	P	W	P	H	A	R	S	M	X	R
A	R	R	O	N	E	H	I	Y	T	M	A	J	G	G	O	U
K	E	N	I	T	A	S	K	N	U	Y	T	I	C	E	A	C
P	T	N	T	L	T	U	L	O	N	G	C	E	R	M	I	U
Z	T	P	G	E	Q	X	E	E	R	T	V	N	V	G	R	G
Z	U	M	D	D	T	N	H	A	A	K	P	D	A	L	I	P
D	B	V	G	E	C	P	J	C	Y	M	E	G	R	F	E	Z
T	G	H	M	B	L	E	A	R	U	B	W	R	T	Y	M	V

Pg. 260 • Collectibles

X	Y	S	B	R	M	A	X	S	Q	D	D	Q	P	S	C	S
J	K	N	E	G	A	H	B	I	L	S	D	R	N	N	E	T
Y	U	O	S	L	T	G	O	L	S	O	Y	I	A	T	B	A
U	B	P	E	K	C	P	B	T	L	T	A	M	O	A	J	T
P	C	A	I	S	H	I	L	L	W	R	E	N	B	T	Y	U
C	D	E	B	M	B	E	S	A	T	H	K	S	B	O	F	E
B	Y	W	A	W	O	Y	I	M	T	N	E	N	A	I	L	S
U	M	C	B	X	X	P	L	B	A	E	Z	E	G	E	P	S
U	S	T	E	I	N	S	N	B	R	E	S	U	L	K	T	R
H	G	J	I	F	P	O	S	T	C	A	R	D	S	S	E	S
Y	F	S	N	I	O	C	S	S	G	I	B	D	L	M	X	X
Z	D	N	A	Z	F	H	P	L	N	S	H	A	M	Q	G	S
T	H	N	E	S	I	M	E	E	V	Q	G	A	Z	P	I	W
S	E	L	B	R	A	M	S	N	C	F	L	U	M	C	K	X
L	P	O	T	T	E	R	Y	K	U	S	R	N	M	Y	K	S
R	F	S	S	N	K	S	K	O	O	B	C	I	M	O	C	W
O	E	A	P	D	K	V	A	F	M	S	U	Y	M	X	E	P

Pg. 261 • Decorate Tree

C	N	N	B	O	M	B	P	C	S	A	B	E	D	Q	J	N
V	J	J	N	L	R	A	T	S	T	D	B	H	I	T	R	Z
R	Z	G	L	R	U	N	L	R	N	F	A	E	K	O	H	R
U	E	U	Q	C	O	E	A	V	E	K	L	C	H	R	T	D
V	M	B	O	W	S	C	X	M	S	W	I	S	E	W	L	N
S	E	L	D	N	A	C	P	Z	E	S	G	B	V	Z	E	J
T	H	S	I	E	N	U	S	O	R	N	H	A	E	G	R	E
O	T	T	X	E	R	K	W	J	P	O	T	E	T	Z	T	Y
C	L	X	E	Z	I	Y	G	X	E	Y	S	S	J	A	G	J
K	L	R	T	R	A	D	I	T	I	O	N	E	T	A	G	Q
I	G	A	T	D	Y	E	S	T	A	N	D	B	R	U	H	L
N	Q	D	I	I	H	L	L	J	S	Z	O	L	L	T	B	M
G	Y	L	I	I	E	V	C	C	X	I	A	B	F	J	F	T
S	O	K	M	G	E	U	P	F	I	N	L	L	B	I	N	O
H	R	C	N	O	R	P	N	L	D	C	O	V	Y	I	B	T
E	N	A	C	Y	D	N	A	C	K	C	I	K	E	V	R	C
J	W	Y	M	S	A	U	N	F	K	T	I	O	Z	R	A	T

Pg. 262 • Emotions

```
G D P T M X C A J M X M Y T W K B
M I K E M O T I O N A L U P C P L
X A A S H A M E V I T A Y I P C S
L R N T J R X F I T D C S C P A D
Y F G X S C C Y A Q E W K Q C U H
T A R X I U S Y L C X S K B O C X
J T Y T R O G U R L A M T R N P H
H H E I R N U S R A L B P Y F G S
S D O N N P U S I P E L N W I O O
G U S N S O N P D D R W E H D R R
S L O E I E D E O V X I V E E H J
N W T V D E S U M A V L S F N K U
O T N T R U H W S U B P C E T H M
H E T I F E O C S L U F E C A E P
V K T N R T N V H O K S K S V D Y
H S O R R O W M Q B R O Z D P J W
C C O R A T F G Z H G E L N V R O
```

Pg. 263 • Meet the Smiths

```
K M Y C O L D K Z G A B B Q D K V
K R Q P T M D D T G R U T X S Q R
W T G N L Q B T Z T I A K G E M I
J F N D Z I L Y R A M K N S O U G
T K N G C A P C C J S L I N R G L
X U S R L T X P O O F K F U Y X W
F B M L E C E S T H I K E U O F Y
F A M H N I T R B R W N B N T X W
L Q M D F F I G E U O A N L K B P
O L X R W M H T H V B B U D A G O
C V I O Y N W O Q D L O G A Q D S
K J R W M E T A L A W I S V A C E
U R E P P O C G C V A W S X Y M N
A Y K P D A V K J J J X T C M Y
O E E O S J A F Z Z B W H K F N P
W F U O U A X G G H K E P Y D P A
M X L S C J K V U B H A J K S U E
```

Pg. 264 • One Letter Difference

```
D B Q H U N J Q P X G T W I H C U
M E P T Q L X K E Q Q N G A O B Y
A N I A R B O H N S H I I H F U A
T D G Q W H N V C A Q A A P D Z H
K H U E P E H D E A H R C B P K U
E F I S T A L E I R C T G P A A E
Y G J N N R N X V U S S C Z S K M
T J R T K D H T Y Z T F B G T M I
P P G O U G E D R A O H S N E N T
P U Q B G C F M R Y L H O I D O H
L E E S A H P E I U C E D P J E F
F A I E F O X U N D S E J P W E C
D O P A S T R Y R A I X I A E L Z
R E H T I W L E H C H T O T O A Z
V E E X B E V C F N D M B T H M E
N D T B X O R F O E I X H X A E S
V G G C C L W N V S W B Y C Z C R
```

Pg. 265 • Sock It to Me

```
J L T N N W Q C O Z U W W M R E I
M C L K S R T R V F D K N U M B S
G N I N N U R E E E N C O N S U V
W Z P T H E S R N O W T A P T Z
S T Y U E Y G U T F V T T P P T A
P C K B P L O O H Q E T O C H H J
A M A T O P H R E L L R C I R N E
N S I S A B E T C T R C D J E M
N Z E D U P B T A F Y K I I N U W
U Q D A P A N Y L O N E S K L I O
V E E I M J L A F G S U T D S B W
D Q L Q O L C E L P T T H I N D R
O S P A N D E X G L J D E L H S O
G N I K I H T S O T J P V L S W A
F W O M R H H O S E J B Q E K O Q
C E C D U J W D C C V I R G L N B
M W O L H M J Y O B Z D G Y L Y A
```

Pg. 266 • So Sad

```
P B I P V F U L B G S G N I P O M
O X L K S N U S U D L E B Q N W M
S D Y A H S D U U F M O Z H F E L
S B E A H Z E L O W E D O U V A U
E T P S R C L H O E L I M M R F
L P W C G C E R S P N O S Y U H
Y F O R L O R N S E C S I D H W O
O S M Z G Y N E S O E D O T I G R
J L O L G V R D N Y Y H G M M C R
H X U C E P I S E Y C G C I B O O
H M R W E J O D R N N J M R W E S
N D N D D L Q A M M T N G G Z N R
T J F T A O E M E L A N C H O L Y
D A U B P R D L T S A C N W O D K
A R L Y D O O M R M J D Z L A T Q
R E Q F Q S Z Z S E K R C S F T R
K R X J K J C X M V D U G V G A P
```

Pg. 267 • Solar System

```
H N E R S B H N A J Q J Z S I M U
G A Q S P A L A N E G D C P X O Q
M W S D T Z T A Z O U X Y S P W M
M M U T A E X U I H Z V R L P G I
I M N I E I M X R R Y R U N A P C
L S O L A R K O X N T T C K N D B
K W A S N O O M C P O S R H U L U
Y V R C W N A X I V O J P E T W B U
W W A I T K T H D U S T M R T S W
A E N U T P E N J S K Y P A R G C
Y D X D I C I U X W T P X E S E N
G Q B L A S P K I J B I S A T O T
R A C P T I H F U K R A B W L S S
S E S A T E L L I T E S N R C A J
X L R E U X Y A W T R O A D O I G
D S R M T I X S Y A V N I M U H U
K G O F D Q Q F M P O Z O L Z K Z
```

Pg. 268 • Stamp Collecting

```
I H Y H X K S U V U O C X H Z E C
J B O N F P R O O F S O C L D A E
N C K P G C E A D S O L F P Y B P
Z K O H B C G F M E W L J M X O Q
O F F I C I A L O R U E P A S Z L
G O T L L C V N S E E C I T T I L
I M F A E S L O U P G T M S A O Y
S O H T H Y E I Y Z E A A M S B M
E U F E P E S T S B R C R W B U V
Z N E L A I E I V K L I I O P H E
E T Z Y I I U D T G A O H M F N B
S N I F R E P N T H O Y C O E O F
G P L A T E I O U E M L R K G N H
R K V Z N M X C F S S G A U I I J
G C I T A M E H T V E F S T N D O
T B F J I K G L R L D F G A V V
I M V J Q Z Y P Y Z A A E O T C S
```

Pg. 269 • Stars

```
H I Y L I M H J I A L B A I B E C
M G N U F I K S Y R M A N O J H V
L A P K B K A I F S O V A U J B B
A A Z O E I J C A F F I T S U G W
M C P G L V A F Q R H O R B G H O
A K I L L A M S O Z R H E P M P W
H A B B A J R X O T A E H P D T O
A U K E T A M I N Z L I C N P E J
B R M D R U I O S Y C H G Q P Z Y
L P I V I Q S C D I O I M N R P D
N C T M X U R C A L R B Q D M U B
W C U R S A X Q M T A I I E R K Q
S R I R A D S W A D J Z R U A E A
G O F W B Q A B Q A A F A I W E
K Z G M E Q T H M R K B O H S E T
A A H G N Z H B P U W D I E E Z T
N A T T R N N Q M N I R T H S R G
```

Pg. 270 • That's Saucy

```
Z W F B L M J E M M O D Y V W X D
F U K R R N C D U V C T K O O H M
I E W E E L R S M S C J M Y H Q
Y K D A I T T E H G A P S I S A B
K O E D N M S V R K B J Z I T I P
A P S I O T U B O A M D J E N B
T D E L F I A B O K T A U N R G L
S O E E B I R R M L R Z C S B M D
B C H O C O L A T E A H K A L G W
W A C L W T L I S A I W E A R H D
L I R N E F Y R H L R T F T H S M
W O N B R M O I A C S F Y A L I J
X W A E E H A D E C U A C C N F C
A K D O V C A R B B B H W T R A D
T O M A T O U U A X U L W E I K U
X Q K R E P P E P C O A P P L E C
V B I P C J O H D N Z Y W S B V C
```

Pg. 271 • Compound Words

```
C S A Y O D P E O H R I V J Y L C
A I E G R F E A F T E R M A T H B
T M G A W S L M E K A T F I B F F
N A M E R O F E Z X W B Q R V B E
I N V E H W I T S G Y O L F Q J L
P H V B E G A T L R H B M I G C C
L O P L Z U U X D E U T Z E O I U
E L D O P Y D O J O A L L I H P T
T E L L N E W H K W A K Y D L P T
A N O P W F L S M R O S O O L T M
L A I B E I U B M H T R U T U T L
D K O R E J N P S X O Y B C B I G
E C E B P N I D W Z J W R E N K L
D U S F U T Y E M J L I E C Y J V
L L I H N W O D W I A L O V D E N
P I B M I P U O M H L M G G E L X
N G N L I F T O F F E L B P J R H
```

Pg. 272 • The Human Brain

```
E E A Z U D N M U R B E R E C U T
R V E M O T I O N C L F E T B Z F
Q R T S X O X E E K O L F A J F W
S T E M N A O N N R Y U L O O U S
L T M C A O T C I O N O U D E H
L Y P Q E R P E E O E L X O K M S
A Y O R A I T S I R O P I V F S U
T I R R L O F V T E R P T H R D X
I O A K U D A E T R I R O A P W I
P S U L N R O N E N S N E Y L R C
I N V U I H O H G O T E T T U O S
C E O P V C J O K A K R B H N J N
C S S P E E C H L B S A E O G I O
O E Z M U L L E B E R E C A L I C
R R N R O K D C P E P Q G B S V L
C C E D N O B S E Y R O M E M O J
M T K W G E R U T Q J H J C W H N
```

Pg. 273 • Together Again

```
C O M Q S S Y F S P H L P N X K G
W A L K X N I Y B A O D U Y M F Z
G E R L C Z I E N O R R J M L U L
E N H R S A E P V E S Y K A F M D
F S O S O S H I D E K L S B F H
I H E Z J T U D P Y D N K Q T T
N E H E M O S S L X G A L F L R V
K S E O H S K R Z E E G Y E I A V
P K O R N C J O K B I B U A S C T
R R Y S O E Y R U L B F L B X K N
G O Z S N D Y R E R I N C K L C P
W F N J Q W S E I X G M Y X Z S N
Q I B A B I R D S D C L U F F N F
M V N G O J E U X H T W Z T C U S
U E W E Q U G G Z Y W V X L G H O
M U B V U B M S Z J N Q N A Z D Y
K C N N T B X Z A S M Z ! S S Z X
```

Pg. 274 • The Little Ones

```
F S T F K L H O M U C I S Y X Z M
Q T E P P O M E O W L L O D Z V V
O F C W T K F H L D L U N T S U C
K P K L U A F Y I N N U O V R X
F I O A R B R P S G N O B J K E F
P N D W N U O B S P R E B S F T M
W F D D K G G T O P R X V S A I Q
T A D P O L E R S N Q I M U W B L
W N V Z R N L A P I A N O J E N
I T E W E K Y T N T L B O G B L B
V U D S E B K I N L N K M K B K C
C M A W M Q E M F I R V V A N N O
Y H R A C Z I R P M M W B V B A J
L D L H K L Y P P O K Y S H H D O
T R I U Q S E E S E G N I K E P F
R C N B Z R A R V D Y P G J H P H
O K G O Y D X O D Q X C Y E T S G
```

Pg. 275 • Transportation

```
A A T J R J P L U R O N K S G D L
Y O I D H J B Y O N C Q E S A G I
B J O T E K K R E C D T V U G U R
M N O O L L A B E L A A T B Q H O
O A C B S H I P K L O P L B T A
T Z R D Y P P O S T O I G Q A
O M L T C M T R V O F F R F L S L
R T R A I L E R B E N A M T I F A
B G N L B L U I A M R U R E D C
I P B B J L R T I E C F C E S S
K V U O X E O R V V N G R Q R J E
E G R V E T U H C A R A P A Y I H
M U S S C C X H C F N I I I F K A
J I L A K I X A T A K A W F N T C
R E R D J R A U Q G P L T T Y H Y
D T U C U W F S P A B B A S B Z P
X J W Q V C O N V E Y O R B E L T
```

Pg. 276 • Winter Is Here

```
M S I A C Q C X K G L O G B K K R
G S S C B F E J V B A R E J L Q V
F K O N E R I N C U R Z C Z H V P
C A E Z E E R F H W D D A M B W B
T T W F G T V C H I L L L R D M K
S E A S O N T J F O B T P L X R L
X C Z M T I S C F O E E D H C N
G Y A N U W L T M B Y H R P J K K
W Z L R T Q E O O N L A I N O Z A
W O N S F T D G W O Z E F P A X J
M C O I W Z G H Z Z B C V R R T U
G R E H T A E W I K Q T E O L I E
F H I D N F O L S N N T T J H P O
D T I R O T B X C M A F U B F S B
E U Q D G R E B M E C E D D O G F
R Z O S F J R F W P T C D N J O U
M T V I V Z M S C H K E E W P S T
```

Pg. 277 • Wrap It Up

```
H A T Y N I H S B K G J T Q U U I
B W S F R Z D R D A B T H F X Y X
J G I E Q O W E X A S G E E P I U
Q P T U P Z G P G A E K M P L P B
W U O P T I W P D U I B E A H S S
S J D L U F R O L O C G Q T J L R
I V U V W L I T B M T A T F H C R
F E J C T B G S R C S Q I U M Q
K G K J W R B O B E V E W S G F L
Q T M K I O G X P W I D T H H M
X M A I M M N I R A X I H A Z B K
S P V L E C L E D P A D Z O B R W
A M E I S S O D R E R P I K S R
K B X G F E R M B L M S K P X T C
P Y A R N N F I L M P S D L T H P
R T Q T I S S U E W X D X F M O U
F K Z A U J T N H J C O X F V V A
```

Pg. 278 • Ending in Z

```
G G S J Z T I D G F L N R K P V F
Y S P P Z G V U B Z D B L A J W P
J B O T I J E Z P F R X I O G C T
R Z G Y F T H I T Y B F X K O
C C Q N U K Z Y A U Z W J E F P P
Y J H V A Z Z T Z T L K R H Z E A
M N A F A Y K Z I Q P M G T Z S Z
B W C Z J K Z L U L S A Y A I T A
X H Z T Z F B T A F G L J G R I W
Q U A R T Z B Y R U H W Q E F U E
I Z H E H Q G I F E S H H N S E Z
A Z P H H A W W Y H A Q I O C X
A I C O J Z I U O W G A S X Z J Y
Q Z T L A W X U R E Z U G Y P P L
L T V I K Y C X M C G I U I F N H
A R U K X M F Z F W O U Y K G Z L
G E A R O F W H G J G E C Z O T H
```

Pg. 279 • Acidic Foods

```
O J N Z W W E X F B B V D O S Z R
J N D C E D H V B D S H L L F O X
P D O L A M B E X P J I F X Q Y
M R Z C L S X N A U Z T O D W A Y
N S E O A Y J I G T N W A V D R Y
Q C B F A B V S N E E L W T D R
J M D F S I I O L O D H O Z H K W
I V T E N A C N K W R S N C H V S
B L U E B E R R Y S A A B G C M
L G G E E Y Z D D P K C C G E A O
P A Y H M L M R I C E J F A L X M
R E K E H U H H O N J B K A M U I
K V P F L P B D R L E U E Y S W E
K B C P R R D V T F I M M T J Q J
N T L U E A A H X M T V A N C T U
Y T N P H R F B C A O R E F O Y A
A E P K C I H C O P D U H D C P N
```

Pg. 280 • Allergies

```
E E K D W I E X R I C M B Y C O U
T R E A C T I O N Y A L Z R A L M
F E I L E R O J E A C Q W G M Z N
O J L F G C E R Y H C T A R C S O
Z G C E C E F S E X I P Q Z E I
E V T O T V X N F Y Y S L W Y F T
G S A I E G E Y V U C E J J S T A
B R O S L E R R R I S A S N D M C
R N R N Z E O H A E R S M D B Y I
B C H E T E L R N T D O B L L S D
L N T A S T U F F Y D N N I V O E
R N W D B N C R F E P Y A M V P M
V N Z R N I N Z R I H O H D E B B
X K E Y A J B A M C V T L N K
G T C B L D T Y T F N S S X Y K T
R N I B X E E I S H Y U I F E B P
W U N Z X A P C C O D V A M Z N P
```

Pg. 281 • Amino Acids

```
E Q O C V Y U D D N C Y S T I N E
L N Z O T A G E R X F Q V F M G E
Z C I T R U L L I N E L Q W G N N
N A N C E O L I D N Z I N L I A I
Q V F R U N D Z N L N R U N H B E
N N E L U E I M K E F T A P T A S
I I N N A Z L N N U A L O L Y G S
X E I G S N T I O M A T I G R X Y
S H D U P H L H I I P Z L N O O C
N Y I S A O A N R Y H Y V A S O E
X X T M R B E R R E C T T J I E S
I Q S P A E E T G I O E E K N F J
F F I A G E T W N I P N N M E J L
F W H V I N O E Z R N K I I D Z S
S C S E N I R U A T K I P N S G X
E N I R E S Y G Z L G P N W E Y P
G J E N I H T I N R O E U E K F L
```

Pg. 282 • At the Car Wash

```
V M R E N E H S E R F R I A H P Z
O U E L I A T E D R I H S K J Y W
S U R J D N I L T Y Z W X U R R J
X C L E A R C O A T I G B V O I O
U A Y T H D Q S W N D D P I T N T
P V J D V T P U D C T E T B C S H
H B R R F O A O L N I T M I L E J
O T U Y T R W E A P X A U E Y O X
L L P F K S A D L X F M W P Q Z F
S E R O F N G A O H O Y E M I I
T E R M L E Z W R S T A L R L K
E H S U T I O C A A E U L R P G K
R S G T S J S W N T N A B V Q P I
Y A A N L S S H I N E C W U L Q A
G D C Y W H E E L S Y R E H B C W
M A Z M S Z A R Z U D L E C T D Z
T A W Y F T T W P A O S K A Y N W
```

Pg. 283 • At the Casino

```
L V T E Z P L C C T Q D S G K F T
H O M N R Y A O D S P Z P F S A C
E O S Y B O Y Y Q I F V A G R X U
B S G E U Y U C O R H C R A F Z J
P V U N P P Y L P U Y S C M Y M P
T F A O I B F L E O T C M B J A R
A S K M H B A T B T A G S L F V O
K E F K X Y B G P B T V K E W D C
R C T N E M N I A T R E T N E X C
A U A R E S T A U R A N T O T H
V R S J H V N F E K B C L D W I I
N I W H K G N T R A J S D E E B P
Z T U P O C M W Y T T S H E T C S
V Y G N I C A R U O K T X F B O I
F T E E R O I L V R F T L B L H
T K L I G H T S B A V I U E B W O
B Y J Z C G G D G C H S F M L D B
```

Pg. 284 • Bar Hop

```
I H X H C F M T N M I N I C K C W
I I D O U L L F E Q S I W K X Q Z
I H O N M M K U E W A E M Z K A S
C A S H A J C S F G L T M S O H E
P Y N U P S U R F L A A R T K P K
E D W W S A Z I O C D L A L I H H
U N Z O T P H R R C W Y O S J Q A R
G A R T O R C A L E P C Q E P E Y
W C P G R S O O L M K O G E T J M
F K S A T R O T I L E H T W E V H
J M G A S T I U R F E C M F B J C
R E T S Y O O N O E O L P X E D B
F U B W Y E E E N P S Z X M A N Z
S I N G L E S E P A S L U F J X
I Q G P I S S N A C K L E P B K G
L E S L F G B C W B T U P D V S A
W B Y N V V E R P N S N O E T A P
```

Pg. 285 • Borscht

```
J L F C C T M P A T G L J C U Q D
P R M C N O Q X D N F H D A R L Y
S W B D E R B S E E V U Z K V O H
Y W B R G R Z W E X L I Z R V D S
G V U U T A T B S T P H S T B T V
R B U P V C R D L T E F L O R C N
A E N S H W Q L C P E D H R F K
W S T O M A T O I Y P E B O W B G
X H O A T K Z U D C E W Z O A R D
H L N U W U J L V S R K S V O O W
O L T L R N O I Z J T I P X N T Z
M U P H O C F R P K I F X I O H J
B T R M T B R O C N B T O R Y N R
Y R E L E C T E R G F N N V K C M
Y L A E G A B B A C B L I T S I K
P S D O T V Y P U M R S W I U V R
V F L O U R O B V P J J R H F M P
```

Pg. 286 • Careers

```
K D F R O T T C D U H H P C J I E
X V R E P O R T E R P Z I G M T S
M S G L Z W L R G F S Z P B A H R
S T O G V A D V I S O R I O G Y U
C F J J G S R O T I D E X D X I J N
O P G U F D R I V E R D E C A M
U N Q J R E P E E K O O Z R I L D
T T T P K N U N G C M W P R A A S
J S U D T R Z A I E Z J A G N U N
B O I T E A D I J T O R O C M C G
H A C G O V M R U J B L E K V U I
M C N K O R S O N I D R O U H E T
N A J C E L F T L S Z N B G T Q R
R J A B N Y O S M P G D A A I V D
M T R Y R T O L I P I I K Y U K S I
E A R D B P T H B L T D X B G E T
B K J C T H E B X K H F J Y L J R
```

Pg. 287 • Champion Bull Riders

```
N F R I S O J N C H O B W U E C N
X V E Q N C L A R K U E X J D O B
S L T G Y R I S D E E U X K I W D
Q E N Q D A E H Y N N O J D R M C
D N A R E B M I R C K F U Y B Q C
D H C R R Q R V F F W N F K C A Z
S N O H O B F E B R N U T M Z N
O E C Y T M Z R A O F G P I H S Q
O X W R L W A S H B U R N S Q C J
P J I P E S W A A N H H V T M Q S
N V A Y E N F F A G A R O A R X F
U F J Y H T W M Y S C M U E I A S
B B A F M C E G O X V N A F D W H
V H Y H W D F R S R E M K R N D X
I E X R E L S Y S Y A Q H Z C N O
H P K H B F A R L E Y X S Y T H K
E J W C P A E P Y W N A U Q S O I
```

Pg. 288 • City Suffix

```
F H W L K C P E G W X W M M G V I
L S X C O S Y L U S H U I X C R X
U P F Y B S Q W O W H Z Y N I C A
B H B U R G N S D Q M H D R O T F
F F R Q L V K E H A M P E L N P Z
W Y Y S L U H G S O B B P O R T H
W P S U P G D H X S M H M O O M C
Y V Y Z O C A W E H B O M P U M R
W E U O F W E O E B H F U L V E X
I P V N W O T R O I D L W T C R X
A D E I C A S T E R V K O T H P I
R I P A J N J H O A O N X J L T H
A E X W H L C E Z G B L X P P K
J B Q P K A D L E I F K K E O U I
K X Y E F E L K Q H W G U L B S U
D F K K B I I W N H H L I A J J S
Y C K R V O G L Z X Q S B D C P T
```

Pg. 289 • Come in Pairs

```
S P L S J W S N I W T Y V M K V X
P D M U W G S R H F P G S R Q E Y
A R N I N S E A P O Q C P Y I O
A M N A A G S Q H L P W I E A J E
V G M B H G S G W C U N S T O O B
S T H G I L D A E H T C S C S X N
S P E A K E R S T E S U O H B N A
G F P N G S E E U W G P R N J T P
N C A X P T A N R N E G S C I S S
O W N H A R D O S M L E C B R B T
D T K R E T H K B S K Z E U L C
Y N S I R Q O P D I C E P E U I A
V Z N W G R Y D T Z D P O K R S
Q G E W T Z X A G T I N T H N S S
S A B S B A E E P L U P E A S X O
R Z S R R A H H S I B G E Y R P C
C L I P P E R S L O M J F U S T N
```

Pg. 290 • Common Sense

```
T M H V B M I G H T A X M A C C P
W C X V L E N E Y Q O K E R T J T
R V A K B I R P T E L E P H O N E
I S X T N P O U C A I O R E U L Z
T Y Y R G H I T H A K F G C A B Q
I M R O S O P S M E Z W U H R R C
E S X A B U C A T M E Z W U H R C
N N P T M O R E J O R G B B R E X
H H O P K G L P Y K G Q K N A V K
Y G Q T E F S S J E A R Z A J N J
N O Q L P I S A I S B G A L Q O B
S N E R U T S O P I P Z E P V N U
J T X T B F P B U G W C U O H W D
Y T E L E G R A M N N K I X O Y
Z L F J G X L X L A D C Y R I X Y
Y R E W E A A K O L E C D X N P P
Y H P A R G I L L A C S U N Y M T
```

Pg. 291 • Construction

```
A A Q D P F X E Y U E S O B C P
Y X A E J O I S T S L R X L Q K R
W O G V D O X E M U U E U A N S E
R E S T O R E T L A O K E E P T M
C O N S T R U C T D L R N T E R O
E V I S E H D A S M D O E R S U D
T S E Z P R J Z O E T W C R L C I
F N E A P S G R M S S N G R Z T L
N O O Q R L T O R S O R E Y I U L
S I R M U A L E R C P B Y A R R K
P T T M R I N P X P U W K M K E P
K U O F S R P N O I T A D N U O F
T A O H O E V M L B V L M H F M Q
E C L C W T J D E P R U P F I E J
G N S B E A M S H N L I C I N I Y
E V O R P M I A R O T V C O K G C
L E K N W Z D E C X U C Z K C Q E
```

Pg. 292 • Country Sounds

```
A O Y W Z O I N R A S X X A Y A Y
E L E U X Z F S S L D L M C V X J
G N E R D L I H C D K A G Y V E Z
M Q R A O E L E D W C Q L V J H A
Y G D K V O L I W F L P E E H S C
H M K S C E S L W G J M L H O Y W
W O L O C U S T U R L T M T I W Y
F E R U E B D B E H O B J C A T O
I W J S R K E R T R K O K J U Y T
R S I L E N C E S D D E P P Q B E
E L R E U X K P G T N Y C P O O Z
P J R J W C I P R I I O E S I A K
L C U I I N I A R W S L K Y H A
A U G R X M C Z P E I L S C N O W
C L C Q O T U G N D Q G L O Q O M
E G W F O N B U C N Y Y G H E H D
W O F R O G P B P O B D W Z I O V
```

Pg. 293 • Cup of Chili

```
R O Z T O M A T O G K J W V N F O
Z U J G S U K H L F P Z C D S C D
C V R Q W K I C O M Y A W Z V L P
F H S O W N R E T A W G M F D X V
P R E D W O P I L I H C I Y S Z P
D O G E T U A S D T P U Z B S Q W
B B A F S S P N J B T R F J G P F
N E R O E E N A O K Q R Z T I J H
Z P L L U E L E R C X Y R R I X G
R E I L W A B B Y A N F K D I E
V H C T P J E B C J B U K W C D
C R N E Z E O P G D S O X P W U R
E O N I O N P L M A C N T R O M K
L O U H I D B P L Z S P B N G A I
L Q Q M E T D T E A O U Q N V X Z
K B U A H H I Z X R A F A D Q I X
I C U F L X W F K D G U A S T V H
```

Pg. 294 • Did You Catch That?

```
W D F O R B T U D B E M N A Z I T
P O V C G R E N I L H C N U P I F
M A Y I H D F Y P F O C O G H H M
J V C G L I M P S E M C P B R E K
R V I D O A X X T J Q Y E D A I D
W M J M A O N A C F T J S N S F L
J M R R Q W M I T F T Z J E E Y D
R S H A A T H E M A G Y O X L B L
K X B R H Y W V B I P D K F Z F P
H U C G I T S A C B C B R I O W R
S F I T R N S W R I C T O H R X
I L E S E E Z E R Q D Q T F R E W
F F I W B W A X W W E B N B X R D
H P F A P T R A I N A T E V I R A
T Q L S H O W N H L I F O E Y I D
V L Y A O T N C L L R M E M E W Z
U Y P E Y T U V W C V E N B C Z T
```

Pg. 295 • Doctor Visit

```
N G F N D C F M V L A C I S Y H P
P F P L O K J E O V L P W L H L F
M A G A Z I N E T O M B J M K R S
P R C W A I T I N G R O O M J S W
R Q O H E A X P T L B Y C R W S R
I X P X E J P N I Y K T A F U E H
M R A I J C E P P R H T D L F N I
A M Y N W M K L O G C N V E P L N
R Z R I T N Z I I U S R U I L F O
Y T T A C A R E N R N E X N U O
T Z E P R I W E S R A T S R Z U R
H R H S W C M E Y L S U M B P G M
T S L A T I V C L Q R N D E V Y A
L P A S C S H I P A A X T N N E T
A O H E U Y S U N O C I N P Y T I
E S P F L H O C N Q L S S V Y Q O
H S T X V P E N O I T P E C E R N
```

Pg. 296 • Donate It

```
N B I S O I D A R K I X S N M J Q
N V M P L J S Z K S P S Q T P I T
X T L D R E S S E S R A T G O S Z
W G V N D E W L B O S K S R D O Z
C N Z R S G C O F L T N L I I H B
C K S O R Y X A T V A U A V S K S
B T C H C S N L M E O N C U H T S
F K V I S U H J F C A K T E K K
S S B F U R N I T U R E S E S N E
N R S Z S G T P T P I D H N T V U
J E N T L Y I S O S O S T S W S D
U T Y O A L O M O N E Y X I C I I
F A V B L E Z T G L S L A L M D H
L E D O O F S J Q E Z S X S O E Q
S W W T Q Q K R O Y Y Z T O N U P
B S R E T A E H A B U F L A W C F
B M N E L O S X G C W B Y K H B U
```

Pg. 297 • Double E

```
D E U S V A Q D G H Y X Q A K B N
F E R I N X I X Z W O F M E Q E E
E M E Q U E T C H W N L S N E E X
V N V L T W E E D Z L F A R M W C
T K T E B I E R E D R M G T E D E
Z U N V M L W U E K W E R A P H E
W P R E H V P X B H E J V D
I E C E E K P U P X B H E H J V D
F Z P B E S E E C H E O P A C D Z
W E I E Z N N Q A V A S T E E L F
N E P F Y A N U I L H X B W E Z J
M W M O D E E R F E Q R Q W M A E
V T Y Z E E R B E C P U E E S D Y
X T E L R O T P R V N D E E E Y R
M S P U X C C E O G I D F E R E O
F S H E E T E X R V E I R W N A I
U P S Z H D L Y J R N B C G W D C
```

Pg. 298 • Fairs

```
M R B N M A I G M J Y L Z V M D U
U C R K J B U V N A G U X A J H A
R N R F C P O H M N E W W I W P Q
R O K A H O M O I X F T O M G F D
O T C L F L T R K O U U S E M E V
V N I L V T P S W E N Q D Z Z U X
A A W S S L E E B F C J S Q H C
E C N E I C S R I V A A E T D R G
T T L I T R A D E M I P D S X L U
E C A O T U A R E K R L B C T Q Q
I M A T H Y A L B L W J O H S N R
G T M A S I T R Y O O Y T N U O C
K X E U L V E E R F R I O H M F L
P G B R O T O L E D O O F T A Q K
S K O P N J D M V R K Y U I S Z Q
N A T I O N A L Z S T E U G A A F
D W W B D G X V M A O S L J H A Y
```

Pg. 299 • Famous Bald People

```
A S H A K U R M P E V D A S H I N
J N D F G D U C A Q C L Y H I X X
D O F O O U O G G G N L O R D O N
U M R U R A M T N Z O O O R R K Y
N B Z B D E P I T S O S D P N D
C R O S A V A L A S K O S L A D K
A A T J C N Y Y M K C T E Z U Q O
N O S N H O J A I J A I D F S C W
J Q K B E J D R Q T J V U Z T W N
D U K X V A E N H N T E R C I C D
R Y O I X T A A Y D D W L N I E
T Y S O N M M L T R Z N L L E J A
J E K E Y G R K Q W E I I S B M C
T S V R Z U S F F P S N E U C Q S
Z O R A C C P L N D H L N B Q W G
R E N N Y R B I E B I M F O S O Q
B E W H G W A N K Y R S M E C J I
```

Pg. 300 • Famous Sax Players

```
Z M J K N O D R O G W P K C N A J
C M R R S C U R T I S P X O A H M
Y I P W N O S R E D N E H L Y A C
K H O B I E E E G I F P U T R X P
P S P B L P G T G E H P E R J W N
G A X L L K D R C O L E M A N H D
Z A R I O P O O M H S R X N O C Q
U T D K R D H H P A A M M E S E E
T P D D E E W S Y X U W N L N G E
N A M D E R I B R L Z I K M I Q Z
S A N D E R S B L E T R N I V Z D
B O P P W A L R N K M E N N Y J
Z E V P N Y G E E A O C A T O S Z
K E C B Y A D R Y B B E E M R T L
P M O H N T R V L Q L G S R E A C
D R T Y E U A E U C W E K G B O C
N X L F T T Y W M F D G N U O Y G
```

Pg. 301 • Female Swimmers

```
T J U T R M A N A U D O U V P S C
T P L T G J O N E S E T U L N C H
Z N E A J E H O A N H B Y N I H N
A O D V G E W L D O E R E E W N J
C P A O K B M E M G D E M M L E R
O D R K R S R P N A P H Q W W I I
U T R H I E S I E I N G J O C D R
G D T C E O B H N J G A J E W E D
H Z K O N Y D U I U E G O V R D
L U G L M O N U A C R M R Q V K I
I I M K O B R S Q T A G G S K O
N P U W N B P D U I Y U E Y U Z N
V D R E U A B K C O T S L L V L V
W X F I S P Z Z R I N O S K L S F
E G E R S Z E G I A S W P O I E J
C R P T E E V A D W O P Y R N P
L V L A B Q O E I K F E P V B I S
```

Pg. 302 • Fireworks

```
R O B Z I R E S A H C T U J C H A
J E C O T Y P P F S Z S A D E R R
O A K X T V J I E J N C U V Q O T
A H F C Y T F N E A F T R W M E N
M M P P A O L N K Y M A I A N I Z
V I K O L R I E X R L F N E A E C
R L S H P M C R R U Z C C T J T B
S A G S P U E C O A P N S B C D
P F T S I A E A R N C U R E M C D
A E I R D L T R D I O K X Q O V U
R S J E O C E L P F F P E C B X X
K K F R E M E W F L L S L T Y T K
L L U P P R E D W O P N U G R G H
E G S E E P S C S A P X Z Q R R T
R E E M Z B G I Q T S Y S Q E B W
V Z H Y G D O Y O W H R V T H U A
I W D D U N B W X H V M J M C F O
```

Pg. 303 • First and Last Name

```
N K B H U N X A R C N N W G M V R
E Z Q O W E N I J H C L B R Z Q E
M L P T S O N T C A Z E F F G M T
V U Y N R I B A R R Y W Q A M P L
H B Z A T T O C S L Y I R I Y L A
Q R A R G L P P S E Y S V T A E W
F A A G T B U I P S X N T H Y L E
Q M A H R A B A K G O R S A L L K
K D O U G L A S P N O R V A L L G
W N O P D R Y W V S A R W Q E Q L
P A O C V W O C E M R R I S K N S
G E S N E L L I O T E Y K O A Z K
T D N H U A O X H N S K E M N G I
D V O N R H G O C T S D P V C Z Y
G C C K Y Q M E U T Z G I F R A U
A C S E M A J J Y C Z N E L L A Y
H R L D S Q C M F Q H R X H I Z H
```

Pg. 304 • Flowers for You

```
I R E W O L F N U S A S A O A T G
E G U E L T Q N B K E F I E V O
G S L P D Z Y T H P H T R O F Y
V Y Q N S A Q Y E P T T V E I S Z
I N P R Z K D D Q U E O R C H I D
O A R O E R R H A S E R G I K I
L S P M A H T A N I W P O T L G V
E W N N H N T I L S S D A A W W Z
T Q G A I I O A G P E Y D T A V O
Z E E C P P B Z E T P I T S M W S
A J A M U D W I H O P A C A Z P
V Y N O E P R L S L D X L T R S W
H F R E E S I A A C K F I I Y A K
Y H S T N P N T G O U A L R L E W
D O C A R N A T I O N S A R L Y R
R D C A Z G H Z J U N F C Q I V B
S S V L K R L I D O F F A D S F K
```

Pg. 305 • Found on eBay

```
G V O W V B B D K I Y S N W Y K F
N S M Z P E L E C T R O N I C S A
I S E U Q I T N A L E S Q S U E X
H N L L S K O O B O T A C F K M O
T M S L B I S I R M T T F I L O D
O S P T O I C T S B O E O D M T X
L R T A R D T P E Y P S B A E O L
C A Q A R U O C S K E U I R Q R C
M E P V M R M Z E M C L Z T F C R
V B Y O T P S E A L I I G F H Y M
C G O I H A S G N B L S T J K C Z
Y C N E R R U C A T V O T E B L V
Y G H E W O G R Y I S I C W T E S
E V M R E C O R D S C G L E X S A
U A C B A M X E B I D S W L P L H
C I X R E C O I N S C H K R B W F
T Z S M L S N X X A L Q E Y M M Q
```

Pg. 306 • Geological Timescales

```
O J H Q D B W K S I L U R I A N E
E C Y A X Y C V Z Z M N Y G G N P
O A C E X C O R P M A I U D E K K
I R Y V N Q A L E I E A O C V P J
A B U R J E I M N T I S O C O V C
G O C D A O C O B N A L O O E I S
R N A I C I V O D R O C A Z O N C
V I O E O E T Y E H I W E Z O I E
F N A D Z O R J L R A O O S I U S
H E K R O L O A E J A E N S U A C
K R I U E X N N U T L P A R L S P
V O P S S E A R E A L I R E I A N
Y U Q S O I A E P C R H O U L R Z
K S Z G M S P T W T S G C Y K K Z
C L E R S F Z A K T E N D L K I L
Z N E I T A M U E N E C O G I L O
E P C A Q P Z Q E G O X M B A C M
```

Pg. 307 • Glass

```
C T H U T M C B T A Z O A N L S C
O Q O W X A F X I B M D S W T V H
F Z U N I G I R N B S E T O O B M
L R S B A N T V A H K R P D T V H
G I E E V I E C R M B E K N E I V
G Y S A J F R E B Z E P P I M V B
O A P D D Y B F R F V M Y W Y X J
V M K S S I T Y F C R E N H P J L
A Y P E N N W O W P O T E U U E V
T G A M U G F K O D F D Z H N
B L U B T H G I L Z D T D J D L E
V N R X O A G E P I P O E P E D K
Y M A U C U V F L I D J L V C E K
N J R M R X I I K T X A X W O X C
R S L I P P E R R T T R L E Z T M
C H N C H Q S T M E J O Z I E Z S
R E H C T I P T L Q S F B G H C T
```

Pg. 308 • Going on Vacation

```
J R S N S K H P U W F V T L S E I
V P I P D R C W L P N G D E Z V O
G D G N N G E O U H K Y R T L B O
H B H E E T Z Z D B L U R O S Z T
S E T F I V R S V E T E P M Y B F
O A S Q R R U A T C S K S H U T U
G W E D F B N O I T A V R E S E R
T B E Q T H P N S S Z A U M T
N J J G B S P S I P U G R Q P H K
E P P D M A E T E A H E I G M B J
M E N A L P R I A C N W T E I K I
E T F M E C A P G R T U V S A S H D
I A R F V K U L A O F R H P F P X
I M O E Z T F L U F M X I X A T J R
C I L F A R C P J Z R E P T X J R
X E Y X T R I P I T I N E R A R Y V
E
```

Pg. 309 • Good Morning

```
X C G E V B B F D Z Q P P Z Q T L
J O U N C E E F F O C W H K X X B
N O H C I I B G N G U B E R I W E
E L U Q X N U E I S S G S K R R
K E E R W Y R J H N G R H U P O E
A L M O N D S O E S M S D N W O P
W S W W D A W N M G H K S R U S A
A T Q M Z E L E B N I E I E T P
R K F S R A I R N I A A S K E S
A A H S E F E E T R S D R E S R W
E F H R Q A S Z G Q C R L O M N E
N S E A K I B Y K O T K Y C Y O N
O C I F C K L I M W P A E D L C Z
I Y A R R D A Y B R E A K C R A C
M S E K A C N A P P K F Z H W B E
T X D X U Q J K E H N O Q E J K W
E T Q E R F R U I T L C I E Q S F
```

Pg. 310 • Guitar Blues Players

```
G U L U C D N A T F M K W T X I Q
H O E R R E H N B S L M L Q W V B
B U C H A N A N N B N P H S W I
U P G U Y E Y A R F O I O H A P I
I T S N O S N H O J T G L S H U N
T T R U H G W C N T V J L O B A
T M K E U N O L G O U P A I O B C
E R N C A T P L X Z S H T M K C
R F B V D E A M G J M I X L K E B
N I L D L O A W L X A C N T R R Q A
L Y A H Y W W C I C S O U Y I N
D C L D D H Z L M L J X A J I N O
R L G N I K L R L I E A D P F D L
C B I R E T N I W O G M N T I W
Y N L J W O L F E U B A P E I O L
L L O U Z E S X R U S M V B S O N
```

Pg. 311 • Happy Trails

```
X C C K A I N R O F I L A C S D P
V G O Z W K M M C D W X B I K T X
G P O N Y E X P R E S S O W N P M
V G Q U U U G Y D Y U O S J L X
D X A Q U W V G A T Q S N H O S C
L D E P F F L S O I E E H S E X
N A O E D O E Y R A L Z S G N P C
S O E C K E R I R T N I T T Z V O
E P G R V O W B T T H T R P P J J
S N A A O U R A E C U A A K E O M
X I N N W N C E O S L A C F H B I
D S S F I S I M H R R D E N E J T
J P Y W A S O M O C Y O M N R F S
B G S X S R H U A Z O U A B E N H
J T F J A T V O C I Q Q D O G X
L I N O G E R O I R L I M V T U B
X K N B D F U B U A O E L F V C H
```

Pg. 312 • Harmonica Blues Players

```
Y K S J M Y U K D K J B U L I B I
Y M N K H A L L G X R X A G J R B
A Z I Z Z O R A P A P D G U P Q S
L O G A N T Y S N N G A F Y F H R
E B G B E O C C L O D L H G L P X
D G I J N Y H C B N H L X E Y T O
F T W T S I J N Y H Z A E T R S V B
F P R I M I C H B R V M E X M E G
P O S C L A R K E V D M R L B R
P H R V M J Y Z U R O U D A T R U
H N B E U L B S O G A H T R H C E
K E J W L B A F T G B U U H M A N
L J A A I L A N U B L E L R N L I
D L M R G L O S E Y A H X T V B I
D B A A D M S K W U U W Q X O A N
T F D B J O W O S A Z Z A I P O G
N O Z M W A C Z N E R Q D P M K V
```

Pg. 313 • Hom Beckons

```
Z M K W I S T E R I A Y H C A Y A
Z B O N A P P L E P I E X A K E F
N I R X C O A H U I L S E L C J V
R O H O Z W Y O Y G C G C I M A V
U G M C S D T N L D Q X P L N N R
M N R A D E C E I S G S D I H R Y
C E C F N R S Y G A D I L P P E K
A N S A Q N S S L R L V W A X H
K E L I Q N T I U O T A D U S P X D
E H S U T O C C A B O T E P I P
K H S V A I A K B P R R J C E Q
N S U R E O T L I U O E O D E V H
W E D Y R W R E O L Y S H F F C H M
S R W U H L D T L U E B F T D M
P F A Z Y Y K S O N P O N B A Z F
U J S L Z U C V I P C E D B M E F
A L F A L F A P A W B V A Y A Q L
```

Pg. 314 • Homeowner Warranty

```
M R A L A R E T A E H R E T A W E
P R E K A M E C I P A W E U W O I
M G O F M C V N O P I A D K K Z Q
U F A B R F R T O R S H D R H K
P P D I T I K E V O C H C C S D I
P S G J S O G A Y Z O E X I Z F W
M M S N O L W E Y R N R X T P W C
U O U C I O K K R X D F B P I B Q
S I M P R T S O A A I T U E G K H
S P O C L Y A P U V T H B S L P E
W O I L F L L E A L I O W D K L U
L M P N P U E L H Y O U R J T H R
D M E P M R W W A T N L L X A A P
G V R B N M I R D Y I N I O N F G
O F I X T U R E S Z N C E G Z U S
X N O J K J C M W J E R Y U T
G E L E C T R I C A L E Q F B O R
```

Pg. 315 • In the News

```
R E N T E R T A I N M E N T I Y A
M S H T L A E H O Y R Z Q J C R N
U Q C U U F H V X D Q N T I Z Y
C D D I M S B Y I E I E P I F A F
R M F L L I N R I R P H A A T N I
M I T B K O K O N P M Q C E I T V
P L U O T Q W A P T S X W F I I
V A L T R U B J L K E K I W Z D L
T N E R X Y S X A W Y R M Q T V O
E R Y M O N O C E E M Q E L Q U W
Y U A M S I L A N O I T A S N E S
G O P V U W T O V G F C F S T K D
H J D A E H M I D Z O L K W X M R
Y A M C E L E X P L A C E S B O Z
Y H J R E S H B R V U Z C X Q E E
```

Pg. 316 • In Your Hair

```
R C Z F U R L X A W L Q T V P S I
C L T R V M R E N O I T I D N O C
A V I N E G A R M X N R C S M F
Y J R A T N E O O C D D T B W B
S P P U T I I X F O N B M N F N E
M D S U Y R S F O H L J O O V R P
U I B J O N E M E B O W U R M M W
G C R L E W O T P D R S I T C H
C W L T R I F A S B T I S G C V K
O E X H S U R B U O N J E K O E I
R E T T M T Z K P S O L G C M U Y
Q E U S E K C U B H C R V I B B K
S R E C P I P X Y A Z A D A I R O
E Y I B L R K B L M Z L U O P H W
F L O W E R A R V P I L S L R C G
C C O L O R U Y B O R S R X M H L
W C B M U R E S D O F F T U G L T
```

Pg. 317 • Keep Warm

```
S T G C C Y L O N S U K G M Z E T
L O N G J O H N S R S B N C P E K
L B C T Z Y G E E R E J T J F M
O O L K U B T R A M F A S K A F V
E G O V S S I A M R N R A T N O Q
H G G W E F S P B A M H Z Z N C C
L A W V T H E U W U U J Y F A K
R N O M T J A K T G X G F U S W P
Q L A V E J L T E R R R F O V H
G C C T K Y K E O L S N O O S F Z
O O U I G D J N H C A E D O R D S
L A X B O R W I A C O S V A D E F
H S N U G G L E E L T H C E E I J
P U J C S Z D R T O B S C P E F E
A O Q O E D S V S I G Z T C L O
P P U R E T A E W S A E Q J O N S
J P D S M S W M K M T F W S C H D
```

Pg. 318 • Keys

```
W D I A K Y K Y C O N T R O L O Z
N U E L P M I D C S V H G E Y P R
O U F Z D L G O L D L Z T W I E M
V I G N I T I O N S A X R B D T D
B F I D Y S C J K E C E A G A O N
T R Y R E K R E N I I K N R O M N
W E C R B C L E T I S V S R W E K
Y W L U M E O E V J U V P W A R H
K F L A T R N R P O M Y O E Q O K
F F Z O V G K N A L B B N T U Q R
M L N R A L U B U T A L D S R M D
W O R M E R W L A N I X E R R K B
Q R I T V O A I O B S V E O C Q V
Z S L A L O L E D J W L V A J I
C A O Q T U I A B J E B E Q R G V
M O S C E J T S R P A N A R D Q B
```

Pg. 319 • Oh, Foot

```
V I D B S D F C F V G Q V T P O J
H W J O M T O O O L Y V N S Y V W
Y O P A Z W O R K G T O A C Q Y A
H L L R C T T O O A A M J T K J B
I J C D I Q I B L G E I Y P S M P
V E E N P N E R A E W H X Y E H N
G F G J A F T A D T R Y T P G S N
B Y D S T S E R E G H P A F P I F
B M I E H K L S P Y O I C I Q S
H V R E T G O L W S J C B H I H X
I W B C R O Y Q I L L X F B L A X
X B T A L R N T O H T V U B Y M I
Q O E R O P E N O T S U J B Q W A
J G D Q H F G K F X J U S P X L L
V B L Z C A E I C A S O G L B L J
Q Q C K J D O C T O R K B Q E A A
V Q F H E G Z S R E L C X X P B I
```

Pg. 320 • On the Plane

```
M G G Y K I K Z K E Y B V F S M X
A F J T Y R C E G T E K N A L B Z
N O L L O A W A A S G S H L L R G
X O P O B L G L E F A Q L R R Q J
I D Y I T G I N S T R U M E N T S
E C N R U A O P S K E M C T E A T
Y A R L R H T V E S V P O R A P
M T R B Z P A Y I S A E Y I A B A J
L L A M Y S V L N E S I E X E Y
T E K C I T E U C E X A X L F P E
J U A Y A R T A Y G B I L E L A N
Y W C H H E P H T Y T T U R G O S
U D Z E I T M G W X M F A S G C W
B L A V A T O R Y O J A G E H C O
C D O I D C Y V P I C D B W S N F
Y M N Q T C Y F T N A D N E T T A
```

Pg. 321 • One Letter Move

```
A D Q C A S J W N T P F M B J B Y
R S I G N M S O E R Q S I S S C I
M J T C G A N G L E B S A T W W Y
M W Y R E H I P X B V L K I F W D
X M P D L M B R R V T B T I U P H
N A G Q I R L P B I T R S S N M Q
Y A X U A R R H O M E S N X U H I
S H F I Q Y B E Y H I D K M W Q V
K H N T D I K S Y N U C A I A F R
I L R M R E H X S X D G T F V C Q
S L D H M D D E C I F E W F B T V
Q Z M O L Y J B K P O Y H T E Z W
N B H O M A A W S R R D J P E W A
T W P N R D N C R A M M E Y U R W
U L E R F F A D C O W W B K X X B
T P X J R K S F G Z Z C P Q M D V
```

Pg. 322 • Ornamental Grass

```
E M U L P D A J E T F W P T V P Q
M Q P J N H V N A E B D V H C Q U
Y E U R L O I E A R N O A B W W A
L N T X I P M T L E F H D D U P K
E N G S U A H E E V O L D N A S I
U W E C E E H U L L E I I M O Q N
L P R D R U U D F I C T D P P M M G
B O R R I L L O E S Y A B D V B P
P I E A R A B B I T S T A I L L J
F E N O I H M N M N F J G F G U M
O L O D C R E E D A V U O R V E S
L M A T I E I D O I W U T I G F T
S X I M D A F E R G N B E B Y E D
P W O L E K N I F T E G U B V S Q
S S E A O A T S A I D L U O X C V
O L A F F U B I O E R R M N Y U V
F D H A K O N E S R Z E E I C E T
```

Pg. 323 • Pantry Items

```
V X Y R R R C U H P E P P E R W N
X A I B A K I N G S O D A C S A O
S O N T A J L C N O R L K G L I S
F A L I O F R H E Y E S L L B G E
A T E I L P A I K S N E S E A G D
Z M E P V L G C P A A P M B J B C
Y E P C F E A Z E U I K R T S R C
B A U L U R O B U X C X E I E C O D
B L O N O A Q I E E Z S H R F T O
B U S A Y G S T L E N C Y F P H J
R X F O R U S T E T T C E R K A B
N N I W A S X R O A U E G V U S P
J I H M M F N M H T N D W W P E
D Y A A E G N I L L I F E I P S P
G U O V S K J G N Z L Z X A A F X
N H S B O V A J A Z G F F L W D N
A L A E R E C C M P A S T A F S Q
```

Pg. 324 • Playground

```
U R C X E D R J F X O A P L F H E
T L P O E E Z E P A R T M R M E E
W T X B S N R F T E W M I V S C R
A O A A D U L T S D H A E E A X U K
T J P N S P I I Q T R S Z M Z T D
F E Z A M E R D E X U E M E F V V
J X T S R G B S E O B E G S X A C
R U Q H N A G M H L R S R S U S A
N T N I E N L Y I R Y A N L M X V
L E R G I R A L Y L B W T R I D K
Q P R W L L B G E Y C B M D K R Z
S T S P E X O A E L A E H T Z P Q
V G H Y L O R G K L A V U V W Q K
J M Y I O I N Y N L N A Y O Y K Z
Z C S U S O H N M E Z O R U P M E
L A N C M V N C B D V R Y S J Z A
P D I F Z Z D B I Q J R A O L L V
```

Pg. 325 • Prime Numbers

```
3 0 8 5 1 2 4 1 0 1 2 0 5 6 0 9 0
1 9 1 3 8 3 1 0 2 3 7 9 0 3 9 2 9
7 3 1 5 9 7 0 3 1 2 5 1 7 1 3 3 3
2 1 6 5 1 8 5 0 7 2 3 6 8 7 3 2 1
1 3 0 1 3 2 0 1 1 6 2 1 0 3 3 5 7
3 8 1 8 8 9 0 7 9 6 1 9 1 2 1 9 1
3 1 5 0 9 3 2 9 9 9 5 3 7 3 1 2 1
4 9 3 1 3 9 9 4 9 3 2 2 0 0 9 5 9 1
6 7 9 9 3 1 0 9 0 7 2 1 5 5 7 2 1
1 0 3 9 8 0 3 1 7 9 9 9 3 0 9 0
2 1 0 3 6 7 3 4 0 9 2 2 6 1 9 1
9 3 5 7 1 7 5 9 0 9 0 9 1 7 3 3
3 1 0 3 1 9 7 2 1 5 1 1 3 4 1 2 6
1 7 2 3 7 3 1 3 3 5 7 3 8 4 6 7
2 2 3 1 9 7 1 2 7 3 6 3 0 7 0 6 7
9 8 0 1 0 8 0 1 3 9 1 4 1 1 1 3 8
7 1 9 6 1 0 2 6 6 3 1 7 6 1 9 3 5
```

Pg. 326 • Progress

```
F S F P W S W Y U F L K N J R E Z
J R L E Y Z E T A T S R E T N I E
A B C O M P U T E R T R M D N R D
B U L L U V Y D N E W A J M T R
G R T B I L V U C N J R I X P E P
Z E N O R D C H O K N E L D P N V
R B O D M L N H T O W L L A B R A
E E Y D E O P X I O O E R V M E I
T D W A L L B S D I O C K K Z T R
I T R O L W I I C H S T X O A N P
L P G E P V I B L Y D R E D H I L
L Y C S E R A F K E E I U B S A A
E S P L E R A S I S C C G M L O N
T X E G C A S L A L P I K I D B E
A T S O N Q P L O J M T K S T H M
S V D W E N U K S S Y J Z E A J
O E V A W O R C I M X J B V X O L
```

Pg. 327 • Serengeti

```
S H R J K I L F L A M I N G O V Z
O S T H G T I E Z L G Z R B O V E
L S U A I N X H H A N C H L F L U
A I N A Z N A T F P F A C G L U H
F L E I B T O S L M Z A Q E Q S I
F V L N A N S E N I N H Z O H H I
U I E Y C L G E R O F A T E V E L
B Y P N N K P B T U G Z Z O B F S
P D H I V O N E L S T P S A U R W
H Z A I L F I D U X E L J S B X A
D R N E O A Z L M I L V K U P
O S T R I C H I D A M I L V K U P
F N E X H T D W X A C W A Y O N P
A S L A O I U P A L E K U N P Y K
T K I Z J Y Y S I Q A G A R J G J
Y A F R I C A H E Y K W P L E O E
D W H L Z I H A T E E H C K S Y F
```

Pg. 328 • Silent P

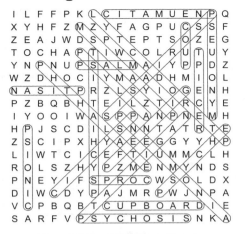

```
I L F F P K L C I T A M U E N P Q
X Y H F Z M Z Y F A G P U C S S F
Z E A J W D S P T E P T S O Z E G
T O C H A P T I W C O L R U T U Y
Y N P N U P S A L M A I Y P P I O L
W Z D H O C I Y M A A D H M I O L
N A S I T P R Z L S Y I O G E N E
P Z B Q B H T E I L I R C Y H E
I Y O O I W A S P P A N P N E M H
H P J S C D I L S N N T A T R T E
Z S C I P X H Y A E E G G Y Y H P
L I W T C I C E F T I U M M C L H
R O L S Z H Y P Z M E N M Y N D S
P N E Y I F S P R O C W S O L D X
D I W C D Y P A J M R P W J N P A
V C P B Q B T C U P B O A R D I E
S A R F V P S Y C H O S I S N K A
```

Pg. 329 • Soft C

```
U Y Q Y L E X C E L V H U P A U T
F E C W F E H D C I P C K X W H H
P E C N A L A B U E J A L X F E J
A Z I N E D D V R T L S A I Y E Y
C M R L I C N E T S I L D U V C C
C N C G E U T C Z F Z A F B I X
E Q U T L K Y D E X I K J N R T C
J L S V R C U N P O S U C Y D S F
G S R Y A A C J C G N I E M V U J
S P S V L E C M R P G C O A L J
N O I E I I E F E E O H Y E N I G F
P R I N C E C A M C K D X A C U L
P Q U I E E C I N N A M O N N T Q
Q T O H N E R I D C F R L L U F V
R V B T S H C J J U Y K S X O N R
T Y A M E R C Y A F F M W O C O X
C V Z Q Z N K R K C H H U N K B F
```

Pg. 330 • Staying Cool

```
S J L R F T T E E X U H C W B A F
N S H O R T S R H B Y B E L A L W
O A N X O P H I S H A D E T R E E
W V N Y F P I F M H O K E A A S X
C C H T A E R B P E E D S I C Y S
O Z R L G L T A P J O J R S O H K
N G L G O V T C U M R C H T U R H
E A T I V W Y X T J O O E M V W G
M M F H C R O V E N W V D N I J B
V Z Y G A E I L D E Z Y I J D W A
X U G R N M C I R Z B O L E D M U
L S B F P I X T A P Z S N M O D
T D M S I L B E F I E N T C I D
L Y I P O T G I U A W N P H Q E M
A Z O N N A W L E P M U I Y L G X
Z P E P Y X I C L C W O L E V K U
B R E T A W V Y P B F A S F L J L
```

Pg. 331 • English Language Arts

```
Y E T O N E N O I S U L C N O C Q
P M V P A F T S Y M B O L I S M E
M E V I T C U D E D G Y R D L E C
Y H Y N T I I L V E N D O I C T N
G T R I Y C B M S G X E U O G A E
O T A O X O U A A K Y C T M U P R
L O M N R I R D E G G L F K P H E
A L M P P H F L N I E A H H Q O P
N K U Y P R O E M I C R R I A R
A S A N B E P R O S A Y E H L I
J S R E R O E D N P S T D V F V R W
L A I E T R N T I E X I F F U S C
P W P S A T R Y S C F F B M S L U
S Y L T E A I K S A T E S B J V T
H D I G S H Z N C B S I M I L E K
Z V U T G D T T G M Y N O T N A Q
E K L A N E C D O T E S D N Y B G
```

Pg. 332 • Landforms

```
F U Z K N G E K F J G T Z X C P Q
M X M W L B W G O H G W I K T P A
Y Y D L B T U N D R A T D R G E Q
O M E S A A A I T I B A N U D N A
O D L L C C S O S N R M A O C I P
P M T O L L L X H T E U L B A N T
L L A O W A S V N H H N S T N S L
A S V Y O A V W O K R M I L Y U X
T D J H O A Q G T I Y C U T O L O
E X S C M C B I V N L D A S N A D
A O H R J A Q E D I V I D Y R O E
U L F A C P R J F A L J T N Y R C
A U R K R E A F R T J L T L E X L
X P Q D B Q T L V N A A O E U Z P
E U S J U V C R L U K Z F N P A T
T P D L W Y D L W O E L T B K U F
P P R A I R I E F M N L P X Y J I
```

Pg. 333 • Ice

```
Y L D U V P R F R U J M Y Q T K F
D E P M A C H I N E Z V R R C I K
L S Z K P K L S I S D E A A W O N
G A B E R G C H Q Q B Y E X Z P T
H H H Y E L C I C I C M C A D W K
O U M A E R C N P D A A A C E U N
C P E C G D F G T E Z S R G H O R
L Z U O J G L N Y V U Y K Q Q F
M Q O E W P G E T A S D E C D P Y
B T S Y I Q P L S H G C D O R I K
O R P X E T E E E S A C S L X L D
S X E N N K T D O V K W C B B E Y
D I A A W A C O P X F Q H B L H
F T E H K F R O Z E N Z K U I P P
E R A S E E Z R H L S M C S N P I
B P Q G F O R D L H J S A J M C S
G Z A B I A R Z N Q Z V N A X Y D
```

Pg. 334 • Condiments

```
G M W S H M U H S L B H A J C Z T
P V U O A V Y O Q U S O I P F L V
U U N S V L U K T I M T P U J P G
R E D X T R S T D C J S M H E U R
Y E J D C A E A N E A A T C B A N
L Z R W R R T L C J U T G B R
G S E I A E O D Q U A C Z E P N G
A A S G S T E P U A U E N K L V V
M L O R A H F C L S N I R N D L Z
K T O T B H S J U R V N S D G B Y
W H V U I R E S I A N N O Y A M Q
O L I V E O I L S T S E K I C Q R
F L F P P E P P E R G K S D N T Y
V R A J K U S W B A N Z C E U O D
Z C Y D I N P E S T O M D U E G J
E F H K F Z R V Y W S C F T D H D
K J R N J B D U W D G S D R T X C
```

Pg. 335 • Snow

```
S H P G C Y B K G R N M E R O H S
C K L Z X F A L T L A X G T V V N
R V I L O Z L M I A Q F V J G N S
Y W L C O X L N U N Q B T M D J W
B A Y A G C E E S U D X A R G G I
X L T U V G O T W N S N A O V G G
U O C O E C O E D A J A S Q Y E
A W B M P W B N E R I T H L S O A
D E V B G O O S E I Q M S F X Z M
I R E P L L R L P F M N H I S D Y
F L A K E P I D V T K F E O R I W
L C V P G B W K S T J I W L J W O
A L E V O H S O J B U F Y W I D G
E S J M I E O M I N I E B R D Q O
K J N T Y S L R S V V I A W N C A
C E E N O C D B M O T A A M R A L
```

Pg. 336 • Time Flies

```
F C U J E D A C E D Q B Q Y G B E
O S R M U J F P H G R R B K Z M R
R T E I U L M P T R Y A D G T S U
T N R R D I O D E E F L T U
N R R Z E U T E X N M N H E I T U
G L U H M R U E U R S L E L G D W
H A Q I U A C N A L D A Q E O E J
T B T N O C T I A R C P Q E G M
O Y N O N N I H I M S L Z K V W Y
T E S D M O E P I X P J E T Y S Z
C A V J N I M L I N T E R V A L S
H R A F D Y C M L E E M R E A D O
I C L A C I L C Y C N I O R N I X R R
S I R I F U Z L T P Q H C C C O F
A B P W X Z Y H I Y B J X E C Z Y
```

Pg. 337 • Hospital Signage

```
S G Y S Q E L E V A T O R S I A K
S N O P A E W O N R B Z G D D K D
C R C B X J V D E C I O M O E K
K C P E K I R S E S F Y I I R I C
D A N R T T Z E U T P S U E I Y E
N F B E E N D W S R S T H W G S E
M E E T G M E H U I G R C O N H L
T T K N O R O C O C E E L U I Q M
S E V E T P E N R T B O R K K P Y
K R Y T S E S M S E I L F Y O W F
Q I A O W L R I E D C A A W M M T
P A R N C U G F A A B N I E S B P
B F D O M E K R Q R F L A B O N A
L C X D R Y E Q P E A K B C N Y U
I J B Y D R Q A K D C D B U
Q U V F X J L R E S T R O O M S B
R U Y P M O O R G N I T I A W B U
```

Pg. 338 • Prepositions

```
P Z T H R O U G H O O L W E Q K U
S E A L V U N G Y U T Y Z R P D Y
U I P G A T T U G A P N E O B M X
N T H C A S I E O V E R I F E Y S
O F P T O I L H M D C T L E L R Y
P C C H A D N Z I Q X P U B O W K
U F Z N M E Z S Q T E D O O W L A
V N B R K U N G T W A B R I B R E
F V D C I N E K R T B T A O A
A U L E B I P B A G H O U W U H
O S S O R C A E D E I X N V D O Q
B H P U J S H C L N D D E A E T
R I D A T I J F G B O Q C F D N X
I E V M N Z T N R N Q Y P N C Y H
G W T D N W O D T O S N E R C Y D
O F L F Y M P O Q G M C T B H V U
Z B J O A D R G P B C P P C L F B
```

Pg. 339 • Easter

```
F Q K D H D Z C H H B O Q J W Q X
N H B S I B O T A U L D R K P B
I V A U U V F T L N F N I O Y A Z
Y B S E N C O T Z P W Y T L L O A
C B K I D N X O C E W A D L I Y P
R N E A A Z Y N B H D D L J M E N
E H T Q Y T M T F P I I E P A B S
Q E G G S R Y A S D A L X H K F E J
A Y U S N R I I L K L O D N B F S
P U E T X I L J J Y C H O R V P Z
X R O L O C R R B A G I E G E X Y
D E C O R A T E N I T M H E E N D
O B P O R E A D H I J H P C V Y L
G N M T N N Y X D T A J D I T K R
V X H N S N F A E T A L O C O H C
K X O G N I R P S F E G O L S K O
X B W P E T E R O G Z S C U Q X Y
```

Pg. 340 • Appetizers

```
I A M Q U J T A B B B E T B J B F
V J D C V D N O L V U Z U J I O W
G M D A V S E T G D X F A S R N O
D A R T L T K V N R F N Q R A I L
K Z X F Y E C O I A A U S R M O C
B S L I R A F H L L E C A Y A N B
S E W S Q K M O O M E I S X L R I
W R L M H N F W F N W V D Y E A I R
W K F S E I R F R A D D E H C N T
U C U J N N K V C X C E G G A G R
B I N G U G F S O Y I H R E G S S
Z P S N M E B M O R L E O R F S T
T D S T Z R T V V T F N M S E D V
H E C V N S E L O M A C A U G C V
L I E F A J I T A B I T E S G R K
G R X X J V E P Q V Z H O R V Q V
L F W B R U S C H E T T A P U Y J
```

Pg. 341 • Four in a Row

(pictographic symbol puzzle grid)

Pg. 342 • Salads

```
O F X D Y C J C G Q R N U F E G M
F R U I T Z L G S Z C S F R A V A
E O C N Y T O Z V O J W D Z X U M
I D B R O C C O L I Q D B R R Y A
C L P G A N R G K B J G H Y B A R
J A A M R B R J G Y F T Y O S T O
E W A L S E L O C E A C K U U S N
U H Q K E R E H R C L F A N I A I
G T W K Z B I N O Z O J A R E P Z
X Y B P U C D E P T R H Q B R O D
F E H C K C F F A E B A E S A O F
A E S E J E A T M X A E S F F I T
O W N E N B O G X P R E S E Q D E
W S J P R P K C C H M Z D Q A N Q
F L Z V F P M Q T B M P Q Q J C W
Z M N E D R A G U S F D H Q D R D
M P S I N L W C C H G C G N X K J
```

Pg. 343 • Gardening

```
B N R Y Q L T O L P Q K Q N B A S
Q C T A S V W A A Y U C B X X U R
J V U W E E D S U J E H D E B H G
Z A Z L D H L D N P Y T I L L E R
U C L A T N S B N I V N B A D R E
R S H E P I A F A T W A B F P Z G
S S P R W F V S V T S M L C L R D
B D U A H O E A L K E O E R A F Z
R N L T D A R A T Y W G P D N I Z
E P P I S E I V E D R E M T C D
H R H O O N A S Y W T I F F Q C Z
F A N N N E S Y W T I F F Q C Z
X Y T E I R A V O P L O W J N F S
G A R D E N S R U Z S R S J U B K
J E G W F H R X Z U A U V R L R H
P L E A S U R E P K A N M U S M C
H J A F F G S D E E S F B A R N P
```

Pg. 344 • Leadership

```
Z V P U O G V D E T E R M I N E D
A P I I T V E Y L Z M X T K E I E
W I L L I N G M R P L B J R D J C
N Y E K Y E P O P S B B L O Y D I
S R Y A T Y E P U A S P E W X Y S
A J X A D M B P Y S T V A M M U I
S D R F P A P O T T H D A F C V
K T V O Q P R E S I Z E E B D E
S F W E R R O T A V E R T N J K
I E O T R N X U A L I G A N N
R P I C G S S N B B E S T E G C O
G V E K U R I I R N L S U G T G I
E Z T X E S X T L X R E R L Z N S
Y S C P Q E B Y Y E M N B R C N I
K K N V L D V E D K V S V P O N V
R J B F W J C N J A J D W P X F I
U A K G H N U X U S P R N T E F I
```

Pg. 345 • Music

```
C F Z M H C R J S Z Y S O D V C U
B W W F V M H I O T T Z S E I K H
Q U T H Q W Y O P O T T L N L R G
C J S O N A T A R L I P O O P R C
D W O I L C H V A D D T A L H G
H Q S T Y O M W N K Y E E I O O L
S C O T I U M J O S O U T R I V S
J X T R A E T E G R I D U A M E T
V B T I V C U E R V N B R Y Z
P I N A P U C M N T E O G U D Z Z
S R T V I B R A T O N H T G A F S
V C E O P E R A J R R T J L T B
O O R L F O Q K S O E V D N L C B
F Y U R U T E C N V H J Z F A J J
T D A X U D A T O D P I U X B T R
Y I Y D O L E M R L W G U F Z A J
N I P O E P Z J Z T B F T C K W R
```

Pg. 346 • Bedding

```
D H T Z M S P C T S T A X T N Q D
L C X E M K Y G P I Y W O P U F R
V B U A K E S R C R O P I E I L A
L M H Z L N E K W O S Y E N U E O
U S F B O A A X I L N H A M N B
B O U D E I L E R A P P S C M
Y O S I N G L E B D T J T C A A
D D X R B O T E Z S L G L B L E
C U R S E T E E H S D E T T I F
O P K A P P L G V M Y D L I Q U B
M I I K O R P W D U A Z S F K F Q
F S N L E B I O A E D T B R F T X
O L G V L F T N T Y A P T R D U P
R O O E A O L O G L P I A R K N R
T C A K Q G W G O S L M D C E X U
E T R U Q I L L U F E Y A A H S X
R X J R R M M X P K T S H H T I S
```

Pg. 347 • Cooking

```
Y Z M L O J D A E N K W C B Q K V
A D G A U S L J X E S U L R R W I
G L A Z E N A P O A C H V S E P V
V U B E A T C U N R O P A L E A O
K I D E R H S W T K R J S I M L M
O Z N X D B S C E E T F V D Z L
Z C I I R O V U L B E B E S H O
J X R K U M E C D M L M Z R N E M
D K G K P J U D O X U I L S X N F
W A D O Y R O E G A L N A G L N W
W E T S O C L M C E T C X O N E O
K E T A N I R A M U U E H Z W I T
T G S H O K P R B T D U T H C L H
I T G R C L A R I F Y E I P W U V
P J B M X C V N A D D P R R U J L
Q F X N A L C A G X J A Q J R W B
W G V N K N L Z D D A L N C K V N
```

Pg. 348 • Lists

```
G W A N T E K C U B U G A K E T R
K C E H C L G C V U W J V Y O O L
L I U E H R A H E L V W K P D D W
E N J S M G Z C C L H S T N V O D
M V P R T R K K I E A E E O I G E
K E C R U O S E R T N V C R N O R
E I K M N C M T P E E O I W G E
I D C Z Z E G E S D B B L O N Y B
D O A D L R C D R U T I A I X V M
L R L R Q Y Y U A S P H E A U
E Y B D G R R A N M D P I D P J N
X E O R D E R E D T O E L L R L J
A Q O N A Y T D M H A Z X S N O A
T C U D O R P E S V W C N E W E W
M A I H O N E Y D O M X T I D G O
L N V C J J X L N V C S M S N J
G G R E F E R E N C E H G M B B I
```

Pg. 349 • Camping

```
M K Z I B U G S P R A Y Q T R W Z
E O Z A U C D N P G V Y J P B E K
E R S Y L Y O Z I S R U W S H N V
B H U Q V P A O N H F L W W W E E
S S S T U J H T L T S S J I Z E N
I W M Y A I E L S E L I R M I R N
R R O D C N T A A E R U F S N C N
F T R L T P F O E Q R I U T S O I
E T E J L K A P E T C X E I F N T
V H S R A A H C S A R N T L U I A
N D I E M A A O D L R A H A S S
A X R K M H O T E L P H T W E
P B L B I P P B S D M R Y A F R C
K D A D S N P M N R H O A R I O C E
I G D I B O G A A F A I G N G G
N W T M U Z L E W C L M K S O O R
S E S H L S W D O O W E R I F Z X
```

Pg. 350 • Let's Go Fishing

```
W G R Y V W C H P J S K L Q T S L
S P K P F H E T I B Q V U D Y W A
D X A W L O L W X B J D R I F T D
L D A T M P B O O L A K E T F T J
K I G L I P B C Y N P R A P G B
T P N V E E I A Q R J T C J R Q
A L O E L R N T A N T I K F I Q I
W E E K E N D C L V O H M M A A D
K L C O K A O H E I E F S Q Y O J
K A S W O B R P V A Q T A F Y H E
T C J X O L E E R S R T U T N R J
C S O A H R E K N I S Q Y O U P H
J A T D C O M Q N A F H V F R M J
X J Y H Z B J G C K T F U N E T X
J I M F O A E Z I E I J T R J C W
S D C U N R E B B O B Z U R Y F R
F Q L P J S I M M B T S K A I X Z
```

Pg. 351 • Rodents

```
I P R J W T R Q F G H X D H S E K
N F V O L E U F O H C B L J Q S G
G M P A V U J D G I P A E N I U G
U K T A D R E R K B F A M Z P O P
P G E A M I M N V N A X M K M M Q
N B L O R C R C I K G D I C Q X M
N V G I E K H G F I K N U A G P
P S A O A G S I F F U N H C I G
L R X O P H K U C K M C B Q R
P G H W Y H G W M C A Y R D T X
Q A W F E E E O G N H Z E O U X Z
A W O T R X L R Y X J I M O P P J
Y O S B Q E X M O H E R L W L U O
U B I Z R R S L C Y A O T L P Z C
H L D A V E D B P M F U F G A I T
Y Z T Y W H J C D G Q X F A J R W
O A B K O F I T G Q X B V Z M M F
```

Pg. 352 • Flowers

```
A Z A N S O A L R A D D U T I I O
B B I I W E C I S R A I I G A R D
E Y N N E C A I L I E G H O B L A
G P E O N Y A P S H E T U C I O H
H E D C A I F Y I R A A A W R R C
W T R R C R A A L I F D S A D O E
I G A O E A S I X I F R A O B N S
R A G E Z N L W P N E C M O F N O
M R S A R Y E O E G U A I R P R M
P I L U T B R A A E I T M Y A P S
A E P E O D S R I N T T E I R P O
A O R C W C G Y O P S P O P A A C
S U C O R C B G B S S R E O D N A
M W N S R G E W S A E A R A I C C
I S I P I B I E G B O C O S O R
M R G A R R E W O L F N U S E O O
I S A F F L O W E R L I B D A I G
```

Pg. 353 • U.S. Nicknames

```
T M J Y I F Q K E N G Y A B E G A
T H G G V X Z M L A B T V A T F L
N L A S T F R O N T I E R D I O U
E Y E K C U B U W U C G T G N G M
D R S E A B N N F R P I O E A V H
R N I Q R E Y T E N G A S R R M A
A E G P D T A A S L T T L A G N L
G E C L M E E I M U A S R I P V O
Z R O E E V N E R N O I E C L H
R G G N D C L I I B A S A L D A A
E R U S A E R T H P V C H L V S N
W E I D E I B I R E H O I I H E S
T V B H A W K E Y E E N C O N O R
E E R R N N R A A M E B W E O E A
J A P O Q J G S A V H M B N A M M
T Q O D L U I O Z W E E E Y O N F
G I L Q H Z Z R F T S R I F P D I
```

Pg. 354 • Animal Cries

```
K M N E I G H W P T D B A Z Y S Z
J V Y A N X T I O C J O F K B O F
S Z B L O O S B S Y H V B C A S H
W R T H T M R E Q S B A V B U Z Z
J O O T A L K D M W R G T P Z W R
D O R P U U C R H K M L K T D M W
T K A C S Y A G N W P G D L E Q Y
H C E R N S U K U O B R O J I R J
B U J N C A Q P L E Y O E Y L X T
K C I R L Z H U L M M W I B F H S
R H O C A C K L E W P L A R B U I
W A G Z Q N O A B A O B L A D I N
K N P E I W O C H U K H L Y D S
N N D O Y D H B H J I R R Q W N N
H E L B B O G R M I K W U M Y X B
F Y M W M D D R A O R Q Z N L L P
A M J F L T S F N L Y P B G B V Q
```

Pg. 355 • Investing

```
Z X F R F F I Q W I L M R E T W U
N J D D I S C I P L I N E S V S A
T O S O Z S W B M P I O E Y A N M
B H I Y N Z K X D E C I R P L O D
E L I T A L O V Y E T C E M U I C
D I L R A J O L E I M A R K E T T
P P Y A H C P C R E N A M N S C Q
Q O S D O P I U H R X U N P J E D
L R Z E U G C T B C H D J J
Q T Y S E E M B I U Y S H Y G O P
J F N V S J B D A S P E D A I R
H O R T R R D L Y H R S D N N P O
A L U B O I F T B U T E H S O G X
Z I T K N U I X T G Q W V A Q B E
B O E G N U I U L Y T Z O I R V K
G R R D Q T F Y S T O C K R D E M
Q T S E V N I R T R V O G F G C S
```

Pg. 356 • Meats

```
Y T H A M B U R G E R X F V H Y B
M H S Q I O X K C R M B I X G P T
F K I Q V M G L A O D D L P F U A
O W F S A L A M I N Y H L O W C Y
D B M D V M S R K N G S E N J K S
E R E U G N O T T N E O T V E M I
S Y I C O T U K E S S E V L N
C L K K O R I V Q A A D C O R E
A J J R K N O L V F K P Y I B A D
R D L E E D H E A Q E R Y G H K S
G Z Y D Q J N H B P T K R O P C
O W D N F I C D I L I C I A R X V
T W N U S N V R U L B A L T T D A
S K T O U Y T O I S U A I A K D P
I P N L Q R P V G N M S R T V P M
Q N C F C V E A L B U P R C R W U
A G R O E R E T S B O L F E E B Q
```

Pg. 357 • At the Airport

```
D P I B L H C M O O R T S E R A Y
O R A Z S A X I G V D U N J R T T
A J A R H N N F N K E I A R I I N
C I D C U S P I K I S M I R R C N
Z H R Q T E M K M U K V U E B K G
R R K P T S B O O R A C L S P E E
E K U F L L O M T L E E E A L T I
N T B N E A I P U S V T S H Z E M
T X A U W L N V R E U O L S C C M
A O X G K A L E R E U C X W C O R
L Y O P W U Y T Z V P N V V A G I
C V B A G G A G E C L A I M B X U
A J J G T E G N U O L C R I A W M
R H A R P Y I E L C O U N T E R D
S G C O K R M V J F Q D G A U A N
E W H T N A R U A T S E R E R R Y
D S N N T E L U B J M V C T N Q E
```

Pg. 358 • Chewing Gum

```
C M Z R G W H R B T N E D I R T D
A T I U R F Y C I U J V N S H O U
N M E O Z H I D O E P M T Z U O F
D Q S S M S U X E O B E F B P J A
Y P P C H E W S D R L U L Z E N C
S T I C K R L Q P C G E T A P B I
A E L T B F B A I E M I B B P A N
V L C U T R N H N I A B B M E Z N
E O E J E E C J N U H J N R O M A
P Q B X I T H T A B I D M K M O M
E O T Z I N R G A B I T Z I I K O
P R W B Q I W B A C U B C I N A N
A E R D B W B U A P M B L N T T
R O L B E U D T I H S Y B E U E B
G D O J H R E K P N A H J L U F B
N N X K W D E S U G A R F R E E X
D E N T Y N E D O G N A M F M G D
```

Pg. 359 • Harvest

```
Z P A M W N S K B D F N L H R O Q
Y O U C O O L E P B E B E S N R Z
J E Q M B O R B X Q S J O M D L W
Q B L R P M G C L F T Z L B C W A
T Z L L P K N T E R I E E G Q M M
N S Q N O E I O N R V F A X G F U
U M U E E W R N N D A I V E G S L
P Y U R G A E X A L L C E D G B J
X R G T N C H A L V Y U S R V L D
W E E G U J T H F V E Q A V L D E
Y A E D Z A A X E L N I W O U C J
S P O R C Y G H O P N H J D H X O
Y R G Z S C U L T I V A T E O E N
P W C T S E V R A H Z B M F Z D N
S E A S O N I N F Q B W A M Q V Z
M C F T A A N G T O L O P T W M N
K R X G F T B U H H G B Z V G L N
```

Pg. 360 • Reference Material

```
X L Y T D H A I L H W S Q Z S D I
U E M M Y R T S I G E R W J Z Q D
M V D A L M A N A C I A P Q L G A
W Y C N T C F J A M I P Y G A H O
M J R U I V O T S D A T F X C Q T
I N G A H J A N E P H G D M I U T
C O T L N L A P C E T Y A N D S Y
R C O E O O O I S O I E A Z O X R
O I N G N L I A Q E R T Q G I C V
F X N U C R U T T H L D M S R N N
O E N Y U R E C C A L B A U E F E
R L C X U B A T S I E A P N P I K
M N G S O R W A N G D C M L C O S
E F U L T I Q N P I P C W H T E A
Y Y G S B I B L I O G R A P H Y V
Y X B L V H R P M H B R J D K V D
L A M S E B K Y R O T C E R I D S
```

Pg. 361 • Cleaning Up

```
R Y N E N G Q J X V T P S T D C N
Q B C L A U N D E R B U W E L H E
M V A C U U M A U Q L T L E O E E
X I V Y N N O D H S O A K R F Z L
A P G C A E P V S S J W G G I D N
T U O E K A T C A N L A R T Y R T
M K L R B U O H W Q N Y I L M X
O C V D X U F X G I M N E R R O N
R I Y A R P S R Z I A B E S O W D
K P W U E N P E E S A X U I N A A
I F J E O C T O N S L R X R R I C
Q T W X Y J U J L I H F T R C D R
V S I T Z N L R Y I Z E A S K S G
T S U D H F D K P A S N N L N A U
E Q R S Y Z U P W S G H X Y I Y U
S Y H J K C M U C E P I W U X Y A
M B B K B O P P N D J P N X Q H X
```

Pg. 362 • Direction

```
Q S O U O E F W A E R Z K L U E
V T R K Y N A X L S S C G V A S L
K I U S G Z S D I U Y T B Z M E V
B X R I G H T W N P A J L S Q O K
A N G B E D K H M W W P U I C K C
A T S E W C T L O A E Y N N M Y S
K O N S O D O X R R D S W Z M K H
X W B L O U Z L X D I T O Z T G W
L A C I T R E V A D S C B Z X
A R D S H L C Q E N Q L O P Y N W
M D I K T Y T A Y A O S E N T H D
N D D A U N T A M M O G W F X T K M
E G W F O R W A R D Y A A R T A M
J C K R S A V A P E S Z O I M U L
N F F C I B R J P Q H N P J D V K
H Z W F A V K G L D B M X D K E W
Q I X O I B M S Z Y E S O M R W K
```

Pg. 363 • Laundry Day

```
U D U P J U W G G P E P H L S L O
X C S J Y L A U N D R O M A T T F
U V R S I H S P W G Y V R V K S P
O D S H T S H M P V H R N E G T P
G N E O N A E O F R R P D K T N B
D O T I L F R H X P E N F N Y A C
E T A T I G A C T C H T Q F U P W
C T C V D D X N H L T O R H U A C
S O I U R P E I W E A C N E U L L
T C L Y H G P S J A G O A D A P F
F S E D R V L H E N R S Q R U T D
U R D E E S N I R I O M B T P G L
A E T A T O R R Y C G N A H M P X
D E K M D C K T K Y U W S D Y L T
D A C L N V N R S X L A G K N X B K
U T O H P I G X Y Y R I E V V G O
J F S L D P C Y C L E V T L J E Z
```

Pg. 364 • Pets

```
N A G O J Q A S D J C C N X S Y O
P E C G K U F R N V R Y X I D X R
N D N E N I L E F A L O I C R Y L
D Y C I W N K P B N K Z M Z H A M
R S T X U G A T V A P E G Y M T J
I C N E H Q A I X S Q I W M C E J
B W E Z G E E L B W U Z A R J R X
C Q D O R U F E X I I M U B B R R
X T O R T O I S E N H S L O D E M
Q E R T L R S N I E T P J U T F A
Z Y S I F Y H Y E A C I M S R F X
S P A R R O T Q C A N Y M A Q G C
A N O D O G T E N T P A I E Z Z K
S G N L O H A I K E H I B D N D X
L W O F W N N U O K Y M G U D S L
S W F E F E C K S U L L O M U G V
E V D O M L I X A Q L J N Z S R J
```

Pg. 365 • Common Verbs

```
Q G G T B U L X S D H G M S S B A
K C C X C O O V H K S N M D W U N
D G H W O R R Y G I U P T D X H A
E C N A D J Q R U U O A W T K B X
V V V K N I H T O O M A V K E L H
H K A A L G N B C W A O V L Y Q J
Y U T E Z L E V A R T U L S N B T
W C A P L L T G E Y C I E L C H K
O R L S I P S V P A H E X K A O A
N S K E Y I E D L H U P N X A R
K C V C Z R L E E R C J L B W F G
G E C W D I O C L E A N A H Y U G
Y A L P F I N I S H I W I W K A S
A S W F Q A B A C X T R N Z W J U
D K E T C V Q G G I V E A H O P W
J R J N B M U V A R P C C E C B D
M T Q G D C K T O O O Y Y W H C P
```

Pg. 366 • Insects

```
K E L O M G U B Y D A L F E M S C
Z T A W R A L L I P R E T A C O N
T K C R H N L M M O P H Y B C N Q
L A C E W I N G O O T F E K Y W G
I T B I S I E H G O L D R J L I D
S P E U T N G H M Y B O U P F N R
Y J A E M S I O P U A L R J E M A
A L D T Z B G R G C E C I L R Q G
O H I K A M L N H U T H H O I P O
T I P H X G A Z E I K I E W F V N
I L P N M N E T B K L K K B P L F
U U A E L T E E B E L O D C V X L
Q T W V I I L H I I E A C S V K Y
S Q A M L S Y A S V F P W U C R C
O L R P F Z E V X W C Y W A S P C
M E Z S I L V E R F I S H A N T W
T K L Q F I P Y O N W P W E N Y E
```

Pg. 367 • Stuffed Animals

```
I O Q E U E B M Y B T U H B P W G
T T F L N U T H O E T T E C C H I
Q U Z R A C C O O N Q I M D C B R
L V R O O L N A Y Q D N B P H E A
V I W T R G B R T O U E J B H P F
G D L A L J F I E W C I C T A B E
X U T G C E H L P G B L N P R R E
N O M I T O E O P Y I A L R T Z Q
G W O L F P M J R F P T U B X S W
O D I L H R A E B D G P V W U P
K O L A U C G I N P E O Y Y H O I
N T N E F G H U S K Y Y M O Z T Z
P T F L X I D V N M K Z T L G I Y E
A J L T C F A C C Y L K G G H J M
M I B Y E K R U T E J F V C D N G
U B Q O E I D A Y B I O H M H N E
S T X J N F Q K G X O E E C K U V
```

Pg. 368 • Vaccines

```
M U M N E A P L E A T V R U B E L
R O L L F O E T S S E N A R A B P
A P S I S O L U C R E B U T C U N
B O A P Y V A R I C E L L A R M E
I L P N E L I P R N T A M I L L U
S I N E L M S I E R F U E A A S M
M O E R L B O E O R M L C U I E O
A P U N O H A A L P T C U I E B O
L V M R W T L S S S O U P E L B O
L A O A F L A O I C A H S H N P
P R C B E S R V O T T E D S R Z C
O I O B V E U G I H I I M A I L A
X C U L E T N N E R O T B L U S L
P R B T R I S R A H U I A P O L O
R M U M N B I P P T E S S P O M N
D I P E I A H Y P S E U B E E E A
I E M P S P T R T U S T R A B H P
```